UTB **2828**

D1722673

Eine Arbeitsgemeinschaft der Verlage

Beltz Verlag Weinheim · Basel · Berlin
Böhlau Verlag Köln · Weimar · Wien
Wilhelm Fink Verlag München
A. Francke Verlag Tübingen und Basel
Haupt Verlag Bern · Stuttgart · Wien
Lucius & Lucius Verlagsgesellschaft Stuttgart
Mohr Siebeck Tübingen
C. F. Müller Verlag Heidelberg
Ernst Reinhardt Verlag München und Basel
Ferdinand Schöningh Verlag Paderborn · München · Wien · Zürich
Eugen Ulmer Verlag Stuttgart
UVK Verlagsgesellschaft Konstanz
Vandenhoeck & Ruprecht Göttingen
vdf Hochschulverlag AG an der ETH Zürich
Verlag Barbara Budrich Opladen · Farmington Hills
Verlag Recht und Wirtschaft Frankfurt am Main
WUV Facultas Wien

Wolfgang Müller-Funk

Kulturtheorie

Einführung in Schlüsseltexte
der Kulturwissenschaften

A. Francke Verlag Tübingen und Basel

Die Politik ist die Kunst des Möglichen.
Das ganze Leben ist Politik.
(Cesare Pavese, Das Handwerk des Lebens 1935–1950)

Den Studentinnen und Studenten meiner Vorlesungen
in Innsbruck, Mumbai, Neu Delhi, Szeged und Wien
mit Dank für ihre Neugierde gewidmet

Prof. Dr. Wolfgang Müller-Funk unterrichtet am Institut für Germanistik der Universität Wien und an der Diplomatischen Akademie Wien Germanistik und Kulturwissenschaften.

Bibliografische Information der Deutschen Bibliothek

Die Deutsche Bibliothek verzeichnet diese Publikation in der Deutschen Nationalbibliografie; detaillierte bibliografische Daten sind im Internet über <http://dnb.ddb.de> abrufbar.

© 2006 · Narr Francke Attempto Verlag GmbH + Co. KG
Dischingerweg 5 · D-72070 Tübingen
ISBN 13: 978-3-7720-8182-8
ISBN 10:   3-7720-8182-7

Internet: http://www.francke.de
E-Mail: info@francke.de

Einbandgestaltung: Atelier Reichert, Stuttgart
Satz: Informationsdesign D. Fratzke, Kirchentellinsfurt
Druck und Bindung: Hubert & Co., Göttingen
Printed in Germany

ISBN 13: 978-3-8252-2828-6
ISBN 10:   3-8252-2828-2

Inhalt

Einleitung:
Kultur, Kulturwissenschaften, Kulturtheorie

Von Anfang an war die kulturelle Wende in den Humanwissenschaften von Aufbruchsstimmung, aber auch von einer tiefgreifenden Skepsis begleitet. Zu unbestimmt blieb, was der Begriff *Kulturwissenschaft* eigentlich meinen sollte. Was die einen als neue Offenheit priesen, wurde andernorts verächtlich als Vagheit und als Abschied von den sicheren Beständen der jeweils eigenen Disziplin abgetan. Die Antworten auf diese Fragen reichen von der Ausweitung des Themenbereichs, die angesichts eines rapiden Kulturwandels als unabweislich erscheint, bis zum dramatischen Appell einer thematischen Neuorientierung der Humanwissenschaften. Erschwert wird die Unübersichtlichkeit in diesem Feld noch durch die Tatsache, dass mit der angelsächsischen post-marxistischen Kulturforschung (*Cultural Studies*) und den deutschen, eher historisch orientierten, methodisch nicht selten antiquierten Kulturwissenschaften zwei unterschiedliche Typen von Theoriebildung vorliegen, die sich hinsichtlich ihrer methodischen Präferenzen, ihres intellektuellen Temperaments, ihrer Geschichte, ihres (politischen) Selbstverständnisses, ihrer Themenwahl und hinsichtlich ihrer Positionierung im Feld der Kultur gravierend voneinander unterscheiden.

Der Terminus *Kulturwissenschaften* ist so mehrdeutig wie der Kulturbegriff, auf den sich diese beziehen. Er meint zum einen in einem schieren Akt der Umbenennung das Ensemble der bisherigen human- bzw. geisteswissenschaftlichen Fächer, zum anderen aber auch ein transdisziplinäres Bündel von Fächern, die sich in der Erforschung des mehrdimensionalen Phänomens der Kultur zusammenschließen (Ethnologie, Literaturwissenschaften, Geschichte, Volks- und Völkerkunde), er meint aber auch eine institutionell verankerte, in sich selbst transdisziplinäre Einzeldisziplin (Kulturwissenschaft; *Cultural Studies*). Der Autor des Buches bekennt, dass er mit dem Vorschlag der niederländischen Kulturforscherin Mieke Bal sympathisiert, den Begriff der Kulturanalyse im Sinn eines konsistenten transdisziplinären Projekts ins Spiel zu bringen, um sowohl der Rhetorik der reinen Umbenennung als auch dem Dilemma einer neuen Superdisziplin, die mehr verspricht als sie halten kann, zu entgehen.

Der kulturelle Wandel umfasst, wie gesagt, inhaltliche wie formale Aspekte, neue Themen wie Geschlecht, Postkolonialismus, Nationalismus, aber auch die Erforschung neuer medialer Formate und Inszenierungsformen (digitale Medien, Museum als Medium, Ausstellungen etc.). Pointiert gesprochen sind die traditionellen Literaturwissenschaften tendenziell zu historischen Disziplinen geworden, weil das Medium Buch in der Kultur der Hypermoderne ein Medium unter vielen geworden ist und damit seinen privilegierten Standort im kulturellen Gesamthaushalt endgültig eingebüßt hat. Die methodische Neubestimmung wiederum zielt auf die mittlerweile modisch gewordenen, von den verschiedensten Forschungsgruppen und *claims* ausgerufenen Wenden, Volten und *turns*. Diese reichen bekanntlich von der linguistischen, über die mediale bis zur performativen oder spatialen Wende.

Unbestritten in ihrer Bedeutung ist indes die linguistische Wende, die sich zumal im deutschsprachigen akademischen Milieu niemals – als unhintergehbares Paradigma – durchsetzen konnte und bis zu einem gewissen Grad eine Randerscheinung geblieben ist. Im Hinblick auf das Verständnis von sprachlichem Symbolismus und seinem konstruktiven, weltaufbauenden Charakter lassen sich grob gesprochen Typen von Kulturtheorien unterscheiden: jene traditionellen Theorien, die vornehmlich mit dem binären Gegensatz von Kultur und Natur operieren, und solche, die den konstruktiven Charakter der Kultur hervorheben. In diesen Konzepten von Kultur verschwindet der traditionelle Gegenbegriff der Natur fast vollständig. Im Gegensatz hierzu und in Abgrenzung zu einem radikalen Konstruktivismus begreift der Autor Begriffe wie *Natur*, *Wirklichkeit* und *Realität* als unabdingbare Grenzwerte gerade im Hinblick auf die politische Dimension der kulturellen Wende. Die zunehmende Bedeutung diverser Medien kann im Lichte eines semiotischen Verständnisses von Kultur erfasst und analysiert werden.

Die vorliegende Einführung, die an einigen Stellen an das methodische Grundlagenwerk *Die Kultur und ihre Narrative* (2002) anschließt, möchte nicht die vorhandenen Einführungen in die Kulturwissenschaften (→ Bibliographie) um ein weiteres Buch vermehren, sondern einen Einblick in jene Theorien geben, die im Kontext der kulturellen Wende in den Human- und Sozialwissenschaften von

Belang sind. Dieses Buch geht auf Lehrveranstaltungen zurück, die der Verfasser zwischen 2002 und 2005 in Wien, Szeged, Innsbruck, Neu Delhi und Mumbai (Bombay) gehalten hat. Der Begriff *Kulturtheorie* wurde bewusst gewählt, nicht nur um den schwammig gebliebenen Begriff der Kulturwissenschaften zu umgehen, sondern vor allem, um den Studierenden einen Einstieg in relevante Theoriebildung im Umfeld der neuen kulturwissenschaftlichen Diskurse zu ermöglichen. Eine theoretische Orientierung scheint heute in dem durch den Terminus *Kultur* beschriebenen Forschungsfeld ein Gebot der Stunde.

Bei einer Einführung bleibt die Qual der Wahl. Der Verfasser hat sich auf Theorien konzentriert, die einen expliziten theoretischen Anspruch verfolgen und die eine Methodologie entwickelt haben, die für die Analyse kultureller Phänomene – synchron wie diachron – adaptierbar sind. Er versteht diese methodischen Zugänge im Sinne von intelligenten Werkzeugen zur Orientierung, Analyse und Reflexion. Dabei wird *en passant* deutlich, dass die Fokussierungen, die heute das Gütesiegel des Kulturwissenschaftlichen erhalten, sehr viel älter sind als die Bezeichnung.

Ausgeschieden aus den Diskursgeschichten der Kulturtheorie wurden insbesondere thematische Schwerpunktbildungen, die heute zwar zentral in den Kulturwissenschaften sind, über die es aber entsprechende Einführungen gibt: Geschlechterforschung, Interkulturalismus, Nationalismusforschung, Postkolonialismus, Gedächtnis und Erinnerung, Neue Medien. Sie sind in den letzten Jahren ausführlich in Überblicksdarstellungen zusammengefasst worden. Auf sie wird im vorliegenden Band indes immer wieder als relevante Forschungsfelder verwiesen.

Dem Autor war es, im Unterschied zu vielen verfügbaren Einführungen in das kulturwissenschaftliche Studium, wichtig, sowohl relevante Theorien aus dem deutschsprachigen wie aus dem frankophonen oder englischsprachigen Kontext vorzustellen.

Das heißt nun nicht, dass sich das vorliegende Buch nicht mit anderen Einführungen verbinden und kombinieren ließe. Im Gegenteil. Jedes Kapitel ist so konzipiert, dass es sich auf einen programmatischen Aufsatz bzw. ein exponiertes Kapitel und auf einen Theoretiker konzentriert, der eine konstitutive Rolle in dem jeweiligen, durch ihn geprägten Diskurs spielt. Was das Buch befördern will, ist die Fähigkeit abstrakte Texte – ohne simplifizierende Schaubilder – intensiv zu lesen und zu hinterfragen. Das scheint mir gerade angesichts der dramatischen medialen Veränderungen nötig, die einschneidende Folgen für die Lehr- und Unterrichtspraxis haben. Angesichts der Möglichkeit, ganze Bücher und Aufsätze aus den digitalen Netzwerken herunterladen und entsprechend frisieren zu können, kommt der Vermittlung elementarer Kulturtechniken wie der exakten Lektüre und dem aneignenden Kommentieren zentraler Texte und Passagen eine enorme Bedeutung zu. Überblicksdarstellungen neigen nicht selten zu einer panoramischen Überschau, in der die Denkweise einzelner Theoretiker und Theoretikerinnen sich verliert. Die jeweils verschiedene Denkweise von Autorinnen und Autoren im Feld von Kulturwissenschaft und Kulturanalyse deutlich zu machen und damit einen Beitrag zur Vertiefung kulturwissenschaftlichen Denkens zu leisten, ist erklärtes Anliegen dieses Buches. Die Bibliographie am Ende der Kapitel beschränkt sich ganz bewusst auf wenige Primär- und Sekundärwerke. Sie dienen der Intensivierung der betreffenden programmatischen Lektüren.

Die Studierenden sollen ermutigt werden, Theorie als eine spannende perspektivische Sichtung kennen zu lernen; angestrebt wird, sie dabei nicht mit der Fülle von Verweisen und Referenzen zu erschlagen. Der vorliegende Band ist als Arbeitsbuch für Anfänger wie für Fortgeschrittene gedacht. Sie sollen vor allem zum Selbstdenken angeregt werden. Diesem Ziel dient auch der Kritik- und Fragenkatalog am Ende jedes Kapitels. Bei der Fertigstellung des Manuskripts kam auch die Frage auf, ob dieser Katalog nicht auch positive Kommentare enthalten solle, also Hinweise, inwiefern, wie und wo die betreffende Theorie Denkanstöße im Bereich der kulturwissenschaftlichen Analyse leistet. Ich bin von einer solchen Idee wieder abgekommen, zum einen, weil die Bedeutung der jeweiligen Konzepte in der Diskussion und Kommentierung einzelner Passagen ohnedies überdeutlich ist und gar nicht in Frage gestellt wird, zum anderen aber auch, weil Kritik und nicht Lob das konstituierende Prinzip von Wissenschaft und gesellschaftspolitischer Praxis ist. Von daher hätte ein positiver Katalog allenfalls jene rhetorische Funktion, wie sie von angelsächsischen Tagungen und Konferenzen geläufig ist, wenn nach der Diskussion eines Vortrages nach einer kurzen anerkennenden Bemerkung das unvermeidliche *but* ertönt. Um dieses *Aber*, das es den Studierenden erleichtert, sich nicht von theoretischer Größe beeindrucken und in Beschlag nehmen zu lassen, ist es dem Verfasser in dieser Einführung zu tun. Von daher fallen Wertschätzung und Kritik tendenziell in eins. Was Friedrich Schlegel unter Berufung auf Lessing und im Hinblick auf die literarische Kritik gesagt hat, gilt *cum grano salis* auch für die wissenschaftliche: Kritik soll »mit Zweifeln bewundernd gegen den Meister« sein, respektvoll, aber nicht unterwürfig.[1]

Jede Theorie hat ihre perspektivische Grenze. Diese ist durch den gewählten Blickpunkt gegeben, durch das, was man im Bereich der Literaturtheorie als Fokalisierung bezeichnet (Bal, Genette). Überhaupt gibt es wohl Grenzen von theoretischen Konzepten, die sich in Paradoxien, Zirkeln und reflektierten Widersprüchen artikulieren. Ein solches Verständnis von Theorie und – damit verbunden – von Pluralismus mag insbesondere der deutschen Leserschaft auf den ersten Blick fremdartig anmuten, weil sich darin auch ein gewisser Pragmatismus im Umgang mit dem manifestiert, was im Englischen metaphorisch so unnachahmlich präzise als *methodological tools* bezeichnet wird. Dies ermöglicht die Einsicht in den Zusammenhang von Produktivität und Beschränktheit von Theorien generell und begreift diese selbst als eine Form von Praxis. So wird, wie der amerikanische Philosoph John Dewey ausführt, »unsere wirkliche Erkenntnis« Form eines Handelns, indem unsere jeweiligen epistemischen Optionen auch entsprechende Konsequenzen zeitigen, für die wir Verantwortung tragen.[2] Ein solches Selbstverständnis impliziert eine Absage an jedwede Vorstellung einer perfekten, fehlerfreien und im pathetischen Sinn ›wahren‹ Theorie, ohne in jene Art eines alles relativierenden *raisonments* zu verfallen, das nur zur Entmutigung führen kann.

Besonders wichtig erschien mir die historische Tiefendimension, das heißt die Entwicklungsgeschichte eines bestimmten Theorie-Diskurses: Denn der historische Zugang eröffnet auch ein Verständnis einer Theorie im Sinne einer Orientierung.

Eine Einführung in die Kulturtheorie ist kein Handbuch, um sich mechanisch Begriffsapparaturen anzueignen, sondern um zu verstehen, wie und warum die betreffenden Theoretiker bzw. Theore-

---

[1] Friedrich Schlegel, Über Lessing, in: ders., Schriften zur Literatur, herausgegeben von Wolfdietrich Rasch, München: Hanser 1970, S. 224.

[2] John Dewey, Die Suche nach Gewissheit, Frankfurt/Main: Suhrkamp 1998, S. 41 und S. 71.

tikerinnen auf ihre Begriffe gekommen sind, warum sie diese oder jene Denkform ausgebildet haben.

Der Band ist so angelegt, dass er das gesamte Spektrum der internationalen Diskussion sichtbar werden lässt. Er umfasst – exemplarisch – Theorien, die aus dem deutschsprachigen, dem frankophonen sowie dem angelsächsischen Bereich kommen. So hat T.S. Eliot mit seiner Definition von Kultur ganz unbeabsichtigt die *Cultural Studies* beeinflusst, Sigmund Freud wiederum hat Kultur im Kontext des Unbewussten geortet und dessen Regulierung analysiert. Unverzichtbar erscheinen aus der Perspektive des Verfassers auch die sehr verschiedenen und zugleich doch komplementären Ansätze von Georg Simmel und Ernst Cassirer. Während Cassirer mit seiner Theorie der symbolischen Formen die wohl einzige systematische philosophische Begründung von Kulturtheorie vorgelegt hat, ist Simmel unter anderem wegen seiner Analyse des Geldes, seines Begriffs des Lebensstils und seiner Betonung des Relationalen und Funktionalen von zentraler Bedeutung. Ein Rückblick auf Vordenker wie Vico und Herder eröffnet nicht nur eine historische Tiefendimension, er lässt auch einige problematische Seiten des Kulturalismus zutage treten, die – man denke nur an das Buch von Samuel Huntington – bis zum heutigen Tage wirksam sind. Im Kontext der Kritischen Theorie sind die theoretischen Impulse, die von Walter Benjamin ausgegangen sind, im internationalen Diskurs bis zum heutigen Tage aktuell geblieben.

Die Semiotik von Roland Barthes, das Konzept der symbolischen Felder von Pierre Bourdieu sowie die Diskursanalyse im Stile Foucaults sind heute unverzichtbares methodologisches Arsenal in der internationalen Debatte über das Großphänomen Kultur. Das gilt ebenso für die Theorie des Narrativen, die hier durch Paul Ricœur vertreten ist, sowie für das Konzept der »dichten Beschreibung«, wie es Clifford Geertz in Auseinandersetzung mit dem dominanten ethnologischen Fachdiskurs entwickelt hat. Das Mimesis-Konzept von René Girard, das im Spektrum der kulturwissenschaftlichen Debatte vielleicht randständig ist, wurde nicht zuletzt deshalb gewählt, weil es in so mancher Hinsicht Gegenpositionen etwa zu den *Cultural Studies* bezieht. Diese sind wiederum durch einen Schlüsseltext von Stuart Hall repräsentiert, in dem der Autor Rechenschaft über das theoretische *patchwork* der englischen postmarxistischen Theoriebildung ablegt.

Um diese dreizehn Diskurse und ihre Repräsentanten gruppieren sich weitere Theoretikerinnen und Theoretiker, so dass die Studierenden mit weiteren wichtigen Repräsentanten der internationalen Diskussion, unter anderen Mieke Bal, Althusser, Gramsci, Saussure, Butler, Said oder Bhabha bekannt gemacht werden. Wichtiger als eine oberflächliche Gesamtschau erschienen dem Verfasser der exemplarische Überblick und die vertiefende Lektüre. Die Auswahl mag subjektiv sein und die intellektuellen Präferenzen des Verfassers widerspiegeln. Insofern ist es nicht nur eine, sondern seine Einführung. Bei der Wahl der betreffenden Texte haben indes durchaus auch ›objektive‹ Kriterien eine wichtige Rolle gespielt, etwa der Stellenwert dieser Theorien in den einschlägigen Diskursen, die Bedeutung des Textes im Hinblick auf die Begründung neuer Fragestellungen und Fokusbildungen. Vor allem aber wurden Konzepte bevorzugt, die für die Anwendung in einem bestimmten Themengebiet geeignet sind.

Kulturtheorie lehrt uns, aufmerksam mit Differenzen umzugehen, in der Kulturanalyse wie in der politischen Praxis. Zu den spezifischen Empfindlichkeiten gehört in diesem Fall die Verwendung von Geschlechtermarkierungen. Der Verfasser ist dabei so vorgegangen, dass er häufig neutrale Begriffe bevorzugt hat (Publikum, Leserschaft), ansonsten aber die einschlägigen grammatischen Geschlechtsbezeichnungen verwendet, in die freilich immer beide Geschlechter einbezogen sind. So ist, um einmal umgekehrte Beispiele zu bemühen, die Person oder die Figur sowohl männlich als auch weiblich decodierbar. In allen Fällen, wo die Geschlechterdifferenz von Belang ist, wird sie ausdrücklich markiert.

Bedanken möchte ich mich bei den Mitgliedern der Arbeitsgruppe des Studienschwerpunktes Kulturwissenschaften/*Cultural Studies* an der Universität Wien, bei allen Mitarbeiterinnen und Mitarbeitern der Mitteleuropa-Forschungsprojekte (»Selbst- und Fremdbilder«; »Zentren und Peripherien«), bei den Kolleginnen und Kollegen der Österreichischen Akademie der Wissenschaften, Abt. Kulturwissenschaften und Theatergeschichte und namentlich bei Roland Albrecht (Museum der unerhörten Dinge, Berlin), Anna Babka, Anil Batti, Moritz Csáky, Walter Famler, Heinz Fassmann, Wladimir Fischer, Angelika Fitz, Jiři Grusa, Endre Hárs, Viktorija Hryaban-Widholm, Edit Király, Christina Lutter, Alexandra Miller, Manfred Moser, Andrea Pribersky, Marc Riess, Clemens Ruthner, Ursula Reber, Reinhard Sieder, Peter Stachel, Heidemarie Uhl und Birgit Wagner.

Ganz herzlichen bedanken möchte ich mich bei Angelika Pfaller für das ausgezeichnete Lektorat und wichtige Anregungen sowie bei Ursula Reber, Anna Müller-Funk und Lea Müller-Funk, die das Manuskript noch einmal durchgegangen sind und mir bei der Formatierung geholfen haben.

Kapitel 1

Überlegungen zum Kulturbegriff:
T.S. Eliots Spuren in den angelsächsischen
Kulturwissenschaften

Die kulturelle Wende (*cultural turn*) in den Human- und Geisteswissenschaften hat neue Perspektiven und Forschungsfelder eröffnet, zugleich aber eine nachhaltige Verunsicherung erzeugt, die
ganz offenkundig mit der begrifflichen Unschärfe von Termini wie
Kulturwissenschaften und *Cultural Studies* zusammenhängt. Inhalt,
Bandbreite und Methodik dieser neuen Wissenschaftsfelder sind
unbestimmt, um nicht zu sagen ausufernd. Das schlägt sich auch in
den verschiedenen disziplinären Bezeichnungen nieder: Kulturwissenschaften, Kulturanalyse, Kulturanthropologie, Kulturtheorie,
Kulturphilosophie, Kulturgeschichte. Diese Bezeichnungen sind
keine Homonyme, sie haben Familienähnlichkeiten im Sinne Wittgensteins, aber es gibt keinen Oberbegriff, der all diese neuen bin-
nen-, trans- und außerdisziplinären Fokussierungen angemessen zu
einem Ganzen zusammenzufassen vermöchte.[1]

Besonders verschwommen und deshalb auch fortgesetzt Objekt
zünftig-traditioneller Kritik ist der Terminus *Kulturwissenschaft*, der
bekanntlich im Singular wie im Plural gebräuchlich ist. Insbesondere im Singular legt er die Idee einer neuen avancierten Disziplin
oder gar Leitdisziplin nahe, während er im Plural zudem noch zwei
weitere Bedeutungen umfasst. Zum einen die Idee einer Umwand-
lung bzw. bloßen Umbenennung aller bisherigen human- und geisteswissenschaftlichen Disziplinen, zum andern aber die Idee eines
transdisziplinären Netzwerkes, das – wie im Fall der angelsächsischen *Cultural Studies* – die Human- und gegebenenfalls auch die
Sozialwissenschaften im Hinblick auf das Makrophänomen Kultur
integriert.[2]

---

[1] Ludwig Wittgenstein, Philosophische Untersuchungen, § 66–71, Frankfurt/
Main: Suhrkamp 1971, S. 56–60.

[2] Christina Lutter, Markus Reisenleitner, Cultural Studies. Eine Einführung,
Wien: Löcker ³2001.

Der im Deutschen wenig gebräuchliche Terminus *Kulturstudien* nimmt sich demgegenüber viel bescheidener und punktueller aus und bezieht sich – in Analogie zu den angelsächsischen *Cultural Studies* – auf neue Themenfelder wie Popularkultur, Neue Medien, Geschlecht (*Gender*) und Interkulturalität.[3] Aber es ist gerade mit Blick auf den angelsächsischen Raum unverkennbar, dass sich die *Cultural Studies* zu einer einflussreichen Alternativ-Disziplin im akademischen Milieu entwickelt haben, die in einem schwer zu definierenden Grenzgebiet zwischen Sozial- und Humanwissenschaften anzusiedeln ist (→ Kap. 12).[4]

Den Begriff *Kulturanalyse* hat die niederländische Literatur- und Kunstwissenschaftlerin Mieke Bal nicht zuletzt in Auseinandersetzung mit den Kulturstudien angelsächsischer Provenienz und den deutschen Kulturwissenschaften geprägt. Bal teilt den kritischen politischen Impetus der *Cultural Studies*, auch ihre implizite Einsicht, dass die Analyse von kulturellen Phänomenen immer einen konstitutiven Bestandteil des Analysierten darstellt. Sie moniert indes deren einseitige Parteinahme für die ›moderne‹ Popularkultur sowie ihre mangelnde methodische Stringenz. Weder hätten die *Cultural Studies* eine verbindliche Methodologie entwickelt, noch hätten sie eine ausreichende Theorie der Inter- bzw. Transdisziplinarität entfaltet. Dadurch gerieten sie in Gefahr, den Anspruch wissenschaftlicher Intersubjektivität und Rationalität dem kulturellen und politischen Engagement (etwa für ethnische oder sexuelle Minderheiten, Frauen, Popular- und Sonderkulturen) unterzuordnen (→ Kap. 12).[5]

---

[3]   Roman Horak, Die Praxis der Cultural Studies, Wien: Löcker 2002; Moritz Baßler, Cultural Materialism und Cultural Studies, in: Ansgar Nünning, Vera Nünning (Hrsg.), Konzepte der Kulturwissenschaften, Stuttgart: Metzler 2003, S. 132–155.

[4]   Roger Bromley et al. (Hrsg.), Cultural Studies. Grundlagentexte zur Einführung, Lüneburg: zu Klampen 1999; Jan Engelmann (Hrsg.), Die kleinen Unterschiede. Der Cultural Studies Reader, Frankfurt/Main, New York: Campus 1999; Udo Göttlich et al. (Hrsg.), Die Werkzeugkiste der Cultural Studies. Perspektiven, Anschlüsse und Interventionen, Bielefeld: Transscript 2001; Karl H. Hörning, Rainer Winter (Hrsg.), Widerspenstige Kulturen. Cultural Studies als Herausforderung, Frankfurt/Main: Suhrkamp 1999; Rolf Lindner, Die Stunde der Cultural Studies, Wien: WUV 2001.

[5]   Mieke Bal, Kulturanalyse, hrsg. v. Thomas Fechner-Smarsly u. Sonja Neef, Frankfurt/Main: Suhrkamp 2002.

Man tut gut daran, eine solche Kritik ernst zu nehmen, gerade um die reflexiven – politischen, wissenschaftlichen und intellektuellen – Möglichkeiten zu bewahren und das neue kulturelle Paradigma gegen eine fortgesetzte traditionelle Kritik argumentativ zu verteidigen. Wenn hier dem Begriff *Kulturtheorie* gegenüber dem der Kulturanalyse der Vorzug gegeben wird, so im Hinblick auf die Einsicht, dass kulturwissenschaftliche Ansätze nur – in der Forschung wie in der Lehre – durch eine Theorie legitimiert werden können, in welcher der Begriff der Kultur, einer der schwierigsten, verwirrendsten und vielfältigsten Termini überhaupt, angemessen geklärt und expliziert wird.[6]

Eine solche Kulturtheorie wird vorab darauf verweisen, dass die neue Unübersichtlichkeit im Gefolge der kulturellen Wende ganz offenkundig mit der schillernden Bedeutungsvielfalt des Begriffs *Kultur* zu tun zu haben wird. Die Heterogenität, die kulturellen Phänomenen eigen ist, scheint ihren Niederschlag in eben diesen vielfältigen Betätigungsfeldern zu haben, die oben zitiert worden sind. Der Begriff *Kultur* ist nach innen wie nach außen multipel. Kultur setzt die Vielfalt von Kulturen kategorisch stets voraus. Vermutlich konstituieren, wie das Beispiel der angelsächsischen Kulturstudien und der deutschen Kulturwissenschaften zeigt, verschiedene (akademische) Kulturen auch unterschiedliche Typen von Wissenschaften, die sich mit dem Großphänomen Kultur befassen.

Kultur lässt sich von ihrer inhaltlichen wie von ihrer formalen Seite her bestimmen, inhaltlich als ein Insgesamt von Praktiken, Techniken, Überlieferungen und Artefakten, formal als ein Ensemble von Formgebungen und Medialisierungen. Die medialen Revolutionen des frühen und des späten 20. Jahrhunderts haben unser Augenmerk auf die medialen Aspekte kulturellen Geschehens und Tuns gelegt, auf die Tatsache, dass der Mensch immer schon in einer symbolisch vermittelten Welt lebt: Zeichen, Laut, Schrift, Piktogramm, ›Bild‹ sind solche Formen der Wirklichkeitsgestaltung, die unser Sein in der Welt erschließen und unser Tun in ihr leiten und bestimmen. Was die heutige Kulturtheorie von ihren Vorläufern unterscheidet, ist vor allem dieser veränderte semiotische Blickwinkel: Die linguistischen, medialen und ikonographischen

---

6 Claus-Michael Ort, Kulturbegriffe und Kulturtheorien, in: Ansgar Nünning, Vera Nünning (Hrsg.), Konzepte der Kulturwissenschaften, a.a.O., S. 19–38.

Fokalisierungen, all diese inflationär gewordenen Wenden (*turns*) sind Detailaspekte eben jener kulturellen Wende. In ihrem Kern beinhaltet jene die anthropologische Aussage, dass der Mensch, wie es Ernst Cassirer in seinem Spätwerk dargelegt hat, ein auf symbolische Vermittlung angewiesenes Lebewesen darstellt.[7]

Im Sinne einer ersten heuristisch tastenden Denkbewegung lassen sich zunächst einmal drei unterschiedliche Begriffe von Kultur beschreiben, die auf ganz unterschiedlichen Ebenen angesiedelt sind. Sie gehen nicht ineinander auf und sie verhalten sich auch nicht wie jene Spiele, die Ludwig Wittgenstein als Beispiel für sein Konzept der Familienähnlichkeit vorgestellt hat: Denn hier geht es um die Frage, ob die Menge aller Spiele überhaupt eine Gemeinsamkeit besitzen oder ob sie nicht vielmehr zu einem Begriff zusammengefasst werden, weil sie ein Verwandtschaftssystem beinhalten, ohne das jedes Spiel einen abstrakten Wesenszug mit allen anderen gemeinsam hätte.

Obschon es also sehr bemerkenswerte Verbindungen zwischen Spiel und Kultur gibt,[8] verhalten sich die Dinge in Bezug auf den Begriff *Kultur* doch etwas anders. Während das Spiel die Summe aller möglichen Spiele und Spieltypen umfasst – vom Maskenspiel bis zum Schach, vom Fußball bis zum Patiencenlegen – variiert der Begriff in seiner Reichweite beträchtlich: Kultur kann holistisch und allumfassend, Kultur kann aber auch partikulär und exklusiv verstanden werden.

Um den Begriff *Kultur*[9] handhabbar zu machen, reichen also klassische Definitionsversuche, wie sie immer wieder – von der Ethnologie bis zur Semiotik – unternommen wurden, ebenso wenig aus wie Wittgensteins logisch pfiffiges Konzept der Familienähnlichkeit. Eine Möglichkeit, diesem Dilemma zu begegnen, besteht darin, aus der Not eine Tugend zu machen und Kulturtheorie zu einer »fröhlichen

---

[7] Ernst Cassirer, Philosophie der symbolischen Formen, Wiesbaden: WBG 1964; ders., Versuch über den Menschen, Frankfurt/Main: Fischer 1990.

[8] Jan Huizinga, Homo ludens. Vom Ursprung der Kultur im Spiel, Reinbek: Rowohlt 1956.

[9] Für einen Überblick über die deutsch(sprachig)e Diskussion, vgl.: Handbuch der Kulturwissenschaften, Bd. 3: Themen und Tendenzen, hrsg. von Friedrich Jaeger und Jörn Rüsen, Stuttgart, Weimar: Metzler 2004, S. 1–193 (mit Beiträgen von Andrea Reckwitz, Burkhard Gladigow, Nico Stehr, Ruth Sonderegger u.a.).

Wissenschaft« ohne Methodenzwang zu machen. *Anything goes.*[10] Wen diese Beliebigkeit, die in der Tat interessante empirische Kulturstudien möglich macht, nicht befriedigt, der wird zu einem anderen Verfahren greifen müssen: Er oder sie wird die verschiedenen Bedeutungen von ›Kultur‹ sondierend erschließen und die verschiedenen Bedeutungen von Kultur sorgfältig unterscheiden, aber auch in ihrem Zusammenhang sehen. Für die konkrete Kulturanalyse kommt es darauf an, dass man weiß, mit welchem Begriff von Kultur man im Augenblick operiert. Mit dem späten Wittgenstein und der *ordinary language*-Bewegung gesprochen, fragen wir danach, wie Menschen – im Alltag wie in der Wissenschaft – den Begriff *Kultur* verwenden.[11]

Ganz klein kann Kultur jenen Sektor bezeichnen, den man soziologisch als ein soziales Feld oder kulturwissenschaftlich vielleicht als einen symbolischen Raum wird bezeichnen können. Er umfasst ein Segment, einen mehr oder minder ausdifferenzierten Sektor einer bestimmten Gesellschaft, die Welt der Künste mit ihren Veranstaltungen und den ihm entsprechenden Sektor in den Medien (Feuilleton, Kultursendungen). Dieser Sektor hat seine ganz spezifischen Gesetze und Spielregeln und grenzt sich von anderen Bereichen ab (→ Kap. 5, 9).[12] Dieses gesellschaftliche Partialsystem lässt sich erweitern, wenn man den Bereich der Popularkultur und des kommerziellen Films als massenkulturelles, gegen die ›Hochkultur‹ gerichtetes subkulturelles System innerhalb dieser ›Kunst-Kultur‹ begreift. Zu dieser Kultur gehören die mittlerweile divergierenden literarischen, musikalischen, filmischen und künstlerischen Kulturen. Dabei geht es sowohl um die Produkte (Bücher, CDs, Artefakte) als auch um die Prozesse (Inszenierung, Produktion, Distribution) von Kultur. Sie ist dadurch charakterisiert, dass sie räumlich, zeitlich und modal festgelegt ist. Deren Funktion im Hinblick auf Identität und Innovation ist eigens zu bestimmen. Es ist an dieser Stelle unübersehbar, dass die modernen Kulturstudien diesen gegen-

---

[10] Paul Feyerabend, Wider den Methodenzwang. Skizze einer anarchistischen Wissenschaftstheorie, Frankfurt/Main: Suhrkamp 1976; ders., Irrwege der Vernunft, Frankfurt/Main: Suhrkamp 1989.

[11] Vgl. auch Wolfgang Müller-Funk, Die Kultur und ihre Narrative, Wien/New York: Springer 2002.

[12] Pierre Bourdieu, Die Regeln der Kunst. Genese und Struktur des literarischen Feldes, Frankfurt/Main: Suhrkamp 1999.

über anderen Feldern exklusiven Bereich beträchtlich ausgeweitet haben.

Ein zweiter Begriff von Kultur ergibt sich, wenn man die verdächtige Neigung des Begriffs *Kultur* betrachtet, sich in eine Liaison mit anderen Begriffen zu begeben und sich in einem Doppelnamen zu vereinigen: Ich meine solche Begriffe wie politische Kultur, Esskultur, Spielkultur, Weinkultur, Dialogkultur, erotische Kultur. Die Liste ließe sich beinahe beliebig erweitern. Ganz offenkundig handelt es sich hier um einen anderen Begriff von Kultur, den ich als *ubiquitär* bezeichnen würde: Das heißt, es gibt Phänomene in nahezu allen Bereichen der Gesellschaft, die man mit dem Phänomen des Kulturellen belegt. Dabei geht es um angelernte Fertigkeiten, Verhaltensweisen, eingeübte Selbstverständlichkeiten, kurz um kulturelle Sozialisation. *Ubiquitär* kommt aus dem Lateinischen und meint: überall. Kultur in diesem Sinn wäre nicht mehr nur etwas Exklusives, sondern etwas, das sich überall findet. Eine Parlamentsdebatte, eine Preisverleihung oder ein Staatsbegräbnis haben bestimmte Formen der Repräsentation, sie werden medial vermittelt, sie haben bestimmte Rituale. Aber das macht sie noch lange nicht zu einem Kunstwerk, dessen symbolische Geltung auf das ihm zugeschriebene Feld begrenzt ist. Mit anderen Worten: Hier bildet die Kultur die formale Seite eines Geschehens, eines Ablaufs, eines Produktes, eines Materials, das selbst nicht Kultur ist, wenigstens nicht im engeren Sinn des Wortes.

Die kulturelle Wende, so lässt sich jetzt schon behaupten, ist dadurch charakterisiert, dass sie zum einen den partikularen Bereich der Kultur im engeren Sinn des Wortes erweitert (etwa um Popularkulturen, Film, Medien) und dass sie zum anderen diesem mittleren ubiquitären Bereich von Kultur erhöhtes Augenmerk schenkt.

Die dritte Bedeutung von Kultur erschließt sich, wenn wir uns Redewendungen wie die »Kultur der Griechen«, die »Kultur der Mayas« oder auch die durch Huntington bekannte Formel vom »Kampf der Kulturen« vor Augen halten. Hier wird Kultur – noch immer im Schatten Herders und Vicos und damit einer Tradition des 19. Jahrhunderts – als ein umfassendes Ganzes verstanden. Hier ist Kultur der Inbegriff dessen, was Menschen gemacht, hergestellt, erzeugt, erfunden haben, vom Rad bis zur *agora*, vom Weinbau bis zu Beethovens 9. Symphonie. Als Gegenbegriff bleibt hier nur der Grenzbegriff der Natur als das, was nicht von Menschen gemacht ist.

Kultur leitet sich vom lateinischen Verbum *colere* pflegen, bearbeiten ab. In diesem Sinn bedeutet Kultur Arbeit an der Natur. Heute wird dieser Gegensatz zuweilen ganz aufgelöst, indem die Natur ebenfalls als Konstrukt des Menschen angesehen wird. Das mag man für spitzfindig halten und bis zu einem gewissen Grad ist es das auch. Aber dass zum Beispiel der menschliche Körper nicht bloß ›Natur‹, sondern auch ›Kultur‹ darstellt und dass es gar nicht so einfach ist, dessen natürliche und kulturelle Seite voneinander zu scheiden, ist augenfällig.[13]

Dieser umfassende, holistische Begriff von Kultur hat den Nachteil, dass er nur mehr zwei Unterscheidungen kennt: Natur und Kultur. Man kann aber auch Kulturen gegeneinander stellen. Denn Kultur bedeutet immer, dass es mehrere Kulturen gibt, mehrere Sprachen, mehrere Religionen, verschiedene Künste, unterschiedliche Formen von Technik. Kultur ist – auf allen Ebenen – ein Produzent von Heterogenität, Vielfalt und Differenz. Erst durch diese Differenz wird Kultur als menschlicher Prägefaktor perspektivisch erfassbar. Eine homogene, statische universale Monokultur, die ohne Vergleich wäre, würde wesentliche Bestimmungen des Kulturellen einbüßen: Kontingenz, Arbitrarität, Produktion von Differenz, Mischung, Vielfalt.

Es gibt eine von Herder initiierte, spezifisch deutsche Tradition, die mit diesem umfassenden, holistischen Begriff von Kultur operiert und die im Sinne einer Morphologie kultureller Gebilde Kulturen vergleicht und miteinander kontrastiert. Sie tendiert dazu, diese Makrokulturen als mehr oder weniger homogene, d.h. in sich kompakte symbolische Welten zu betrachten, während umgekehrt in den *Cultural Studies* und den empirischen Kulturwissenschaften unserer Tage die Tendenz vorhanden ist, angesichts von Phänomenen wie Globalisierung und gesellschaftlicher Ausdifferenzierung gerade das Heterogene großer (nationaler und supranationaler) Kulturen zu akzentuieren.

Vereinfacht gesprochen, lassen sich also drei Ebenen von Kultur unterscheiden. Sie sind alle sinnvoll und keine hebt die andere auf. Anstatt des unsinnigen, (weil auch) vergeblichen Versuchs, eine Definition von Kultur fest- bzw. vorzuschreiben, kommt es darauf an,

---

[13] Terry Eagleton, The Idea of Culture, Oxford: Blackwell 2000, Dt.: München: C.H. Beck 2002.

sich klar zu machen, welche Ebene von Kultur gemeint ist, wenn von Kultur die Rede ist. Es versteht sich von selbst, dass die Untersuchung kultureller Phänomene sich höchst selten nur auf einer Ebene abspielt. Das folgende Schema versteht sich als ein Hilfsmittel der Analyse. Wir beginnen mit dem umfassendsten Begriff, den wir zuletzt diskutiert haben, während Kultur II den mittleren, ubiquitären und Kultur III den exklusiven Begriff des Phänomens beschreibt:

► Kultur I: Kultur als umfassendes Ganzes (alles ist Kultur außer der Natur).
► Kultur II: Kultur als Insgesamt symbolischer Formen und habitueller Praktiken (Kultur ist überall, aber nicht alles).
► Kultur III: Kultur als geschlossenes System (Kultur ist ein beschränkter, mehr oder weniger genau definierter Bereich).

An dieser Stelle ist es vielleicht angebracht darauf zu verweisen, dass der Begriff von Kultur I sich in einem erstaunlichen Verhältnis zum Begriff der Zivilisation befindet. Denn es ist ganz evident, dass der Begriff der Kultur in diesem weiten, inklusiven Sinn tendenziell mit jenem Begriff der Zivilisation verschmilzt. Denn auch im Begriff der Zivilisation sind all jene Phänomene mitverstanden, die nicht Kultur im engeren Sinn von Kultur II und Kultur III sind: Technik, Industrie, Zivilgesellschaft, Sitten und Gebräuche, Unterwerfung der Natur, der inneren wie der äußeren. In der Tat wird der Begriff *Zivilisation* im Englischen und Französischen in diesem Sinn verstanden, und zwar zunächst als Inbegriff der modernen (westlichen) Kultur. Wenn Sigmund Freud, der nicht zuletzt ein Sohn der Aufklärung war, in seiner berühmten Abhandlung *Das Unbehagen in der Kultur* diese als Sublimation, aber auch als Einschränkung menschlicher Libido analysierte und beschrieb, dann verwendete er den Begriff der Kultur im Sinne von Zivilisation. Die englischen und französischen Übersetzer haben dem insofern Rechnung getragen, als sie das deutsche Wort »Kultur« mit *civilisation* übersetzt haben. Demgegenüber gibt es eine spezifisch deutsche Tradition, in der Zivilisation und Kultur ausdrücklich und beinahe polemisch unterschieden werden (→ Kap. 2).[14] Im Gefolge von Klassik, Idealismus und Romantik wird Kultur in einem inneren Sinn mit Persönlichkeit und Bildung gleichgesetzt, während die Zivilisation ›nur‹ den äußeren

---

[14] Sigmund Freud, Das Unbehagen in der Kultur, Frankfurt/Main: Fischer, 1953.

technischen Aspekt meint. Diese Unterscheidung wird natürlich – Produktion der Differenz – gegen die Anderen gewendet: Die Anderen, das sind die Franzosen oder auch die Engländer, haben ›nur‹ Zivilisation, aber die Deutschen haben zudem ›Kultur‹. Norbert Elias hat diesen Unterschied in seinem Bahn brechenden Werk *Der Prozess der Zivilisation* wie folgt festgehalten:

> Der Begriff ›Zivilisation‹ bezieht sich auf sehr verschiedene Fakten: auf den Stand der Technik, auf die Art der Manieren, auf die Entwicklung der wissenschaftlichen Erkenntnisse, auf religiöse Ideen und Gebräuche. Er kann sich auf die Art des Wohnens oder des Zusammenlebens von Mann und Frau, auf die Form der gerichtlichen Bestrafung oder der Zubereitung des Essens beziehen, genau besehen gibt es beinahe nichts, was sich nicht in einer ›zivilisierten‹ und in einer ›unzivilisierten‹ Form tun ließe [...]
>
> Aber ›Zivilisation‹ bedeutet verschiedenen Nationen des Abendlandes nicht das gleiche. Vor allem zwischen dem englischen und französischen Gebrauch dieses Wortes auf der einen, dem deutschen Gebrauch auf der anderen Seite besteht ein großer Unterschied. Dort faßt der Begriff den Stolz auf die Bedeutung der eigenen Nation auf den Fortschritt des Abendlandes und der Menschheit in einem Ausdruck zusammen. Hier, im deutschen Sprachgebrauch, bedeutet ›Zivilisation‹ wohl etwas ganz Nützliches, aber doch nur einen Wert zweiten Ranges, nämlich etwas, das nur die Außenseite des Menschen, nur die Oberfläche des menschlichen Daseins umfasst. Und das Wort, durch das man den Stolz auf die eigene Leistung und das eigene Wesen in erster Linie zum Ausdruck bringt, heißt ›Kultur‹.[15]

Eine direkte Bestätigung der Beobachtung Elias' lässt sich in einem der folgenreichsten kulturphilosophischen Werke deutscher Zunge finden, dessen Einfluss sich bei Huntington[16] ebenso nachweisen lässt wie in der spekulativen Kulturphilosophie eines Peter Sloterdijk[17]. Die Rede ist von Oswald Spengler. In seinem berühmten Werk *Der Untergang des Abendlandes* spitzt Spengler, der Schüler Goethes, Herders (→ Kap. 4) und Nietzsches, die Differenz von Kultur und Zivilisation zu, wenn er Letztere als eine Form kulturellen Niedergangs beschreibt:

---

[15]   Norbert Elias, Der Prozess der Zivilisation. Soziogenetische und psychogenetische Untersuchungen, Bern: Francke 1969, Bd. 1, S. 1f.

[16]   Samuel P. Huntington, Kampf der Kulturen, Berlin: Siedler 1998.

[17]   Peter Sloterdijk, Sphären I: Blasen; Sphären II: Globen, Frankfurt/Main: Suhrkamp 1998 u. 1999.

Der Untergang des Abendlandes [...] bedeutet nichts Geringeres als das Problem der Zivilisation. [...] Die Zivilisation ist das unausweichliche Schicksal einer Kultur. [...] Zivilisationen sind die *äußersten* und *künstlichsten* Zustände, deren eine höhere Art von Menschen fähig ist.[18]

Spengler schöpft den etymologischen Gegensatz voll aus, indem er an die städtische Assoziation des Wortes »Zivilisation« und an die rurale, bäuerliche Konnotation des Wortes »Kultur« erinnert. So wird der Gegensatz von innerer Bildung vs. äußerer Technik durch jenen von Land und Stadt komplementiert.

Der Begriff *Kultur* ist also nicht so unschuldig, wie er tut. Dass die Kultur, auf die die gebildeten Deutschen so stolz waren, den »Zivilisationsbruch« der Shoah nicht verhindern konnte, hat diesen unbeschwerten kulturellen Selbststolz einigermaßen gründlich untergraben. Hinzu kommt, dass der Begriff der Zivilisation sehr viel stärker auf den prozessualen Aspekt von Kultur verweist als der deutsche Begriff von Kultur I, der sich wesentlich auf die Produkte und Spitzenleistungen konzentriert. Diese Ähnlichkeit zwischen dem traditionellen Begriff der Zivilisation und modernen Kulturkonzepten hat diesen freilich nicht akademisch reputationsfähig gemacht, vermutlich deswegen, weil die Zivilisation sich nicht mit Kultur II und Kultur III umstandslos verbinden lässt. Es gibt keine Pop-Zivilisation und auch keine Weinzivilisation.

Immerhin macht dieser Exkurs eines sinnfällig: dass nämlich beide Begriffe, *Kultur* und *Zivilisation*, einen höchst normativen Charakter haben. Sie teilen die Menschheit – wenigstens aus der Perspektive jener, die für sich eine besonders ›hohe‹ Kultur respektive Zivilisation reklamieren – in zwei Klassen von Menschen: in solche, die Kultur haben, die also kultiviert sind, und in solche, die unkultiviert sind bzw. ›nur‹ Zivilisation haben. Aber auch der Begriff der Zivilisation wirkt ähnlich diskriminierend, wenn er Zivilisierte und Unzivilisierte als zwei Gruppen von Menschen unterscheidet.

Kultur ist also keineswegs arg- und harmlos, sondern – und das wusste auch schon die Kritische Theorie – im höchsten Maß konstitutiv für die Etablierung von Diskriminierung und Herrschaft. Oder um bei der etymologischen Bedeutung des Wortes zu bleiben: Diskriminierung heißt zunächst Unterscheidung, aber diese Unter-

---

[18] Oswald Spengler, Der Untergang des Abendlandes, München: dtv 1972, S. 43f.

scheidung impliziert im nächsten Schritt, was wir als Diskriminierung bezeichnen. Kulturen auf allen Ebenen ist es inhärent, dass sie Rangordnungen etablieren. Das hängt damit zusammen, dass es sich bei *Kultur* um keinen rein deskriptiven oder analytischen, sondern um einen im höchsten Grad normativen Begriff handelt. Wertung und Abwertung des/der Anderen bedingen einander. Wer weniger kultiviert ist, der kann nur geringe Ansprüche geltend machen. In Gestalt des Rückständigen, Wilden, Barbaren wird er zum Objekt der Zivilisierung bzw. Kultivierung. Die Formel von der Bürde des weißen Mannes, die der englische Schriftsteller und Indien-Reisende Rudyard Kipling zum geflügelten Wort gemacht hat, gehört ebenso zu dieser selbstverständlich eingenommenen Herrenpose, wie die Äußerung Blairs vor dem 2. Irakkrieg, man dürfe den Irakern nicht die Errungenschaften moderner westlicher Demokratie vorenthalten.

Nebenbei bemerkt, haben der Kolonialismus und die Kultur in dem schon erwähnten lateinischen Wort *colere* einen gemeinsamen Bezugspunkt.[19] Indem also Kultur Abstände markiert, Differenzen setzt, Unterscheidungen trifft, wird Kultur zu einem Phänomen, das gleichsam als Überbau nicht nur Macht und Herrschaft legitimiert, vielmehr sind diese in Kultur eingeschrieben – verbinden sich mit anderen Formen von Macht: ökonomischer, sozialer, politischer.

Eine kritische Aufgabe im Bereich von Kulturanalyse und Kulturwissenschaft muss also darin bestehen, diese verstohlenen Formen der Macht in der Kultur ausfindig und transparent zu machen. Insofern die englischen *Cultural Studies* – etwa im Bereich der postkolonialen Studien (*Postcolonial Studies*) – sich selbstkritisch mit der kolonialen Vergangenheit auseinandersetzen, in der die narrative Matrix von Fortschritt und Zivilisation eine zentrale Rolle spielt, ist der umfassende Kulturbegriff (Kultur I) auch in diesem Bereich unverzichtbar und unhintergehbar, wenn auch vornehmlich als kritisch zu hinterfragender, dekonstruierbarer Gegenbegriff; für die eigene Analyse viel entscheidender sind freilich die Weitungen, die der klassische Kulturbegriff in den diversen kulturwissenschaftlichen Ausprägungen erfahren hat. Diese betreffen vor allem die Kultur III, die Kunst-Kultur und auch jene ubiquitären symbolischen Formen (Kultur II).

---

[19] Terry Eagleton, The Idea of Culture, a.a.O., S. 1–31.

Es ist nicht ganz ohne Ironie, dass es ein politisch und ästhetisch konservativer Dichter war, der den neo- bzw. postmarxistischen Proponenten der frühen *Cultural Studies* und dem *Centre for Contemporary Cultural Studies* (CCCS) die Stichworte geliefert hat: Thomas Stearns Eliot (1882–1965). Als Vertreter des *New Criticism* stand der einflussreiche Kritiker, Essayist, Dramatiker und Lyriker T.S. Eliot naturgemäß auf der anderen Seite der intellektuellen und akademischen Barrikade. Der Diskursbegründer der modernen Kulturtheorie – neben dem Kommunisten Antonio Gramsci (→ Kap. 12) – war ein katholischer Tory.

Eliot ist hierzulande wenig bekannt, vielleicht am ehesten noch durch sein Drama *Mord im Dom* (*Murder in the Cathedral*, 1935), einem Stück, das im Milieu des *renouveau catholique* der Nachkriegszeit zum Klassiker avancierte. Eliot, in Canettis nachgelassenen Londoner Erinnerungen als »abgrundschlecht« verunglimpft,[20] war ein doppelter Konvertit: ein Amerikaner, der zu einem katholischen Europäer und Engländer mutiert war. Er war eine Schlüsselfigur des literarischen und intellektuellen Lebens seiner Wahlheimat. Das Entstehen seines Buches *Towards the Definition of Culture*, das so wichtige Theoretiker wie Raymond Williams beeinflussen sollte, geht auf drei in deutscher Sprache gehaltene Rundfunkvorträge über die Einheit der europäischen Kultur zurück. Ihr historischer Kontext war die Rückbesinnung auf die abendländisch-europäischen Werte nach der Katastrophe des Nationalsozialismus. Auch im Kulturkonservativismus Eliots schlummert der Gegensatz von Kultur und Zivilisation, so etwa wenn Eliot, hier in seiner Feindbildlichkeit ganz ähnlich wie Spengler, im Hinblick auf die moderne Motorisierung »von den barbarische[n] Nomaden [...] in ihren vollmechanischen Wohnwagen« spricht.[21]

Eliot unterscheidet drei Ebenen von ›Kultur‹:

► die Kultur des Einzelnen
► die Kultur einer Gruppe
► die Kultur einer gesamten Gesellschaft

---

[20] Elias Canetti, Party im Blitz. Die englischen Jahre, München: Hanser 2003, S. 137.
[21] T.S. Eliot, Notes towards the Definition of Culture, London: Faber & Faber 1962. Ein ausführlicher Kommentar zu Eliot findet sich bei: Terry Eagleton, The Idea of Culture, a.a.O., S. 24–28; 112–122 bzw. in Wolfgang Müller-Funk, Die Kultur und ihre Narrative, a.a.O., Kap. 1.

Die Unterscheidung Eliots ist nicht identisch mit der oben getroffenen. Sie ist eine primär soziologische. Dabei steht die Interdependenz zwischen Individuum, Gruppe und Gesellschaft im Mittelpunkt. Eliot geht davon aus, dass die jeweils kleinere Kultur von der größeren abhängig ist, also die Kultur des Einzelnen von der Kultur der Gruppe, diese wiederum von der Kultur der Gesellschaft:

> It is part of my thesis that the culture of the individual is dependent upon the culture of a group or class, and that the culture of the group or class is dependent upon the culture of the whole society to which that group or class belongs.[22]

Immerhin geht Eliot davon aus, dass es einen mehr oder minder homogenen kulturellen Rahmen gibt, in den die Kultur der Gruppe und, über sie vermittelt, die Kultur des Individuums eingebunden ist.

Auf der anderen Seite besitzt die Kultur einer Gruppe eine definitive Bedeutung. Das gleiche gilt für die Kultur des Individuums (»the self-cultivation of the individual«)[23], die Eliot positiv gegen die sich damals entwickelnde neue Massenkultur abhebt. Diese Massenkultur wird als eine Kulturform gesehen, in der die Selbst-Kultivierung des Einzelnen unterbleibt. In dem bis heute wieder und wieder aufgelegten Buch liefert Eliot mehrere Definitionen von Kultur. Die erste ist normativ und zielt auf die Funktion der Sinngebung:

> Culture may even be described simply as that which makes life worth living. And it is what justifies other peoples and other generations in saying, when they contemplate the remains and the influence of an extinct civilisation, that it was worthwhile for that civilisation to have existed.[24]

Kultur wird hier als ein normatives Symbolsystem gesehen, das der Welt der menschlichen Erfahrungen Sinn verleiht. An diesem Punkt nähert sich Eliot einem modernen österreichischen Dichter, nämlich Hermann Broch, dem zeitweiligen Weggefährten Canettis, der, nicht zuletzt unter dem Einfluss Spenglers, die moderne Welt in seinen Romanen und in seinem essayistischen Werk als Wert- und

---

[22] T.S. Eliot, Notes, a.a.O., S. 21–34.
[23] Ders., Notes, a.a.O., S. 21.
[24] Ders., Notes, a.a.O., S. 27.

Sinnvakuum beschreibt.[25] Unüberhörbar auch das kulturelle Pathos bei Eliot, wenn er einen nachzeitigen Beobachter konstruiert, der beim Anblick der Überreste dieser inzwischen verloschenen Kultur konstatiert, dass die Menschen in dieser nicht umsonst gelebt hätten. Auch hier liegt der Unterschied zwischen Zivilisation und Kultur auf der Hand: Kultur ist in Differenz zu »Zivilisation« sinn- und wertstiftend. Und nur diese Sinngebung ermöglicht symbolische Teilhabe an der Welt.

So betrachtet, liegt es nahe, Religion als das Fundament jedweder Kultur anzusehen. ›Kultur‹ und ›Religion‹ sind nur zwei Seiten ein und derselben Medaille. Die Religion stellt dabei den materialen, die Religion den ideellen Aspekt dar. Eliot benützt in diesem Zusammenhang den aus dem christlichen Traditionsfundus stammenden Begriff der Inkarnation. Kultur ist Religion.[26]

Modern an dieser Auffassung ist die Überlegung, dass die Macht der Glaubensanschauungen, Ideologien und Weltbilder sich nicht auf den geistesgeschichtlichen Ideenhimmel beschränkt, sondern dass sie in die gelebte Kultur der Menschen eingeht. An dieser Stelle vollzieht Eliot sozusagen eine kulturelle Wende: keine Kultur ohne religiöse Sinnstiftung, aber keine Religion ohne kulturelle Verankerung im konkreten, körperlichen Menschen.

Aus dieser zunächst sehr konventionell anmutenden ersten Definition von Kultur entfaltet T.S. Eliot eine weitere, die insbesondere in der Version von Raymond Williams[27] berühmt geworden ist, freilich ohne die positive Bezugnahme auf die christliche Religion und ohne Polemik gegen die moderne Massenkultur. Eliot schreibt in seinem Essay von 1948:

> Yet there is an aspect in which we can see a religion as *the whole way of life* of a people, from birth to the grave, from morning to night and even in sleep, and that way of life is also its culture. And at the same time we must recognise that when this identification is complete, it means in actual societies both an inferior culture and an inferior religion.

Ungeachtet seiner konservativen und elitären Grundhaltung vertritt Eliot – etwa gegen Matthew Arnolds kanonischem Text *Culture*

25 Hermann Broch, Massenwahntheorie. Beträge zu einer Psychologie der Politik, Frankfurt/Main: Suhrkamp 1979, S. 11–42.
26 T.S. Eliot, Notes, a.a.O., S. 31ff.
27 Roman Horak, Die Praxis der Cultural Studies, a.a.O., S. 31.

and Anarchy (1867) – einen geweiteten Begriff von Kultur, der diese nicht auf Kunst und intellektuelle Betätigung beschränkt. Was Eliot hier sinnfällig macht, ist die Allgegenwärtigkeit des Kulturellen im alltäglichen Lebensvollzug. In diesen Lebensvollzug sind auch die Bereiche des Unbewussten (Schlaf) einbezogen. Diese praktische und implizite, der Selbstwahrnehmung entzogene Kultur bezeichnet er als ›niedere‹ Kultur (resp. Religion). Kultur wird als Modus des Lebens bestimmt, und dieser Modus ist in allen gesellschaftlichen Aktivitäten gegenwärtig. In einem zweiten Schritt werden sie denn auch exemplarisch benannt:

> It includes all the characteristic activities and interests of a people: Derby Day, Henley Regatta, Cowes, the twelfth of August, a cup final, the dog races, the pin table, the dart board, Wensleydale cheese, boiled cabbage cut into sections, beetroot in vinegar, nineteenth-century Gothic churches and the music of Elgar. The reader can make his own list.[28]

Die bunte Mischung ist Teil der rhetorischen Absicht, das Offene und Heterogene der Kultur herauszustreichen. Eine Weitung bezieht sich auf einen Bereich, der sich im Nahbereich der Kultur III, der Kunst-Kultur befindet: den Sport. Dieser ist in der Aufzählung mehrfach vertreten. Daneben wird die (englische) Esskultur bemüht, um sodann beide mit zwei Produkten der Hochkultur, neugotischen Kirchen und der Musik des englischen Klassikers David Elgar zu konfrontieren. Es ließe sich also sagen, dass Eliot den Kulturbegriff zweifach weitet: indem er den klassischen Kunst-Kulturbegriff um neue Formen und Ereignisse erweitert und indem er Momente jenes mittleren Kulturbegriffs entfaltet, in dem es um die kulturelle Formierung und Formatierung des privaten Lebensvollzugs zur Lebenskultur geht. Kultur, als gelebte »Religion« ereignet sich im Vollzug des Alltags. Eliot ist auch hierin wegweisend, da er darauf aufmerksam macht, dass die »Haltungen« der Menschen niemals »pur« und homogen sind, sondern stets Mischformen darstellen.

Eliot hatte eingangs die Kultur auf drei sozialen Ebenen eingeführt. Nun führt er in seinem Essay noch eine weitere Unterscheidung ein, die ganz offenkundig mit seiner Definition der Kultur als »way of life« zusammenhängt. Er unterscheidet nämlich zwei Manifestationsformen von Kultur:

---

[28] T.S. Eliot, Notes, a.a.O., S. 31.

► eine niedere und unbewusste Ebene von Kultur
► eine höhere und bewusste Ebene von Kultur

In ihrem alltäglichen Vollzug sind Kultur und Religion unbewusst, das heißt, die Bedeutungen, Werte, die ihren Handlungen zugrunde liegen, sind nicht manifest, sondern latent, das heißt aber auch, sie kommen von Zeit zu Zeit, nur unter ganz bestimmten kulturellen Umständen, zum Vorschein:

> [...] people are unconscious of both their culture and their religion. Anyone with even the slightest religious consciousness must be afflicted from time to time by the contrast between his religious faith and his behaviour; anyone with the taste that individual or group cultures confer must be aware of values which he cannot call religious. And both ›religion‹ and ›culture‹, besides meaning different things from each other, should mean for the individual and for the group something towards which they strive, not merely something which they possess.[29]

Im intellektuellen Haushalt des 20. Jahrhunderts ist der Terminus des Unbewussten durch den Diskurs der Psychoanalyse bestimmt und besetzt. Aber bei Eliot meint er etwas gänzlich anderes. Das Unbewusste bei Freud ist eine Dimension unseres durch den Körper bestimmten Daseins, die uns zwangsläufig entgeht und die sich nur indirekt (durch Symptome) mitteilt. Das Unbewusste ist das, was dem Bewusstsein unzugänglich bleibt. Natürlich ist das Reden über dieses Unzugängliche – bei Freud wie bei Lacan – höchst paradox, denn es wird über etwas gesprochen, über das sich nicht eigentlich sprechen lässt – wenn es dieses unzugänglich Unbewusste ist. Dieses Unbewusste wird als etwas Quasi-Natürliches gesehen, das sich der kulturellen Formung entzieht. Das Un- oder Unterbewusstsein hat keine Geschichte.

Das Unbewusste, wie es Eliot versteht, ist latent Bewusstes, etwas, das eingelernt und (sodann) automatisiert worden ist. Es kann vergessen werden, weil es gleichsam internalisiert und automatisiert worden ist. Das führt uns zu einem erstaunlichen Befund, dass nämlich ein Gutteil dessen, was wir unter ›Kultur‹ verstehen, gar nicht bewusst und explizit, sondern vielmehr unbewusst und implizit ist, unserem alltäglichen Bewusstsein entgeht. Kultur lässt sich als etwas bestimmen, dass Unbewusstheit produziert.

---

[29] Ders., Notes, a.a.O., S. 31.

Das lässt sich an einem Beispiel veranschaulichen. Wir haben alle das Autofahren gelernt. Irgendwann einmal ist uns diese Kulturtechnik zur Selbstverständlichkeit geworden. Wir denken nicht daran, wie wir unsere Beine zwischen Gaspedal, Kupplung und Bremspedal hin- und herbewegen, wir schalten automatisch oder schauen wie von selbst in den Rückspiegel. Deshalb auch ist es uns möglich, uns mit unseren Beifahrern und Beifahrerinnen zu unterhalten.

Wie gründlich wir vergessen haben, was wir tun, tritt zutage, wenn wir jemandem das Autofahren beibringen wollen und z.B. die Tochter aufgeregt fragt, ob sie erst auf die Kupplung und dann auf die Bremse treten soll, und damit präzise nach der korrekten Reihenfolge der Bewegungsabläufe fragt.

In dieser erstaunlichen Situation, in der der Lehrende länger darüber nachdenken muss, was er denn eigentlich tut, wenn er Auto fährt, fällt ihm dann auch jenes Phänomen auf, das Eliot als Kontrast zwischen religiösem Glauben und praktischem Verhalten beschrieben hat. Der religiöse Glauben ist hier die Allgemeine Straßenverkehrsordnung, deren Regeln die lernende Tochter sehr viel bewusster wahrnimmt als der fahrtüchtige Vater, der sich anhören muss, wie oft er – ein klein wenig – gegen den Katechismus des modernen Straßenverkehrs verstößt. Als Postskript sei angeführt, dass sich Kulturen auch darin unterscheiden, wie sehr sie diese Differenz von formal festgelegtem Katechismus und der informellen Ordnung der Dinge akzeptieren oder sanktionieren.

Für die These, dass Kultur in einem weiteren Sinn Unbewusstheit erzeugt, lassen sich viele Beispiele anführen, so etwa auch die Sprache. *Um einen wohlgeformten Satz im Deutschen zu schreiben, bediene ich mich nicht des Katechismus der Grammatik.* Ich habe den Satz, den ich gerade – vor einigen Sekunden – geschrieben habe, nicht damit begonnen, mir zu überlegen, dass ich ihn mit einem infinitivischen Nebensatz mit »um« beginne, der mich zu einer ganz bestimmten Wortstellung (Akkusativ vor Infinitiv) verpflichtet und der mir fernerhin vorschreibt, in dem sich anschließenden Hauptsatz – entgegen der üblichen Vorschrift – das Verb (»bediene«) vor das Subjekt (»ich«) zu stellen. Ich habe auch keine Sekunde daran gedacht, dass das Akkusativ-Objekt (»mich«) dem Genetiv-Objekt vorangestellt worden ist. Mein Bewusstsein hat auch nicht realisiert, dass das Verb »bedienen« wie einige andere Verben im Deutschen eines Genetiv-Objekts (»des Katechismus«) bedarf. Um Studierenden, die des

Deutschen nicht mächtig sind, die grammatikalischen Regeln zu erklären, die zu der Ausformung dieses Satzes geführt haben, bedürfte es nicht weniger Stunden Unterricht.

Die spannende Frage ist nun, wann Kultur aus dem Dornröschenschlaf selbstverständlich vollzogener Unbewusstheit erwacht. Die Situation des Lernens, der Weitergabe von Kulturtechnik (Schule, Tradition) wäre eine solche Situation. Damit verwandt, aber doch ganz anders, ist die Situation, wenn ich auf den Vertreter einer Kultur treffe, der weder das Fortbewegungsmittel Auto noch die Allgemeine Straßenverkehrsordnung kennt. Und eine dritte ist denkbar, dann nämlich, wenn sich die Bedingungen der Fortbewegung ändern und Vorschläge für die Änderung des Straßenverkehrs zur Diskussion stehen. Die vielen Kreisverkehre (oder die neuen Rechtschreibregeln), die in den letzten Jahren eingeführt worden sind, besitzen für eine gewisse Zeit ein Irritationspotenzial.[30]

Das bewusste Moment in der Kultur ist gewissermaßen die Spitze eines Eisberges, die aus dem Meer des Unbewussten lugt. Aber so klein der Anteil des Bewusstseins auch sein mag, für das Schicksal der jeweiligen Kultur ist die bewusste Ebene von Kultur – etwa in Gestalt von Kunst, Wissenschaft, Mythos und Glauben – von zentraler Bedeutung. Denn in diesen »symbolischen Formen« (Cassirer → Kap. 3) werden die Veränderungen der kulturellen Landkarten durchgesetzt und ausgehandelt. Unter den Bedingungen der Moderne werden Kunst und Wissenschaften zu Produzenten kulturellen Wandels. Aber immerhin könnte es auch zutreffen, dass Veränderungen statthaben, die sich in unserer alltäglichen Fahr- und Sprachpraxis vollziehen und die erst viel später dem Bewusstsein unserer Kultur zugänglich werden.

Eliot projiziert die beiden Aspekte von Kultur auf die soziale Ebene. Die verschiedenen Elemente von Kultur korrespondieren mit dem Gegensatz zwischen Masse und Elite, wobei die eine die Trägerin der bewusstlosen Alltagskultur, die andere jene der bewussten Hochkultur darstellt. Als Konservativer ist Eliot von der Notwendigkeit einer hierarchisch geordneten Gesellschaft und einer entsprechend geordneten Kultur überzeugt. Für ihn steht außer

---

[30] Wolfgang Müller-Funk, Die Kultur und ihre Narrative. Eine Einführung, a.a.O., Kap. 5.

Zweifel, dass es die (christlich-abendländische) Hochkultur ist, die ›lebenswert‹ ist.

> What is important is a structure of society in which there will be, from ›top‹ to ›bottom‹, a continuous gradation of cultural levels: it is important to remember that we should not consider the upper levels as possessing *more* culture than the lower, but representing a more conscious culture and a greater specialisation of culture. The levels of culture may also be seen as levels of powers, to the extent that a smaller group at a higher level will have equal power with a larger group at a lower level; for it may be argued that complete equality means universal irresponsibility; and in such a society as I envisage, each individual would inherit greater or less responsibility towards the commonwealth, according to the position in society which he inherited – each class would have somewhat different responsibilities.
>
> A democracy in which everybody had an equal responsibility in everything would be oppressive for the conscientious and licentious for the rest.[31]

In Eliots Argumentation dient Kultur der Legitimation von Hierarchie und Herrschaft. Weil es in nationalen Binnenkulturen nämlich verschiedene Ebenen von Kultur gibt und geben muss, existieren auch verschiedene soziale Repräsentationen, die diese kulturellen Abstufungen widerspiegeln. Kulturelle und soziale Ungleichheit bedingen einander. Immerhin ist Eliot insofern kein Kultur-›Romantiker‹, als er den Zusammenhang zwischen Kultur und Macht unumwunden zugibt. Eine kleine Gruppe, die eine höhere Ebene von Kultur repräsentiert, verfügt über dieselbe Macht wie eine große Gruppe auf einer niedrigeren Ebene. Eliots Konzept von Demokratie enthält einen kulturaristokratischen Akzent. Es ist die Elite, die Trägerin auch der bewussten Kultur, die Verantwortung trägt. Demokratie bedarf der Elite, der Menschen, die Verantwortung übernehmen.

Der höhere Grad von Bewusstsein, die Hochkultur und ein Mehr an Macht und Verantwortung bedingen sich bei Eliot wechselseitig. An diesem Ordnungsideal einer hierarchisch geschichteten Gesellschaft gemessen, müssen die nivellierenden Tendenzen moderner Massenkultur zwangsläufig als negativ und als Symptom für kulturellen Niedergang gedeutet werden.

---

[31] T.S. Eliot, Notes, a.a.O., S. 48.

Es ist vielleicht abschließend interessant, Eliots Konzept mit jenem der Frankfurter Schule einerseits und der *Cultural Studies* andererseits zu vergleichen. Zwar teilen Horkheimer und Adorno mit Eliot die Ablehnung und Geringschätzung der modernen Massenkultur, aber ihr Kulturkonservativismus ist mit einem ›linken‹ gesellschaftskritischen Impuls verbunden. Sie sehen in der klassischen Moderne eines Beckett oder Kafka eine Form von bewusster Kultur, die die herrschenden Verhältnisse zwar nicht zum Tanzen bringt, aber doch die Verblendungs- und Verfremdungszusammenhänge aufzeigt und durchschaubar macht. Die *Cultural Studies*, die zunächst durchaus auf Adornos und Horkheimers Analyse der Kulturindustrie zurückgegriffen haben, betonen demgegenüber die progressive Seiten der modernen Massenkultur (Popularkultur) und würdigen deren innovative und demokratische Impulse. Seit dem Erscheinen von Eliots Essay und infolge der dramatischen kulturellen Veränderungen seit den 1970er Jahren hat sich das Verhältnis von Hochkultur und Massenkultur dramatisch zugunsten der Letzteren verschoben und es bleibt die Frage, ob diese Demokratisierung der Kultur mitsamt den damit verbundenen Machtverschiebungen nicht am Ende zu Lasten der Qualität der Künste (Kultur III) gegangen ist. Nicht nur schätzen wir heute den emanzipatorischen Impuls der völlig durchkommerzialisierten Popularkultur sehr viel geringer ein als in den frühen 1970er Jahren, vielmehr können wir heute den Preis ermessen, der mit der Marginalisierung ›elitärer‹ Kultur, wie er nicht zuletzt in der allgemeinen Schulbildung auffällig wird, entrichtet worden ist.

Kritikpunkte und Anmerkungen

▶ Eliots Konzept ist aus heutiger Warte ambivalent. Es war für die *Cultural Studies* bedeutsam. Zugleich ist es aber einem Kulturkonservatismus verpflichtet, dem wir heute nicht mehr ohne weiteres beipflichten können, und zwar nicht nur wegen der Werte, die er präferiert, sondern weil er sich auch perspektivisch Zugänge auf neue kulturelle Phänomene verstellt.

▶ Eliots Konzept von »Kultur« ist normativ; es gibt keine Kriterien für diese Normen an und vermengt Deskription und Wertung.

▶ Eliots Begriff von Kultur ist ethnozentrisch; er setzt Kultur im Wesentlichen mit Europa gleich.

- Eliots Begriff von Kultur ist ähnlich jenem in den *Cultural Studies* allumfassend, dafür aber nicht spezifisch.
- Eliots Begriff von Kultur steht im Widerspruch zum heutigen Selbstverständnis moderner westlicher Gesellschaften (Netzwerk, sanfte Hierarchien, Gleichberechtigung von einzelnen Kulturen, Interkulturalismus).
- Eliots Begriff von Kultur beleuchtet indirekt den intrinsischen Zusammenhang von Kultur, Macht und Herrschaft, übersieht aber deren destabilisierende Momente oder – positiv ausgedrückt – das Veränderungspotenzial und die reflexive Funktion von kulturellen Mechanismen und Phänomenen.
- Eliots Vorstellung von der unbewussten Kultur ist theoretisch nicht expliziert.
- Eliots Analyse von Kultur liefert kein methodologisch stringentes Konzept der Kulturanalyse.

Literatur

T.S. Eliot, Notes towards the Definition of Culture, London: Faber & Faber 1948.

Terry Eagleton, Was ist Kultur? München: C.H. Beck 2002.

Wolfgang Müller-Funk, Die Kultur und ihre Narrative, Wien/New York: Springer 2002.

Kapitel 2

Psychoanalyse als Kulturtheorie: Sigmund Freud

Die Frage, ob die Psychoanalyse in ihren verschiedenen Ausprägungen – Freud, Jung, Lacan – implizit auch eine Theorie der Kultur darstellt bzw. beinhaltet[1], ist nicht leicht zu beantworten. Noch schwieriger gestaltet sich die Frage, welchen Beitrag sie zu einer zeitgemäßen Theorie von Kultur leisten kann und in welchem Verhältnis sie zu heutigen semiotischen Konzepten von Kultur steht.

Eine pragmatische Antwort lässt sich allemal geben, nämlich die, dass die Psychoanalyse in all ihren Varianten in den westlichen Kulturen Europas, Amerikas und Australiens präsent ist, übrigens am wenigsten im psychologischen Fachdiskurs, dem sie ursprünglich entsprang, doch dafür in der Philosophie und allen Human- und Kulturwissenschaften. Sie ist bis heute tonangebend; Begriffe, die ihr entstammten, sind, ihres ursprünglichen Kontextes beraubt, selbstverständlich Teil der Diskurse des Alltags, der Medien und der Politik geworden: Verdrängung, Projektion, Narzissmus, Verarbeitung, Trauerarbeit, Übertragung. Es wäre lohnend, im Rahmen einer kulturwissenschaftlichen Studie den Prozess dieser Verankerung zu untersuchen. Eliot folgend (→ Kap. 1), ließe sich behaupten, dass die Psychoanalyse eine Zivilreligion des Alltags geworden ist und dass sie den einen Prozess durchlaufen hat, den man als Produktion von Unbewusstheit bezeichnen könnte. Wir verwenden den Diskurs der Psychoanalyse so selbstverständlich, dass wir gar nicht mehr wissen, woher all diese zentralen Begriffe stammen. Autoren wie Freud, Jung und Lacan haben großen Einfluss auf Denker ausgeübt, die man ohne Umschweife als Kulturtheoretiker wird bezeichnen können: die archetypischen Wunschbilder Benjamins (→ Kap. 6) und Blochs, sozusagen die imaginären Überschüsse der jeweiligen Kultur[2], die Diskurse über die Alterität und den Blick des Anderen[3], die Kulturkritik der Frankfurter Schule (→ Kap. 6),

---

1 Gerda Pagel, Lacan zur Einführung, Hamburg: Junius/SOAK 1989.
2 Ernst Bloch, Erbschaft dieser Zeit, Frankfurt/Main: Suhrkamp 1962.
3 Julia Kristeva, Fremde sind wir uns selbst, Frankfurt/Main: Suhrkamp 1990.

sie alle sind kaum denkbar ohne die Leihgaben, die sie jeweils von C.G. Jung, Lacan oder Freud bezogen.

Mit Foucault (→ Kap. 8) gesprochen, ist Freud ein *Autor* insofern, als er einen Diskurs eröffnet, einen Diskurs über Phänomene, die bis dahin mehr oder weniger sprachlos waren[4] und die im Näheren wie im Weiteren um die menschliche – männliche, weibliche – Sexualität kreisen. Von ihrem Ausgangspunkt ist die Psychoanalyse, übrigens auch jene Lacans, die diese mit dem Strukturalismus versöhnte (indem sie das Unbewusste als eine Art Sprache ansah)[5], keine Kulturtheorie *sui generis*. Denn dieses Unbewusste wird nicht als historisch, d.h. kulturell veränderlich gedacht; Freuds Triebtheorie hat alle Züge einer metahistorischen und metakulturellen Anthropologie. Es gibt bei dem Begründer der Psychoanalyse keinerlei Hinweis darauf, dass Libido und Aggressionstrieb kulturellem Wandel unterliegen. Der Mensch, dem die Psychoanalyse in seinen heimlichsten Neigungen auflauert und dessen Obsessionen sie durch die Geschwätzigkeit des Traumes und des Dialogs ans Tageslicht zerrt, gehört ganz und gar – wenigstens in der klassischen Selbstdeutung der Psychoanalyse – auf die Seite der Natur.

Insofern ist insbesondere das Denken Freuds ganz dem traditionellen Gegensatz von Natur und Kultur verpflichtet, wobei die Natur die feindliche Außenwelt wie die übermächtige Binnenwelt der menschlichen Triebe – die Metapher selbst hat biologische Konnotationen – meint. Der Psychoanalytiker, ein Hybrid aus zeitgenössischem Naturwissenschaftler und spekulativem Philosophen, ist und wird auf Schritt und Tritt mit kulturellen Phänomenen konfrontiert. Natürlich spielt auch – etwa in *Totem und Tabu*[6] – der Ehrgeiz hinein, die neue Disziplin vermochte auch andere Bereiche zu erhellen, die nicht unmittelbar Gegenstand des psychoanalytischen Diskurses sind. Phänomene wie Massen, die Religion oder auch die Kritik an der eigenen Kultur sind Themenkomplexe, die

---

4 Michel Foucault, Sexualität und Wahrheit 1: Der Wille zum Wissen, Frankfurt/Main: Suhrkamp 1977.

5 Samuel M. Weber, Rückkehr zu Freud. Jacques Lacans Ent-stellung der Psychoanalyse, Frankfurt/Main: Ullstein 1978.

6 Sigmund Freud, Totem und Tabu. Einige Übereinstimmungen im Seelenleben der Wilden und der Neurotiker, Sigmund Freud-Studienausgabe, Band IX: Fragen der Gesellschaft. Ursprünge der Religion, hrsg. von Alexander Mitscherlich et al., Frankfurt/Main ⁵1974, S. 287–444.

für die Psychoanalyse eine Herausforderung darstellen. In einem Analogieschluss wird nicht mehr der einzelne Mensch, sondern die westlich-abendländische Menschheit und damit die Kultur in ihrem umfassenden Sinn (Kultur I → Kap. 1) zum Gegenstand von Beobachtung, Diagnose und – verfänglich genug – der Therapie. Dieser vom Einzelnen auf die Gesellschaft übertragene Anspruch der Heilung hat der Psychoanalyse allgemeine Beachtung, aber auch Kritik und Skepsis eingetragen.

Mit dieser Vorbemerkung befinden wir uns bereits mitten in jenem Text, der für die Profilierung der Psychoanalyse als Kulturtheorie zentral geblieben ist, der Schrift *Das Unbehagen in der Kultur*, die erstmals 1930 erschien. Wie jeder geniale Titel enthält auch dieser bereits die wichtigsten Elemente der Argumentation. Förmlich ins Auge springen dabei wohl drei Elemente: der Terminus des Unbehagens, die befremdliche Präpositionalkonstrukion »in« sowie der paradoxe Zusammenhang zwischen Unbehagen und Kultur.

Das Unbehagen, das mit der Vorsilbe »Un-« die Behaglichkeit negiert, bildet eine konnotative Familie mit Ausdrücken wie ungemütlich, unkomfortabel, unheimisch, unvertraut und – um ein Wort aus einem anderen berühmten Aufsatz von Freud zu zitieren – unheimlich.[7] Was durch all diese Worte negiert wird, ist ein Grad von Selbstverständlichkeit: Gemütlichkeit, Behaglichkeit, Heimat. Das Unbehagen, um das es zu gehen scheint, ist also nicht bloß eine intellektuelle Unzufriedenheit, sondern eine tief im Menschen verankerte Disposition, eine innere Verstimmung.

Das wird nicht zuletzt an der außergewöhnlichen Präpositionalkonstruktion »in« deutlich, die nicht einfach an die Stelle jener geläufigen anderen (»an«) tritt. Das Substantiv »Unbehagen« verlangt üblicherweise ein präpositionales Objekt, gleichsam ein Attribut. Dieses bleibt im Titel ausgespart, d.h. es fehlt. Das Unbehagen hat gleichsam sein Objekt verloren und man könnte mutmaßen, dass gerade darin das Ungemütliche besteht. Die Präposition »in« ersetzt die fehlende (»an«) nicht, die im Kontext mit dem Unbehagen keine wirklich räumlich-lokale, sondern eine metaphorische Bedeutung hat. Demgegenüber verortet die Präposition »in« das Unbehagen schlechthin. Der Ort dieses Unbehagens ist die Kultur.

---

[7] Sigmund Freud, Das Unbehagen in der Kultur und andere kulturtheoretische Schriften, Frankfurt/Main: Fischer 1994.

Über diesen Umweg kann man schließen, dass dieses Unbehagen, das *in* der Kultur ist, womöglich auch eines *an* der Kultur ist.

Kommen wir nun zum dritten Aspekt des Titels: der Gegenüberstellung von Unbehagen und Kultur. Der traditionelle Kulturbegriff legt – übrigens auf allen drei Bedeutungsebenen (Kultur I, II, III → Kap. 1) – die Vorstellung nahe, dass Kultur etwas ist, das Sinn stiftet, sekundäre Heimat schafft, kurzum Behagen produziert. Aber, so suggeriert die Überschrift, das Gegenteil scheint der Fall zu sein. Oder, um die Pointe vorwegzunehmen: Das, was intentional Behagen erzeugt, schafft paradoxerweise gerade dadurch und zugleich Unbehagen. Freuds mit allen rhetorischen Wassern gewaschener Text[8] beginnt aber nun keineswegs mit der Erörterung dieser Frage, sondern betritt sein Thema auf einem Seitenweg. Gegenstand der vorangegangen Abhandlung *Die Zukunft einer Illusion* (1927) war das Thema Religion gewesen. Aus ihr hatte sich eine kontroverse Korrespondenz zwischen dem französischen Schriftsteller Romain Rolland und Freud ergeben. Rolland hatte darauf verwiesen, dass Religion keineswegs bloß eine menschliche Illusion darstelle, sondern auf einer Grunderfahrung, auf einem elementaren »ozeanischen Gefühl« beruhe, das Freud in seiner Replik mit einem Vers aus Grabbes Drama *Hannibal* (»Ja, aus der Welt werden wir nicht fallen. Wir sind einmal drin.«) kommentiert. Dieses ursprüngliche Einheitserlebnis, das schon in Schleiermachers *Reden über die Religion* (1799)[9] eine zentrale Rolle spielte, wird von Freud rundweg in Abrede gestellt:

> Die Idee, dass der Mensch durch ein unmittelbares, von Anfang an hierauf gerichtetes Gefühl Kunde von seinem Zusammenhang mit der Umwelt erhalten sollte, klingt so fremdartig, fügt sich so übel in das Gewebe unserer Psychologie, dass eine psychoanalytische, d.i. genetische Ableitung eines solchen Gefühls versucht werden darf.[10]

Der Einwand des französischen Schriftstellers zwingt zur Selbstpositionierung. Lassen wir einmal dahingestellt, ob das »ozeanische Gefühl« wirklich schon die Existenz eines Ichs voraussetzt, das

---

8 Michael Haas, Sigmund Freud als Essayist. Untersuchungen zu Idee und Form des psychoanalytischen Essays bei Sigmund Freud, Hamburg: Kovač 2004.

9 Friedrich Schleiermacher, Über die Religion. Reden an die Gebildeten unter ihren Verächtern, Stuttgart: Reclam 1969.

10 Sigmund Freud, Das Unbehagen, a.a.O., S. 32f. (Abschnitt I).

»Kunde von seinem Zusammenhang mit der Umwelt«[11] hat, oder ob dieses nicht viel eher im Zwischenbereich dessen angesiedelt ist, was Freud mit dem Es und dem Ich bezeichnet. In jedem Fall bezieht Freud systemlogisch, wie er selbst zu Recht feststellt, eine skeptische Gegenposition zur romantischen Annahme ursprünglicher Einheit und authentischen Daseins. Modern an Freud scheint hier, dass er eigentlich von einem nie ganz reparablen Fremd-Sein des Menschen in der Welt ausgeht. Aus Freuds Perspektive kann der Mensch sehr wohl aus der Welt fallen, weil er nie ganz in ihr ist. Gerade weil dies so ist, gewinnt Kultur im Fortgang der Argumentation eine zentrale Rolle.

Freud steht im Einklang mit den Ideen der Denker und Dichter der Wiener Jahrhundertwende – mit Mach, Schnitzler, Hofmannsthal und Musil –, wenn er konstatiert, dass das Ich keine ursprüngliche Größe und keine selbständige, gegen alles andere abgegrenzte Instanz darstellt.

Es verfügt über keine scharfen Grenzen, nach innen wie nach außen. Verliebtheit ist ein exemplarisches Beispiel dafür, wie die Grenzen zwischen Ich und Objekt verschwimmen. Viel wichtiger aber ist, dass das Ich im Gegensatz zum Es, dem »unbewussten seelischen Wesen«, eine (Kultur-)Geschichte hat. In heutigen Worten formuliert, ist das Ich eine kulturelle Konstruktion, oder, wie es Freud formuliert, ein Scharnier zwischen Innen- und Außenwelt, zwischen Lustprinzip und Realität. Nun kann Freud die Standardversion des psychoanalytischen Narrativs (→ Kap. 13) erzählen: die Geschichte vom Säugling, für den Innenwelt und Außenwelt ungeschieden sind. Das Ich ist das Resultat einer Entwicklung, an deren dramatischem Ausgangspunkt die drohende und bedrohliche Außenwelt steht. Es ist ein Ich, das auf kindliche, unbändige Weise seine Lust gegen die Außenwelt geltend macht und sich gegen diese und deren Zumutungen abgrenzt.

Das »ozeanische Gefühl« lässt sich anhand dieser Erzählung als ein Rückgriff auf eine »frühe Phase des Ichgefühls«[12] zurückführen, als Tendenz des erwachsenen Menschen, in diesen vermeintlich idyllischen Zustand zurückzukehren. Das Stichwort lautet Regression. Im Gegensatz zum heute geläufigen Wortgebrauch bezeichnet es

---

[11] Ders., Das Unbehagen, a.a.O., S. 32ff. (Abschnitt I).
[12] Ders., Das Unbehagen, a.a.O., S. 39f. (Abschnitt I).

eine unvermeidliche Rückbewegung, eine imaginäre Rückkehr zur Kindheit, die Freud hier mit dem Erinnern verbindet. Die Regression ist aber auch ein Regress, eine Entschädigung, ein Ausgleich. Diese Vorstellung von Entschädigung ist zentral für Freuds Konzept von Kultur. Freud wendet diesen ontogenetischen Befund phylogenetisch und archäologisch:

> Unser heutiges Ichgefühl ist also nur ein eingeschrumpfter Rest eines weit umfassenderen, ja eines allumfassenden Gefühls, welches einer innigeren Verbundenheit des Ichs mit der Umwelt entsprach.[13]

So interpretiert Freuds biologisch-psychologischer Materialismus das heutige Ich analog als einen evolutionären Restposten: Das heutige Ich verhält sich zu jenem archaischen Ich, das jedes Erdenkind, auch das moderne, noch einmal durchläuft, wie die Echsen zu den Dinosauriern oder das gegenwärtige Rom zur antiken Metropole. In Kultur ist also immer ein Moment von Regression und Regress, von Vergessen und Erinnern eingeschrieben. Religion wird dabei als eine Reaktionsbildung, als ein kultureller Effekt verstanden, somit als integraler Bestandteil von Kultur. Es basiert auf einer Erinnerung an ein ›primitives‹ Ich und stellt eine Rückkehr zu »uralten, längst überlagerten Zuständen des Seelenlebens« dar, in ein Dunkel, das Freud mit Verweis auf Schillers Gedicht *Der Taucher*[14] als monströs und unheimlich apostrophiert.

Kein Zweifel, dass Freud in der Tradition hellenistischer und aufklärerischer Skepsis steht, aber an einer entscheidenden Stelle geht er über sie hinaus, wenn er Religion nämlich weniger als ein mentales, als vielmehr ein kulturelles Phänomen deutet, das Teil des Lebensvollzugs ist. In seiner genetischen Argumentationsweise ist die Religion nicht einfach Lug und Trug, sondern vielmehr Teil eines Dramas, das sowohl physisch wie kulturell ist. Anders gesagt: Sie ist im Körperlichen verankert. Was Kulturwissenschaften jedweder Provenienz Freud zu verdanken haben, ist die Überwindung von

---

13 Ders., Das Unbehagen, a.a.O., S. 34f. (Abschnitt I).
14 Friedrich Schiller, Der Taucher, in: Schillers Werke in drei Bänden, hrsg. v. Reinhard Buchwald, Leipzig: Insel 1941, S. 586–591. Freud bezieht sich auf die folgende Strophe, in der der Taucher seine Erfahrung mit dem dunklen Meeresgrund beschreibt: »Lang lebe der König! Es freue sich,/Wer da atmet in rosigem Licht!/Da unten aber ist's fürchterlich,/Und der Mensch versuche die Götter nicht/Und begehre nimmer und nimmer zu schauen,/Was sie gnädig bedecken mit Nacht und Grauen.«

Kulturkonzepten, die den Einfluss und den Ort der Kultur auf den Kopf des Menschen beschränken wollen.

Mit diesem Befund im Rücken kann sich Freud nunmehr seinem eigentlichen Thema, der Kultur, widmen. Bevor er dies tut, räumt er einen zweiten Stein aus dem Weg: die Frage nach dem Sinn und »Zweck« des Lebens; er überführt sie in jene nach den Absichten, die der Mensch durch sein praktisches Verhalten ›erkennen‹ lässt. Freud nimmt gleichsam eine ethnologische und zugleich kriminologische Position ein: Er misstraut den schönen Selbstaussagen, die die Menschen von sich geben. Diese sind Rationalisierungen ihrer wahren Absichten. Letztere möchte die Psychoanalyse erschließen. Als Kern dieser Rationalisierungen bestimmt Freud das Streben nach Glück: »Das Prinzip [das Lustprinzip, Anm.d.Verf.] beherrscht die Leistung des seelischen Apparates von Anfang an.«[15] Wobei dieses Glück – dem klassischen philosophischen Diskurs entsprechend – immer zwei Seiten hat: positiv das Erlebnis intensiver Lustgefühle, negativ die Abwesenheit von Schmerz und Unlust. Dieses Streben wiederum ist biologisch-natürlich im Menschen als Programm verankert. Seine stärkste Manifestation erfährt es in der geschlechtlichen Liebe.

Soweit der Befund einer quasi naturwissenschaftlich unterlegten Kulturanthropologie. Aber diesem ›natürlichen‹ Streben nach Glück steht – so die tragische Pointe der Erzählung Freuds von der Genese der Kultur – die Realität entgegen:

> Das Leben wie es uns auferlegt ist, ist zu schwer für uns, es bringt uns zuviel Schmerzen, Enttäuschungen, unlösbare Aufgaben.[16]

Das Programm des Lustprinzips ist

> im Hader mit der ganzen Welt […] Es ist überhaupt nicht durchführbar, alle Einrichtungen des Alls widerstreben ihm; man möchte sagen, die Absicht, dass der Mensch ›glücklich‹ sei, ist im Plan der ›Schöpfung‹ nicht enthalten.[17]

Dramatisch effektvoll verweist Freud auf jene Momente, durch die der glücksbegierige Mensch bedroht ist:

▶ durch den eigenen Körper, das heißt durch Verfall, Auflösung, Schmerz und Angst;

▶ durch die zerstörerischen Kräfte der Außenwelt (Natur);

---

[15] Sigmund Freud, Das Unbehagen, a.a.O., S. 42 (Abschnitt II).
[16] Ders., Das Unbehagen, a.a.O., S. 41 (Abschnitt II).
[17] Ders., Das Unbehagen, a.a.O., S. 42f. (Abschnitt II).

► durch die Beziehungen zu anderen Menschen und zur Gesellschaft;

► durch die Kurzfristigkeit des Glücks.

Was tun in dieser vertrackten Situation, die durch permanente Frustration und Überforderung charakterisiert ist? Freud gibt hier eine Antwort, die der Anthropologie Plessners und Gehlens[18] beträchtlich nahe kommt, auch wenn diese anders als Freud nicht das Lustgefühl in den Mittelpunkt rücken, sondern von vornherein Entlastung und Kompromiss in den Mittelpunkt ihrer Überlegungen stellen. Kulturen, so könnte man sagen, lassen sich als symbolische Hilfsprogramme und Ersatzkonstruktionen des Lebens begreifen, um den Abgrund, der sich zwischen Glücksanspruch und Realität auftut, zu überbrücken. Die Ermäßigung des »Glücksanspruchs« erscheint aus dieser Perspektive unvermeidlich; lakonisch urteilt Freud, dass »uneingeschränkte Befriedigung« triebökonomisch nicht optimal sei, weil das hieße, »den Genuss vor die Vorsicht« zu »setzen«.[19] Kultur bedeutet von daher stets Einschränkung des Natürlichen im Menschen und des Naturwesens Mensch selbst.

Freud unterscheidet dabei unter Verweis auf drei Schriftsteller – Voltaire, Fontane und Busch – drei verschiedene Hilfskonstruktionen und kulturelle Ablenkungen:

1. Die Voltaire'sche, die *Geringschätzung des Elends*, Arbeit und Wissenschaft impliziert: Am Ende seines Romanes *Candide oder der Optimismus* (1758) meint einer der Romanprotagonisten: »Arbeiten wir also, ohne viel zu grübeln [...], das ist das einzige Mittel, um das Leben erträglich zu machen.«[20]

2. Die Fontane'sche, die *Verringerung des Elends* durch die »Hilfskonstruktion« weise Resignation und durch Kunst empfiehlt, so wie Geheimrat Wüllersdorf Effi Briests Gatten, dem Baron von Instetten, am Ende von Fontanes berühmten Roman.[21]

---

[18] Arnold Gehlen, Der Mensch, Wiesbaden: Akademische Verlagsgesellschaft 1972. Erstaunlicherweise geht Gehlen nicht auf Freuds *Unbehagen* ein.

[19] Sigmund Freud, Das Unbehagen, a.a.O., S. 43 (Abschnitt II).

[20] Voltaire, Candide oder der Optimismus, Frankfurt/Main: Insel 1972, S. 184.

[21] Theodor Fontane, Effi Briest, Gütersloh: Mohn o.J., S. 372 (Kap. 36). »»Glauben Sie mir Wüllersdorf, es geht überhaupt nicht ohne ›Hilfskonstruktionen‹. Der das sagte, war ein Baumeister und musste es also wissen. Und er hatte recht mit seinem Satz. Es vergeht kein Tag, der mich nicht an die ›Hilfskonstruktionen‹ gemahnte.«

3. Die Busch'sche (aus der *Frommen Helene*), die Unempfindlichkeit gegenüber dem Elend durch die Einnahme von »Likör« empfiehlt (»Wer Sorgen hat, hat auch Likör«).[22]

Die Bezugnahme auf literarische Texte mit skeptisch-aufklärerischer Tendenz (um die Literatur seiner Zeit macht Freud einen großen Bogen) hat dabei nicht nur illustrative, sondern konstitutive Bedeutung. Die Literatur wird als ein Medium angesehen, das die verschwiegenen Motive in der Psyche des einzelnen Menschen und kulturelle Effekte in plastischer Konkretheit ans Licht befördert. Im Fortlauf des Textes variiert und erweitert Freud diese aus der Literatur bezogene Typologie folgendermaßen:

- ► Geringschätzung des Elends:
  - ▷ durch Abschottung (Eremit)
  - ▷ durch zivilisatorisches Engagement
- ► Unempfindlichkeit gegen das Elend
  - ▷ durch äußere Manipulation (Drogen)
  - ▷ durch asketische Praktiken und Senkung der Libido (Yoga)
- ► Verringerung des Elends (Ersatzbefriedigung)
  - ▷ Verschiebung (Kunst und Wissenschaft)
  - ▷ Verfeinerung (Wissenschaft und Kunst)

Im Anschluss an die Typologie kultureller Hilfskonstruktionen entfaltet Freud auch eine Typologie des Kulturmenschen, die freilich nicht vollständig mit der obigen Typenreihe übereinstimmt:

- ► der aktive Mensch,
- ► der erotische Mensch,
- ► der narzisstische Mensch.

In gewisser Weise bleibt der erotische Mensch, der das Glück in der Libido findet, das freilich unerreichbare Vorbild, der Maßstab des Glücks, der auch den Horizont aller Hilfskonstruktionen bildet:

> [...] eine der Erscheinungsformen der Liebe, die geschlechtliche Liebe, hat uns die stärkste Erfahrung einer überwältigenden Lustempfindung vermittelt und so das Vorbild für unser Glücksstreben gegeben.[23]

---

22 Sigmund Freud, Das Unbehagen, a.a.O., S. 41 (Abschnitt II).
23 Ders., Das Unbehagen, a.a.O., S. 48 (Abschnitt II).

Aber dem steht eine lebenspraktische Beobachtung entgegen:

> Niemals sind wir ungeschützter gegen das Leiden, als wenn wir lieben, niemals hilfloser unglücklich, als wenn wir das geliebte Objekt oder seine Liebe verloren haben.[24]

Es bleibt der Zwiespalt, dass einerseits das Programm, das uns das Lustprinzip »aufdrängt«, unerfüllbar ist, dass man es aber nicht ohne Strafe negieren kann. Kultur, so ließe sich nun behaupten, stellt so betrachtet eine Kompromissbildung dar: Sie repräsentiert einerseits die Außenwelt, aber sie vermittelt auch zwischen dem Drängen des Lustprinzips und den Realitäten der Außenwelt. Freud präferiert offensichtlich die Lebensmaximen des vorsichtigen Kaufmanns, der versucht, das Lustprinzip und das Bedürfnis nach Sicherheit auszutarieren. Kultur lässt sich als ein System von Einschränkungen definieren, das das Lustprinzip (auch im wörtlichen Sinn) beschneidet und dem Menschen zugleich Sicherheit und Ordnung beschert. Freud denkt Kultur also vom Individuum her: »Der Kulturmensch hat für ein Stück Glücksmöglichkeit ein Stück Sicherheit eingetauscht.«[25]

Die Grenzen sind natürlich fließend, etwa zwischen dem zivilisatorischen Engagement und dem Einsatz für die Wissenschaft. Aufschlussreich ist Freuds Einschätzung der Kunst (Kultur III). Aber auch zwischen den künstlichen Welten der Literatur und jenen des Rausches besteht ein unübersehbarer Zusammenhang. Ähnliches gilt wohl auch für das mönchische Dasein und diverse asketische Praktiken.

Die Künste gelten dem Begründer der Psychoanalyse als »milde Narkose«. Kunst und Literatur ermöglichen – dem Autor wie den Rezipienten – »den Genuss einer eigenen fremden Phantasiewelt. In der Kunst und partiell auch in der Wissenschaft wird die »Befriedigung […] aus Illusionen gewonnen, die man als solche erkennt, ohne sich durch deren Abweichung von der Wirklichkeit im Genuss stören zu lassen.«[26] Kunst und Literatur ermöglichen den Genuss in einer eigenen, von der realen Welt verschiedenen Phantasiewelt (»Verschiebung«). Die Schaffung dieser Welten bedeutet eine sekundäre Lustbefriedigung (»Sublimierung«). Der Kompromiss-

---

[24] Ders., Das Unbehagen, a.a.O., S. 49 (Abschnitt II).
[25] Ders., Das Unbehagen, a.a.O., S. 79 (Abschnitt V).
[26] Ders., Das Unbehagen, a.a.O., S. 47 (Abschnitt II).

charakter besteht darin, dass die Befriedigung keine primäre, sondern eine sekundäre darstellt, die immer auch mit Anstrengung und Arbeit, d.h. mit Aufschub verbunden ist. Mit anderen Worten: Eine glückliche, paradiesische Menschheit dichtete ebenso wenig wie sie Wissenschaft betriebe. Das reine Glück ist traumlos.

Demgegenüber interpretiert Freud die Religion als eine Form von Illusion, die nicht durchschaut wird. Freud stuft sie – genauso wie das revolutionäre Verhalten – als eine Form des »Massenwahns«, als ein kollektives Wunschdenken ein, das seine gefährliche Wirksamkeit gerade auf Grund seines kontrafaktischen und irrealen Charakters hat. Freud übernimmt die Idee, dass Religion ein gefährliches, strukturell psychotisches Opiat darstellt, von Marx; er überträgt diesen Befund jedoch, ohne dies näher auszuführen, auch auf die revolutionären Ideologien seiner Zeit (Marxismus, Nationalsozialismus).

Mit einem Seitenblick auf die Literatur der Zeit lässt sich behaupten, dass derlei Diagnosen nicht sehr weit entfernt sind von denen zweier großer österreichischer Autoren, die genau eine Generation jünger sind als Freud: Musil und Broch. Aber insbesondere Broch zieht eine klare Trennungslinie zwischen verschiedenen Formen von Religionen: Er unterscheidet solche, die das Irrationale integrieren, von Formen des Massenwahns, die eine Desintegration von Rationalität zur Folge haben. Musil, der Freud näher steht als er wahrhaben will, vertraut nicht mehr auf die sublimierende Kraft von Kunst und Wissenschaft und lässt die in sich symbolisch zerfallende Welt in Krieg und Massenwahn enden. Freuds Schrift über das *Unbehagen in der Kultur* und *Der Mann ohne Eigenschaften*, fast zeitgleich erschienen, zehren von denselben kulturellen Erfahrungen: dem Zerfall der Donaumonarchie, dem Ersten Weltkrieg und der Krisenhaftigkeit der 1920er Jahre.

Ziehen wir an dieser Stelle unserer intensiven Lektüre (*close reading*) eine erste Zwischenbilanz: ›Kultur‹ wird in Freuds Schrift über einen Umweg eingeführt. Sie ist das Produkt eines menschlichen Dramas, der Kluft zwischen einem unermesslichen Glücksverlangen und einer Realität, die dieses abweist. Kultur bedeutet, diese Kluft zu überbrücken, eine Hilfskonstruktion über einen Abgrund, eine Kompromissbildung. Von dieser skeptisch-negativen Anthropologie aus erscheint Kultur nicht so sehr als ein System der Sinnstiftung und nicht einmal primär als unhintergehbare Arbeit an der Natur, sondern stellt vielmehr ein Überlebensprogramm dar, das Trieb und Realität miteinander versöhnt. Der Mensch tauscht dabei, wie wir noch sehen werden, den Verzicht auf Glück gegen eine gewisse Sicherheit ein. Lebensphilosophisch besehen bedeutet das eine Neuformulierung der Philosophie Epikurs, die der Minimierung von Leid gegenüber der Maximierung von Lustbefriedigung den Vorzug gibt.

Kulturtheoretisch von Belang ist, dass jene Funktionen von Kultur, die gemeinhin als primär gelten – symbolische Partizipation an der Welt, Bearbeitung von Natur (→ Kap. 1) – auf merkwürdige Weise in die zweite Reihe rücken. Das liegt an Freuds spezifischem Fokus: Die Welt des Menschen, die Kultur, wird aus dem Blickwinkel des libidinösen Ich betrachtet. Wendet man das erzähltheoretische Werkzeug, wie es Gerard Genette und Mieke Bal entwickelt haben (→ Kap. 13), auf Freuds Schrift an, so wählt der Autor, der mit der Stimme eines kulturwissenschaftlichen Erzählers spricht, eine überaus originelle Fokalisierung: Erzählt wird die Geschichte nämlich aus der Perspektive des libidinösen Ich, dessen Irrfahrten die Abhandlung wiedergibt. Deren unsicherer, ungeschützter Hafen ist die Kultur.

Aus dieser Perspektive entstehen Kunst und Dichtung nicht aus dem Wunsch, der Welt einen gültigen Sinn zu verleihen, sondern aus dem Drang eines Lustprinzips, das sich unter widrigen Umständen seinen Weg bahnt. Ganz Ähnliches gilt für die Technik, das Engagement für die Zivilisation. Auch hier tritt das Argument, dass es sich um eine kollektive Veränderung natürlicher Gegebenheiten und – damit verbunden – der Verbesserung menschlicher Lebensbedingungen handelt (so die geläufige Selbstinterpretation der Technik in der modernen westlichen Kultur), hinter die Vorstellung zurück, Technik entstehe dadurch, dass das Lustprinzip sich angesichts des Elends dieser Welt gegen Frustration und Enttäuschung abhärtet. Kultur- und geistesgeschichtlich betrachtet sind auch in diesem Skeptizismus heroisch-männliche Elemente, wie sie wohl für Freuds Epoche charakteristisch waren, unübersehbar: der Glaube an Technik und Wissenschaft, die vormoderne Vorstellung von Kunst und Literatur als schönen Entschädigungen für das Grau des Alltags.

Beinahe heldisch kapituliert und resigniert der Freud'sche Mensch vor der Unhintergehbarkeit einer widrigen Realität. Die List dieser Kapitulation – Freuds List der Vernunft[27] – besteht darin, dass der moderne Kulturmensch produktiv resigniert und die Kapitulation zu seinem Nutzen wendet. Kultur ist hier nicht so sehr ein schöner Luxus, sondern die Frucht des dramatischen, todgefährlichen Unternehmens, auf der Welt zu sein. Es zeugt von heroischer Nüchternheit, sich dem Realitätsprinzip zu stellen und den Zwiespalt von Lustprinzip (Lacan wird später mit Rückgriff auf Hegel vom Begehren sprechen) und feindlicher Umwelt anzuerkennen. Dieser Zwiespalt wird in und durch Kultur real und symbolisch bearbeitet und geregelt. Dabei fungieren die engeren Bereiche von ›Kultur‹ als neurotische Reaktionsbildungen, die den tiefen Abgrund, der sich zwischen dem Begehren und dem Begehrten auftut, abmildern.

Aber so versöhnlich endet Freuds Kulturtheorie mitnichten. Freud hat seine Schrift mit einem Umweg begonnen. Nachdem er eine erste Bestimmung der Kultur als eines existenziellen Hilfsprogramms vorgestellt hat, forciert er zunächst nicht seine theoretischen Bemühungen um einen stringenten Begriff von Kultur, sondern wählt abermals einen Umweg. Anstatt direkt auf sein Ziel, die Entfaltung einer psychoanalytischen Theorie von Kultur, zuzusteuern, wendet er sich der Frage zu, warum es in der modernen Welt eine anhaltende Feindschaft gegen die Kultur gibt: Unbehagen an der Kultur in der Kultur. Freud diskutiert das Thema der Kultur nunmehr nicht primär aus eigener Perspektive, sondern aus der Fremdperspektive. Aus dem Blickwinkel deren Kritiker. Dabei wird schnell deutlich, dass es sich nicht um ›Kultur‹ schlechthin handelt, sondern um die okzidentale Kultur. Diese Kritik hat – kulturgeschichtlich besehen – einen unverkennbar deutschen Einschlag. Dieser kulturkritische Diskurs reicht von einer intensiven Rousseau-Rezeption, über Herder und die Romantik bis in die Gegenwart Freuds: Lebensreformbewegung, Oswald Spenglers und Ludwig Klages' Abgesänge auf die westlich-abendländische Kultur. Diese Kulturkritik erlangt schon vor dem Ersten Weltkrieg eine gewisse kulturelle Hegemonie oder – um mit Foucault zu sprechen – Diskursmacht, sie wird tonangebend und setzt – links wie rechts – revolutionäre meta-politische Such-

---

[27] Georg W.F. Hegel, Vorlesungen über die Philosophie der Geschichte, Werke in zwanzig Bänden, Bd. 12, hrsg. v. Karl Markus Michel u. Eva Moldenhauer, Frankfurt/Main: Suhrkamp 1970, S. 49.

bewegungen in Gang, in denen sich Konzepte von kultureller und gesellschaftspolitischer Revolution überkreuzen. Mit Diskursmacht (→ Kap. 8; Hegemonie → Kap. 12) ist nun nicht gemeint, dass eine ganze Epoche mit dieser radikalen Kulturkritik einverstanden ist, sondern der Umstand benannt, dass sie so sprachmächtig und auch – im doppelten Sinn des Wortes – sprachgewaltig ist, dass man sich mit ihr auseinandersetzen muss. Selbstredend gibt es auch im psychoanalytischen Lager solche radikalen Bestrebungen, Wilhelm Reich und die Sexpol-Bewegung der 1920er Jahre sind die bekanntesten Beispiele.

So besehen, liegt es nahe, sich mit dieser Kulturkritik eingehend auseinanderzusetzen. Symptomatisch ist jedoch wiederum die Art und Weise, wie Freud das tut. Er widerlegt diese Kritik nicht etwa theoretisch, sondern fasst ihre Pointe im Sinne einer Diagnose zusammen:

> Die Behauptung [...] lautet, einen großen Teil der Schuld an unserem Elend trage unsere sogenannte Kultur; wir wären viel glücklicher, wenn wir sie aufgeben und in primitive Verhältnisse zurückfinden würden. Ich heiße sie erstaunlich, weil – wie immer man den Begriff Kultur bestimmen mag – es doch feststeht, dass alles, womit wir uns gegen die Bedrohungen aus den Quellen des Leidens zu schützen versuchen, eben der nämlichen Kultur zugehört.[28]

Freud operiert auch weiterhin nicht als theoretischer Opponent, sondern als Kulturhistoriker, der diese erstaunliche Feindschaft gegenüber der Kultur historisch verortet:

- ► Die asketische Revolte: »Sieg des Christentums über die heidnischen Religionen«.
- ► Die kulturalistisch-anarchistische Revolte: die Idee des edlen Wilden im Gefolge der Kulturbegegnung mit der Neuen Welt.
- ► Die psychoanalytische Revolte in der Moderne: »Man fand, dass der Mensch neurotisch wird [...].«[29]

Die erste Revolte, die sich gegen das Realitätsprinzip und gegen den Kompromiss wendet, wie ihn Kultur generell darstellt, hat unzweifelhaft asketischen Charakter. Die zweite Revolte lässt undurchschaute (illusionäre) Wunsch- und Gegenwelten entstehen, wäh-

---

[28] Sigmund Freud, Das Unbehagen, a.a.O., S. 52 (Abschnitt III).
[29] Ders., Das Unbehagen, a.a.O., S. 53 (Abschnitt III).

rend die dritte sich im Individuum selbst vollzieht, als ein Protest der Libido gegen die Hilfskonstruktionen der Kultur, ein Protest, der individuell wie kollektiv neurotische Störungen hervorruft.

Auch wenn Freud diese Revolte nicht teilt – das gilt insbesondere für die ersten beiden Versionen –, nimmt er dieses Unbehagen ernst. Er greift es als einen Befund auf, der durch kein Gegenargument aus der Welt geschaffen werden kann. Insbesondere das zeitgenössische Unbehagen an der Kultur sieht er im Zusammenhang mit einer nachvollziehbaren und verständlichen Enttäuschung darüber, dass die moralische und gesellschaftliche Entwicklung mit dem technischen Fortschritt nicht Schritt hält.

Freuds Begriff von Kultur, der Natur und Kultur, Primitivität und Sublimierung kontrastiert, ist traditionell und eurozentrisch; er konstituiert sich durch binäre Oppositionen. Er ist umfassend und schließt den Bereich der Gesellschaft mit ein. Freud referiert nicht den mit Bildung aufgeladenen Kulturbegriff, wie ihn Idealismus, Klassik und Romantik in Deutschland mit jeweils unterschiedlicher Färbung programmatisch aufgefasst haben. Die fast absolute Positivität eines solchen Begriffs von Kultur rührt daher, dass diese als der Ermöglichungsgrund der freien Persönlichkeit gesehen wird. Demgegenüber bezieht sich Freuds nüchterne Auffassung von Kultur, die diese als kollektive Selbsteinschränkung begreift, sehr viel mehr auf den Zivilisationsbegriff angelsächsischer Provenienz, wie die folgende Definition von Kultur sinnfällig macht:

> ›Kultur‹ bezeichnet »die ganze Summe der Leistungen und Einrichtungen [...], in denen sich unser Leben von dem unserer tierischen Ahnen entfernt und die zwei Zwecken dienen: dem Schutz des Menschen gegen die Natur und der Regelung der Beziehungen der Menschen untereinander.«[30]

Freud operiert also, wie beinahe alle älteren Konzepte von Kultur, mit einem umfassenden Begriff: Kultur = Zivilisation + Gesellschaft + Kunst. Neu und folgenreich ist der Einschluss der inneren psychischen Konditionierung des Menschen durch Kultur. Noch Bourdieus Kulturtheorie (→ Kap. 9) verdankt dieser Einsicht in den Zwangs- und Disziplinierungscharakter von Kultur unendlich viel.

---

[30] Ders., Das Unbehagen, a.a.O., S. 55f. (Abschnitt III), vgl. auch »Als kulturell anerkennen wir alle Tätigkeiten und Werte, die dem Menschen nützen, indem sie ihm die Erde dienstbar machen, ihn gegen die Gewalt der Natur schützen[.]« (Ders., Das Unbehagen, a.a.O., S. 56).

Dass sich Freuds Verständnis von Kultur nicht auf den emphatisch-idealistischen Begriff von Kultur stützt, sondern auf englische und französische Vorbilder, zeigen auch die literarischen Referenzen: Jonathan Swifts *Gullivers Reisen* (1726) und François Rabelais' *Gargantua und Pantagruel* (1558). Die Protagonisten dieser Romane sind Repräsentanten einer ungehemmten Libido. Kein Zufall, dass Freud sich auf jene Episode aus *Gullivers Reisen* bezieht, wo Gulliver als Riese mit seinem ungebremsten Urinstrahl die Feuersbrunst im Palast seiner winzigen Gastgeber löscht. Zwar rettet Gulliver durch seine Tat den Palast, aber sein Tun bleibt anstößig. Was an diesem Triumph der Libido Anstoß nimmt, ist die Zivilisation.[31]

Wenn Kultur also nicht so sehr den Freiraum von persönlicher Freiheit, sondern sehr viel eher den Raum ihrer Beschränkung darstellt, dann werden die wiederum kulturellen und psychologischen Motive dieser Feindschaft zumindest nachvollziehbar. Freud benennt insgesamt drei Ursachen:

► Kultur bedeutet Verzicht auf Glücksmaximierung (wie sie durch literarische Figuren wie Pantagruel und Gulliver sinnfällig wird).
► Kultur bedeutet Beschneidung der individuellen Freiheit.
► Kultur bedeutet Herrschaft und Beherrschung.

Wir kommen damit zur zweiten Zwischenbilanz unserer Neulektüre (*reécriture*) von Freuds durch und durch ambivalenter Schrift. Schien es auf den ersten Blick so, dass die Konstruktionen der Kultur tragfähig sind, so macht der Verweis auf das Unbehagen in der Kultur in Gestalt periodisch wiederkehrender Kulturkritik deren Fragilität sichtbar. Es handelt sich im Falle kultureller Erscheinungen um Provisorien, eben um Hilfskonstruktionen. Diese sind zwar unabdingbar zur Überbrückung des tragischen Grundkonflikts, der aller Kulturbildung zu Grunde liegt, aber sie bürden dem Menschen zu viele Verzichtsleistungen auf, die ihm unzumutbar erscheinen. Die Psychoanalyse etabliert sich als Kulturtheorie, indem sie dieses Unbehagen nicht widerlegt sondern analysiert, und dabei auch ihre neurotischen Symptome ins Blickfeld rückt. In dieser Version wird

---

[31] Jonathan Swift, Gullivers Reisen, Zürich: Diogenes 1993, S. 89: »Ich entledigte dieselben [Urinorgane, Anm.d.Verf.] von einer solchen Masse, die ich auf die passendsten Orte geschickt hinrichtete, dass die Feuersbrunst in drei Minuten gelöscht und jener schöne Palast, dessen Bau so viele Menschenalter erfordert hatte, von gänzlicher Zerstörung errettet ward.«

die andere Seite unserer Zivilisation sichtbar, die Gegenstand einer Kulturkritik ist, die ohne utopischen Ausweg auskommt (vgl. die Analysen in den frühen Arbeiten Michel Foucaults → Kap. 8).

Der von Freud nicht beschriebene, aber angedeutete Kulturations- bzw. Zivilisationsprozess hat einen doppelten Aspekt:

► einen technischen (Werkzeuge, Wohnstätten, Zähmung des Feuers),
► einen auf den Menschen bezogenen (Vervollkommnung der menschlichen Organe).

Der Mensch wird zum sich selbst bezähmenden Prothesengott. Die Kulturkritik lässt sich auch so formulieren, »dass der heutige Mensch sich in seiner Gottähnlichkeit nicht glücklich fühlt.«[32]

Kultur bedeutet auf den Ebenen I (Kultur als Insgesamt) und II (Kultur als Lebensform):

► Herstellung von Ordnung (Regelmäßigkeit),
► Herstellung von Reinlichkeit (Hygiene),
► Herstellung von Schönheit.

Damit gehen das Entstehen der Künste, die Organisation des Politischen und die Konditionierung der Menschen (etwa in Familie und Schule) einher:

► Pflege von künstlerischen und intellektuellen Leistungen (Kultur III),
► Regelung von sozialen Beziehungen (Schaffung von Gemeinschaft),
► Einschränkung von Freiheit und Individualismus,
► Bearbeitung des Menschen.

Den nachhaltigen Eingriffen in das Innenleben der Menschen steht ein Zugewinn an Sicherheit gegenüber, der sekundäre Möglichkeiten eröffnet. Kultur bedeutet ein System von Selbst- und Fremdregulation, von (Selbst-)Beherrschung und Herrschaft. Wenn Freuds Theorie der Kultur als ambivalent bezeichnet wurde, dann wegen ihres unbestechlichen Sinns für eine Unentschiedenheit, die weniger der Person des Autors und seinem Temperament geschuldet ist, sondern vielmehr im untersuchten Phänomen selbst ihren tiefe-

---

[32] Sigmund Freud, Das Unbehagen, a.a.O., S. 57f. (Abschnitt III).

ren Grund hat. Es geht nicht um die Abwägung der positiven und der negativen Seiten, sondern darum, dass beide untrennbar miteinander verbunden sind. Von Freuds Schrift aus lässt sich Norbert Elias' an Max Weber geschulte positive Erzählung der neuzeitlichen Zivilisation ebenso nachvollziehen wie Michel Foucaults durch und durch polemische Interpretation (→ Kap. 8).

In seiner Kulturtheorie unterscheidet Freud Formen der Niederhaltung des individuellen Begehrens:

- ► Umformung, Kanalisierung, Transformation (z.b. der frühkindlichen Analerotik in soziale Tugenden wie Sparsamkeit, Ordnungssinn und Reinlichkeit),
- ► Verschiebung (Triebsublimierung durch Wissenschaft, Kunst und Ideologien),
- ► Triebverzicht, direkte Repression (Unterdrückung und Verdrängung).

Diese Formen der Konditionierung des Individuums sind unabdingbar für die Produktion der für Kultur konstitutiven Momente: die Umformung für die Herstellung von Hygiene und Ordnung, die Verschiebung und Sublimierung für die Erzeugung des Schönen, die Unterdrückung für die Durchsetzung von Ordnung.

Spätestens an dieser Stelle wird die doppelte Position der Psychoanalyse deutlich: Sie fungiert im Text als eine exemplarisch vorgeführte Kulturtheorie, aber sie ist zugleich auch ein Symptom des Unbehagens an einer Form von Unterdrückung, die die Menschen neurotisch macht. Insofern ist die Psychoanalyse als Kulturtheorie ein Bestandteil jener, die sie durch ihre radikale Diagnose selbst verändert. Der Sprecher des folgenden Satzes unterscheidet sich deshalb durchaus von dem vorsichtig-skeptisch abwägenden Sprecher, dem wir über weite Teile des Textes begegnet sind. Über die Kultur seiner Zeit, die Homosexualität, vorehelichen und außergenitalen Geschlechtsverkehr ächtet bzw. strafrechtlich verfolgt, urteilt der Text unmissverständlich:

> Dabei benimmt sich die Kultur gegen die Sexualität wie ein Volksstamm oder eine Schicht der Bevölkerung, die eine andere ihrer Ausbeutung unterworfen hat. Die Angst vor dem Aufstand der Unterdrückten treibt zu strengen Vorsichtsmaßregeln.[33]

---

[33] Ders., Das Unbehagen, a.a.O., S. 69 (Abschnitt IV).

Kultur ist im Hinblick auf die Sexualität des Menschen herrschaftsförmig: Der Zusammenhang, den Freud herstellt, ist höchst aufschlussreich, vergleicht Freud doch hier die Unterdrückung der Sexualität einerseits mit der Klassenherrschaft und andererseits mit der kolonialen Unterdrückung. Das ist mit Blick auf die Entstehungszeit der Schrift nicht weiter verwunderlich. Freud ist Zeuge heftigster Klassenauseinandersetzungen und Massenaufmärsche. Zugleich aber ist die Welt anno 1929/30 noch vollständig von der englischen und französischen Kolonialherrschaft bestimmt.

Aber dieser Vergleich hat eine weitere Konnotation, die Freud womöglich entgangen sein dürfte. Im interkulturellen Konflikt und in der kollektiven Phantasie anderer ›primitiver‹ Kulturen, die man zu ihrem eigenen Vorteil unterdrückt, spielt Sexualität eine enorme Rolle: Die eigene Kultur wird als zivilisiert empfunden, weil sie Sexualität dadurch zu beherrschen trachtet, dass sich das einzelne Mitglied der Kultur selbst beherrscht. Diese Selbstbeherrschung gilt als Ausweis von Zivilisiertheit, die gegenüber den anderen kolonialisierten Kulturen hervorgehoben wird und die einen normativen Abstand setzt. Diejenigen, die sich und ihre Sexualität nicht beherrschen können, sind nach dieser Selbstinterpretation der ›höheren‹ Kultur mit Fug und Recht beherrschte Subjekte, eben weil sie sich selbst nicht beherrschen können. Im traditionellen Narrativ von Zivilisation und Fortschritt (→ Kap. 13) spielt der Stolz auf die offiziell demonstrierte (*de facto* freilich nie durchgehaltene und durchhaltbare) Sexualbeherrschung eine prominente Rolle.

Die andere Kultur wird vornehmlich, abschätzig oder lüstern, als eine solche – positiv wie negativ – imaginiert, die die Sexualität nicht unter Kontrolle hält und die weniger rational und zivilisiert ist. Während der Mann der primitiven Kultur als sexuell übermächtig imaginiert wird, gilt die fremde wilde Frau als Ausbund der Sinnlichkeit, was sie von der sexuellen Keuschheit der ›eigenen‹ Frauen abhebt. Solche Diskriminierungen im doppelten Sinn des Wortes beziehen sich nicht nur auf die außereuropäischen, sondern auch auf die innereuropäischen Kulturen z.B. im slawischen Raum.[34] Freuds Haltung gegenüber der Kultur und der Kulturkritik ist ambivalent. Während er die Kultur, eben jenes Unbehagen in der Kul-

---

[34] Wolfgang Müller-Funk, Peter Plener, Clemens Ruthner (Hrsg.), Kakanien revisited. Selbst- und Fremdbilder in Österreich-Ungarn 1867–1918, Tübingen/Basel: Francke 2002.

tur neutral und distanziert beschrieb, konstatiert er nunmehr – im Gestus des Therapeuten:»Das Sexualleben der Kulturmenschen […] ist schwer geschädigt[.]«[35] Freud benennt die Einschränkungen des Sexuallebens in seiner Epoche:

► Verbot des Inzests,
► geregelte Partnerwahl, Verbot und Einschränkung der Promiskuität,
► Verpönung der kindlichen Sexualität,
► Tabuisierung der Homosexualität,
► Verpönung der außergenitalen Befriedigung,
► Monogamie,
► Fokussierung der Sexualität auf die Reproduktion.

Freud erwähnt hingegen nicht – und das ist einigermaßen erstaunlich und vom Feminismus der 1970er Jahre zu Recht kritisiert worden – die Unterdrückung der Frau und ihre Verbannung aus der ›Kultur‹. Das hat womöglich damit zu tun, dass in Freuds Kulturtheorie nicht nur der avancierte psychoanalytische Diagnostiker, sondern auch der Zeitgenosse mit seinen typischen Mentalitäten und Habitualisierungen zu Wort kommt.

Das zeigt sich nicht zuletzt an seiner Darstellung der Familie, die das private Spiegelbild der Kultur darstellt. Freud begreift sie – wie die Kultur selbst – als ein Kompromissprodukt, eine Hilfskonstruktion aus Eros und *ananke*.

Auf der Ebene der Familie reproduziert und wiederholt sich der krasse Gegensatz, den Freud schon zuvor ganz generell festgemacht hat, jener zwischen dem libidinösen Ich und einer ihm feindlichen Realität, die sich nicht ohne Strafe ignorieren lässt. Im innerfamiliären Drama konkretisiert sich gleichsam der Konflikt zwischen Individuum und Gesellschaft.

Die Herstellung gemeinschaftlicher Bande zwischen den Menschen impliziert – so die Argumentation Freuds – eine Schwächung der sexuellen Bande zwischen zwei Individuen. Die beiden Ansprüche stehen strukturell im Gegensatz zueinander: hier die ausschließliche Beziehung zweier Menschen, die sich womöglich gegen die Außenwelt abschirmen, dort die Kultur als »Arbeitsgemeinschaft«, die stets eines Dritten bedarf. Freud konstatiert,

---

[35] Sigmund Freud, Das Unbehagen, a.a.O., S. 69 (Abschnitt IV).

dass die sexuelle Liebe ein Verhältnis zwischen zwei Personen ist, bei dem ein Dritter nur überflüssig und störend sein kann, während die Kultur auf Beziehungen unter einer größeren Menschenanzahl ruht.[36]

Freud, der die dramatische Akzentuierung liebt, geht davon aus, dass die »Kulturgesellschaft« daher beständig vom Verfall bedroht ist und zwar wegen der Macht des Lustprinzips. Intimität und Liebe erfordern Exklusivität und das heißt auch Konzentration von Zeit und Energie auf sich selbst. Ludwig Tieck hat in seiner späten postromantischen Novelle *Des Lebens Überfluß* (1839) die moderne Form der romantischen selbstgenügsamen Liebe mit romantischer Ironie kommentiert. Die Erzählung führt zwei Liebende vor, die buchstäblich nur von ihrer Liebe zehren, sich vollständig abschotten von ihrer Umwelt und am Ende das eigene Stiegenhaus, den einzigen Zugang zur Außenwelt, zu Brennmaterial machen, um nicht in der Kälte des Winters zu Grunde zu gehen.[37]

Die unromantische Familie – so lautet die unromantische Schlussfolgerung – stellt einen vernünftigen, wenn auch fragilen Kompromiss dar, insofern nämlich, als sie sowohl der Liebe als auch der Notwendigkeit frönt. Diese Konstruktion ist nur um den Preis einer traditionellen Rollenaufteilung der Geschlechter möglich. In ihr repräsentiert der Mann den Kulturbringer, der der *ananke* folgt und zeitweilig der Privatheit der Liebe entrinnt, die Frau ebenjene private Sphäre der Familie und Liebe. Freud entgeht freilich nicht die Brüchigkeit, die aus diesen Rollenzuweisungen erwächst:

> Da der Mensch nicht über unbegrenzte Quantitäten psychischer Energie verfügt, muß er seine Aufgabe durch zweckmäßige Verteilung der Libido erledigen. Was er für kulturelle Zwecke verbraucht, entzieht er großenteils den Frauen und dem Sexualleben: das beständige Zusammensein mit Männern, seine Abhängigkeit von den Beziehungen zu ihnen entfremden ihn sogar seinen Aufgaben als Ehemann und Vater. So sieht sich die Frau durch die Ansprüche der Kultur in den Hintergrund gedrängt und tritt zu ihr in ein feindliches Verhältnis.[38]

Wenn sich heute in den westlichen Kulturen Frauen zunehmend weigern, einseitig diese private Rolle zu übernehmen, so bedeutet

---

[36] Ders., Das Unbehagen, a.a.O., S. 72 (Abschnitt V).
[37] Ludwig Tieck, Des Lebens Überfluß, Werke. Auswahl in sechs Teilen, Berlin/Leipzig/Stuttgart: Bong 1908, S. 200–246.
[38] Sigmund Freud, Das Unbehagen, a.a.O., S. 69 (Abschnitt IV).

dieser kulturelle Wandel keineswegs, dass die von Freud beschriebene Kluft zwischen Liebe, Eros und Individuum auf der einen, Gesellschaft, Kultur und Ökonomie auf der anderen Seite, dadurch automatisch sistiert ist. Im Gegenteil. Kulturell besehen, lassen sich die unübersehbaren Verfallserscheinungen der Familie nicht nur als eine Folge von Feminismus und individualistischem Selbstbestimmungsanspruch, sondern auch als ein Charakteristikum einer vom Ökonomischen bestimmten Kultur begreifen, in der die Familie tendenziell dysfunktional wird, weil sie zuviel Energie abzieht, die der ökonomische Bereich herrisch einfordert, vom Karrieremann ebenso wie von der Karrierefrau. Das Pendant zur *ananke* der kapitalistischen Kultur ist, wenigstens auf den ersten Blick, das frei verfügbare, nicht familiär gebundene Lebewesen.

Die Kultur ist aber nicht nur vom Übermaß unseres maßlosen Glücksverlangens und der Sehnsucht nach Zweisamkeit bedroht, in der die Libido einen einigermaßen ungestörten Auftritt hat, vielmehr sieht sie sich – so das düstere Finale von Freuds kulturkritischer Schrift – einer weiteren, womöglich noch dramatischeren Gefährdung gegenüber. Bekanntlich hat Freud im Gefolge des Ersten Weltkriegs sein monistisches System durch ein dualistisches System ersetzt, in dem die Libido, das Glücksverlangen, nunmehr einen dramatischen Gegenspieler erhielt: den Aggressions- und Todestrieb. Diese Modifikation der eigenen Auffassungen, wie sie Freud in *Jenseits des Lustprinzips* vorgenommen hat, muss auch Folgen für eine psychoanalytische Theorie der Kultur haben.

Kultur bedeutet auch eine Besänftigung und Funktionalisierung des neben dem Lustprinzip wichtigsten menschlichen Triebs, der Neigung des Menschen zur Aggression. Die Kultur muss also nicht nur die Sexualität mit all ihren anarchischen, anti-gesellschaftlichen Impulsen, sondern auch die Aggression in Schach halten. *Expressis verbis* kritisiert Freud den Kommunismus, weil dieser die Neigung des Menschen zur Aggression negiere. Demgegenüber beharrt die Schrift auf die Unhintergehbarkeit des menschlichen Aggressionstriebs, dessen Anwesenheit in der Kultur für den genauen Beobachter nicht zu übersehen ist. Um die Aggression von der eigenen Kultur abzulenken, stellt es einen weit verbreiteten Mechanismus dar, die innere Aggression nach außen zu richten.

Es gibt Beispiele in Hülle und Fülle, wie Kulturen interne Aggression nach außen verlagern. Historisch bekannt ist das Phänomen des Sündenbocks, das im letzten Viertel des 19. Jahrhunderts virulent geworden ist: der Sündenbockmechanismus, wie er durch Judenpogrome, im zaristischen Russland und später – in ungleich katastrophalerer Dimension – im nationalsozialistischen Deutschland anzutreffen ist. Als zweites, vergleichsweise harmloses Beispiel nennt Freud den Narzissmus der kleinen Unterschiede, in dem die ethnische Differenz gegenüber dem Nachbarn künstlich vergrößert wird. Heute spricht man in diesem Zusammenhang von der Produktion von Fremdheit und Differenz. Dass dieser Narzissmus nicht zwangsläufig harmlos sein muss (wie in der Differenzproduktion zwischen Deutschen, Österreichern und Schweizern oder auch innerhalb der Deutschen) zeigt das Beispiel der Balkankriege der 1990er Jahre, in denen die ausbrechende Aggression eines jeden gegen jeden mit der Produktion von Differenzen einherging, die zuvor nicht in ihrer Schwere historisch zum Tragen kamen: Differenzen der Sprache wie Differenzen im Religiösen, die in einer vornehmlich laizistischen Gesellschaft wie der jugoslawischen lebenspraktisch (Kultur II) ausgeräumt erschienen waren.

Wie Freud scharfsinnig beobachtet, ist die Aggression, die tendenziell selbstzerstörerische und autodestruktive Wirkungen nach sich zieht, im kulturellen Gesamtgefüge imstande, zwischen den Menschen soziale Bande herzustellen. Mittels der umgelenkten Aggression wird es möglich, dass Menschen freiwillig Triebverzicht üben und ihre Libido auf Gemeinschaft und Gesellschaft hin orientieren und größere Gruppen libidinös miteinander dadurch zu verbinden, dass ein anderer – ein Einzelner, eine Gruppe – vorhanden ist, an dem sich die Gewalt entladen kann. Gruppen werden nicht nur libidinös zusammengehalten, sondern durch eine gemeinsame Aggression gegen den Fremden (vgl. die Figur des Sündenbocks → Kapitel 11).

Die Kultur schwächt die Aggression, indem sie sich ihrer bedient. Aber die Mittel, die sie zu diesem Zweck benutzt, sind pragmatisch und – mehr noch – moralisch betrachtet, fragwürdig und unsicher. Der Preis der Ambivalenz in der Freud'schen Kulturtheorie ist eine gewisse Ratlosigkeit, die im Fall des Aggressionstriebs noch offensichtlicher zutage tritt als bei der Sexualität. Offenkundig hat die Moral zwar eine Funktion in diesem kulturellen Geschehen, aber sie ist ein dynamischer Faktor der Freud'schen Kulturtheorie selbst, wie Freuds Behandlung des Gewissens, dessen Existenz er letztendlich und höchst spekulativ aus der Ermordung des Urvaters durch die Urhorde ableitet, anschaulich macht:

> Die Kultur bewältigt also die gefährliche Aggressionslust des Individuums, indem sie es schwächt, entwaffnet und durch eine Instanz in seinem Inneren, wie durch eine Besatzung in der eroberten Stadt, überwachen lässt.[39]

Diese Instanz ist das vom gestrengen Über-Ich ins Individuum eingepflanzte Schuldbewusstsein. Wie schon bei der Sexualität dominieren hier die Metaphern von Krieg und Unterdrückung. Wie Freud deutlich macht, gelingt es der Kultur niemals vollständig, diese Kontrolle über Lustprinzip und Aggressionslust auszuüben. Zugleich aber wird der immense Preis sichtbar, den die kulturelle Bearbeitung kostet. Das Unbehagen in der Kultur ist so ein unvermeidlicher Aspekt in der Kultur selbst, ihr nichts Äußerliches.

Kritikpunkte und Anmerkungen

▸ Freud polarisiert zu stark Kultur und Natur. Zugleich operiert seine Kulturtheorie mit einer statischen biologischen Anthropologie.

▸ Freuds Kulturkonzept ist ethno- bzw. eurozentrisch. Es reproduziert deren Selbstbild und Abgrenzungsmechanismen (Kulturmensch vs. primitiver Barbar, Narrativ des Fortschritts).

▸ Freuds Konzept von Kultur missachtet die Differenz von Kulturen in Raum und Zeit.

▸ Freud hat keinen analytischen Begriff von den spezifischen Besonderheiten der okzidentalen Moderne.

▸ Freud übersieht den Zusammenhang zwischen Sexualität und modernem Individualismus. Sexualität ist nicht so sehr ein Charakteristikum des sog. Primitiven, sondern des modernen westlichen Individuums, wie es sich in Film und Literatur präsentiert.

▸ Freuds Konzept ist anthropologisch zu fixiert, sein Triebkonzept zu statisch. Es missachtet andere anthropologische Realien (z.B. Hunger, Armut).

▸ Freuds Konzept reproduziert traditionelle Geschlechtsbilder.

▸ Freuds Theorie unterschlägt die Veränderungspotenziale in der Kultur (Psychoanalyse, Kunst).

---

[39] Ders., Das Unbehagen, a.a.O., S. 87 (Abschnitt VII).

▶ Freuds Theorie der Kunst bezieht sich einseitig auf deren traditionelle Funktionen.

Literatur

Sigmund Freud, Das Unbehagen in der Kultur und andere kulturtheoretische Schriften, mit einer Einleitung von Alfred Lorenzer und Bernard Görlich, Frankfurt/Main: Fischer 1994.

Hans-Joachim Busch, Subjektivität in der spätmodernen Gesellschaft, Weilerswist: Velbrück 2001.

Helmut Dahmer, Libido und Gesellschaft, Frankfurt/Main: Suhrkamp 1982.

Abraham Drassinower, Freuds Theory of Culture, London: Rowan & Littlefield 2003.

Henry F. Ellenberger, Die Entdeckung des Unbewussten. Geschichte und Entwicklung der dynamischen Psychiatrie von den Anfängen bis zu Janet, Freud, Adler und Jung, (2. verb. Aufl.) Zürich: Diogenes 1996, S. 727–742.

Mario Erdheim, Die gesellschaftliche Produktion von Unbewusstheit, Frankfurt/Main: Suhrkamp 1983.

Matthias Kettner, Psychoanalyse als Kulturanalyse, in: Handbuch der Kulturwissenschaften, Bd. 2: Paradigmen und Disziplinen, hrsg. v. Friedrich Jaeger u. Jürgen Straub, Stuttgart: Metzler 2004, S. 592–602.

Alfred Lorenzer, ›Tiefenhermeneutische Kulturanalyse‹, in: Hans-Dieter König et al. (Hrsg.), Kultur-Analysen, Frankfurt/Main: Fischer 1988, S. 11–98.

Wolfgang Lüders, Das Unbehagen in der Psychoanalyse und das Unbehagen an ihrer Kritik, in: Psyche 38, Stuttgart: Klett-Cotta 1984, S. 585–597.

Johann August Schülein, Das Gesellschaftsbild der Freudschen Theorie, Frankfurt/Main: Campus 1979.

Kapitel 3

Philosophische Grundlagen der Kulturanalyse: Ernst Cassirers *Philosophie der symbolischen Formen*

Offenkundig fällt es schwer, den Gegenstand kultureller Forschung zu bestimmen. Ähnliches gilt wohl auch für ihre Methodologie, d.h. für das theoretische Rüstzeug, das Instrumentarium der Analyse und Interpretation kultureller Phänomene. Im Prinzip teilt die das Schicksal der Literaturwissenschaft, deren Spektrum hermeneutische, strukturalistische und semiotische, diskurstheoretische, dekonstruktivistische und poststrukturalistische Richtungen, Positionen und Ansätze umfasst. Die Situation kompliziert sich indes durch die Vielfalt und Heterogenität von Themen und disziplinären Zugängen. Zudem lassen sich Kulturwissenschaft bzw. Kulturwissenschaften formal auch dadurch bestimmen, dass sie sich nicht auf das Medium der Schrift beschränken, sondern visuelle, auditive und vor allem synästhetische Medien, die Bild, Schrift und Ton miteinander verknüpfen, umfassen.

Wenn es also keine einheitlich verbindliche Methodologie gibt, so heißt das nicht unbedingt, dass es nicht erkenntnistheoretische Grundlagen der Kulturwissenschaften geben könnte. Einen solchen bislang einzigartig gebliebenen Versuch hat der deutsche Philosoph Ernst Cassirer in seinem kompendialen Werk *Philosophie der symbolischen Formen* vorgelegt. Cassirers Einfluss auf die heutige kulturwissenschaftliche Forschung ist schwer abzuschätzen: Er ist kein Diskursbegründer von vergleichbarer Mächtigkeit wie Freud oder Foucault. Immerhin sind die Verbindungslinien zwischen der Theorie der symbolischen Formen und Bourdieus Konzept der symbolischen Felder unübersehbar (→ Kap. 9). Außer Zweifel steht auch der enge theoretische Konnex, der zwischen Cassirers und Aby Warburgs Erneuerung der Kunstgeschichte besteht, wie Letzterer sie in seinem berühmten *Mnemosyne-Atlas* entfaltet hat.[1] Cassirer wird nicht selten auch als ein Vorläufer der linguistischen Wende (*linguis-*

---

[1] Aby Warburg, Mnemosyne-Atlas, hrsg. von Werner Rapp, Wien: Daedalus 1993.

tic turn) verstanden. An seine erkenntnistheoretische Position lässt sich denn sowohl aus semiotischer wie auch aus hermeneutischer Perspektive anschließen. Sein Beitrag zur Kulturtheorie kann vorab als eine Denkbewegung beschrieben werden, die Kulturwissenschaft aus der Erkenntnistheorie und über sie hinaus systematisch zu denken sucht und die auf verblüffende Weise Kants transzendentalen Idealismus mit der kulturellen Wende verbindet und zusammenbringt. Kulturwissenschaft beginnt nämlich nicht erst mit der Analyse kultureller Phänomene, sondern das wissenschaftliche Denken selbst ist bereits eine Form kulturellen Tuns. Oder um Cassirers Terminus zu verwenden: eine symbolische Form.

Cassirers Kulturphilosophie ist nicht denkbar ohne jene Renaissance des Kantischen Denkens, die im letzten Drittel des 19. Jahrhunderts einsetzt und mit der Marburger Schule und deren wichtigsten Repräsentanten Paul Natorp und Hermann Cohen[2] verbunden ist. Ziel dieser Denkschule war die Neuformulierung der Philosophie Kants angesichts der dynamischen Entwicklung der modernen Naturwissenschaften. Vor und zum Teil parallel zum Positivismus wird hier der Versuch unternommen, Philosophie noch einmal als eine Meta-Theorie der Wissenschaften zu konzipieren. Die *Philosophie der symbolischen Formen* erschien 1928, kurze Zeit vor Sigmund Freuds *Unbehagen in der Kultur*, gut zehn Jahre nach Wittgensteins *Tractatus* (1917), fast zeitgleich mit Martin Heideggers *Sein und Zeit* (1927), und beinahe parallel zu Aby Warburgs Theorie der Kunst.

Ernst Cassirer (1874–1945), mit dem Kunstsammler Paul Cassirer verwandt, wurde als erster jüdischer Gelehrter zum Professor für Philosophie an die Universität Hamburg (1919) berufen. Später lehrte er in Berlin und Marburg. Berühmtheit erlangte er auch als Kontrahent Heideggers in der berühmten Davoser Debatte (1929).[3] 1933 ging er ins Exil, sein Spätwerk hat er auf Englisch verfasst.

Er beschäftigte sich zunächst mit Grundfragen der Erkenntnistheorie in den modernen Naturwissenschaften, was auch in seinem kulturphilosophischen Hauptwerk sichtbar wird. Er war mit einem anderen Gelehrten gut bekannt, mit dem Philosophen und Soziologen Georg Simmel (→ Kap. 5), der heute wegen seiner *Philosophie des Geldes* und seiner Analyse der Mode zu Recht als einer

---

[2] Andreas Graeser, Ernst Cassirer, München: C.H. Beck 1994, S. 11–50.
[3] Ders., Cassirer, a.a.O., hier auch weitere Sekundärliteratur.

der wichtigsten Diskursbegründer der Kulturwissenschaften im deutschsprachigen Kontext gilt. Theoretisch beeinflusst ist Cassirer von Kant, Husserl und Goethe. Kant verdankt Cassirer die erkenntnistheoretischen Leitfragen, von Goethe ist der Terminus der symbolischen Formen entlehnt, sowohl der Symbolbegriff als auch das Konzept einer morphologischen Formenreihe. Beeinflusst ist Cassirer, insbesondere im mythentheoretischen Teil seines Werkes, auch von Schellings *Philosophie der Mythologie.* Denn es war Schelling, der dem Mythos seine Dignität zurückerstattete, indem er diesen als ein Phänomen *sui generis* analysiert hat, das sich nicht auf Poesie, Proto-Philosophie und Protowissenschaft reduzieren lässt:

> [...] die Mythologie war so, wie sie ist, als Wahrheit gemeint; dieses ist aber schon gleich der Behauptung: die Mythologie ist ursprünglich als Götterlehre und Göttergeschichte gemeint, sie hat ursprünglich religiöse Bedeutung [...].[4]

In der Sache ganz ähnlich formuliert Cassirer ein Dreivierteljahrhundert später:

> Die Welt des Mythos ist kein bloßes Gebilde der Laune oder des Zufalls, sondern sie hat ihre eigenen Fundamentalgesetze des Bildens, die durch alle ihre besonderen Äußerungen hindurchwirken.[5]

Diese Autonomie des Mythos, seine Unabhängigkeit von anderen Formen der Welterfassung – etwa Philosophie, Wissenschaft und Poesie – ist eine Grundeinsicht, die sich auch am Eingang von Cassirers mehrbändigem Werk findet, das sich immer wieder auf Schelling beruft. Die *Philosophie der symbolischen Formen* ist – vereinfacht gesprochen – Cassirers Hauptwerk. Sie stellt den einzigen geschlossenen Versuch einer idealistischen, am Subjekt orientierten Erkenntnistheorie der Kulturwissenschaft/en dar.

Die programmatische Einleitung beginnt mit einem idealtypischen Abriss der Geschichte der Philosophie: Das klassische Thema der Philosophie seit ihren Anfängen ist – so konstatiert Cassirer in Einklang mit Heidegger – das Verhältnis des Seins zur Fülle des Seienden. Oder anders gefragt: Was verbürgt die Einheit aller Phä-

---

4 Friedrich W.J. Schelling, Philosophie der Mythologie, Ausgewählte Schriften, Bd. 5, 1842–1852. Erster Teilband, Frankfurt/Main: Suhrkamp 1985, S. 77.
5 Ernst Cassirer, Philosophie der symbolischen Formen, 5 Bde., Darmstadt: WBG 1964, Bd. 1, S. 21.

nomene dieser Welt? Was ist das Sein, das allem Seienden, der Fülle der Erscheinungen als ein gemeinsames Drittes zu Grunde liegt?

Wenn Cassirer nun die Geschichte der Philosophie Revue passieren lässt, so geht es ihm weniger um diese selbst. Vielmehr will er die *kulturelle Wende in der Philosophie*, die er mit seinem *opus magnum* vornimmt, historisch einordnen. Deshalb beansprucht sie auch keinerlei Vollständigkeit. *Die Philosophie der symbolischen Formen* erzählt die Geschichte der abendländischen philosophischen *episteme* mit einem klaren Fokus: Es geht um die Geschichte der idealistischen Philosophie als einer Denkbewegung, die über den antiken Idealismus Platons und den transzendentalen Idealismus Kants in die transzendentale Kulturphilosophie der symbolischen Formen einmündet.

Cassirer greift dabei auf die Anfänge der abendländischen Philosophie zurück. Die Vorsokratiker, so z.B. die Pythagoräer hätten ein bestimmtes, sichtbares, konkretes Seiendes aus der Fülle des Seienden herausgegriffen und es zum Grund des Seins gemacht. Daraus entstand die Lehre von den Elementen: Wasser, Feuer, Licht, Äther, Erde. Oder man ging, wie bei den frühen Materialisten, davon aus, dass alles Seiende aus kleinsten, unteilbaren Elementen (*atomoi*, Atome) zusammengesetzt ist. Cassirer zufolge geht es hier um einen sehr rudimentären Akt von Abstraktion. Das Sein wird hier mit einem oder auch mehreren elementaren Erscheinungen gleichgesetzt.

Es handelt sich – so Cassirer – um Mythen, um »*bloße Erzählungen vom Sein*«.[6] Ein einzelnes, besonderes und beschränktes Seiendes wird herausgegriffen, um aus ihm alles andere genetisch abzuleiten und zu ›erklären‹. Der Hinweis, dass es sich dabei um Erzählungen handelt, ist aufschlussreich und verweist auf den mythischen Grundgehalt eines solchen frühen philosophischen Denkens. Wenn man den Schöpfungsbericht in der Bibel aufschlägt oder auch andere kosmogonische mythologische Texte liest, dann beginnen diese Geschichten ebenfalls mit der Erwähnung und Gegenüberstellung von Grundelementen, von Formen des Seienden: Wasser, Licht, Erde usw.; nur dass diese mythologischen Texte darauf verzichten, die Fülle der Dinge und Erscheinungen dieser Welt logisch und genetisch aus einem Ur-Seienden abzuleiten. Die vorsokratische Philoso-

---

6   Ders., Philosophie, a.a.O., S. 4.

phie, könnte man sagen, ist selbst mythologisch, nicht philosophisch oder gar wissenschaftlich. Das heißt nicht, dass ihr keine symbolische Bedeutung zukäme. Im Gegenteil. Was sie indes vom Mythos unterscheidet, ist, dass sie dessen impliziten gedanklichen Gehalt explizit und rational macht.

Die nächste Stufe in Cassirers Schema einer philosophischen Denkentwicklung stellt die idealistische Philosophie Platons dar. In den Augen Cassirers markiert Platon mit seinem Begriff des Seins als Idee eine dramatische Kehre in der Geschichte der Philosophie, eine idealistische Wende. Das Denken

> geht jetzt nicht mehr lediglich neben dem Sein einher, es ist kein bloßes Reflektieren ›über‹ dasselbe, sondern seine eigene innere Form ist es, die ihrerseits die innere Form des Seins bestimmt.[7]

Das Sein, das alles Seiende durch ein abstraktes Band verbindet, ist nicht länger eine konkrete, sichtbare Erscheinung, nicht länger ein wahrnehmbares, äußeres Etwas, das man ›fassen‹ kann. Es ist gewissermaßen in ein unsichtbares Jenseits gerückt. Die Dinge und Erscheinungen dieser Welt sind ein Abglanz eines Seins, das als eine Art von Ideenhimmel begriffen wird. Entscheidend für Cassirer ist jedoch der Abstraktionsgrad, der in Platons Philosophie erreicht wird, und die Hinwendung vom Seienden zum Denken.

In einem Tigersprung von 2000 Jahren verknüpft Cassirer Platons Philosophie mit jener Kants. Die ›Revolution der Denkart‹, die Kant innerhalb der theoretischen Philosophie durchführt, beruht auf dem Grundgedanken, dass das Verhältnis, das bisher zwischen der Erkenntnis und ihrem Gegenstande allgemein angenommen wurde, einer radikalen Umwendung bedürfe. Statt vom Gegenstand als dem Bekannten und Gegebenen auszugehen, müsse vielmehr mit dem Gesetz der Erkenntnis als dem allein wahrhaft Zugänglichen und als dem primär Gesicherten begonnen werden:

> Bisher nahm man an, alle unsere Erkenntnis müsse sich nach den Gegenständen richten; aber alle Versuche, über sie a priori etwas durch Begriffe auszumachen, wodurch unsere Erkenntnis erweitert würde, gingen unter dieser Voraussetzung zunichte. Man versuche es daher einmal, ob wir nicht in den Aufgaben der Metaphysik damit besser fortkommen, daß wir annehmen, die Gegenstände müssen sich nach unserer Erkennt-

---

7 Ders., Philosophie, a.a.O., S. 4.

nis richten, welches so schon besser mit der verlangten Möglichkeit einer Erkenntnis derselben *a priori* zusammenstimmt, die über Gegenstände, ehe sie uns gegeben werden, etwas festsetzen soll.[8]

Kants Philosophie verabschiedet sich von einer Frage, die die Philosophie jahrhundertelang beschäftigt hatte, die Frage nach dem Verhältnis von Sein und Denken, von Gegenstand und Begriff, die die Professionalisten des Denkens in Nominalisten und Realisten gespalten hat. Über dieses Verhältnis lässt sich nämlich gar nichts sagen, weil uns das Seiende nur durch unser Denken zugänglich ist. Also liegt es nahe, sich nicht länger mit dem Seienden und seinem Verhältnis zum Denken zu beschäftigen, sondern sich allein Letzterem zuzuwenden. Dies hat Kant bekanntlich in seiner *Kritik der reinen Vernunft* unternommen. Platon hat – so lässt sich dies im Nachhinein aus der Sicht Cassirers erzählen – diese Wende in gewisser Weise vorbereitet, indem er die Welt der Ideen zum Zentrum der Philosophie gemacht hat. Platon selbst hat freilich an der Korrespondenz von Idee und Realität festgehalten, wenn er Letztere – nicht nur im berühmten Höhlengleichnis – als schattenhaftes Abbild einer ›wahren‹ Ideenwelt begriffen hat. Womit er nicht nur an der Idee der kosmischen Harmonie und Vollkommenheit festhielt, sondern dieser erst zu ihrem philosophischen Prestige verhalf.

Diese Korrespondenz ist seit Kant zerbrochen. Der Ideenhimmel befindet sich im Kopf des Menschen und wir sind Alleinunterhalter im Weltall. Der Kosmos und die Dinge sprechen nicht.[9] Nur wir sprechen und konstruieren das Seiende, das bei Kant zum Ding an sich zusammenschrumpft, über das sich nichts sagen lässt, weil es von uns immer schon ein Besprochenes und Gedachtes ist. Es war nicht nur die Komplexität des Kantischen Denkens, das Lichtenberg, Goethe und Kleist zur Verzweiflung brachte, sondern auch die unerbittliche Konsequenz, die in seinem Denken begründet liegt, die dem Werk seine geistesgeschichtliche Bedeutung verleihen: dass es keine ›Heimat‹ des Menschen jenseits seines rationalen Vermögens gibt, Ordnung zu stiften. Kants Werk heißt bekanntlich nicht *Die reine Vernunft*, sondern *Kritik der reinen Vernunft*, das heißt, es

---

[8] Immanuel Kant, Kritik der reinen Vernunft, Bd. I, Frankfurt/Main: Suhrkamp 1974, S. 25.

[9] Richard Rorty, Der Spiegel der Natur. Eine Kritik der Philosophie, Frankfurt/Main: Suhrkamp 1981.

erörtert die Bedingungen der Möglichkeit (und ihre Grenzen), die Welt in ihrer Vielfalt denkend zu erfassen. Würden wir anders denken als wir denken, was wohl für uns undenkbar ist, dann würden wir das Seiende anders kategorisieren und denken. Der verzweifelte Kant-Leser Kleist hatte also recht mit seinem Gläser-Vergleich. Wenn wir grüne oder rote Brillengläser trügen (was uns natürlich nicht bewusst wäre), dann würde sich die Welt auf Grund unserer verschobenen Wahrnehmung ändern. Womit, und das war der Kern von Kleists Verzweiflung, jede Vorstellung einer Wahrheit unabhängig von unserer Subjektivität und unserem kognitiven, ästhetischen und emotionalen Vermögen denkunmöglich geworden ist. Seit Kant hat der Relativismus eine gediegene philosophische Plattform. Die Wesen vom anderen Planeten, die in der *Science-Fiction*-Literatur sehnsüchtig oder abgründig herbeigeschrieben werden (um unsere Spezies von ihrer anscheinend quälenden kosmischen Einsamkeit zu erlösen), könnten also nicht bloß real, sondern auch symbolisch in einer ganz anderen Welt leben und wir könnten uns womöglich mit ihnen – anders, aber doch mit anderen Lebewesen vergleichbar – gar nicht über die Beschaffenheit des Seins und des Seienden verständigen und austauschen. Oder definieren wir das Mensch-Sein von vornherein so, dass es sich dabei um Lebewesen mit prinzipiell gleicher Ausstattung *in puncto* Kognition, Wahrnehmung und Emotion handelt?

Hans Blumenberg hat übrigens zu Recht die häufig verwendete formelhafte Analogie zwischen der Kopernikanischen und der Kantischen Wende in Abrede gestellt. Denn Erstere hat den Menschen mitsamt seinem lächerlich winzigen peripheren Planeten aus dem Mittelpunkt gerückt, während die Philosophie im Gefolge Kants das menschliche Gehirn zum Mittelpunkt des Weltalls machte.

Kant hat sich bekanntlich vornehmlich auf die Kategorien des Denkens konzentriert und dabei Raum und Zeit als eine entscheidende Bedingung der Möglichkeit des Denkens gesehen. Aber dieses Denken ist an Formen gebunden, an Zeichen und Symbole. In einem letzten Zwischenschritt kommt Cassirer deshalb nun auf die modernen Naturwissenschaften seiner Zeit zu sprechen. Diese haben Cassirer zufolge, wie schon zuvor ansatzweise bei Wilhelm von Humboldt, gleichfalls die »naive Abbildtheorie der Erkenntnis« verabschiedet und sind auf die Zeichenhaftigkeit unseres Welterfassens gestoßen. Sie gehen davon aus, dass ihre »Mittel« keineswegs

»*Abbilder* eines gegebenen Seins, sondern [...] selbstgeschaffene *Symbole*« seien. Cassirer zitiert aus Heinrich Hertz' *Prinzipien der Mechanik* (1894), wo es unter anderem heißt:

> Die Bilder, von welchen wir reden, sind unsere Vorstellungen von den Dingen; [...] es ist für ihren Zweck nicht nötig, dass sie irgendeine weitere Übereinstimmung mit den Dingen haben.[10]

Anders als in der Wahrnehmung der Gesellschaft, bezieht sich eine Naturwissenschaft wie die moderne, mathematisierte Physik nicht auf eine gegenständliche Natur, sondern konstruiert diese vielmehr als einen mathematisch-symbolischen, zeichenhaften Raum, der mit der realen Welt nicht sehr viel zu tun hat.

Das ist für Cassirer aber die entscheidende Pointe. Indem die Erkenntnistheorien Kants und der modernen Naturwissenschaften traditionelle Abbildtheorien verabschieden, betonen sie fast zwangsläufig die aktive Rolle der Erkenntnis als eines kulturellen und ästhetischen Tuns. Sie konstituieren und ›erfinden‹ die Realität.

Diese erkenntnistheoretische Wende, die Kant eingeleitet hat, zieht drei zentrale Konsequenzen nach sich:

► *eine semiotische Wende*: Das Hauptaugenmerk der Philosophie muss sich auf die Beschaffenheit eben jener »Bilder«, »Symbole« und »Zeichen« konzentrieren und deren besondere Formgebungen analysieren. Sie gewinnt damit zwangsläufig eine ästhetische bzw. – wie wir heute sagen würden – eine medientheoretische Dimension. Wie wir noch sehen werden, findet sich in Cassirers Werk bereits *in nuce* die Idee, Kulturtheorie als Semiotik zu begreifen;

► *eine epistemologische Wende*: die (Natur-)Wissenschaft muss ihren Anspruch eines unmittelbaren Zugangs zum »Wirklichen« aufgeben;

► *eine pluralistische Wende*: Wenn Wissenschaft und Philosophie Zeichen und Bilder zur Voraussetzung haben und wenn sie umgekehrt eine symbolische Form ausbilden, dann liegt es nahe, die Wissenschaft als eine symbolische Sonderform neben anderen zu begreifen und deren Verhältnis zu anderen Formen zu bestimmen und zu analysieren.

---

10 Ernst Cassirer, Philosophie, a.a.O., S. 5f.

Die Philosophie der symbolischen Formen überschreitet den Gegenstandsbereich des klassischen Denkens, das sich im Wesentlichen auf den Bereich wissenschaftlicher Weltinterpretation konzentriert hat. Programmatisch schließt es jede andere, und dabei gerade die nicht-wissenschaftlichen Auseinandersetzung mit den Weltbeständen ein. Solche Auseinandersetzungen und Zugangsweisen sind nicht von- bzw. auseinander ableitbar, sondern haben ein je eigenes formales Gefüge. Kultur lässt sich demnach als die Vielfalt dieser verschiedenen, zum Teil auch miteinander rivalisierenden Weltbezüge verstehen. Durch die Gleichstellung und Berücksichtigung der anderen Weltbezüge wird zugleich manifest, dass auch das Denken nicht reine Betrachtung, sondern eine Tätigkeit, ein Handeln, ein Tun ist. »Die Kritik der Vernunft transformiert sich zur Kritik der Kultur«. Auf die Philosophie bezogen heißt dies, dass Philosophie nur mehr als Philosophie der symbolischen Formen zu begreifen ist. An die Stelle der ›Welt‹ als Referenzpunkt tritt die Kultur.[11]

Cassirer selbst hebt hervor, dass das »rein wissenschaftliche, exakte Weltbegreifen« bereits in der Philosophie seit Kant vielfach reflektiert worden ist. Die Pluralisierung meint daher, sich jenen symbolischen Formen zuzuwenden, die bislang – weil epistemisch[12] als eher ›minderwertig‹ angesehen – vernachlässigt worden sind. Die Abwendung von einem rein szientistischen, d.h. auf Wissenschaftlichkeit beruhenden Weltverständnis und der Pluralismus der symbolischen Formen provozieren den Vergleich zwischen diesen, die sich prinzipiell des gleichen symbolischen Materials bedienen.

Insofern markiert allein diese Pluralisierung *eine pragmatische, kulturwissenschaftliche Wende*: Wenn Wissenschaft als *eine* Konstruktion von Wirklichkeit angesehen wird, dann liegt es nahe – hier gibt es eine gewisse Ähnlichkeit mit dem ansonsten philosophisch ganz anders ausgerichteten amerikanischen Pragmatismus –, Philosophie und Erkenntnis als ein »Tun«, als einen Akt, eine Handlung zu begreifen. Was Cassirer hier – vorsichtig, aber doch einigermaßen konsequent – verabschiedet, ist die Vorstellung des philosophischen Denkens als reiner Betrachtung. Das wissenschaftliche Denken organisiert und konstituiert, anders und doch vergleichbar mit Reli-

---

11   Ders., Philosophie, a.a.O., S. 9ff.

12   Von griech. epístemai, verstehen, epistemisch: das Verstehen betreffend.

gion, Mythos, Sprache und Kunst, die »Wirklichkeit«, es bildet sie nicht ab, sondern gestaltet sie als soziale und kulturelle Welt.

Das bedeutet nicht mehr und nicht weniger als einen Bruch mit dem kontemplativen Selbstverständnis der Philosophie. Theorie ist nicht länger ein Gegenstück zur Praxis, sondern eine ganz spezifische Form von kulturell durchaus relevantem Handlungsvollzug. Wie alle Praxis gibt es in ihr ein Moment von Entscheidung und vor allem Verantwortlichkeit für das eigene Tun. Kulturtheoretisch gewendet, könnte man behaupten, dass die Erforschung, Analyse und Beschreibung von Kultur niemals wertneutral und unpraktisch ist, sondern diese Kultur immer selbst verändert. Das ist ein Moment von Reflexion, das den Einzelwissenschaften oftmals entgeht. Der Marxismus als Gesellschaftstheorie oder die Psychoanalyse – als Therapieform wie als Anthropologie und Kulturtheorie – haben die Gesellschaft, auf die sie sich bezogen, nachhaltig verändert. In Umkehrung der berühmten These zu Feuerbach, lässt sich gegen Marx behaupten, dass die Interpretation der Welt selbst eine Veränderung darstellt.

Neue Theorien und Disziplinen bringen stets neue Blickwinkel mit sich. Im Fall von Cassirer ist es die Hinwendung zur ›Form‹, aber auch die Betonung des Funktionalen. Das Grundprinzip des kritischen Denkens, des Vorrangs der Funktion gegenüber dem Gegenstand (und damit auch das Primat des Prozesses gegenüber dem Produkt), wird über Philosophie und Wissenschaft hinaus auf Kultur und Gesellschaft ausgeweitet:

> Neben der reinen Erkenntnisfunktion gilt es, die Funktion des sprachlichen Denkens, die Funktion des mythisch-religiösen Denkens und die Funktion der künstlerischen Anschauung derart zu begreifen, dass daraus ersichtlich wird, wie in ihnen allen eine ganz bestimmte Gestaltung nicht sowohl der Welt, als vielmehr eine Gestaltung zur Welt, zu einem objektiven Sinnzusammenhang und einem objektiven Anschauungsganzen sich vollzieht.[13]

Das *eine* Sein lässt sich nicht mehr statisch festhalten, sondern manifestiert sich in der »unreduzierbaren Mannigfaltigkeit der Wissensmethoden und der Wissensgegenstände«. Der Pluralismus, die Vielheit der Weltzugänge, wird hier in einem schwerwiegenden Sinn

---

[13] Ders., Philosophie, a.a.O., S. 11.

verstanden. Denn unter dem Pluralismus zerfällt das *eine* Sein, auf das hin sich das westlich-abendländische Denken stets ausgerichtet hat. Oder um bei obigem Beispiel mit den Menschen vom anderen Planeten zu bleiben: In gewisser Weise gibt es – gegen die Hegel'sche Dialektik, die Religion und Kunst als Vorformen des reinen Wissens (miss)versteht – diese Inkompatibilität auch ohne die phantasierten kosmischen Fremdlinge. Denn der jeweilige Weltzugang des mythischen Menschen, des modernen Künstlers und des Atomphysikers sind nicht zur Deckung zu bringen, obschon ihre kognitive, ästhetische und affektive Ausstattung wenigstens potenziell dieselbe ist. Es mag Überschneidungen und auch Rivalitäten geben, schon deshalb, weil sie sich desselben semiotischen Materials bedienen. Aber sie leben, jedenfalls solange sie beten, komponieren oder vor dem Elektronenmikroskop sitzen, in völlig verschiedenen Welten, die keinen gemeinsamen Nenner haben. In der Vielheit zu leben, bedeutet – schon in einer Binnenkultur – auf Einheit zu verzichten, jedenfalls auf eine Einheit die ontologisch verbürgt wäre. So sind intra- und interkulturelle Phänomene in einer oftmals als homogen gedachten Kultur unter den Bedingungen von Modernität unvermeidlich.

Die Einheit lässt sich nur mehr formal herstellen, nur durch den Rekurs auf die Formen und Mittel, deren sich die verschiedenen Objektivierungen einer Kultur (Wissenschaft, Mythos und Religion, Sprache, Kunst) bedienen. Der Mensch wird als ein Symbole schaffendes Lebewesen bestimmt, das heißt ein Wesen, das Kultur hervorbringt und hervorbringen muss. Der Mensch ist ein kulturelles Wesen nicht nur durch die werkzeughafte Bearbeitung von Natur (wie das ein älteres Kulturverständnis nahelegt), sondern durch seine sprachliche und semiotische Bearbeitung derselben. Im Kontrast zu traditionellen Kulturbegriffen schrumpft erkenntnistheoretisch ein Begriff wie »Natur« auf den Status einer freilich notwendigen Grenzmarke des Denkens ein (so wie die Realität in dieser Perspektive zum »Ding an sich« wird). Denn ›Natur‹, das ist unter diesem forcierten erkenntnistheoretischen Blickwinkel, der zugleich kulturwissenschaftlich changiert, eine Konstruktion durch die symbolischen Formen einer Kultur. Mit diesem Hinweis kommen wir in die Nähe eines Disputs, wie er etwa in der Geschlechterforschung (*Gender Studies*) virulent ist: in radikalen konstruktivistischen, sozusagen hyper-kantianischen Geschlechtertheorien[14] wird der binären Geschlechterdifferenz jegliche natürliche Realität abgesprochen und diese als bloße Konstruktion aufgefasst, die durch die symbolischen Formen der Kunst und Wissenschaft generiert wird. Eine solche Form von post-kantianischem Kulturalismus und Konstruktivismus bildet die Kehrseite der kulturellen Wende, weshalb deren Kritiker auch nicht selten vom linguistischen Idealismus, der die Realität auf Symbolsysteme reduzieren möchte, sprechen. Im Fall der menschlichen Natur gibt es jedoch nicht nur so etwas wie eine Binnenbefindlichkeit des Leiblichen, vielmehr ist der Umkehrschluss, den ein solcher Konstruktivismus vornimmt, fragwürdig: Zwar muss es keine Koinzidenz zwischen ›Realität‹ und symbolischen Formen geben, ob aber die symbolischen Formen über die Macht verfügen, durch ihr bloßes Dasein Phänomene wie Tod und Sexualität beliebig zu modellieren, erscheint zweifelhaft. Die symbolischen Formen sind Bedingungen der Möglichkeit, in der Welt zu sein, aber damit nicht automatisch, diese nach Belieben zu verändern.

Schon Kant hat nach den Bedingungen der Möglichkeit von Erkenntnis gefragt und sich dabei nicht auf die physikalisch-mathematischen Wissenschaften beschränkt, wie seine *Kritik der praktischen Vernunft* und die *Kritik der Urteilskraft* deutlich machen. In der kulturellen Wende, wie sie nun Cassirer im philosophischen Rahmen des transzendentalen Idealismus vornimmt, werden Zeichen, Medien, Sprache, symbolische Formen zu den Bedingungen der Möglichkeit von Welterfassung und -konstruktion. In diesem Sinn ist Cassirer der Vordenker der semiotischen Wende der zu Kulturwissenschaften mutierten Humanwissenschaften. Dabei kommen Symbolik und Semiotik eine maßgebliche Bedeutung zu.

---

14 Judith Butlers Geschlechtertheorie operiert – ohne Bezugnahme auf Cassirer – auf der Annahme, dass Geschlecht durch symbolische Formen konstruiert und inszeniert wird. Insbesondere in ihrem ersten Band legt sie nahe, dass der binäre Geschlechtercode ausschließlich das Ergebnis einer symbolischen Organisation sei, vgl. Judith Butler, Das Unbehagen der Geschlechter, Frankfurt/ Main: Suhrkamp 1991; dies., Körper von Gewicht. Gender Studies. Frankfurt/ Main: Suhrkamp 1997. Eine vorsichtigere Konzeption wäre eine solche, die die Symbolisierung als eine Form der Markierung von Grenzen bestimmt und Sexualität, Tod, Krankheit, Hunger und Unterdrückung als solche elementare Bereiche begreift, an denen sich symbolische Organisation vollzieht.

[...] so fährt die Theorie der ›Zeichen‹ [...] fort, die Sprache der Abbild-theorie der Erkenntnis zu sprechen; – aber der Begriff des ›Bildes‹ hat nun in sich selbst eine innere Wandlung erfahren. Denn an die Stelle einer irgendwie geforderten inhaltlichen Ähnlichkeit zwischen Bild und Sache ist jetzt ein höchst komplexer logischer Verhältnisausdruck, ist eine allgemeine intellektuelle Bedingung getreten, der die Grundbegriffe der physikalischen Erkenntnis zu genügen haben. Ihr Wert liegt nicht in der Abspiegelung eines gegebenen Daseins, sondern in dem, was sie als Mittel der Erkenntnis leisten, in der Einheit der Erscheinungen, die sie selbst aus sich herausstellen.[15]

Was Cassirer zu Eingang des Zitates festhält, ist bemerkenswert und gilt bis heute: Während wir heute wissen, dass das Denken die Welt nicht abbildet, sondern semiotisch konstruiert und erfasst, sind wir in unserem Alltagsdenken Abbildtheoretiker geblieben. Die Analogie mit der kopernikanischen Wende drängt sich auf: Körperlich und alltäglich verhalten wir uns als Ptolemäer, als Anthropozentriker, obschon wir doch wissen, dass die Sonne sich nicht um die Erde und somit nicht um uns dreht. Alltagswahrnehmung und komplexe Theorien kommen nicht zur Deckung: Wir sehen eine Frau oder einen Mann als eine plastische Epiphanie und nicht eine semiotisch vermittelte, mit unserem Wahrnehmungsapparat korrespondierende, durch bestimmte Traditionen der symbolischen Formen unserer Kultur bedingte Konstruktion eines an sich unbestimmten, symbolisch offenen Seienden.

Unermüdlich betont Cassirer den Entwurfscharakter jener Mittel der Weltschaffung, ohne dass ihm freilich eine konsistente Zeichentheorie als Grundlage einer modernen Kulturtheorie gelänge. Im Gefolge von Heinrich Hertz definiert er das Symbol als ein »Scheinbild«, »um die Welt der sinnlichen Erfahrung zu beherrschen und als gesetzlich-geordnete Welt zu übersehen«, dem »aber in den sinnlichen Daten selbst unmittelbar nichts entspricht«.[16]

Lange hat die Sprache als bloßer Ausdruck, als Hülle und Gewand, als neutrales Medium des Denkens bzw. des Seins gegolten, das auch unabhängig von ihm gegeben ist. Cassirer hingegen spricht dem Zeichen im Hinblick auf die Erfassung der Welt eine konstituierende Rolle zu:

---

[15]   Ernst Cassirer, Philosophie, a.a.O., S. 6.
[16]   Ders., Philosophie, a.a.O., S. 17.

> [...] das Zeichen ist keine bloß zufällige Hülle des Gedankens, sondern sein notwendiges und wesentliches Organ. Es dient nicht nur dem Zweck der Mitteilung eines fertiggegebenen Gedankeninhalts, sondern ist ein Instrument, kraft dessen dieser Inhalt selbst sich herausbildet und kraft dessen er erst seine volle Bestimmtheit gewinnt.[17]

Was Cassirer entgeht, ist indes, dass etwa das sprachliche Zeichen, so wie es Ferdinand de Saussure als erster Sprachphilosoph in dieser Schärfe analysiert hat, zwar keine zufällige Hülle des Gedankens, wohl aber zufällig in seiner Gestalt ist, kontingent und arbiträr. In den *Symbolischen Formen* wird zwar eine Theorie des Zeichens, eine Semiotik also, eingefordert, doch findet sich bei Cassirer weder eine systematische Analyse des Zeichens noch eine Unterscheidung von sprachlichen und explizit visuellen Zeichen. Der schwankende Gebrauch von oftmals synonym gebrauchten Begriffen wie »Scheinbild«, »Zeichen«, »Medium« und »Symbol« macht dies sinnfällig. Deshalb fällt es Cassirer schwer, die Ebene der Zeichen und die der verschiedenen Weltzugänge zunächst einmal analytisch zu unterscheiden. So werden die symbolischen Formen einigermaßen nebulös als Ausdruck wohl ein und derselben geistigen Energie verstanden, die einen intellektuellen Bedeutungsinhalt an ein konkretes Zeichen bindet. Dabei ist unübersehbar, dass Cassirer an einer gewissen Form des Idealismus festhält, wenn er etwa schreibt:

> In diesem Sinn bedeutet jede neue ›symbolische Form‹, bedeutet nicht nur die Begriffswelt der Erkenntnis, sondern auch die anschauliche Welt der Kunst, wie die des Mythos oder der Sprache nach dem Wort Goethes eine von dem Inneren an das Äußere ergehende Offenbarung, eine ›Synthese von Welt und Geist‹, die uns der ursprünglichen Einheit beider erst wahrhaft versichert.[18]

Wissenschaft (und Technik), Mythos und Religion, Kunst sowie Sprache werden als je eigene Modi der Wirklichkeitskonstruktion, wenn auch als Ausformung einer geistigen Energie verstanden. Dabei wird deutlich, dass die Wissenschaft selbst eine symbolische Form und eine semiotische »Objektivierung« darstellt, so wie alle anderen symbolischen Formationen auch. Auch sie ist das – im Übrigen historisch späte – Ergebnis einer schöpferischen Einbildungskraft,

---

17 Ders., Philosophie, a.a.O., S. 18.
18 Ders., Philosophie, a.a.O., S. 48.

auf deren Bedeutung bereits Kant hingewiesen hatte. Die Kritik der Kultur ist zwangsläufig ästhetisch amalgamiert. Ästhetik meint hier, wie schon gesagt, nicht länger eine Unterdisziplin der Philosophie, sondern wird konstitutiv für eine Philosophie der symbolischen Formen. Mit der ästhetischen Wende in der Epistemologie geht zwangsläufig ein Pluralismus einher: Kant, von Goethe aus gesehen. Denn was Cassirer hier vorstellt, ist eine Art Morphologie des Geistes:

> Nicht nur der Wissenschaft, sondern auch der Sprache, dem Mythos, der Kunst, der Religion ist es eigen, dass sie die Bausteine liefern, aus denen sich für uns die Welt des ›Wirklichen‹ wie die des Geistigen, die Welt des Ich aufbaut. Auch sie können wir nicht als einfache *Gebilde* in eine Welt hineinstellen, sondern wir müssen sie als *Funktionen* begreifen, kraft deren je eine eigentümliche Gestaltung des Seins und je eine besondere Teilung und Scheidung desselben sich vollzieht.[19]

Was entsteht, ist eine Kultur, die in sich gegliedert und – im Gefolge der Systemtheorie würde man sagen – ausdifferenziert ist. Kultur lässt sich mit Cassirer als Gesamtheit symbolischer Formen, Prozesse und Akte begreifen und bestimmen. Ob es noch mehr als diese vier Formen gibt, die von Cassirer erwähnt werden, ist nicht ganz klar. Ausgearbeitet hat Cassirer in seinem voluminösen Werk vor allem die symbolischen Formen Mythos, Sprache und Erkenntnis, während – die rekonstruierte Bibliographie zum Werk, die zahllose philosophische, sprachtheoretische und ethnologische Standardwerke enthält, macht dies überdeutlich – die Kunst nur marginal und ganz am Rande behandelt wird. Ausgespart bleibt daher nicht nur die moderne abstrakte Kunst, die sich doch, wie später der amerikanische Kunsttheoretiker Clement Greenberg[20] zeigen sollte, wie eine Parallelaktion zur Kantischen Philosophie (nämlich als selbstreferenzielles Tun, das sich mit den Bedingungen der Möglichkeit bildender Kunst wie Form und Farbe auseinandersetzt) ausnimmt, es fehlt – und das ist 1928 schon einigermaßen erstaunlich – jeglicher Hinweise darauf, wie man kulturelle Phänomene wie Photographie, Film oder Radio, ohne die Kulturanalyse heute undenkbar ist, den vier symbolischen Formen zuordnen soll.

Man tut Cassirers theoretischer Reputation nicht Unrecht, wenn man ihn als Vorläufer begreift, der zwar im Ansatz eine atembe-

---

19 Ders., Philosophie, a.a.O., S. 24.
20 Arthur C. Danto, Das Fortleben der Kunst, München: Fink 2000, S. 110f.

raubend neue Philosophie vorlegt, die ihrer ganzen Anlage nach bereits eine semiotisch orientierte Kulturtheorie ist; anders als Simmel (→ Kap. 5), Arnheim[21] oder der späte Benjamin (→ Kap. 6) hat Cassirer jedoch nicht jene aufregenden medialen und symbolischen Veränderungen in der modernen Kultur in Augenschein genommen. Er ist als ein Denker des Übergangs zu begreifen, der zwar das Tor zu einem ganz neuen Verständnis von Sprache und Zeichen aufgestoßen hat, dem es aber nicht gelingt, eine konsistente Zeichentheorie zu entfalten (obschon er die Ideen von Peirce, nicht aber jene von Saussure gekannt hat).

Zwiespältig bleibt Cassirers Verhältnis auch im Hinblick auf das, was man heute als Logozentrismus bezeichnet. Vermutlich kann er die neukantianische Idee von der Inkompatibilität und Gleichwertigkeit nicht durchhalten, weil er insbesondere den Mythos trotz Rückgriffen auf die zeitgenössische ethnologische Literatur im Sinne der klassischen philosophischen Tradition vom Logos her liest und begreift. Cassirer möchte auf der einen Seite die verschiedenen Modi der Welterfassung (symbolische Formen) in ihrer je spezifischen Eigenart belassen und ihre Irreduzibilität hervorheben, auf der anderen Seite zielt seine Philosophie der symbolischen Formen darauf ab, sie auf einer formalen, semiotisch-symbolischen Ebene in ein System zu fassen. Schon in der Einleitung wird deutlich, dass der Mythos als eine naive symbolische Form anzusehen ist. Insofern folgt Cassirer durchaus dem traditionellen Narrativ ›vom Mythos zum Logos‹. Der Mythos gilt als der Ausgangspunkt aller symbolischen Formen. Er ist unhintergehbar insofern, als sich auch die anderen symbolischen Formen desselben semiotischen Materials bedienen wie er selbst.

> Die verschiedenen Erzeugnisse der geistigen Kultur, die Sprache, die wissenschaftliche Erkenntnis, der Mythos, die Kunst, die Religion werden so, bei all ihrer inneren Verschiedenheit, zu Gliedern eines einzigen großen Problemzusammenhangs, – zu mannigfachen Ansätzen, die alle auf ein Ziel bezogen sind, die passive Welt der bloßen *Eindrücke*, in denen der Geist zunächst befangen scheint, zu einer Welt des reinen geistigen *Ausdrucks* umzubilden.[22]

---

[21] Rudolf Arnheim, Rundfunk als Hörkunst und weitere Aufsätze zum Hörfunk [1936], Frankfurt/Main: Suhrkamp 2001; ders., Film als Kunst [1932], Frankfurt/Main: Suhrkamp 2002.

[22] Ernst Cassirer, Philosophie, a.a.O., S. 12.

Der Mythos wird zum einen als eine spezifische symbolische Form *sui generis* angesehen, zum anderen aber auch als Ausgangspunkt aller symbolischen Formen. In ihm manifestiert sich auf pathetische Weise der synthetische Anspruch, den mannigfaltigen »Eindrücken« einen kollektiv gültigen Ausdruck zu verschaffen. So finden sich bereits in der Einleitung zwei argumentative Strategien, die eine, die die Diversität der symbolischen Formen etwa gegen Hegels Geschichtsphilosophie betont, die andere, die letztlich doch die Vielfalt der symbolischen Formen aus einer gemeinsamen geistigen Quelle genetisch herleitet – und das ist in der Tradition insbesondere der deutschen Philosophie der Mythos.

Folgt man dieser Erzählung, dann bleibt die Frage, wo heute der Ort der symbolischen Form des Mythos sein soll, jenes Mythos, der im Laufe der geschichtlichen Entwicklung Sprache, Erkenntnis und Kunst aus sich entlassen haben soll. Zwar lässt sich – Blumenberg hat dies auch getan – darauf verweisen, dass der Mythos nicht ans Ende zu bringen ist, weil es Grenzen der Erkenntnis gibt.[23] Oder man mag argumentieren, auch dieses Argument findet sich bei Blumenberg, dass gerade die moderne Kunst sich durch den Rückgriff auf mythische Elemente konstituiert. Aber dessen zentrale Bedeutung für die Konstruktion nationaler Identität und für die Alltagskultur – Barthes *Mythen des Alltags* (→ Kap. 7) – kann nicht aus einer rein philosophisch-geistesgeschichtlichen Perspektive erfasst werden.

Kritikpunkte und Anmerkungen

► Cassirer unterscheidet nicht hinreichend zwischen verschiedenen Ebenen (Medien, symbolische Systeme): So sind »Sprache« und »Mythos« – so wichtig beide für den Gesamtkomplex »Kultur« auch sein mögen – ganz unterschiedliche Großphänomene.

► Casssirer vernachlässigt die materielle Seite der »symbolischen Formen« (Medien).

► Cassirer verfügt über keine systematische Sprachtheorie, in der Sprache und Zeichen als kontingent und konventionell bestimmt werden (Saussure, Peirce).

---

[23] Hans Blumenberg, Arbeit am Mythos (3. erw. Aufl.), Frankfurt/Main: Suhrkamp 1984.

▶ Cassirers Begriff der symbolischen Formen betont zwar die aktive Seite der symbolischen Formen, aber sein Ansatz vermittelt diese nicht mit Lebensformen und Lebenshaltungen (»Habitus«, Kultur II → Kap. 9).

▶ Seine »symbolischen Formen« sind zu homogen konzipiert, so als ob keine Mischformen möglich wären.

▶ Cassirers Ansatz ist rationalistisch (»logozentrisch«) und sieht Medien und symbolische Formen noch immer als Instrumente zur Artikulation eines vorgegebenen rational fassbaren Inhaltes. Das gilt auch für seine Gegenüberstellung von Gefühl/Sinnlichkeit (passiv) und Gedanken/Sinn (aktiv).

▶ Trotz seines programmatischen Lobs der Vielfalt läuft sein Konzept auf eine Hierarchisierung des szientistischen Wissens hinaus, weil er den Mythos wesentlich als eine symbolische Urform fasst und dessen gemeinschaftsstiftende Rolle hintan stellt.

▶ Cassirers Begriff von Kultur verbleibt im geistesgeschichtlichen Rahmen und schließt die materielle Seite des Subjekts (Körperlichkeit, Alltag) ebenso aus wie die Frage kollektiver Identitäten. Sein Kulturbegriff ist sehr eng und beschränkt sich auf das Segment der Künste und der Wissenschaft.

▶ Sein Pluralismus steht in einem unverkennbaren Spannungsverhältnis zu seinen systematischen und synthetischen Versuchen, letztendlich doch ein gemeinsames Band aller symbolischen Formen zu finden.

Literatur

Ernst Cassirer, Philosophie der symbolischen Formen, 5 Bde., Darmstadt: WBG 1964.

Ders., Versuch über den Menschen. Einführung in eine Philosophie der Kultur, Frankfurt: Fischer 1990.

Andreas Graeser, Ernst Cassirer, München: C.H. Beck 1994.

Friedrich Kittler, Eine Kulturgeschichte der Kulturwissenschaft, München: Fink 2000.

Wolfgang Müller-Funk, Die Kultur und ihre Narrative. Eine Einführung, Wien/New York: Springer 2002.

Barbara Neumann, Kulturen des symbolischen Denkens. Literatur und Philosophie bei Ernst Cassirer, in: Hartmut Böhme, Klaus R. Scherpe (Hrsg.), Literatur- und Kulturwissenschaften. Positionen, Theorien, Modelle, Reinbek: Rowohlt 1996, S. 161–186.

Oswald Schwemmer, Ernst Cassirer. Ein Philosoph der europäischen Moderne, Berlin: Akademie 1997.

Ders., Philosophie als Theorie der Kultur und der Kulturwissenschaften, in: Handbuch der Kulturwissenschaften, Bd. 2: Paradigmen und Disziplinen, hrsg. v. Friedrich Jaeger u. Jürgen Straub, Stuttgart: Metzler 2004, S. 671–686.

Kapitel 4

Giambattista Vico, Johann Gottfried Herder und die Folgen: Von der *Neuen Wissenschaft über die gemeinschaftliche Natur der Völker* zur aufklärungskritischen Kulturphilosophie

Es gibt im Kontext der abendländischen Geistesgeschichte Denker, deren langfristige Bedeutung weithin unterschätzt wird; diese ist nur einer kleinen Schar von profunden Kennern gewärtig. Dass ihr Einfluss notorisch unterbewertet wird, lässt sich für beide Philosophen, den Neapolitaner Vico ebenso wie für den Ostpreußen Herder, behaupten. Zusammengenommen haben sie entscheidend zu einem Typus von Kulturtheorie beigetragen, der über Deutschland hinaus wirksam geworden ist. An dieser Stelle darf nicht verschwiegen werden, dass diese Wirksamkeit auch ihre fatalen Seiten hatte. Insbesondere Herder wurde zum Stichwortgeber für Theoretiker der Konservativen Revolution und des nationalsozialistischen Umfeldes. Als prominenteste Beispiele sind hierbei Oswald Spenglers Morphologie der Weltkulturen *Der Untergang des Abendlandes* (→ Kap. 1) und Nadlers *Literaturgeschichte der deutschen Stämme und Landschaften* oder – um eine aktuelle Debatte zu zitieren – Huntingtons Buch über den Zusammenstoß der Kulturen zu nennen.[1] Dass es sich dabei nicht um direkte Übernahmen, sondern um Rekontextualisierungen han-

---

[1] Josef Nadler, Literaturgschichte der deutschen Stämme, Regensburg: Habbel 1912ff.; vgl. Sebastian Meissl, Zur Wiener Neugermanistik der dreißiger Jahre: Stamm, Volk, Rasse, Reich. Über Josef Nadlers literaturwissenschaftliche Position, in: Klaus Amann, Albert Berger (Hrsg.), Österreichische Literatur der dreißiger Jahre, Ideologische Verhältnisse. Institutionelle Voraussetzungen. Fallstudien, Wien ²1985, S. 130–146; Wendelin Schmidt-Dengler, Nadler und die Folgen, in: Wilfried Barner, Christoph König (Hrsg.), Zeitenwechsel. Germanistische Literaturwissenschaft vor und nach 1945, Reihe: Kultur und Medien, Frankfurt/Main: Fischer 1996, S. 35; Wolfgang Müller-Funk, Kulturwissenschaft in nationalsozialistischen Zeiten?, in: Ilija Dürhammer, Pia Janke (Hrsg.), Die ›österreichische‹ nationalsozialistische Ästhetik, Wien/Köln/Weimar: Böhlau 2003, S. 93–110.

delt, wird am Ende dieses Kapitels aufgezeigt. Aber wie immer es mit der intellektuellen Verantwortung für das eigene Denken und Schreiben steht – ist man verantwortlich für seine unverantwortlichen Leser? –, bestätigt dieser Einfluss, den Vico und Herder auf die Entwicklung der abendländischen Kultur und auf die europäische Politik hatten, die These, wonach die theoretische Erfassung von Kultur und Kulturen diese selbst verändert.

Gut drei Generationen trennen Herder von Vico. Herder wurde in dem Jahr geboren, in dem Vico starb, 1744. Giambattista Vico kam 1670 in Neapel als Sohn eines Buchhändlers zur Welt. Es ist das Zeitalter der jesuitischen Gegenreformation. Vico, der sich eingehend mit der Renaissance und mit der Philosophie Descartes' beschäftigte, kann man nicht ohne Einschränkungen einer bestimmten philosophischen Richtung und Denktradition zuordnen. Was ihn beispielsweise von den Denkern der Renaissance trennt, ist ein ganz wichtiger Punkt: Der neapolitanische Gelehrte lebt in einer Welt, die viel größer geworden ist und in der Europa Erfahrungen mit anderen, bis dahin unbekannten Kulturen gemacht hat. Diese Erfahrung mit anderen Kulturen, mit denen die europäisch-christliche bis dahin nicht in Berührung gekommen ist, provoziert den Vergleich und ermöglicht perspektivisch den Blick auf die eigene Kultur.

Neapel, das erst von den spanischen, dann von den österreichischen Habsburgern und zuletzt von den Bourbonen regiert wurde, war zu jener Zeit eine Kulturhauptstadt Europas, mit einer glanzvollen Opernkultur (die Balzac ebenso fasziniert hat wie die Gegenwartsautorin Margriet de Moor[2]) und einer angesehenen Universität. An dieser absolvierte Vico das Studium der Klassischen Philologie und war anschließend Hauslehrer in der Toskana. Vico gehört – wie Montaigne, Bacon oder eben Descartes – zu den Pionieren des frühneuzeitlichen Denkens in Europa. Er ist vielleicht der Letzte von ihnen. Später hatte er einen Lehrstuhl für Rhetorik an der Universität Neapel inne. Da er nur eine Handvoll Studenten hatte, blieb ihm genügend Zeit für ein ungestörtes Gelehrtendasein.

Die *Nuova Science* erschien zum ersten Mal im Jahre 1725, als Vico bereits 55 Jahre alt war. Es ist an dieser Stelle unmöglich, alle Nuancen und Facetten eines Werkes darzulegen, das noch ganz im Geist einer Rhetorik geschrieben ist, in der die Renaissance nachhallt. Im

---

2 Margriet de Moor, Der Virtuose, München: Hanser 1994.

Rahmen dieser Einführung sollen vor allem drei zentrale Punkte erwähnt werden, die für die Kulturtheorie bis heute relevant geblieben sind: das Vico-Theorem, die Rehabilitierung des Mythos und die Lehre von den drei Funktionen der Kultur.

Das Vico-Theorem besagt, dass die Natur dem Menschen immer bis zu einem gewissen Grad verschlossen bleiben wird, weil sie nicht von ihm selbst hervorgebracht worden ist; die Kultur hingegen ist für den Menschen verstehbar, weil sie von ihm selbst geschaffen ist. Die neue Wissenschaft ist eben die Wissenschaft von den Dingen, Institutionen und Einrichtungen, die der Mensch selbst hervorgebracht hat.

> Doch in dieser Nacht voller Schatten, die für unsere Augen das entfernteste Altertum bedeckt, erscheint das ewige Licht, das nicht untergeht, von jener Wahrheit, die man in keiner Weise in Zweifel ziehen kann: dass diese historische Welt ganz gewiß von den Menschen gemacht worden ist: und darum können (denn sie müssen) in den Modifikationen unseres eigenen menschlichen Geistes ihre Prinzipien aufgefunden werden. Dieser Umstand muss jeden, der ihn bedenkt, mit Erstaunen erfüllen: wie alle Philosophen voll Ernst sich bemüht haben, die Wissenschaft von der Welt der Natur zu erringen; welche, da Gott sie geschaffen hat, von ihm allein erkannt wird; und vernachlässigt haben nachzudenken über die Welt der Nationen, oder historische Welt, die die Menschen erkennen können, weil sie die Menschen geschaffen haben.[3]

Die Passage verdient einen ausführlichen Kommentar. Zunächst einmal wird in gerader Umkehr zu Bacons *Novum Organum*, in dem ja eine neue Epistemologie der Naturwissenschaft umrissen wird,[4] eine prinzipielle Unterscheidung zwischen Human- und Naturwis-

---

[3] Giambattista Vico, Die neue Wissenschaft, Berlin/New York: de Gruyter 2000, S. 125 (1. Buch, 3. Abt.).

[4] Francis Bacon, Große Erneuerung der Wissenschaften, Vorrede, in: Neues Organon, Teilband 1, Lat.-Dt., hrsg. v. Wolfgang Krohn, Hamburg: Meiner 1990, S. 13–35. Bacon macht vor allem das Übermaß der Verehrung der griechisch-lateinischen Klassik sowie die Rücksichtnahme auf Meinungen und Bräuche dafür verantwortlich, dass die Wissenschaften keinen Fortschritt machen. Demgegenüber nimmt Pascal eine mittlere Position ein, wenn er fordert, den »Mut der Furchtsamen« aufzurichten, »die in der Physik nichts zu erfinden wagen«, während er umgekehrt, die »Unverschämtheit jener Verwegenen beschämen« möchte, die in der Theologie »Neues aufbringen« wollen. (Blaise Pascal, Gedanken. Mit den Anmerkungen Voltaires, hrsg. v. Heinrich Hesse, München: Borowsky, Repr. der Ausg. Leipzig 1881, S. 9).

senschaften getroffen. Es ist das erste Mal in der Geschichte der Wissenschaften, dass dieser Gegensatz zwischen ihren beiden Kulturen (C.P. Snow[5]) so markant beschrieben wird. Die ganze nachfolgende Untersuchung Vicos macht indes deutlich, dass sich die neue Wissenschaft nicht auf die Geisteswissenschaften oder auf philologische Exegese und Kommentar beschränkt, sondern auf einen weiten Begriff von Kultur (Kultur I → Kap. 1) abzielt, der auch die Bereiche von Politik und Gesellschaft, ja sogar das Recht umfasst.

Die Pointe von Vicos Theorem besteht aber darin, dass die Wissenschaft von der menschlichen Kultur keine prinzipiellen erkenntnistheoretische Schranken setzt, während die Naturwissenschaften ihren Gegenstand niemals voll erfassen können. Etwas von dem Gegensatz zwischen Verstehen und Erklären, wie er seit Wilhelm Dilthey[6] gang und gäbe ist, ist hier bereits vorgedacht. Denn Kulturwissenschaft wird auch bei Dilthey als eine Form von Selbsterkenntnis, Selbstverständnis und Selbstverständigung gedacht. Von einem solchen Prozess kann im Falle der Natur nicht die Rede sein: Das Buch der Natur ist geschlossen. Die Natur bleibt das prinzipielle Fremde, das nicht durch den Bezug auf den Menschen erkannt werden kann. Deshalb fehlt den Naturwissenschaften jener für die Kultur- und Humanwissenschaften eigentümliche Selbstbezug. »Erkennen« ist hier in einem starken Sinn zu begreifen: als etwas, das man kennt, mit dem man vertraut ist, usw. In jedem Fall entfaltet Vico einen über Jahrhunderte maßgeblichen Begriff von Kultur, der diese gleichsam *ex negativo* definiert: Kultur ist all das, was nicht Natur ist. Natur wiederum ist alles, was der Mensch nicht geschaffen hat. Somit umfasst die Kulturanalyse alle Dinge und Einrichtungen dieser Welt, die der Mensch selbst geschaffen hat.

Was nun das Erstaunen darüber betrifft, warum die Menschen sich erst so spät – eben mit Vicos programmatischem Buch – mit dem vom Menschen Geschaffenen, der Kultur im weitesten Sinn (Kultur I), beschäftigt haben, so lässt sich dies womöglich von heute aus durch ein Charakteristikum von Kultur relativieren. Denn wie wir bereits gesehen haben, produziert Kultur Unbewusstheit, d.h. eine Form reflexionsloser, unbedachter Selbstverständlichkeit, die

---

5 C.P. Snow, Die zwei Kulturen, Stuttgart: Klett-Cotta 1967.
6 Wilhelm Dilthey, Der Aufbau der geschichtlichen Welt in den Geisteswissenschaften. Mit einer Einl. v. Manfred Riedel, Frankfurt/Main: Suhrkamp 1993.

den menschlichen Einrichtungen und Artefakten den Schein von Natürlichkeit verleihen. Im mythisch-religiösen Denken wird Gemeinschaft als eine göttliche Stiftung angesehen. Dass die Regeln des Gemeinwesens und Einrichtungen wie Familie, Kirche oder Militär historisch und veränderbar sind, ist das Ergebnis einer späten Einsicht. Noch die Abneigung des konservativen Milieus gegen moderne Disziplinen wie die Soziologie, die automatisch mit einem linken Projekt von Gesellschaftsveränderung gleichgesetzt wurde, belegt den stummen Widerstand gegen das Erkennen all jener Phänomene, die das Zeichen menschlicher Gestaltung tragen. Wider das Erstaunen Vicos über die Vernachlässigung der Erforschung der menschlichen Kultur kann man also einwenden, dass Dinge, die uns so nah und alltäglich sind, sich zunächst einmal dem Erkannt-Werden entziehen.

Offen bleibt in seiner Unterscheidung inwiefern der Mensch selbst Natur oder Kultur bzw. Natur und Kultur ist. In Vicos eigener Logik könnte man sagen, dass sich der Mensch primär, d.h. biologisch nicht selbst geschaffen hat und eine Hervorbringung Gottes bzw. der Natur ist. Sofern er Natur ist und Gegenstand der Naturwissenschaften (geworden) ist, gilt auch für den Menschen das Verdikt des Unbekannten.

Vicos zweiter wichtiger Beitrag zur Kulturtheorie stellt die Rehabilitierung des Mythos dar. Lange vor der Romantik und vor Schelling (→ Kap. 3) hat Vico den Mythos als ein ernstzunehmendes kulturelles Konstrukt begriffen. Das ist erstaunlich in einer Zeit – man braucht sich nur die barocken Ansichten der klassischen griechischen Mythen zu besehen –, in der der griechische Mythos nur mehr allegorisches Beiwerk zur Darstellung menschlicher Empfindungen darstellt oder eine schiere ästhetische List, den entblößten Körper zu präsentieren.

Für Vico ist Homer der erste Autor, der menschlich zu denken begann. Aber der Mythos ist nicht bloß eine hübsche Erfindung zur ästhetischen Unterhaltung des Publikums, sondern integraler Bestandteil der Kultur. Der Mythos ist die »wahre und strenge Geschichte der Sitten bei den ältesten Völkern Griechenlands«.[7] Es wäre lächerlich, die Wahrheit des Mythos im Faktischen zu suchen, um ihn dann als ein reines Hirngespinst, als bloße Dichtung oder als

---

7   Giambattista Vico, Die neue Wissenschaft, a.a.O., S. 49.

kontrafaktisches Erklärungssystem unwissender Menschen zu begreifen. Vielmehr erinnert uns Vico daran, dass der Mythos mit den Sitten, d.h. mit den Festsetzungen unseres Lebensalltages, unseres »whole way of life« (→ Kap. 1) zu tun hat. Wobei Vico freilich entgeht, dass sich die Dimension des Mythischen auch in der Neuzeit nicht völlig aufgelöst hat:

> Die heroischen Mythen waren wahre Geschichten der Heroen und ihrer barbarischen Sitten, wie sie bei allen Völkern in ihrer barbarischen Zeit blühten; so dass die beiden Gesänge Homers sich erweisen als zwei große Schatzkammern für Entdeckungen über das natürliche Recht der griechischen Stämme, als sie noch Barbaren waren.[8]

Mythos und Poesie werden hier als kulturelle Manifestationen verstanden, deren Wahrheit nicht so sehr eine faktische ist, sondern die uns die Sitten und Gebräuche früherer Epochen und anderer Räume erschließen. Einen zentralen Stellenwert bei der Konstitution von Kultur nimmt für Vico die Religion ein. Damit greift Vico Gedankengängen vor, wie sie dann im 19. Jahrhundert von Schelling und Bachofen[9] fortgeführt werden. Kunst (Kultur III → Kap. 1) wird als expliziter Ausdruck von gelebter Kultur verstanden. Nicht ihre philologische Erschließung, sondern ihre kulturwissenschaftliche Auswertung als Quelle steht im Mittelpunkt.

Anders als im philosophischen Diskurs über den Mythos, wie er im deutschsprachigen Raum Tradition hat, wird dieser nicht so sehr als ein frühes, primitives geistiges Produkt analysiert, sondern im Hinblick auf seinen kulturellen und gesellschaftlichen Verweischarakter. Der Mythos erscheint hier als ein sinnstiftendes Prinzip kultureller Praktiken, der alltäglichen wie der rituellen. Seine Wahrheit besteht weder in seinem Welterklärungswert noch in seiner Bezugnahme auf eine einmalige historische Realität, sondern

---

[8] Ders., Die neue Wissenschaft, a.a.O., S. 50.

[9] Johann Jakob Bachofen, Das Mutterrecht. Eine Untersuchung über die Gynaikokratie der alten Welt nach ihrer religiösen und rechtlichen Natur, hrsg. v. Hans-Jürgen Heinrichs, Frankfurt/Main: Suhrkamp 1975, S. 1–60 (Vorrede und Einleitung). Bachofen gehört in die Reihe von Denkern, die den Mythos als ein zentrales Medium kultureller Entwicklung sehen. Insbesondere sei es mit Hilfe des Mythos möglich, das Rätsel des dunklen Anfangs zu dechiffrieren. (Ders., Die neue Wissenschaft, a.a.O., S. 9) Derartige Arbeit am Mythos läuft freilich Gefahr, dessen Struktur zu reproduzieren.

in seiner kulturellen Funktion. Dass die »Geschichten der Heroen«[10] wahr sind, könnte man heute auch dahingehend interpretieren, dass diese die jeweilige Kultur begründen.

Bei Vico ist ein Blick bereits ausgebildet, den man als ethnographisch bezeichnen kann. Dabei wird der Mythos zu einem Schlüssel, der uns fremde Kultur – hier eine fremde Kultur in der Zeit, nämlich die vorklassische, ›barbarische‹ griechische Kultur – näher bringt. In den Mythen werden auch jene drei Funktionen in der Kultur beredt und benannt, die Vico als charakteristisch für jedwede Art von Kultur ansieht. Sie bilden die Grundelemente aller menschlichen Kultur. Ihre Herkunft leitet Vico aus der Epiphanie des Göttlichen, aus »den göttlichen Dingen«[11] ab, über die die Welt des Mythos berichtet. Ganz offenkundig werden sie in Vicos allegorischer Mythen-Deutung als gleichnishafte Darstellungen allgemeiner Sachverhalte und abstrakter Begriffe verstanden. Diese werden in der »Neuen Wissenschaft« im rhetorischen Stil, wie ihn die Renaissance hervorgebracht hat, mnemotechnisch allegorisiert und sichtbar gemacht. Vicos neue »kritische Kunst« möchte die philologische Methode kritisch hinterfragen und zugleich die Philosophie für jene dunklen Themen öffnen, die ihr bislang verschlossen geblieben ist. Sie begreift sich als eine Lehre »von all den Dingen, die vom menschlichen Willen abhängen, wie die Geschichte der Sprachen, der Sitten und der Ereignisse, sowohl im Krieg wie im Frieden der Völker«.[12]

Das *erste* Grundelement der Kultur ist nach Vico die Ehe. Sie stellt gleichsam das symbolische Band zwischen den Lebenden und den Geschlechtern dar. Mit ›Ehe‹ ist hier nicht nur die Funktion des Vertraglichen, sondern auch der ganze Symbolismus und das Ritual, der feierliche Akt als solcher gemeint. Er wird in Vicos Bildkomplex durch das Feuer auf dem Altar, durch die Fackel, durch Wasser und Feuer versinnbildlicht. Er gilt als göttliche Zeremonie, womit auch erklärlich wird, dass dieses symbolische Band, dessen Stiftung den Göttern zugesprochen wird, nicht so ohne Weiteres auflösbar ist.

Das *zweite* Grundelement der Kultur ist das Begräbnis, das symbolische Band zwischen Lebenden und Toten. Es korrespondiert mit dem Bildkomplex der Aschenurne und der Inschrift und beschwört

---

10 Giambattista Vico, Die neue Wissenschaft, a.a.O., S. 50.
11 Ders., Die neue Wissenschaft, a.a.O., S. 51.
12 Ders., Die neue Wissenschaft, a.a.O., S. 48f.

die Unsterblichkeit der Seelen. Es verweist auf jenen Themenkomplex, der in den Kulturwissenschaften unserer Tage mit dem Thema Gedächtnis und Erinnerung verknüpft ist.

Das *dritte* Grundelement ist das symbolische Band des Eigentums, der Teilung der Felder. All diese Grundelemente haben einen funktionalen und einen symbolischen Aspekt.[13] Nur in diesem untrennbaren Konnex entfaltet sich ihre suggestive Kraft, jene kulturelle Energie, denen sich die Menschen einer Gemeinschaft unterwerfen. Der Symbolismus dieser feierlichen Dinge umreißt den kulturellen Aspekt (Kultur II), der Vertrag den sozialen (Gesellschaft). Der selbstverständliche Raum dieses Geschehens wäre die Gesamtkultur (Kultur I → Kap. 1).

In eine moderne Sprache übersetzt, stellt die erste Funktion paradigmatisch den synchronen Aspekt jeder Kultur dar, eben das symbolische Band zwischen den Lebenden, das durch die Geschlechterbeziehung seine prominenteste und exponierteste, ›tiefste‹ Formgebung erhält. Es stiftet Zusammenhang und Identität und weist so über die rein funktionale Absicht hinaus. Dass dieses Bedürfnis auch in modernen Gesellschaften fortlebt, kann man sich an zwei Beispielen anschaulich machen. Das erste betrifft die Forderung homosexueller Gruppen in den westlichen Gesellschaften nach einer symbolischen Anerkennung homosexueller Paare in Form der Ehe. Diese Forderung hat, von der praktischen Seite (Erbschaft, Steuer) einmal abgesehen, mit der kulturellen Anerkennung und dem sozialen Prestige der traditionellen Ehe zu tun, die sie ungeachtet oder gerade trotz ihrer unverkennbaren Krisensymptome noch immer zu besitzen scheint. Aber ganz offenkundig besteht in Kulturen ein Bedürfnis, der eigenen Lebenspraxis Gültigkeit zu verschaffen und sie symbolisch-mythisch zu bearbeiten. Nur so ist es zu erklären, dass auch unverheiratete Paare ganz eigene private Rituale entwickeln, um ihre Zusammengehörigkeit jenseits staatlicher Beglaubigung einander zu versichern und zu verbürgen.

Die zweite Funktion verweist auf den diachronen Aspekt von Kultur und symbolisiert den Umgang mit dem Tod, darüber hinaus auch den Umstand, dass Kultur etwas darstellt, das den Tod des Einzelnen übersteigt. Hier ist ein wichtiger Unterschied zwischen den sich überschneidenden Begriffskomplexen ›Kultur‹ und ›Gesell-

---

[13] Ders., Die neue Wissenschaft, a.a.O., S. 51–64.

schaft‹ auffällig: Während ›Gesellschaft‹ in den Sozialwissenschaften vornehmlich als ein abstraktes, ausdifferenziertes, funktionales synchrones Gebilde angesehen wird (in dem Tradition allenfalls ein Faktor unter vielen ist), als ein System, das nicht selten als Maschine metaphorisiert wird, enthält ›Kultur‹, jedenfalls in klassischen Konzepten wie in jenen Vicos, Herders oder Goethes eine gegenläufige Konnotation: Kultur wird als konkretes, holistisches, organisches Gebilde verstanden, das eine unverzichtbare diachrone Achse besitzt. Im Unterschied zu Gesellschaft ist Kultur stets als eine Gemeinschaft von Lebenden und Toten imaginiert. In jeder katholischen Messe wird die Anwesenheit der verstorbenen Mitglieder der Gemeinde angerufen und imaginiert. Das symbolische Band zwischen Lebenden und Toten hat eine strukturell religiöse und mythische Dimension. Das Erinnern und Gedenken steht von daher nicht umsonst im Zentrum heutiger Kulturwissenschaften. Es verbürgt und beschwört die kollektive Identität einer kulturellen Entität (Familie, Stamm, Volksgruppe, Nation, Großkultur). Kultur meint jene Dimension des Lebens, die wir selbstverständlich vorfinden. Wir sind nicht in die Welt geworfen,[14] wir sind in eine Welt geraten, die immer schon eine kulturelle ist. Keine Generation muss Kultur neu erfinden. Techniken, Praktiken, Erzählungen, Einrichtungen – sie sind alle bereits vorhanden. Wenigstens potenziell überdauert die Kultur den Einzelnen. Vermutlich wird in 100 Jahren keiner der heute lebenden Menschen in Deutschland oder Österreich oder sonst wo noch am Leben sein. Aber wir gehen von der Möglichkeit aus, dass die kulturelle Entität ›Deutschland‹ oder ›Österreich‹ oder die ›Fidschi-Inseln‹ Bestand hat. Natürlich werden die Menschen in diesem geographischen wie symbolischen Raum ihre jeweilige Kultur verändert haben, aber zumindest leben wir in der Erwartung, dass es auch dann noch Deutsche, Österreicher und Fidschi-Insulaner geben wird. Zwischen diesem Versprechen der Kultur als Garant stabiler, die Zeiten überdauernder Identität und der realen Wandlungsfähigkeit von kulturellen Gemeinschaften besteht gerade im Hinblick auf eine wandlungsfreudige Moderne eine gewisse Kluft.

Verläuft der Wandel indes zu dramatisch, dann sind mit einiger Gewissheit Reaktionsbildungen zu erwarten, die die jeweilige Iden-

---

[14] Zum Begriff *Welt* vgl. Martin Heidegger, Sein und Zeit, Tübingen: Niemeyer 1986, S. 63–66.

tität sicherstellen. Die kulturkritischen Reaktionen auf die Globalisierung stellen zweifelsohne einen solchen Reflex symbolischer Selbstversicherung dar. Mythische Gesellschaften lassen sich dadurch kennzeichnen, dass ihre Erzählungen mehr implizit als explizit kulturellen Wandel zu unterbinden versuchen. Die Wiederholung der zentralen mythischen Geschichten bezieht sich auf die Beschwörung der mit ihnen einhergehenden alltäglichen Sitten und Gebräuche, aber auch auf die festlichen Zentralereignisse (Initiation, Bestattung, Hochzeit).

In jedem Fall darf man die ›göttliche‹ Stiftung und Einrichtung des Begräbnisses nicht nur in einem engen Sinn begreifen. Der moderne Totenkult umfasst zum Beispiel die säkularen Heiligenkalender, sprich Geburts- und Todestage der jeweiligen Großen und Größen der Nation, Straßennamen, Briefmarken, Photos, Filme, sämtliche Formen von Archiven, Museen und Bibliotheken, die feierliche Bezeichnung von bestimmten Orten, Bücher, Dokumentationen – die Liste ließe sich fast beliebig fortsetzen.

Aber auch das Band der Ehe steht für eine ganze Reihe von Verbindungen, die geregelt und symbolisiert sind. Wie wir bei Sigmund Freud gesehen haben, beinhaltet dieses symbolische Band der Gesellschaft auch ganz bestimmte Regeln des Ausschlusses: Nicht jeder darf jeden heiraten (Inzest, Exklusion von Homosexualität → Kap. 2). Das Verhältnis von Ehe, Liebe und Sexualität ist ebenso geregelt und bestimmt wie der Alltag des intersexuellen Zusammenlebens: die Organisation von Intimität und Öffentlichkeit, von Arbeit und Kindererziehung und Etliches mehr.

Was die exogame Ehe als symbolische Hilfskonstruktion überbrückt, ist Fremdheit in der eigenen Klein- oder Großkultur: zum einen die Fremdheit der Geschlechter, zum anderen aber die Fremdheit einander zunächst unbekannter Menschen, Familien und Sippen. Die Ehe ist aber auch deshalb ein kulturelles Grundelement, nämlich insofern, als die binäre Opposition der Geschlechter in allen Kulturen dieser Welt das tragende Bauelement der soziokulturellen Architektur darstellt. Es gab vom Amazonen-Mythos bis zum radikalen Feminismus immer wieder das Bestreben, dieses soziale Band der Geschlechter zu zerschneiden. Damit einher geht die Utopie einer klaren und kompromisslosen Trennung der Geschlechter, die einigermaßen endgültig getrennt voneinander in verschiedenen Stadtteilen leben sollten.

Die dritte Funktion kombiniert den synchronen und den diachronen Aspekt und symbolisiert die Eigentumsverhältnisse. Vermutlich lässt sie sich von den beiden anderen Grundfunktionen ableiten. Eigentumsverhältnisse ändern sich, weil Menschen, die vorher voneinander getrennt waren, miteinander ein symbolisches Band (Ehe) eingehen. Eigentumsverhältnisse ändern sich, weil Menschen sterben, Häuser, Geld oder Felder dabei übrig bleiben. Die Veränderungen, die durch die beiden ersten Grundelemente notwenig bewirkt werden, bedürfen klarer, verlässlicher Spielregeln und entsprechender symbolischer Formgebungen und Sinnstiftungen. Auch hier wird sichtbar, dass Kultur das Versprechen von Stabilität oder, anders gewendet, die Drohung der Unentrinnbarkeit in sich trägt. Sobald Kultur einmal gestiftet ist, wirkt sie zunächst konservativ. Kultur ist also tendenziell etwas, was die Lebenszeit des einzelnen Menschen überdauern will.

Vicos Einfluss auf die Kulturgeschichte und die Kulturwissenschaften ist bis heute latent vorhanden, gleichsam unterirdisch spürbar. Er gilt als Begründer der Kulturgeschichte und als Vorläufer der Ethnologie. Als erster hat der Vico den Kontrast der Wissenschaftskulturen präzise beschrieben und hat auch Gedankengänge von Rousseau und Herder, sowie der Romantik und des Historismus vorweg genommen. Zur Eigenart der auf ihn gründenden Kulturtheorie gehört ihr höchst eigenartiger Konnex mit der Geschichtsphilosophie. Der panoramische Blick auf die Kulturen, die als eine Größe im Raum und in der Zeit bestimmt werden, scheint zur geschichtsphilosophischen Spekulation einzuladen. Wenn es stimmt, dass die schiere Existenz miteinander inkompatibler Kulturen zum Relativismus führt, dann besteht im Diskurs über Kultur und nicht erst in einem radikalen Kulturalismus strukturell die Möglichkeit, das Geschichtsbild der eigenen Kultur radikal in Frage zu stellen: Das ist mit dem Eintritt in jene so schön mehrsinnige ›Neuzeit‹ die Idee des Fortschritts. Schon bei Vico ist ein kontrastives Geschichtsbild zur nachfolgenden Aufklärung vorgezeichnet.

Vicos neue Wissenschaft möchte der Philosophie neue Themen erschließen und die klassische Philologie dadurch zur »Form der Wissenschaft« zurückführen, auf dass sie den »Plan einer ewigen idealen Geschichte entdeckt«, nach der die Geschichten aller Völker in der Zeit verlaufen. Diesen Plan identifiziert Herder mit dem theologisch besetzten Begriff der »Vorsehung«. Die Geschichte aller

Völker – und hier nimmt Vico entscheidende Gedanken späterer
Denker wie Herder, Toynbee oder Spengler vorweg – verläuft nach
dem Schema von Aufstieg, Fortschritt, Verfall und Ende.[15] Bei Herder wird, wie wir noch sehen werden, dieser Zyklus, den einzelne
Kulturen durchlaufen, in einer organischen Metaphorologie gefasst:
Alle Völker, aber auch Partikularkulturen durchlaufen »eine Perio-
de des Wachstums, der Blüte und der Abnahme«.[16]

Zugleich aber findet sich bei Vico noch ein anderes, auf antike
Denkmuster zurückzuführendes geschichtsphilosophisches Konzept, das die Idee der ewigen Wiederkehr modifiziert. Es ist die Idee
der drei Stadien, und sie führt vom Zeitalter der Götter (Stadium 1)
über das Zeitalter der Heroen (Stadium II) zum Zeitalter der Menschen (Stadium III). Damit einher geht eine Abfolge von Sprachen –
die Sprache der Hieroglyphen, die Geheimsprache (Stadium I), symbolische Sprache (Stadium II), die Vulgärsprache (Stadium III) – sowie eine Abfolge politischer Systeme: Die Herrschaft des göttlichen
Orakels wird abgelöst von der aristokratischen Republik und diese
wiederum von der »volksfreien Republik« bzw. von der Monarchie.[17]

Mit diesem typologischen Denken finden wir uns schon ganz
nahe der Gedankenwelt Herders. Johann Gottfried Herder wurde
1744 in der Provinzstadt Mohrungen in Ostpreußen geboren und
starb 1803 in Weimar. Nicht leicht zu sagen, was dieser Sohn eines
pietistischen Kantors und Lehrers gewesen ist: Literaturkritiker, mit
dem Ehrgeiz, der Nachfolger Lessings zu werden, Theologe, Philosoph, Volkskundler, Autor, Verfasser eleganter und gefühliger Lie-
besbriefe. Herder begann seine intellektuelle Karriere als Student
der Medizin und der Theologie in Königsberg. Sein Interesse galt
aber offenkundig der Philosophie und seinem schon zu Lebzeiten
berühmten Repräsentanten: Immanuel Kant. Anfänglich scheint
Herder dessen glühender Anhänger gewesen zu sein; mehr und
mehr ging er, nicht zuletzt unter dem Einfluss des mit ihm befreundeten Sprachphilosophen Johann Georg Hamann und intensiver
Rousseau-Lektüre, auf Abstand zu dieser rationalistischen Philoso-

---

[15] Giambattista Vico, Die neue Wissenschaft, a.a.O., S. 49, S. 57ff., vgl. auch
       S. 421–427.
[16] Johann Gottfried Herder, Auch eine Philosophie der Geschichte zur Bildung
       der Menschheit, Stuttgart: Reclam 1990, S. 30.
[17] Giambattista Vico, Die neue Wissenschaft, a.a.O., S. 64ff.

phie der Spätaufklärung. Mit dieser Wende wurde Herder einer der ersten Philosophen *nach* der Aufklärung.

Zunächst war Herder als Prediger an der Domschule in Riga, 1769 geht er, 25-jährig, auf Reisen. Zu diesem Zeitpunkt, weiß er noch nicht, dass es ein Abschied für immer sein wird. Aber die Erfahrungen, die er in Ostpreußen und im Baltikum gemacht hat, führt Herder als geistiges Gepäck mit sich. Dazu gehört vor allem die Kenntnis eines mehrsprachigen und multikulturellen Ortes. Denn die Gegend, aus der Herder stammt, ist ein kultureller Kreuzungspunkt deutscher, slawischer und baltischer Kulturen.

Die Reise führt ihn nach Deutschland, in die Niederlande und nach Frankreich. Der Aufenthalt im Land der Aufklärung war – nach der Abkehr von Kant – das zweite einschneidende Erlebnis seines intellektuellen Lebens. In seinen Briefen beschreibt er die geistige Atmosphäre in der Welt der *philosophes* als kalt und hochmütig. Er hat Frankreich neugierig, wenn auch nicht im Überschwang betreten, er wird es als deklarierter Gegner der Aufklärung verlassen, der doch nicht von ihrem Diskurs los kommt. In Straßburg macht er die Bekanntschaft mit dem damals gänzlich unbekannten, fünf Jahre jüngeren Goethe, die, im Nachhinein überhöht, für seinen weiteren Lebensweg entscheidend sein sollte. Nach einem kurzen Intermezzo im Fürstentum Oldenburg wird er nicht zuletzt auf Betreiben Goethes 1776 Generalsuperintendent in Weimar. Diese Position als höchster Repräsentant der protestantischen Kirche in einem Kleinstaat macht es ihm möglich, den eigenen intellektuellen Neigungen nachzugehen und sein Werk zu komplettieren. Herder hat sich im Laufe seiner Karriere als Literaturkritiker, als Übersetzer und Liedersammler hervorgetan. Zu seinen wichtigsten Werken zählen die *Abhandlung über den Ursprung der Sprache* (1770), die Streitschrift *Auch eine Philosophie der Geschichte zur Bildung der Menschheit* (1774) sowie die *Ideen zur Philosophie der Geschichte der Menschheit* (1784–1791).

Die Streitschrift von 1774, die schon im Titel den Kontrast zum Narrativ der Aufklärung hervorhebt, darf man als Summa seiner intellektuellen Erfahrungen mit dem philosophischen Frankreich lesen, auch wenn in ihr nur selten deren Vertreter genannt werden oder zu Wort kommen. Der ausrufende emotionale Tonfall der Schrift, die ihre Herkunft aus dem pietistischen Milieu schwerlich verleugnen kann, präsentiert sich rhetorisch als Gegenmodell zur kühlen Ironie der französischen Spätaufklärung. Herder war ein vielfach begabter Mensch, aber er besaß keinen Sinn für Humor und Ironie. Auch darin ist er unglücklicherweise stilbildend für eine spezifisch deutsche Kulturtheorie geworden. Aus den Worten der Schrift sprechen Aufruhr, Anklage und Empörung. Eine Orgie von Ausrufezeichen in einem Text, der den Gestus der mündlichen Auseinandersetzung nachahmt. Als ersten Punkt in seinem Duell mit den arroganten *philosophes* nimmt er sich deren Geschichtsbild vor, das das Mittelalter in Bausch und Bogen als finster verwirft. Herder, der mit Goethe im Straßburger Münster die Gotik neu entdeckt hat, verdammt die Verdammnis dieses Mittelalters, das eine so imposante Kultur hervorgebracht hat. Dieses Mittelalter ist ein Zerrbild, eine Erfindung der Aufklärung des 18. Jahrhunderts, um sich selbst ins rechte Licht zu rücken:

> Wie töricht, wenn du diese Unwissenheit und *Bewund[e]rung,* diese *Einbildung* und *Ehrfurcht,* diesen Enthusiasmus und Kindessinn mit den schwärzesten Teufelsgestalten deines Jahrhunderts, Betrügerei und Dummheit, Aberglaub[en] und Sklaverei brandmarken, dir ein Heer von Priesterteufeln und Tyrannengespenstern erdichten will[st], die nur in deiner Seele existieren! Wie tausendmal mehr töricht, wenn du einem Kind deinen philosophischen Deismus, deine *ästhetische Tugend und Ehre,* deine allgemeine Völkerliebe voll toleranter *Unterjochung, Aussaugung* und *Aufklärung* nach hohem Geschmack deiner Zeit großmütig gönnen wolltest![18]

Es geht in diesem Text um nichts Geringeres als die Zerstörung des Selbstbildes der Aufklärung, Herders Schrift hält ihr sozusagen ihr wahres Bild entgegen, und das ist alles andere als schmeichelhaft. Was Herder an der Aufklärung so reizt, ist ihr Hochmut. Die Toleranz, auf die sich die Aufklärer so viel einbilden, ist für Herder nichts anderes als Ausübung von Macht und Herrschaft. Damit erinnert Herder nicht ganz zu Unrecht an die ursprüngliche Bedeutung des Wortes »Toleranz«: Duldung, Erlaubnis von oben. Das Wort, das er verwendet, heißt: Gönnen. Der Universalismus, so lässt sich zwischen den Zeilen lesen, bedeutet eine Missachtung anderer, zeitlich früherer oder räumlich entfernter Kulturen im Namen der sich selbst zugeschriebenen, perspektivischen intellektuellen Überlegenheit. Der Universalismus der westlichen Zivilisation, so lautet der überraschend aktuelle Befund, trägt die Tendenz in sich, andere Kulturen

---

[18] Johann Gottfried Herder, Auch eine Philosophie, a.a.O., S. 13.

zu missachten, sie nicht zu respektieren und sie zu unterdrücken. In diesem Sinn hat das Narrativ (→ Kap. 13) der Aufklärung im Zeitalter des Kolonialismus aber auch noch im Postkolonialismus seine Wirksamkeit entfaltet, von der Bürde des weißen Mannes bis zur amerikanischen Mission in der Welt, wie sie etwa ein Fukuyama[19] predigt.

Zornig ist der junge Philosoph – was hier vor sich geht, ist ein klassischer Generationsbruch – aber auch auf die Aufklärung, weil sie blind ist, weil sie die Konkretheit und Vielfalt dieser Welt übergeht. Sie hat keinen Blick für die Fülle der sichtbaren Phänomene in Raum und Zeit. Gegen die Abstraktion seiner theoretischen Gegner setzt Herder auf ein sinnliches Denken:

> [...] ein Gewirre von Szenen, Völkern, Zeitläufen – lies erst und lerne sehen! Übrigens weiß ich's wie du, dass jedes allgemeine Bild, jeder allgemeine Begriff nur *Abstraktion* sei – der Schöpfer allein ist's, der die ganze Einheit, einer, aller Nationen in ihrer Mannigfaltigkeit denkt, ohne dass ihm dadurch die *Einheit* schwinde.[20]

In der frühen Streitschrift wird bereits der Grundriss von Herders späterer Denkarchitektur sichtbar. So impliziert die Kritik am Bild der finsteren Vergangenheit seitens der Aufklärung einen dezidierten historischen und kulturellen Relativismus. Die Zeit kann ebenso wenig wie der Raum als ein Gradmesser für den ›Fortschritt‹ angesehen werden. Eine gewisse Unentschiedenheit ist indes beim frühen Herder nicht zu übersehen. Es ist nicht ganz klar, ob Herder die Bewertung etwa des Mittelalters durch die Aufklärung konkret ablehnt oder ob er derartige Beurteilungen im Hinblick auf Kulturen generell für problematisch hält. Offenkundig beides. Daraus folgt ein zweiter Kritikpunkt: Die Aufklärung privilegiert sich historisch, sie nimmt sich zu wichtig, sie ist das Opfer einer perspektivischen (Selbst-)Täuschung. Sie konstituiert sich als zeitliche Zentralperspektive, von der aus der Ablauf der Geschichte aus konstruiert wird. In Herders Abrechnung mit dem Universalismus spielt schon ein Motiv herein, dass heute, gerade im Bereich der *Cultural Studies* von großer Bedeutung ist: der Vorwurf des Ethnozentrismus, der Verabsolutierung der eigenen kulturellen Werte,

---

19 Francis Fukuyama, Das Ende der Geschichte. Wo stehen wir?, München: Kindler 1992.
20 Johann Gottfried Herder, Auch eine Philosophie, a.a.O., S. 31.

die zum Maßstab der Bewertung aller Kulturen erhoben werden (→ Kap. 12). Mit dem universalen Narrativ (→ Kap. 13) vom Fortschritt der Menschheit hat der Westen zum ersten Mal einen scheinbar objektiven Maßstab gefunden, an dem sich die Rückschrittlichkeit und Fortschrittlichkeit aller Kulturen ›exakt‹ bemessen lässt. Demgegenüber beharrt Herder darauf, dass jede Kultur ihre eigenen Maßstäbe in sich trage und nur aus diesen heraus verstanden und gewürdigt werden könne. Wiederholt kritisiert der Autor, dass seine Epoche andere, räumlich oder zeitlich entfernte Kulturen an ihren eigenen, aufklärerischen Idealen messe.

Daraus ergibt sich nahtlos ein dritter kritischer Einwand. Der im universalistischen Pathos verschwiegene Ethnozentrismus der Aufklärung ist gar nicht so tolerant, wie es den Anschein hat, wobei wie oben erläutert der Begriff der Toleranz, der Duldung, einen herrschaftlichen Gestus mit sich bringt. Das aufgeklärte Europa ist intolerant, weil es seine eigenen Werte verabsolutiert. Aus dieser Kritik erwächst viertens ein Gegenmodell, das das Verhältnis von Einheit und Vielfalt in neuer Form denkt. Gegen den abstrakten Universalismus formuliert der junge Philosoph aus Mohrungen sein Lob der Vielfalt. Er tut dies programmatisch gegen eine Haupttendenz in der Aufklärung. In der Tat stellt die Kultur aus kosmopolitischer Sicht, so wie sie sich als ein Ensemble von Partikularitäten präsentiert, ein Ärgernis dar, einen überflüssigen Zaun, der eine weltweite friedliche Kommunikation verhindert. Eingestanden oder nicht, zielt der Universalismus darauf ab, Verhältnisse herzustellen, die ihm günstig sind. Die Partikularität der Kulturen stellt wenigstens auf den ersten Blick ein Hindernis für einen universalistischen Kosmopolitismus dar.

Um also das Lob der Vielfalt anzustimmen, bedarf es eines Argumentes, dass diese Vielfalt der Einheit der Menschen keinen Abbruch tut und zugleich die kollektive Selbstbildung der Menschheit befördert. An dieser Stelle vollzieht Herder eine schroffe anthropologische und eine theoretische Wende, eine anthropologische insofern, als er von der menschlichen Unvollkommenheit und damit auch von der Unvollkommenheit der verschiedenen Kulturen ausgeht. Die Vollkommenheit, die Herder nun, durchaus im Einklang mit der Aufklärung zumindest anstrebt, ist niemals in einer Kultur anzutreffen. Daraus ergibt sich als theoretische Begründung der Bedeutung von Vielfalt, dass Vollkommenheit, wenn überhaupt, nur in der Vielfalt der Kulturen dieser Welt zu erreichen ist. Das wäre die theoretische Wende. Das heißt also: Auch wenn man die Werte und Ziele der Aufklärung, nicht aber ihre Mittel und ihr Selbstbild teilt, dann muss man statt eines abstrakten Universalismus, der unterschiedslos von *der* Menschheit spricht, einen Kulturalismus der Vielfalt propagieren, der einzig und allein das Ziel der menschlichen Bildung und Vervollkommnung anvisiert. In diesem Sinn präsentiert sich Herders Position als eine Alternative, die nicht hinter die Aufklärung zurückfallen, sondern über sie hinaus gehen möchte. Dies bringt das umständliche, aber zugleich selbstbewusste ›Auch‹ im Titel der Schrift zum Ausdruck: *Auch* der Herder'sche Text redet einer universalen Philosophie der Geschichte zur Bildung der Menschheit das Wort.

Der fünfte Punkt betrifft Herders Kritik am abstrakten Geschichtsentwurf der Aufklärung. Dieser sieht von der spezifischen kulturellen Befindlichkeit des Menschen und vom Eigensinn der Kulturen einigermaßen programmatisch ab. Die Aufklärung ist schlecht abstrakt. An dieser Stelle wird sichtbar, wie sich Kulturtheorie durch philosophische Kritik konstituiert. Denn um der Konkretheit der Kultur gewahr zu werden, bedarf es einer bestimmten Art von Theorie, einer Theorie der Kultur, die zuglcich Kulturanthropologie ist. Herder bestimmt Kultur als eine sinnliche und organische Einheit, ja als ein metaphysisches Mega-Subjekt, das wie schon bei Vico der Kreisbewegung folgt: Wachstum, Blüte, Abnahme. Diese Kultur wird wie bei Spengler, Toynbee oder Huntington als Gesamtkomplex (Kultur I) holistisch (miss)verstanden.

In seiner Version einer Bildungsgeschichte des Menschen spielt – und das wäre die sechste und letzte Kernthese – die Unvollkommenheit des Menschen eine prominente Rolle. Die Unmündigkeit des Menschen, war nicht, wie Kant in seiner Aufklärungsschrift schneidig formulierte, selbstverschuldet, sondern unverschuldet. In seinem großen Werk *Ideen zur Geschichte der Menschheit* wird Herder den Gedanken formulieren, dass es – paradox gesprochen – keine freie Entscheidung des Menschen war, frei zu sein. In Auseinandersetzung mit der Aufklärung entwirft Herder eine Kulturanthropologie, die den Menschen nicht als ursprünglich frei und vernünftig begreift, sondern als ein Wesen, das zur Freiheit gezwungen, in die Freiheit entlassen wird.

Von heutiger Warte lässt sich Herder als Theoretiker dadurch anschaulicher machen, dass man ihn mit einem Ökologen vergleicht, der den Schwund der Artenvielfalt in der Natur beklagt und theoretische wie praktische Schritte setzt, die Mannigfaltigkeit der Erde zu erhalten. Herder ist ein Ökologe der Kulturen, der die Vielfalt nicht als Hindernis, sondern als Voraussetzung für ein friedliches Miteinander sieht. Oder anders ausgedrückt: Vielfalt gilt ihm als ethischer, ästhetischer und kultureller Wert. Weltkultur bedeutet demnach Vielfalt in der Einheit, Einheit in Vielfalt (heute ein Leitspruch der Europäischen Union). Offenkundig legitimiert sich die hohe Wertigkeit der Vielfalt dadurch, dass sie Vervollkommnung ermöglicht. Aber schwierig bleibt immerhin der ethische Grenzkonflikt: Was, wenn der Wert der Vielfalt in Konflikt gerät mit anderen Werten, die wir zumeist mit den Menschenrechten in Verbindung bringen?

Herders Kulturökologie hat praktische Folgen gezeitigt, auch bedenkliche. Der Denker auf dem philosophischen Nebengleis wurde zum Promotor der Erhaltung des Kulturguts der bedrohten, damals staatenlosen Völker etwa in Osteuropa. Herder geht es aber nicht so sehr darum, diese zum politischen Subjekt zu erheben, sondern vielmehr um die Rettung untergehender Volkskulturen, deren Produkte liebevoll gesammelt werden, um sie dem Vergessen zu entreißen. Im Zentrum steht die Sammlung ihrer Liedkultur und die Bewahrung ihrer Sprache. Mit dieser Geste nimmt Herder vorweg, was Heerscharen von Volkskundlern, Sprach- und Märchenforschern im 19. Jahrhundert tun werden. Ihre emsige philologische Sammeltätigkeit geht Hand in Hand mit jenem kulturellen Projekt, das wir mit Benedict Anderson als Erfindung der Nation bezeichnen können.[21] Nietzsche hat diese antiquarischen Historiker in seinen *Unzeitgemäßen Betrachtungen* mit bösem Spott übergossen, aber er hat vergessen, welch eminent un-antiquarische und durchaus unselige Wirkungen diese Kultur- und Volksökologen gehabt haben.[22] Herder und auch schon Vico sind von der inneren Einheitlichkeit (Homogenität) von Kulturen ausgegangen. Vielfalt von

---

[21] Benedict Anderson, Die Erfindung der Nation. Zur Karriere eines folgenreichen Konzepts, (erw. Neuausg.), Frankfurt/Main: Campus 1996.

[22] Friedrich Nietzsche, Vom Nutzen und Nachteil der Historie fürs Leben. Unzeitgemäße Betrachtungen II, in: Kritische Studienausgabe 1, hrsg. v. Giorgio Colli u. Mazzino Montinari, München/Berlin/New York: dtv, de Gruyter 1976/77 u. 1988, S. 248–334.

Kulturen gibt es immer nur auf einer globalen Ebene; die einzelnen nationalen Kulturen, historische und geographische Versionen von Kultur I, werden mehr oder weniger als kompakt angesehen. Der Begriff *Volksseele* wurde eigentlich erst nach Herder geprägt, aber er bildet das unausgesprochene Zentrum von Herders Kulturkonzept. In dieser Metaphysik verschmilzt der Begriff *Kultur* und *Volk* zur meta-politischen Kategorie des Kulturvolkes. Jedes von ihnen ist unverwechselbar und klar abgegrenzt vom jeweils anderen. Nur so kann die einzelne Kultur einen Beitrag zur gesamten menschlichen Kultur leisten.

Hier kommt ein gewisser Systemzwang zum Tragen. Denn es ist gerade der metaphysische Aspekt von Herders Kulturtheorie, die es ihm möglich macht, seinen Kulturrelativismus mit der großen Erzählung von Fortschritt, Bildung und Humanität zu versöhnen. Die einzelnen Kulturen, die wie Subjekte agieren, sind in sich unteilbar und von einer unerhörten Beharrlichkeit. Herder ist ein Vertreter von Aufklärung und Humanismus, insofern er seine Kulturtheorie mit dem Humanismus der Aufklärung letztendlich versöhnt.

Dass dies nicht immer leicht vonstatten geht, zeigt der Kulturvergleich zwischen den Einwohnern Feuerlands und der Kultur, die einen Newton oder einen Fenelon hervorgebracht hat. Es gibt nur eine Menschheit, aber diese zeichnet sich dadurch aus, dass sie in einer Vielheit von Kulturen lebt:

> [...] so ist der Mensch im Irrtum und in der Wahrheit, im Fallen und Wiederauferstehen Mensch, zwar ein schwaches Kind, aber doch ein Freigeborner: wenn noch nicht vernünftig, wenn noch nicht zur Humanität gebildet, so doch zu ihr bildbar. Der Menschenfresser in Neuseeland und *Fenelon*, der verworfene Pescherei (ein Indianer aus Feuerland, Anm. d.Verf.) und *Newton* sind Geschöpfe Einer und derselben Gattung.[23]

Wie erklärt sich Herder nun diese Multikulturalität im globalen Maßstab? *Eine* Rechtfertigung dieser Vielfalt haben wir bereits gehört, ihr Beitrag zur Perfektion des Menschen: friedlicher Wettkampf der Völker um das gleiche humane Ziel. Aber dies lässt sich nur von einem übergeordneten, universalen Standpunkt außerhalb der einzelnen Kultur sagen. Dieses Ziel ist nicht Teil einzelkultureller

---

[23] Johann Gottfried Herder, Ideen zur Philosophie der Geschichte der Menschheit, a.a.O., IV.4., Gesammelte Werke, Bd. 3.1, hrsg. von Wolfgang Pross, München: Hanser 2002, S. 146f.

Selbstbegründung. Immerhin lassen sich – praktisch und handfest – Gründe angeben, warum Kulturen in dieser Welt in verschiedenen Versionen und Variationen entstanden sind. Herder führt insgesamt drei Gründe an:

► Ethnische Vielfalt ergibt sich aus der Differenz der Klimata und Lebensbedingungen.
► Ethnische Vielfalt ergibt sich aus dem unterschiedlichen Grad der menschlichen Entwicklung.
► Ethnische Vielfalt ist das Resultat der Unvollkommenheit des Menschen.

Retrospektiv ließe sich sagen, dass die vormodernen Kulturen nicht über die medialen, administrativen und polizeilich-militärischen Möglichkeiten verfügten, um immer größere Räume sprachlich und kulturell zu vereinigen. Heute ist die Schaffung einer monokulturellen Menschheitskultur, Hoffnung für die einen, Horror für die anderen, technisch besehen machbar. Sehr wahrscheinlich ist sie, ungeachtet gewisser Nivellierungstendenzen, nicht. Nicht nur ist, wie schon mehrfach erwähnt, mit kulturellen Gegenbewegungen zu rechnen, die wir ja bereits heute übrigens nicht nur in der islamischen Welt am Werk sehen. Zum anderen hat ›Kultur‹ in all ihren Bedeutungsvarianten eine so furchtbare wie fruchtbare Funktion: Durch und nur durch Kultur, d.h. durch die Ausbildung je eigener Symbole, kann Differenz gesetzt werden, jene Form von Differenz, die den Bestand von Identität und Identitäten garantiert, von Jugendkulturen bis zu den Manifestationen von ganzen Bevölkerungsgruppen und von Angehörigen bestimmter Nationen.

Kulturen sind also verschieden, und weil wir verschieden sein wollen, gibt es singuläre Kulturen. Herder betont die Selbstgenügsamkeit der Kultur und die Autonomie jeder Binnenkultur:

> [...] jede Nation hat ihren Mittelpunkt der Glückseligkeit in sich, wie jede Kugel ihren Schwerpunkt![24]

Mit dem Glück kommt indes ein neues Kriterium ins Spiel, ein Kriterium, dessen moralische Qualität der strenge Philosoph aus Königsberg in Abrede gestellt hat, das aber im Kontext der französischen Aufklärungsphilosophie – man denke etwa an Voltaires *Candide*

---

[24] Ders., Auch eine Philosophie, a.a.O., S. 35.

(→ Kap. 2) – eine zentrale Rolle spielt: die *bonheur.* An diesen Diskurs anschließend stellt Herder die riskante These auf, dass die Beschränktheit, die jeder Kultur eigentümlich ist, glücklich macht. Herders Wertschätzung der kulturellen Vielfalt ist mit dem Lob partikularer Borniertheit verquickt. Aus olympischer, d.h. unbeteiligter Perspektive – Kulturtheorien wie jene Herders und später Spenglers bevorzugen diesen narrativen Aussichtspunkt – mag es schon sein, dass der kulturelle Wettbewerb anspornt. Aber aus dem Blickfenster der singulären Kultur ist die glückselig machende Selbstgenügsamkeit mit der Exklusion erkauft, mit der realen (»Ausländer raus«), aber auch mit der symbolischen in Gestalt jener diskriminierenden Fremdbilder, die im Deutschen den etwas missverständlichen Namen »Vorurteile« tragen (so als handle es sich um einen vorschnellen Akt, der sich rational aufklären ließe). Herders Argumentation mündet in fataler Konsequenz und ganz ironisch in ein Lob der Dummheit ein, wie sie jedem Partikularismus eigen ist:

> Das Vorurteil ist gut, zu seiner Zeit: denn es macht glücklich. Es drängt Völker zu ihrem *Mittelpunkt* zusammen, macht sie fester auf ihrem *Stamme*, blühender in ihrer Art, brünstiger und also auch glückseliger in ihren *Neigungen* und *Zwecken*. Die unwissende, vourteilendste Nation ist in solchem Betracht oft die erste: das Zeitalter fremder Wunschwanderungen und ausländischer Hoffnungsfahrten ist schon *Krankheit, Blähung, ungesunde Fülle, Ahndung des Todes.*[25]

Wenn das Glück einer partikularen Kultur, die ja nicht selten das Unglück einer anderen mit sich bringt, zum Maßstab wird, dann gibt es keinen Maßstab mehr: Das nazistische ›Glück‹ der Deutschen war das Unglück ihrer Nachbarn und des europäischen Judentums, das ›Glück‹ der Kolonialherren das Unglück der kolonialisierten Völker. Kant hatte vermutlich übertrieben, als er das Glück *per se* als unmoralisch verwarf, er war aber sehr wohl im Recht, als er bestritt, dass das Glück eine moralische Kategorie darstellt.

Es gibt nicht *einen* Theoretiker Herder, es gibt deren mindestens *zwei*: einen, der seine Kulturtheorie in Einklang mit dem humanistischen Diskurs seiner Zeit zu bringen trachtet, und einen anderen, der das Loblied auf das Glück von Partikularismus, Ethnozentrismus und Selbstgenügsamkeit singt. Einen Herder, der sich für die Vielfalt der Kulturen stark macht und einen, der diese Vielfalt innerhalb der

---

[25] Ders., Auch eine Philosophie, a.a.O., S. 36.

singulären Kulturen ignoriert. Die Dekonstruktion hat uns beigebracht, unser Hauptaugenmerk nicht auf die Konsistenz und innere Stimmigkeit von Texten zu legen, sondern auf ihre Brüche.

Betrachten wir vor diesem Hintergrund Herders Kulturanthropologie, in der anthropologische und philosophische Gesichtspunkte miteinander verschmelzen. Letztendlich bildet – argumentativ ganz verschieden von Freud, aber strukturell ganz ähnlich – die Anthropologie bei Herder das Fundament seiner Kulturtheorie. Herders zentraler Befund lautet: Der Mensch kommt phylogenetisch wie ontogenetisch nicht fertig auf die Welt. Geschichte ist daher immer schon eine Bildungsgeschichte des Menschen. Freiheit wird aus Not geboren: Denn schon Herder zeichnet den Menschen, auch wenn er den Ausdruck (noch) nicht gebraucht, als ein sinnliches Mängelwesen. Der Mensch macht aus der Not eine Tugend und das Kind, das dieser Not entspringt, ist eben die Freiheit.

Kultur, und hier vor allem die Sprache, deren expressive und emotive Funktion Herder hervorhebt, wird als Medium der Selbstentfaltung begriffen. Wie die betreffende Kultur, so existiert auch der Mensch nicht abstrakt, sondern immer in seiner Einmaligkeit, nur als Thema mit unendlicher Variationsbreite in einem unverwechselbaren, je eigenen konkreten und historischen Kontext. Auch in seiner Kulturanthropologie versucht Herder, zwei Narrative (→ Kap. 13) miteinander zu versöhnen: das lineare Fortschrittsnarrativ, das hier in der Variante der Erziehungs- und Bildungsgeschichte auftaucht (Lyotard zufolge ist dies die deutsche Variante der großen Erzählung der Aufklärung[26]), mit dem ›labyrinthischen‹ Narrativ von Vielfalt und Relativität. Während also die Menschheitskultur, die es stets nur im Plural gibt und niemals als globale Monokultur, letztendlich doch dem Vektor des Fortschritts folgt, bewegen sich die singulären Kulturen in einer Kreisbewegung. Ihr Untergang schafft Raum für neue Kulturen, die den Fortschritt vorantreiben. Das lineare (besser vektoriale) und das zyklische Bild von Geschichte und Kultur stehen unvermittelt nebeneinander.

Letztendlich triumphiert aber die Idee des Wandels und der Bildung über das Lob einer in sich beharrenden Selbstgenügsamkeit. Der Mensch ist ein gewordenes Wesen, das stets im Wandel befind-

---

26 Jean François Lyotard, Das postmoderne Wissen, Wien: Böhlau, Passagen 1986, S. 96–111.

lich ist. Herder plädiert, unter Zuhilfenahme der Etymologie auf eine Vernunft, die das Konkrete vernimmt und die mehr ist als bloße Zweckrationalität, das, was Max Horkheimer viel später als »instrumentelle Vernunft« bezeichnen wird:

> Hieraus erhellet, was menschliche Vernunft sei: ein Name, der in den neuen Schriften so oft als ein angebornes Automat gebraucht wird und als solches nichts als Mißdeutung giebet. Theoretisch und praktisch ist Vernunft nichts als etwas *Vernommenes*, eine gelernte Proportion und Richtung der Ideen und Kräfte, zu welcher der Mensch nach seiner Organisation und Lebensweise gebildet worden [...] die Vernunft des Menschen ist *menschlich*.[27]

Die Vernunft Herders ist dynamisch und plastisch. Herders Vorliebe für das Konkrete und für die kulturelle Vielfalt bedingen einander. Der Vernunft der Aufklärung in ihrer Hauptströmung fehlt dieses kulturelle Sensorium Herder zufolge. Mit der Philosophie der Aufklärung und gegen den faktischen frühkolonialistischen Rassismus seiner Zeit geht Herder davon aus, dass es nur eine Menschheit gibt, aber die Menschheit kommt nur in der Vielheit vor. Der Mensch, Produkt und Produzent von Kultur, ist von Natur aus ein physisch schwaches Wesen (»zur zartesten Gesundheit«), das seine Schwäche durch Kultur, um einen Ausdruck von Arnold Gehlen zu verwenden, kompensiert. Die hohe Sensitivität des Menschen, die für das Phänomen Kultur eine entscheidende Rolle spielt, ist das Ergebnis seiner langen natürlichen und kulturellen Geburt (der Biologe Adolf Portmann wird den Menschen später als Nesthocker beschreiben[28]).

> Das menschliche Kind kommt schwächer auf die Welt, als keins der Tiere: offenbar weil es zu einer Proportion gebildet ist, die im Mutterleibe nicht ausgebildet werden konnte.[29]

Der Mensch, und das ist bemerkenswert neu, wird als ein Wesen verstanden, das unfertig auf die Welt kommt. Diese Unvollkommenheit ist die eigentliche Ursache für Kultur: für die Symbolbildung durch die Sprache. Durch die Kultur schafft sich der Mensch ein zweites Mal: Der Mensch ist ein künstliches Wesen.

---

[27] Johann Gottfried Herder, Ideen, a.a.O., IV.4., S. 144.
[28] Adolf Portmann, Biologie und Geist, Frankfurt/Main: Suhrkamp 1973.
[29] Johann Gottfried Herder, Ideen, a.a.O., IV.4., S. 144.

Wie schon bei Vico ist auch bei Herder ein merkwürdiger Widerspruch vorherrschend: Einerseits gibt es da, vor allem bei Herder, eine durchaus irdische Vorstellung vom Menschen, ja fast so etwas wie einen kulturellen Materialismus, andererseits operiert seine anthropologisch untermauerte Kulturtheorie mit einer Metaphysik, die noch immer mit der göttlichen Vorsehung rechnet: Herders »List der Vernunft« ist die Vielfalt. Die Vielfalt der Kultur.

Herder ist fasziniert von der Volkskultur, gerade von fremden Sprachen und der Polyglossie seiner Heimat. Er sammelt das Fremde in der eigenen Kultur und den Nachbarkulturen. Der Philosoph aus der Peripherie ist ein Metaphysiker der Popularkulturen seiner Zeit. Den Mythos, der in der Kulturtheorie so eine prominente Rolle spielt, feiert er als Vereinigung von Poesie und Religion. Er, der Liebhaber des Ossian, den er wie viele andere auch für echt hält, sieht in der Volkskultur das Echte, Ursprüngliche, Authentische. Gefeiert wird das Gefühl, das stets dem Konkreten zugewandt ist und das noch nicht in den Sog irrationalistischer Theoreme geraten, sondern mit der Vernunft verbunden ist. All diese Momente haben Herder unter veränderten kulturellen, politischen und geistigen Gegebenheiten zu einer wichtigen intellektuellen Bezugsgröße für die Erfinder der ›uralten‹ Nationen in Europa gemacht, die beim Lauschen der alten Weisen das neue Gefühl des Nationalismus, eine Kultur, die programmatisch partikularistisch ist, erprobt und realisiert haben.

Volkskultur ist für Herder aber nicht nur eine ursprüngliche Kultur, sondern eine Kultur gegen die Unterdrückung. Herder darf man sich nicht als einen politischen Reaktionär und preußischen Krautjunker vorstellen, er war selbst eher ein ›Progressiver‹, kein Nationalist, wenigstens nicht im heutigen Sinn; seine Liebe als Sammler und Kulturökologe galt den so genannten staatenlosen Kulturen Osteuropas (Polen und dem Baltikum), die von Preußen unterdrückt und dominiert wurden. Herder war ein scharfer Kritiker von Kolonialismus und Sklaverei:

> Je mehr wir Europäer Mittel und Werkzeuge erfinden, euch andern Weltteile zu unterjochen, zu betrügen und zu plündern – vielleicht ist einst eben an euch zu *triumphieren*.[30]

---

[30] Ders., Auch eine Philosophie, a.a.O., S. 103.

Mit scharfen Worten attackiert er etwa den Genozid an den slawischen Pruzzen durch die deutschen Ordensritter im Gefolge der
Kolonisation in Osteuropa, die sich den Namen der von ihnen Ermordeten aneigneten.

Wenn Herders Kulturtheorie – vorsichtig formuliert – gleichwohl reaktionären, nationalistischen und protofaschistischen Denkern den Weg bahnte, dann lässt sich das schwerlich aus der Intention, sondern viel eher aus den Widersprüchen, Ambivalenzen und
Unentschiedenheiten seines Denkens ableiten. Der Widerspruch
zwischen Universalismus und Kulturalismus, um den sein Denken
kreist, ist bis heute ein theoretisches und praktisches Problem geblieben. So verstummt unser Lob der kulturellen Differenz, wenn
uns die betreffende Kultur als gewalttätig, frauenfeindlich und un-
demokratisch erscheint. Im Spannungsfeld des Respekts für andere
Kulturen und des Insistierens auf Menschenrechten ist eine dritte Position zu formulieren, die die verschiedenen Kulturen durch
das gemeinsame Band einer weltweiten Zivilgesellschaft verbinden
will und abweichende Interpretationen ebendieser Menschenrechte
konzediert. Ob diese Kompromissformeln tragfähig sind, bleibt ab-
zuwarten. Aber in all diesen Debatten murmelt, um einen Ausdruck
Foucaults zu gebrauchen, die Stimme Herders mit und nach.

Herder ist einer der einflussreichsten Denker im Kontext von
Nachaufklärung und Moderne, wie der folgende Überblick illustriert:

► Romantik: Neue Mythologie, Volkslied, Volksmärchen, Popular-
kultur,
► Historismus (Ranke: *Alle Epochen sind gleich zu Gott*),
► Nationalismus und Kommunismus,
► Konservative Revolution (Oswald Spengler, *Der Untergang des
Abendlands*, Arnold Josef Toynbee, *Der Gang der Weltgeschichte*[31],
► Josef Nadlers Konzept der Literaturgeschichte als Kulturge-
schichte der deutschen Stämme,
► Samuel Huntington, *Der Kampf der Kulturen*.

---

[31] Arnold Josef Toynbee, Der Gang der Weltgeschichte, 2 Bde. (Band 1: Aufstieg und Verfall der Kulturen; Band 2: Kulturen im Übergang), München: dtv
1970.

Kritikpunkte und Anmerkungen

▶ Herders Kulturkonzept ist, wenigstens dem Ansatz nach, radikal relativistisch.

▶ Herders Konzept von Kulturen ist ähnlich wie jenes von Vico metaphysisch.

▶ Herders Konzept übersieht, dass ein Wert wie Vielfalt niemals partikular sondern stets nur universal zu begründen ist. Umgekehrt ist sein Kulturalismus mit einem humanistischen Idealismus verknüpft, der universalistisch ist.

▶ Herders Konzept von Kultur ist naturalistisch, organizistisch und deterministisch.

▶ Herders Konzept ist strukturell kulturpessimistisch.

▶ Herders Lob der ethnischen Vielfalt verkehrt sich in ein Lob des Ethnozentrismus.

▶ Herder und Vico fassen Ethnien als in sich geschlossene, homogene Entitäten (Einheiten) auf. In der heutigen Kulturforschung wird aber der Akzent eher auf die Heterogenität und Hybridität von Kulturen gelegt.

Literatur

Giambattista Vico, Die neue Wissenschaft über die gemeinschaftliche Natur der Völker (Nach der Ausgabe von 1744, übersetzt von Erich Auerbach), Nachdr., Berlin/New York: de Gruyter 2000, S. 43–72.

Johann Gottfried Herder, Auch eine Philosophie der Geschichte zur Bildung der Menschheit (1774), Stuttgart: Reclam 1990.

Johann Gottfried Herder, Ideen zur Philosophie der Geschichte der Menschheit, in Gesammelte Werke, Bd. 3.1. und 3.2., hrsg. von Wolfgang Pross, München: Hanser 2002, Abschnitt IV.4.

Tilman Borsche (Hrsg.), Herder im Spiegel der Zeiten. Verwerfungen der Rezeptionsgeschichte und Chancen einer Relektüre, München: Fink 2006.

Peter Burke, Vico. Philosoph, Historiker, Denker einer neuen Wissenschaft, Frankfurt/Main: Fischer 1990.

Ferdinand Fellmann, Das Vico-Axiom. Der Mensch macht die Geschichte, Freiburg/Brsg.: Alber 1976.

Jens Heise, Johann Gottfried Herder zur Einführung, Hamburg: Junius 1989.

Martin Kessler (Hrsg.), Johann Gottfried Herder. Aspekte seines Lebenswerks: Berlin/New York: de Gruyter 2005.

Friedrich Kittler, Eine Kulturgeschichte der Kulturwissenschaft, München: Fink 2000, S. 19–51.

Wolfgang Müller-Funk, Der Intellektuelle als Souverän, Wien: Deuticke, 1995, S. 111–128.

Wolfgang Neuber, Nationalismus als Raumkonzept. Zu den ideologischen und formalästhetischen Grundlagen von Josef Nadlers Literaturgeschichte, in: Klaus Garber (Hrsg.), Kulturwissenschaftler des 20. Jahrhunderts, München: Fink 2002, S. 175–191.

Stephan Otto, Giambattista Vico. Grundzüge seiner Philosophie, Stuttgart: Kohlhammer 1989.

Holm Sundhausen, Der Einfluss der Herderschen Ideen auf die Nationsbildung bei den Völkern der Habsburger Monarchie, München/Wien: Oldenbourg 1973.

Hayden White, Auch Klio dichtet oder Die Fiktion des Faktischen. Studien zur Tropologie des historischen Diskurses. Aus dem amerikanischen Englisch von Brigitte Nrinkmann-Siepmann und Thomas Siepmann, Stuttgart: Klett-Cotta 1986, S. 232–254.

Kapitel 5

Georg Simmel: Geld und Mode

Bei der Beschäftigung mit der Theorie der Kulturwissenschaft – und als solche wird Kulturtheorie in diesem Buch verstanden – stellt sich eine fortwährende Verunsicherung ein, für die die Begriffe des Transdisziplinären oder gar Interdisziplinären nicht hinreichen. Denn Interdisziplinarität beschreibt das Verhältnis zweier mehr oder weniger kompakter und gut voneinander abgegrenzter Wissenschaftsdisziplinen. Transdisziplinarität wiederum meint ein Überschreiten der disziplinären Grenzen in einem Niemandsland, einer Art *terra incognita*. Die Verunsicherung, um die es hier geht, reicht tiefer: Man weiß nicht mehr, auf welchem Feld und in welcher Disziplin man sich gerade aufhält. Aus heutiger Warte ist gänzlich unklar und kaum entscheidbar, ob man sich in Simmels Werk auf kultursoziologischem, kulturphilosophischem oder eben kulturwissenschaftlichem Boden befindet. Sein Werk entzieht sich einer eindeutigen Beschreibung. Vielleicht ist es ein Charakteristikum der heutigen Kulturwissenschaften, dass sie nicht auf trittfestem Gelände agieren, dass sie zusammengesetzte *ad hoc*-Disziplinen hervorbringen und sich zudem nur schwer von jenen transdisziplinären Anstrengungen abgrenzen können, die sich seit den 1970er Jahren um das Makrophänomen ›Gesellschaft‹ herum gebildet haben.

In jedem Fall ist Simmels Werk in dem unsicheren Zwischengebiet angesiedelt, das sich durch drei Zuschreibungen umreißen lässt: Philosophie, Soziologie und Kulturtheorie. Simmel beginnt seine Karriere als Philosoph in einem akademischen Milieu, in dem sich die Soziologie noch nicht etablieren konnte. Zudem hat seine jüdische Herkunft seinen akademischen Aufstieg überschattet, erschwert und verzögert, obschon die Vorlesungen des Privatdozenten in Berlin enormen Zulauf erfahren haben.

Was Simmel jedoch fast lebenslang zum akademischen Außenseiter gemacht hat, ist seine assoziative, konkrete Sprache, das Pendeln zwischen beobachtender Assoziation und eingehender Analyse, seine Abwehr des Deduktiven, seine induktive analytische Phantasie und Gesinnung. Nicht selten beginnt er mit unscheinbaren, gerinfügigen, ›irdisch‹-alltäglichen Dingen und Phänomen. Oder anders formuliert: Simmel ist ungeachtet seiner enormen analytischen Schärfe kein Systematiker, sondern ein Essayist des Konkreten. Sowohl seine Themen (Kunst, Geld, Phänomene wie Brief, Geschlecht, Geheimnis, Ruine, Mode) als auch seine Methode der genauen Beobachtung der Erscheinungen der modernen Welt, »die Anknüpfung der Einzelheiten und Oberflächlichkeiten des Lebens an seine tiefsten und wesentlichsten Bewegungen«,[1] machen ihn zu einem Vorläufer und Anreger der Kulturwissenschaften sowie zu einem der fruchtbarsten Kulturanalytiker.

Zugleich und anders als viele traditionelle aber auch gegenwärtige Denker in diesem Feld ist Simmel einer der wichtigsten Theoretiker der Moderne und ihrer ganz spezifischen kulturellen und gesellschaftlichen Lebensbedingungen. Der Begriff der Modernität, der in den angelsächsischen Kulturstudien wie in den deutschen Kulturwissenschaften eher unterbelichtet geblieben ist, umfasst mehrere Bereiche, den gesellschaftlichen, den kulturellen und den philosophischen. Die zentrale Frage Simmels lautet: Was macht diese moderne Kultur aus, was macht sie eigentlich so unvergleichlich?

In gewisser Weise hat sein Kulturbegriff, der dezidiert über den engen Bereich der Kunst-Kultur hinausgeht (Kultur III → Kap. 1), Ähnlichkeiten mit jenem Eliots (der, wenn auch aus konservativer Perspektive, durchaus das Phänomen der modernen Kultur ins Auge fasst) und Raymond Williams: Kultur bedeutet symbolische und reale Ausgestaltung der Lebenswelt, die sich in unverwechselbaren Lebensstilen manifestiert, die wiederum durch die moderne Welt geprägt sind – durch sich wechselseitig bedingende Phänomene wie Geld, Individualität, Mode und Rationalität.

Georg Simmel (1858–1918) war – wie Ernst Cassirer – jüdischer Herkunft, ein Freigeist, ein Sammler; er unterhielt enge Beziehungen zum kulturkonservativen George-Kreis, war aber wohl selbst eher ein Liberaler und darüber hinaus ein Kritiker des Marxismus. Philosophisch steht er dem Neukantianismus und der Phänomenologie nahe. Das lässt sich an den Leitmotiven seiner Kulturtheorie sehr gut demonstrieren: Dignität der einfachen Dinge. Schlüsselbegriffe seines Denkens sind ferner Begriffe wie Funktion, Relation und

---

[1] Georg Simmel, Philosophie des Geldes, Gesamtausgabe, Bd. 6, hrsg. von Otthein Rammstedt u.a., Frankfurt/Main: Suhrkamp 1989, S. 23.

Wert. Simmel hat auch als Erster jenes Phänomen beschrieben, das man in der Systemtheorie als Ausdifferenzierung bezeichnet. Es besagt, dass moderne Gesellschaften, die in mancher Hinsicht kulturell womöglich homogener sind als vormoderne (Sprache, allgemeine Bildung), funktional besehen, komplexer sind und im Verlauf ihrer Entwicklung immer neue gesellschaftliche Subsysteme mit eigenen Spielregeln hervorbringen. Die gegenwärtige Aktualität Simmels hat freilich auch mit einer Haltung zu tun, die seit der Postmoderne nicht nur in intellektuellen Diskursen auffällt: Ambivalenz. Ambivalenz meint nicht einfach ein Sowohl-als-Auch, schon gar nicht eine bloße Kompromisshaltung, sondern eine Unentschiedenheit, die daher rührt, dass man sich einer Welt gegenüber sieht, deren produktive und problematische Aspekte nur zwei Seiten ein und derselben Sache sind. Zum Beispiel wird nicht selten, zumeist von konservativer Seite der Orientierungs- und Werteverlust in den modernen Zivilgesellschaften des Westens beklagt, aber zugleich ist dieser Relativismus Simmel zufolge der Ausgangspunkt für unsere verhältnismäßig hohe Friedfertigkeit. Simmels Radikalität als Kulturtheoretiker besteht gerade darin, an dieser Ambivalenz unbeirrbar festzuhalten. Sie bezeichnet die unmögliche dritte Position zwischen der Affirmation des Bestehenden und jenem pauschalen Unbehagen an der Kultur, das gerade in Deutschland – politisch rechts wie links – so prominent und prekär gewesen ist. Vor diesem Hintergrund ist jene Ironie zu verstehen, jener Vorbehalt gegenüber der Wirklichkeit, der die kulturelle Wirklichkeit vielleicht nicht vernichtet, aber doch relativiert. Georg Simmels Theorie der modernen Kultur unterschlägt nicht den Preis, den wir für sie bezahlen.

Die wichtigsten Arbeiten Simmels sind in den letzten Jahren des 19. und den ersten des 20. Jahrhunderts entstanden. Das Verblüffende an ihnen ist, dass sie ungeachtet der zeitlichen Distanz, die wesentlichen Momente der modernen liberalen, durch Geld und Markt geprägten Kultur und die wichtigsten Vollzugslogiken unserer modernen Lebensweise beschreiben. Sie lassen sich noch immer als eine theoretische Landkarte unserer Kultur lesen. Um diese erstaunliche Aktualität zu begreifen, braucht man nicht auf irgendeine Genialität zu verweisen, obschon Simmels Originalität, sein Gespür für die inneren Befindlichkeiten und Verschiebungen in der modernen Kultur beeindruckend sind. Vielleicht als Erster hat er das Neue an dieser modernen Kultur des Geldes, die sich nach den historischen Krisen und Katastrophen (Erster Weltkrieg, Stalinismus, Faschismus, Nationalsozialismus) wieder etabliert und entwickelt hat, erfasst, zu einem Zeitpunkt, als dieses Neue noch wahrnehmbar gewesen ist. Heute fällt es uns schwer, diesen dramatischen Wandel überhaupt zu erfassen, den Simmels Schriften so penibel beschreiben und analysieren. Aber noch jede postmoderne soziologische Analyse über die Erlebnis-, die Risiko- oder die Multioptionsgesellschaft[2] argumentiert, explizit oder nicht, im Schatten Georg Simmels. Im Rückblick lässt sich sogar behaupten, dass die von Simmel beschriebenen allgemeinen Tendenzen der modernen, durch das Medium Geld gesteuerten Kultur erst heute voll zum Tragen kommen, unmittelbarer als zu seiner Zeit, als die kulturellen Verhaltensmodalitäten aus vorangegangenen Zeiten noch nachwirkten und der Lebensstil nur an den urbanen Eliten der Zeit ablesbar waren. Der Untergang des ›realen Sozialismus‹ hat entscheidend zur Beschleunigung der ökonomischen wie kulturellen Eigenlogik der Herrschaft des Geldes beigetragen.

Die entscheidende Pointe von Simmels Kulturtheorie besteht darin, dass er Geld als kulturelles Phänomen und als Medium, als ein Mittel begreift, das zwischen Dinge und Menschen tritt. Wobei dieses Medium nicht einer spezifischen, ethnisch, religiös oder sprachlich bestimmbaren Kultur (Kultur I → Kap. 1) zugeschrieben und auch nicht in seiner historischen Genese beleuchtet wird. Das Geld ist schlicht die Münzprägung einer voll entwickelten, kulturell scheinbar unspezifischen Modernität.

Simmel untersucht das Geld als ein ›Medium‹ des modernen Lebens, das nicht nur die Welt der Ökonomie bestimmt, sondern eine ganz spezifische Kultur beinhaltet. Er abstrahiert, anders als etwa Vico und Herder, von der ethnischen Differenz ganzer umfassender Kulturen (Kultur I). Der – kontrastive – Zusammenhang zwischen der vormodernen okzidentalen und der modernen, sich globalisierenden Geldkultur wird nicht hinterfragt; von daher lässt sich auch kaum die Frage stellen, warum bestimmte Gruppen nicht nur in der arabischen Welt die westlich-amerikanische Kultur ablehnen, weil sie ›modern‹ oder weil sie als kulturell different, d.h. als

---

[2] Peter Gross, Die Multioptionsgesellschaft, Frankfurt/Main: Suhrkamp 1994. Ein Überblick über die auf Simmel aufruhenden soziologischen Kultur- und Gesellschaftsdiagnosen findet sich bei: Manfred Prisching (Hrsg.), Modelle der Gegenwartsgesellschaft, Wien: Passagen 2003.

unvereinbar mit den Werten der eigenen Kultur empfunden wird. Im ersten Fall interpretiert man diesen Konflikt als ein Drama der Moderne, im zweiten als einen (medial inszenierten) Konflikt von Mega-Kulturen. Simmels Analyse der modernen Kultur abstrahiert also – im Gegensatz etwa zu Spengler – von deren raumzeitlichem, d.h. kulturellem und historischem Kontext und folgt damit bis zu einem gewissen Grad dem Selbstbild einer Moderne, die sich als universal und global versteht und missversteht.

Im ersten Teil der *Philosophie des Geldes* entfaltet Simmel eine Theorie des Wertes. Er beschreibt dies als einen Perspektivenwechsel, der sich zunächst innerhalb der Philosophie vollzieht. Die traditionelle Frage der Philosophie richtet sich auf die Beschaffenheit der Dinge und der Möglichkeit ihrer Erkenntnis. Diese Frage tritt bei Simmel in den Hintergrund, zugunsten einer ganz neuen Frage, nämlich der Frage unseres *Verhältnisses* zu den Dingen. An die Stelle eines substanziellen Denkens, das eben nach dem Seinsgrund der Dinge fragt, tritt also ein funktionales und relationales Denken, das die vielfältigen Beziehungen untersucht, die wir zu ihnen unterhalten. Das, was der Mensch bislang für wesentlich hielt, tritt in den Hintergrund. Die Frage der Wertigkeit der Dinge bildet demgegenüber den philosophischen Nucleus der *Philosophie des Geldes.* Simmel legt dabei nahe, dass dieser Übergang vom Sein zum Wert, von der Substanz zu Relation und Funktion idealtypisch den historischen Weg in die moderne Gesellschaft beschreibt.

Nun erfolgt der nächste Schritt in Simmels Gedankengang. Simmel stellt sich nämlich die Frage, was es heißt, den Dingen einen Wert zuzuschreiben. Seine Antwort lautet verblüffend einfach: Werten bedeutet immer, eine Relation herzustellen, sich in Beziehung zu etwas oder jemandem zu setzen. Der betreffende Gegenstand, weit entfernt davon, nur ein Gegenstand interesselosen Wohlgefallens zu sein, ist mir etwas wert, d.h. ich möchte ihn gerne haben, besitzen. So beschreibt der Wert eine Beziehung zwischen Mensch und Gegenstand.

Entscheidend ist dabei mein jeweiliges Begehren. Das Begehren des Subjekts nach dem Gegenstand manifestiert sich also im Wert. Die heutige Werbung, die genau um dieses Zusammenspiel von Begehren und Wert weiß, drückt dies direkt in ihren Slogans aus, so etwa wenn das deutsche Modell Claudia Schiffer – die Bezeichnung Modell beschreibt übrigens höchst exakt den formenden Aspekt –

im Anschluss an eine Werbung für teure Kosmetika in entwaffnend naiver Weise sagt: *Weil ich es mir wert bin.* Hier wird übrigens schon ein Moment magischer Verdopplung sichtbar: Es geht um den Begehrens-Wert eines kosmetischen Produkts, der sich auf das Subjekt überträgt, das – so lautet wenigstens die Logik im Verhältnis von Mensch und Alltags-Artefakt – damit nicht nur das betreffende Kosmetikum, sondern zugleich dessen vermeintliche Exklusivität begehrt und mit dem Kauf seinen Eigenwert erhöht.

Simmel ist der klassische Vertreter einer subjektiven Werttheorie, die den Wert im Begehren des einzelnen Menschen verortet. Ein Gegenstand, den niemand begehrt, verliert seinen Wert und verschwindet als nutzloser Plunder vom Markt, wobei er als nostalgischer Tand wiederum ›attraktiv‹ werden kann. Aber er hat damit seinen Charakter völlig geändert. Ein anderes anschauliches Beispiel liefert das Phänomen der Kunstauktion. Wenn ein Bieter unbedingt einen Goya, einen Schiele, einen van Gogh oder einen Cezanne sein eigen nennen möchte, dann steigert sich analog zu diesem Begehren der Wert des betreffenden Gemäldes und wird ihn – bei entsprechendem Geldpolster – dahin bringen, ein Vielfaches des ursprünglichen Mindestgebots zu bezahlen. Dass heute die schillernden Produkte der Bildenden Kunst an Repräsentativkraft etwa das Buch oder eine digitale Schallplatte (CD) weit übertreffen, hat mit der Einmaligkeit des auratischen Dinges – des bildenden Kunstwerks – zu tun.

Es ist aufschlussreich, Simmels Theorie des Geldes mit jener von Marx zu vergleichen. Ganz offenkundig stellt seine Theorie ganz bewusst ein Gegenmodell zu dessen objektiver Geldtheorie dar. Marx' Theorie ist bekanntlich dualistisch: Jede Ware hat einen Gebrauchs- und einen Tauschwert. Ohne Gebrauchswert kein Tauschwert. Aber der Wert einer Ware bemisst sich für Marx, den revolutionären Schüler des liberalen schottischen Ökonomen Adam Smith, nicht nach dem subjektiven Begehren. Das Maß für den Wert eines Gegenstands auf dem Markt liefert die (gesellschaftlich durchschnittliche) Arbeitszeit, die zu seiner Herstellung benötigt wurde, weshalb man diese Theorie des Werts auch Arbeitswerttheorie nennt. Während Marx den Wert vom Standpunkt der Produktion aus sieht und in der Distribution ein variables Epiphänomen betrachtet, konzentriert sich Simmels Philosophie des Geldes genau auf den Bereich, wo das Verhältnis des Menschen zu den Dingen sichtbar in Erscheinung tritt: auf die Distribution. Begehren, sagt man, macht blind. Aber der Mensch, dieses nach den Dingen greifende und begehrende Lebewesen, ist keineswegs verrückt, auch wenn er etwa als Modenarr bezeichnet wird; vielmehr ist sein irrationales Begehren mit einem durchaus kühlen und logischen Kalkül gepaart.

Die Subjektivität des Menschen in der Geldkultur geht mit einer wachen und wachsenden Zweckrationalität einher. Das Geld, das den direkten Warentausch überwindet, ist selbst schon ein Abstraktum, dessen einziger Wert darin besteht, wie Marx zu Recht betont, dass es ein universelles Tauschmittel ist. Oder anders, nämlich kulturwissenschaftlicher formuliert: Es ist das Medium unseres Begehrens.

Die erste ›Abstraktion‹ besteht also darin, dass ich für etwas arbeite, das ich selbst nicht begehre, das aber andere begehren, so dass ich mir das kaufen kann, was ich eigentlich wirklich begehre. Es sind aber andere Abstraktionen im zeitlichen Maßstab denkbar. Ich möchte unbedingt einen Gegenstand – ein Luxusauto, eine schöne Wohnung, den neuesten Computer –, aber ich habe nicht das entsprechende Geld, um mein Begehren zu stillen: Miete, Kredit und Leasing machen das Unmögliche möglich.

In diesem dynamischen Prozess zunehmender Abstraktion wird die Barzahlung zum steinzeitlichen Akt deklariert (wie in einer Werbung für die Visa-Card); das Geld verflüchtigt sich imaginär in die Visakarte. Die Karte, die das Geld unsichtbar macht, wird mit dem Akt des Sehens verknüpft, das im Wort »Visum« steckt. Die Visa-Karte ist ein kultureller Sichtvermerk für die mit dem Geld vollzogene kulturelle Abstraktion. Dabei wird der durch das Geld repräsentierte Prozess des Wertens und Tauschens zum Selbstzweck. Im Tausch manifestiert und inszeniert sich das Begehren dessen, der es sich leisten und der es realisieren kann.

Im zweiten Teil untersucht Simmel nun den modernen Stil des Lebens. Das schließt die These mit ein, dass das Geld, weit davon entfernt, ein neutrales Medium zu sein, selbst ein kulturell prägender Faktor ist, der nicht nur das Wirtschaftsleben und die Politik bestimmt, sondern auch unsere Lebensformen nachhaltig beeinflusst, ja konstituiert. Geld, so könnte man sagen, ist ein *Medium*, zumindest im Sinne eines weit gefassten Begriffs von Medium:[3] Es

---

[3] Wolfgang Müller-Funk, Studien zur Anthropologie des inszenierten Menschen, Wiener Vorlesungen, Studien und Konversatorien 8, Wien: WUV 1999.

ist Medium eines kommunizierten Begehrens. Jedes Geldstück in meiner Hosen- oder Rocktasche sagt potenziell zu jedem möglichen Gegenstand des Begehrens: Ich will Dich. Simmel untersucht also das Geld vornehmlich unter kulturellen Gesichtspunkten. Geld ist in seinen Augen das wichtigste Medium der modernen Kultur, wichtiger als alle Kommunikations- und Informationsmedien, in die vielfach die Struktur des universellen kommunizierten Begehrens eingeschrieben ist. Dass dieses individuelle Begehren konformistisch ist, besagt nichts gegen den soziokulturellen Tatbestand, dass jeder Akt des Begehrens individuell vollzogen werden muss.

Simmels Werk richtet sich *expressis verbis* gegen den ökonomischen Determinismus des orthodoxen Marxismus:

> In methodischer Absicht kann man diese Grundabsicht so ausdrücken: dem historischen Materialismus ein Stockwerk unterzubauen, derart, dass der Einbeziehung des wirtschaftlichen Lebens in die Ursachen der geistigen Kultur ihr Erklärungswert gewahrt wird, aber eben jene wirtschaftlichen Formen selbst als das Ergebnis tieferer Wertungen und Strömungen, psychologischer, ja, metaphysischer Voraussetzungen erkannt werden.[4]

Mit dem Terminus *historischer Materialismus* ist hier die marxistische Geschichts- und Gesellschaftstheorie gemeint. Diese Gesellschaftstheorie ist marxistisch, weil sie dem Bereich des Ökonomischen, insbesondere der Produktion (Produktivkräfte, Produktionsverhältnisse), eine determinierende Rolle zuschreibt. Die Produktionsökonomie steuert gleichsam alle anderen Bereiche der Gesellschaft: Staat, Recht, Kultur, Religion. Die Ökonomie der Produktion stellt von daher die Basis, alle anderen gesellschaftlichen Bereiche den so genannten Überbau in der Architektur der Gesamtgesellschaft dar, schon die Metaphorik weist auf die statische Sichtweise der Marx'schen Theorie (→ Kap. 6, 12).

Simmel greift nun diese Haus-Metapher auf, indem er das Haus durch einen Unterstock, einen kulturellen Keller gleichsam komplettiert. Dieses neue Stockwerk wäre die Kultur. Die Erscheinungsformen des Ökonomischen, und das ist bei Simmel vornehmlich das kommunizierte Begehrensmedium Geld, werden selbst »aus psychologischen, ja metaphysischen Voraussetzungen« erklärt,[5] Marx

---

4   Georg Simmel, Philosophie des Geldes, a.a.O., S. 13.
5   Ders., Philosophie des Geldes, a.a.O., S. 13.

ist ein ökonomischer, Simmel ein kultureller Materialist. Im Vorgriff auf spätere Kulturtheorien kann man füglich behaupten, dass viele von ihnen, gerade jener kritisch-linken Provenienz, aus dem Unbehagen an dem ökonomischen Determinismus hervorgegangen ist, den der Marxismus entfaltet und ausgebildet hat.

Pointiert gesagt, legt der orthodoxe Marxismus die Idee nahe, dass Kultur keinen eigenständigen Bereich darstellt, sondern mehr oder weniger nur ein Reflex ist, ein Abbild, ein Spiegel, einen Überbau auf einem Fundament darstellt.[6] Nicht wenige Kulturtheorien des 20. Jahrhunderts – *Cultural Studies*, Frankfurter Schule, Althusser, Gramsci – zeichnen sich dadurch aus, dass sie diesen Ökonomismus kritisch hinterfragt und revidiert haben (→ Kap. 6, 12).

Simmel interessiert sich vor allem für die kulturellen Veränderungen, die mit dem Triumph des Geldes als eines für alle verbindlichen Mediums einhergehen. Er benennt sie zunächst einmal, um sie an späterer Stelle ausführlich zu analysieren. Es geht ihm dabei nicht um die Einstellungen und Gesinnungen einzelner Menschen, sondern um eine kollektive Formung des Menschen unter den Bedingungen einer durch das Geld bestimmten Kultur. Diese besitzt eine entschieden eigene Logik, das heißt aber auch, dass sie eine ganz bestimme Kultur repräsentiert. An dieser Stelle wird deutlich, was kultureller Materialismus bei Simmel bedeutet: Die Veränderung der Mentalitäten, Einstellungen und Verhaltenswerte ist weniger den diversen intellektuellen und geistigen Programmen und Manifesten geschuldet, die Menschen – Dichter, Philosophen, Politiker – formulieren, sondern liegt im Wesen des Geldes begründet, das auf einmalige Weise subjektives Begehren steuert und mit einem rationalen Kalkül verbindet. Simmel benennt diese Phänomene der modernen Geldkultur in loser summarischer Abfolge: Charakterlosigkeit, Intellektualisierung, Kult und Kultur der Dinge, wachsende Bedeutung der Präsentation, Kult der Person, Indifferenz, ›Kommunismus‹, Pazifismus, Abschwächung der Gefühlsfunktionen, Wandel der Geschlechterbeziehungen.

---

6 Karl Marx, Grundrisse der Kritik der politischen Ökonomie, Frankfurt/Main: EVA 1971, S. 31: »Aber die Schwierigkeit besteht nicht darin zu verstehen, dass griechische Kunst und Epos an gewisse gesellschaftliche Verhältnisse geknüpft sind. Die Schwierigkeit ist, dass sie uns noch Kunstgenuss gewähren und in gewisser Weise als Norm und unerreichbares Muster gelten.«

Diese Auflistung ist keineswegs zufällig, sondern macht die Bandbreite der Wirkung des Mediums Geld plastisch. Die Verschiedenheit hat einen gemeinsamen Nenner: das kommunizierte Begehren, das in seinem Einsatz der Mittel von großer Rationalität getragen ist. Bemerkenswert ist aber auch das, was ich die *radikale Ambivalenz* im Denken Simmels nennen möchte: Die Angehörigen der Geldkultur haben keine Wahl zwischen den positiven und den negativen Aspekten der Geldkultur, denn beide Seiten bilden eine unzertrennliche Einheit. So ist der charakterlose Mensch der Kultur des Geldes keineswegs nur negativ, ihm sind nur die festen Grundlagen des Seins abhanden gekommen, deshalb fällt es ihm – so jedenfalls das Argument von Simmel – leichter, friedfertig zu sein.

Betrachten wir also noch einmal etwas genauer die Phänomene des Begehrens und Wertens. Wie wir schon gesehen haben, hat Marx bekanntlich den Wert der Ware an die durchschnittlich in dieser vergegenständlichten Arbeit geknüpft.[7] Wenn die Arbeit jenes Element ist, das den Wert einer Ware konstituiert, liegt es nahe, das Hauptaugenmerk dieser Produktionsstätte nicht nur der modernen Waren, sondern auch ihres Wertes zuzuwenden. Kurzum, der von Marx initiierte Diskurs ist auf die Produktion, nicht auf die Distribution und die medialen Interaktionen und Inszenierungen gerichtet. Mit dieser so produktiven wie unproduktiven Blickverengung hängt ursächlich zusammen, dass der orthodoxe Marxismus niemals eine anspruchsvolle Kultur-, geschweige denn eine Medientheorie hervorgebracht hat. Dass der Realsozialismus zum Zeitpunkt einer medialen Revolution, der des Computers, in sich zusammensackte, war also kein rein historischer Zufall.

Simmel hingegen interessiert sich für die Phänomenologie des Tausches. Für ihn ist der Wert an ein begehrendes Ich geknüpft, das den Abstand zum begehrten Objekt (im realen wie im übertragenen Sinn) zu überwinden sucht, um dieses als Besitzer in Händen zu halten. Aber nicht alle Dinge dieser Welt begehrt jeder von uns in gleicher Weise, um sie sodann – wirklich oder vermeintlich – genießen zu können. Es gibt da individuelle Unterschiede: Was für den einen der BMW, ist für den anderen die große Weltreise, das Glück des Eigenheims, wertvoller Schmuck, teure Gemälde. Aber die indi-

---

[7]   Karl Marx, Das Kapital, Bd. 1, Marx-Engels-Werke, Bd. 23, Berlin/DDR: Dietz 1968, S. 62–84.

viduelle Differenzierung, die durch die Kultur des Geldes eingeleitet wird, hat noch einen anderen Aspekt. Wir vergleichen die Dinge, die uns die moderne Kultur anbietet. Wir stellen – mit oder ohne Fee, die uns drei Wünsche frei stellt – eine implizite oder explizite Prioritätenliste auf, sozusagen die *Top Five* unserer Begehrens-Hitparade: Wir unterscheiden Dinge, die wir begehren, von Dingen, die uns vollkommen gleichgültig sind. Den Objekten fließt also Wert nur deshalb zu, weil sie Objekte eines – meines – subjektiven Begehrens sind. Geld ist Medium und Motor der Selbstdarstellung und Selbstkonstruktion des modernen Individualismus. Dass diese Objekte ihren Wert auf Grund unserer eigenen Wertsetzung besitzen, dass also Geld etwas zutiefst ›Menschliches‹, durch uns Geschaffenes ist, entgeht uns im Alltag einigermaßen gründlich, wir

> empfinden [...] Dingen, Menschen, Ereignissen gegenüber, dass sie nicht nur von uns als wertvoll empfunden werden, sondern wertvoll wären, auch wenn niemand sie schätzte.[8]

Was Simmel hier anspricht, hat Karl Marx im prominenten Warenkapitel im ersten Kapitel des ersten Bandes seines Hauptwerks *Das Kapital* mit Scharfsinn und Witz als »Fetischcharakter der Ware« beschrieben:[9] Den Gegenständen wird eine geheimnisvolle Kraft zugeschrieben, die sie von sich aus gar nicht besitzen (→ Kap. 6).

Ganz analog zu Kant, der nach den Bedingungen der Möglichkeit von Erfahrung gefragt hatte, stellt Simmel die Frage nach den Bedingungen der Möglichkeiten des Begehrens: Die Gegenstände zeichnen sich dadurch aus, dass die Gegen-Stände, uns – zumindest zunächst – nicht zur Verfügung stehen, sondern sich uns entziehen:

> Das so zustande gekommene Objekt, charakterisiert durch den Abstand vom Subjekt, den dessen Begehren ebenso feststellt wie zu überwinden sucht –, heißt uns ein Wert.[10]

An die Stelle eines statisch-kontemplativen Verhältnisses zwischen Subjekt und Objekt tritt eine dynamische und funktionale Beziehung. Steht für die klassische Philosophie das Sein der Dinge, das

---

8 Georg Simmel, Philosophie des Geldes, a.a.O., S. 35.
9 Karl Marx, Das Kapital, a.a.O., S. 85–98. Vgl. auch Georg Simmel, Philosophie des Geldes, a.a.O., S. 29.
10 Georg Simmel, Philosophie des Geldes, a.a.O., S. 34.

Verhältnis des Seienden (in seiner Mannigfaltigkeit) zum Sein, im Mittelpunkt allen Fragens, so werden in der *Philosophie des Geldes* der Wert der Dinge und die daraus erwachsenen Relationen (Begehren, Tausch) zur treibenden Kraft der Kultur. Das Geld überlagert auch all jene Elemente, die Vico für konstitutiv gehalten hat: Familie und Genealogie, Vertrag und Totenkult. Nicht, dass es auch in anderen Kulturen Tausch gibt, sondern dass der Tausch selbst zum Charakteristikum der Kultur wird, ist die Pointe von Simmels Kulturtheorie.

Die moderne Werbung zitiert diesen Sachverhalt, den Simmel als Erster genauer analysiert hat, tagtäglich: In der medialisierten Werbung ist dieser Abstand auch durch die traditionellerweise weiblichen Repräsentantinnen des Wertes gut sichtbar markiert. Im Bild des lockenden Abstandes wird auch die Psychomotorik des Begehrens sichtbar: Der Abstand scheint nur da zu sein, um ihn zu überwinden. Mit dem Begriff des Abstandes liefert Simmel also einen Schlüssel zur Phänomenologie des Begehrens: Abstand bedeutet einen Entzug, der das Begehren erst in Gang setzt. Von Simmels kulturellem Materialismus aus betrachtet ist es also kein Zufall, dass die Kultur des Geldes ihrer ganzen Struktur nach ›erotisch‹ ist. Denn Erotik meint ja keineswegs blinde Emotionalität oder Gefühlsseligkeit, sondern ein Spiel mit Abständen, in dem zweckrationale Strategien ersonnen werden, um den Abstand zu tilgen. Begehren heißt also: das Glück der Überwindung. Von daher ist das Glück fragwürdig, das uns das märchenhafte oder auch kommunistische Schlaraffenland bietet, diese utopische Landschaft, in der sich uns alles aufdrängt. Zumindest entbehrt es des Vorhandenseins von Begehren, das ohne die Erfahrung des bittersüßen Entzugs undenkbar ist. Unter den Bedingungen der Moderne ist es das Geld, das als kalkulierbares Zaubermittel fungiert.

Dieses Zaubermittel gebiert wiederum einen völlig neuen Lebensstil. Geld ist, wie schon gesagt, nicht bloß ein ökonomischer, sondern ein kultureller Faktor, der die *conditio humana* formt, modelliert und konditioniert. Diese Modellierung bezeichnet Simmel im Geist seiner Zeit als »Stil«. So hat Simmel den von Nietzsche adaptierten Begriff systematisch für die Analyse der Kultur entfaltet, der bis heute in der Soziologie aber auch in der Alltagssprache geläufig ist. Vermutlich ist *Lebensstil* die eleganteste Übertragung der englischen Wendung *way of life*, und T.S. Eliot, der argwöhnische

Kulturkonservative, hatte wohl gleichfalls den modernen Lebensstil im Sinn, als er seinen weit gefassten Begriff von Kultur (Kultur II) prägte (→ Kap. 1). Das Wort »Stil« leitet sich vom lateinischen Wort *stilum* ab und meint eigentlich einen Griffel, ein mittlerweile längst verschwundenes Schreibwerkzeug, das Generationen von Schülerinnen und Schülern zum Schreiben auf eine Schiefertafel benutzt haben. In der heutigen Verwendung bezeichnet es eine ästhetische Formgebung, wofür wir heute gerne den englischen Begriff *Design* verwenden (von lat. *designare* bezeichnen, mit einem Zeichen versehen). Aber es gibt da doch einen entscheidenden Unterschied. Im Begriff des Stils steckt eine positive Aufladung. Wenn der Mensch nämlich Stil ist, dann ist es der Stil, der einen zum Menschen macht. Wenn einem Mann oder einer Frau Stil zugeschrieben wird, dann ist das keine neutrale Beschreibung, die trivial ist, weil ja jeder irgendwie einen Lebensstil hat, sondern schließt ähnlich wie beim Menschen, der Kultur besitzt, die Wertschätzung mit ein. Der expressionistische Lyriker und Nietzsche-Schüler Gottfried Benn, der zeitlebens die Stillosigkeit seiner Landsleute beklagt hat, hat sich dazu verstiegen, im Zusammenhang mit dem Faschismus von »Rasse mit Stil« zu sprechen.[11]

Auffällig ist, dass Simmel, von einer Leidenschaft nüchterner Neugierde getrieben, den Begriff *Stil des Lebens* (Simmel verwendet zunächst diese Bezeichnung für *Lebensstil*) in einem völlig neutralen Sinn verwendet. Unklar bleibt auch, wer da formt, der Mensch oder die selbstläufig gewordenen kulturellen Kräfte, die er entbunden hat, allen voran das Geld. Dieses bringt nämlich eine spezifische Form des Lebensstils hervor. Aber eigentlich ist das Phänomen des Lebensstils selbst – so wie das Phänomen der Mode – neu. Es hat auf den ersten Blick keinen Sinn, vom Lebensstil der antiken Griechen, der Mayas oder der Menschen im Mittelalter zu sprechen. Lebensstil bedeutet nämlich ein ästhetisches Verständnis und Selbstverständnis des Menschen, das vor der Moderne einigermaßen fremd war. Simmel beschreibt verschiedene zentrale, für den modernen Stil des Lebens charakteristische Merkmale:

---

[11] Gottfried Benn, Gruß an Marinetti, in: ders., Essays und Reden in der Fassung der Erstdrucke, hrsg. von Bruno Hillebrand, Frankfurt/Main: Fischer 1989, S. 491–494.

1. Der Lebensstil hat keine ›Tiefe‹, keine Authentizität, er ist arbiträr und »charakterlos«. Arbiträr, vom lateinischen *arbitrari,* glauben, meinen abgeleitet, verweist auf die Tatsache, dass unser Lebensstil einigermaßen willkürlich und gesetzt ist und zum Teil auch so verstanden wird. Er resultiert nicht länger aus der Befolgung heiliger, von göttlichen Instanzen eingesetzter Regeln, Gebote, Verboten, Vorschriften. Charakterlos meint auch, dass dieser Lebensstil sich ändern kann und dass ihm gegenüber kein Treuegebot gilt. Ein 68er Linker, ein Punk oder eine Grün-Alternative muss seinen bzw. ihren Lebensstil nicht das ganze Leben hindurch tragen, er/sie kann ihn ändern, ohne irgendwelche Sanktionen befürchten zu müssen und ohne dass ihm/ihr Schuldgefühle nahe gelegt werden.

Die Pluralität der heutigen Lebensstile lässt sich als Auswirkung der Vorläufigkeit moderner Existenz begreifen. Ihr offenkundiger Mangel, ihre Unverbindlichkeit und geringe soziale Bindekraft erzeugt, verschärft durch das Abgrenzungsbedürfnis der nachfolgenden Generationen, immer neue Lebensstile, die strukturell verblüffend ähnlich sind.

In diesen Zuschreibungen der modernen Kultur des Geldes treten Phänomene zutage, die man seit den 1980er Jahren gern als postmodern bezeichnet: eine Form von Selbstzuschreibung, die *kontingent*, das heißt zufällig und nicht zwingend ist. Damit steht der moderne Lebensstil im krassen Gegensatz zur klassischen ›Persönlichkeit‹ des 18. und 19. Jahrhunderts, deren zentrales Bestreben die Entdeckung und Entfaltung des wahren Selbst ist.

2. Der moderne Stil des Lebens ist durch das Primat des Verstandes geprägt: Das Begehren eines Menschen nach einem bestimmten Produkt mag subjektiv, unvernünftig, ja sogar irrational sein, aber die Art und Weise, es in seinen Besitz zu bekommen, ist zweckrational. Das ist, wie Simmel ausführt, die Folge des »Mittelcharakters des Geldes«. Das Geld ist ein Medium, es tritt *dazwischen*. Aber das Dazwischentreten des Geldes hat weitreichende Folgen, für den Einzelnen wie für die Kultur. Das Begehren wird aufgeschoben. Es entsteht eine lange Reihe von Mitteln und Zwecken. Das strategische Denken wird zur vorherrschenden Mentalität unseres kulturellen und gesellschaftlichen Lebens. Das Geld wird zum Mittel der Gestaltung unseres Willens im Kontext der gesellschaftlichen Verhältnisse, die wiederum durch die Verbindung zwischen

subjektivem Willen und absolutem Werkzeug geschaffen werden. Durch das Medium Geld tritt das Prozesshafte der Kultur vollends zutage.[12]

Aber damit modifiziert sich der Wille als solcher, er rationalisiert sich durch die Beziehung des Mittels, dessen er sich zur Durchsetzung bedient. Der Wille ist, bemerkt Simmel an einer Stelle, blind wie der des »geblendeten Cyclopen«, der »aufs Geratewohl losstürmt«[13]. Was ihm fehlt, ist ein Inhalt, ein Zweck und die strategische Wahl der Mittel. Woran es ihm mangelt, ist, um die Anspielung aus der *Odyssee* aufzugreifen, die List des Odysseus, die Horkheimer und Adorno in ihrer Lesart des Homerischen Epos kulturkritisch und antikapitalistisch wenden werden (→ Kap. 6).

Der moderne Lebensstil ist subjektiv, begehrlich und zugleich rational-strategisch. Er impliziert ein Zurückdrängen all jener Bereiche, die man als Gemüt und Gefühl bezeichnet. In der Umgangssprache werden sie mit dem Begriff des Romantischen belegt. Zur Veranschaulichung sei hier ein Beispiel aus der österreichischen Literatur zitiert, der erste Roman von Brochs Trilogie *Die Schlafwandler*. Er trägt den Titel *Pasenow oder Die Romantik*. Der romantische junge Pasenow, der für eine junge Varietéschauspielerin und Halbweltdame entflammt ist und am Ende die standesgemäße Nachbarstochter ehelicht, verkörpert einen untergehenden Typus, für den noch alles in Ordnung ist und in Ordnung aufgeht. Demgegenüber verkörpert sein liberaler und melancholischer, unternehmerischer Jugendfreund den neuen rastlosen urbanen Lebensstil des Geldes. Mobilität geht immer auf Kosten der Treue.[14] Auf das Verhältnis der beiden ungleichen Freunde lässt sich Simmels folgende Anmerkung blendend zur Anwendung bringen:

> Wie der, der das Geld hat, dem überlegen ist, der die Ware hat, so besitzt der intellektuelle Mensch als solcher eine gewisse Macht gegenüber dem, der mehr im Gefühle und Impulse lebt. Denn soviel wertvoller des letzteren Gesamtpersönlichkeit sein mag, so sehr seine Kräfte in letzter Instanz jenen überflügeln mögen – er ist einseitiger, engagiert, vorurteils-

---

[12] Georg Simmel, Philosophie des Geldes, a.a.O., S. 265–268.
[13] Ders., Philosophie des Geldes, a.a.O., S. 591.
[14] Hermann Broch, Pasenow oder die Romantik, in: Die Schlafwandler. Eine Romantrilogie, KW, hrsg. v. Paul M. Lützeler, Bd. 1, Frankfurt/Main: Suhrkamp 1978, S. 9–180.

voller als jener, er hat nicht den souveränen Blick und die ungebundenen Verwendungsmöglichkeiten über alle Mittel der Praxis wie der reine Verstandesmensch.[15]

Wichtig ist hier festzuhalten, dass diese Überlegenheit zunächst einmal eine rein praktische und keine moralische ist. Im Gegenteil. Ein klein wenig suggeriert Simmel den Eindruck, dass diese Überlegenheit möglicherweise moralisch durchaus fragwürdig ist. Mit dem Geld umgehen zu können, ist also eine Kulturtechnik, die Menschen erst erlernen müssen. Sie setzt die Kenntnis von Kalkülen und die Rechtfertigung von diversen Operationen voraus. Diese ›mediale‹ Rationalität konzentriert sich auf den ökonomisch effizienten Mitteleinsatz zur Erreichung eines bestimmten Zieles. Das gilt nicht nur im Bereich der Ökonomie, sondern in allen relevanten Bereichen der Gesellschaft. In dieser Konzentration liegt freilich, wie Simmel später zeigen wird, auch ein verkehrendes Moment: dass nämlich wie bei Donald Duck in Entenhausen das Mittel alles, nämlich zum Ziel wird.

3. Aus der Rationalität des modernen Lebensstils resultiert, dass er *intellektuell*, d.h. charakterlos ist. Aber das Wort »charakterlos« hat ebenso wie das Adjektiv »intellektuell« eine verschobene Bedeutung. Es meint nicht, dass alle Mitglieder der modernen Geldkultur moralisch defizitär wären, es meint auch nicht, dass alle Menschen zu Intellektuellen würden. Und es bedeutet auch nicht, dass Intellektuelle charakterlos in moralisch abwertendem Sinn sind – Zuschreibungen, die von radikalen linken wie rechten Denkern immer wieder vorgebracht worden sind.

> Der Intellekt, seinem Begriff nach, ist absolut charakterlos, nicht im Sinne des Mangels einer eigentlich erforderlichen Qualität, sondern weil er ganz jenseits der auswählenden Einseitigkeit steht, die den Charakter ausmacht.[16]

Das Wort »Charakter« kommt aus dem Altgriechischen. Sein Bedeutungsumfang lässt sich durch Worte wie Gepräge, Ritzung, Zauberzeichen, amtliche Eigenschaft, Rang, Stand beschreiben. Der »charakterlose« Lebensstil ist ambivalent und widerspricht dem

---

15 Georg Simmel, Philosophie des Geldes, a.a.O., S. 602.
16 Ders., Philosophie des Geldes, a.a.O., S. 595.

berühmten Lutherischen Diktum: »Hier stehe ich, ich kann nicht anders«. In den Kontext des (post-)modernen Lebensstils festellt, bedeutet er demgegenüber: Hier bin ich gerade, ich kann auch anders. Die heute allseits beschworene Biegsamkeit (Flexibilität), die geschickt der sozialen Unterwerfung des einzelnen Menschen unter die Logik des Kapitals einen dynamisch-erotischen ›Kick‹ verleiht, weist genau in diese Richtung: Bereitschaft zur permanenten Veränderung, zum Wechsel der eigenen Identität.

Überhaupt ist es sinnvoll, Simmels Begriff der Charakterlosigkeit mit den Identitätsdebatten unserer Tage in Verbindung zu bringen. Charakterlos bedeutet auch, die Einbuße, die Unmöglichkeit, den (scheinbar) freiwilligen Verzicht auf eine fixe, unveränderliche Identität, freiwillig zu akzeptieren. Nicht nur haben wir verschiedene Identitätsoptionen – nationale, geschlechtliche, berufliche, regionale usw. – wir ändern womöglich auch unsere Identität im Laufe unseres Lebens. Diese Form von verflüssigter Identität wird in der modernen Kultur offenkundig vorgezogen.

Um sich dies anschaulich vor Augen zu führen, kann man auch einen Blick von Simmels *opus magnum* auf ein literarisches Werk werfen, auf Robert Musils Roman *Mann ohne Eigenschaften,* der sich – nebenbei bemerkt – als eine Kulturanalyse mit literarischen Mitteln lesen lässt. Der schon im Titel des Buches angesprochene Mangel an Eigenschaften des Sohnes, der im Kontrast zum Vater, dem Mann mit Eigenschaften steht, korrespondiert ganz offenkundig mit der Simmel'schen Charakterlosigkeit.

Simmel zielt auf etwas, das Musil als Eigenschaftslosigkeit bezeichnet. Der Protagonist Ulrich entspricht wenigstens zu Anfang des Romans mit all seiner nüchternen Distanz, seinem Faible für Körperertüchtigung, seiner Ironie und seinem Konsumverhalten der Charakterlosigkeit des Simmel'schen Menschen. Er ist dessen spezifisch österreichische Variante, womöglich in Differenz zum realen Autor.

Mit der Eigenschaftslosigkeit ist offenkundig jene Einbuße an Selbstverständlichkeit im Hinblick auf die eigene Person gemeint, der Verlust des Glaubens an die Verfügbarkeit über die eigene Person, die der klassische Humanismus wenigstens nahe legt. Es geht nicht darum, dass Ulrich jedwede Spezifität und Besonderheit eingebüßt hätte, sein Bedürfnis nach aristokratischer Differenz gegenüber dem aufkommenden Massenmenschen ist ohnehin unübersehbar. Aber was ihm abhanden gekommen zu sein scheint, das ist eben jene selbstverständliche Identität mit sich selbst. Das Leben des modernen Menschen ist immer auf Vorbehalt angelegt und gerade deshalb ist es ihm möglich, immer wieder die Rollen zu wechseln.

4. Mit diesem Vorbehalt sich selbst gegenüber und mit der Intellektualität unmittelbar verbunden ist jenes Phänomen, das Simmel als »eigentümliche Abflachung des Gefühlslebens« bezeichnet. Die Dämpfung des emotionalen Lebens ist eine direkte Folge jener Distanz, die durch das Dazwischentreten des Geldes im zwischenmenschlichen Umgang eingeübt wird. Im strategischen Handeln ist es nicht klug, Gefühle zu zeigen. Noch zu Ende des 18. Jahrhunderts etwa war es in Deutschland üblich, Gefühle in der Öffentlichkeit zu zeigen. So wurde es in der Epoche der Empfindsamkeit zum kulturellen Gebot, im Theater öffentlich zu weinen. Ein Begriff wie Herzensbildung erscheint uns heute unerträglich pathetisch. Die Abneigung gegen Sentimentalität und Pathos, die Aufladung des eigenen Selbst im und durch das Gefühl zeigt sich heutzutage auch in der programmatischen Unterkühltheit (*coolness*) der Jugendkulturen; die spezifische Verwendung des amerikanischen Englischen leistet dabei einen entscheidenden symbolischen Beitrag. Die kulturell eingeübte Kühle in den westlichen Kulturen Nordamerikas und Westeuropas, die von Angehörigen anderer Kulturen nicht selten als unerträgliche Kälte beschrieben wird, hat natürlich auch ihre Kehrseite. Die Berufsgruppe, die uns beibringen möchte, zu unseren Gefühlen zu stehen, Gefühl zu zeigen, unsere Emotionen neu zu entdecken, der Bereich der Psychotherapie im weitesten Sinn, wächst mit dem kulturellen Imperativ, als Agent der Geldkultur kühlen Kopf zu bewahren. In gewisser Weise lässt sich mutmaßen, dass die von Simmel beschriebene Tendenz der Emotionsverringerung auch kontrafaktisch ist.

5. Wo es nicht um oder an das persönlich Eingemachte geht, wo die eigene Überzeugung wenig, aber die Einigkeit über bestimmte rationale Prozeduren viel zählt, da stellt sich jenes Phänomen ein, das Simmel als »Leichtigkeit intellektueller Verständigung« beschreibt. Man kann sich einigen, weil für alle Beteiligten nicht allzu viel auf dem Spiel steht, außer der eigenen Selbstbehauptung. Es geht nicht – um einen alten Pop-Song zu zitieren – um *All or Nothing*. Kein Zufall,

dass in dieser Kultur eine Berufsgruppe auf dem internationalen Parkett zunehmend an Bedeutung gewinnt: die Diplomatie. Sie ist die hohe Schule des Kompromisses, der Gewandtheit und der Mediation, die mittlerweile Teil unseres gesellschaftlichen Alltags geworden ist, und zwar auf allen Ebenen unserer Kultur: privat wie öffentlich. Um in diesem Spiel zu bestehen, bedarf es eben eines gewissen Maßes an Charakterlosigkeit, eines Mangels an eigenen inneren Überzeugungen. Denn solange sich die eigene Identität aus solchen inneren ›tiefen‹ Überzeugungen und Gefühlen bestimmt und speist, so lange wird jeder Kompromiss zwangsläufig zu einem Verrat an sich selbst. Als 1989 die Grenzen zwischen Ost- und Westeuropa fielen, konnte man die von Simmel beschriebene kulturelle Differenz sehr gut wahrnehmen, hier die gewandten, emotional ›abgeflachten‹ Westeuropäer, dort jene Menschen, die über Standpunkte, Emotionen, Ecken und Charakter verfügten und diese auch in ihrem Handeln ins Spiel brachten, übrigens mit nicht selten bedenklichen Folgen. Der Überzeugungstäter ist die Gegenposition zum überzeugungslosen Diplomaten, so wie sich Helden und Händler – die beiden Gegenpole bei Werner Sombart – ausschließen.[17]

Hinter Simmels Argument steckt aber indirekt eine wichtige These, nämlich die Auffassung, dass Emotionen eine wichtige Rolle für die eigene Selbstversicherung spielen. Die vorbehaltliche und provisorische Identität und die Abkühlung der eigenen Emotionen bedingen einander. Auf paradoxe Weise hat – so wenigstens das Selbstbild – der emotional distanzierte Mensch ohne fixe Identität eine weit höhere Verfügungsgewalt über sich selbst als der Mensch, der aus seinen Emotionen eine starke Identität bezieht, aber diesen zugleich ausgeliefert ist. Ihm ist der Kompromiss wesensmäßig fremd. Demgegenüber attestiert Simmel dem charakterlosen Menschen der Geldkultur eine »Tendenz zur Versöhnlichkeit«.[18] Das hängt mit einer weiteren Facette seiner kollektiven Disposition zusammen, die man heute als Indifferenz bezeichnet, als Gleichgültigkeit. Simmel bescheinigt dem Menschen der modernen Kultur »Gleichgültigkeit

---

[17] Werner Sombart, Händler und Helden. Patriotische Bemerkungen, Leipzig: Duncker & Humblot 1915. Vgl. auch Bernhard von Brocke (Hrsg.), Sombarts ›Moderner Kapitalismus‹. Materialien zur Kritik und Rezeption, München: dtv 1987.

[18] Georg Simmel, Philosophie des Geldes, a.a.O., S. 596.

gegenüber den Grundfragen des Innenlebens«,[19] damit aber auch eine Gleichgültigkeit sich selbst und dem anderen gegenüber. Diese Gleichgültigkeit hat mehrere Aspekte. Zunächst einmal bedeutet die Gleichgültigkeit positiv gesehen, dass mein Gegenüber, ungeachtet seiner Herkunft und seines Geschlechts, gleich gültig ist, seine Besonderheit interessiert mich nicht weiter. Geld ist ein radikaler *leveller*, hat Marx einmal ironisch attestiert.[20] Etwas von dieser Gleichgültigkeit des Geldes ist in die modernen zwischenmenschlichen Beziehungen eingeschrieben. Was übrigens nicht bedeutet, dass in dieser Kultur der Einzelne gänzlich wertlos wäre, ganz im Gegenteil. Vielleicht lässt sich zur Illustration für diese kulturelle Befindlichkeit noch ein weiterer berühmter Autor aufrufen, nämlich Milan Kundera, der die geniale Formel von der »unerträglichen Leichtigkeit des Seins« zum Titel seines wohl prominentesten Romans gemacht hat. Um sich leichtfüßig zu bewegen, muss man möglichst viel Ballast abwerfen, die Schwere des Gefühls, der Metaphysik, der eigenen Person. Freilich legt allein schon der Romantitel nahe, dass diese Leichtigkeit am Ende unerträglich sein könnte und – mit Simmel gesprochen – das Begehren nach Schwere auslöst.[21]

Programmatisch und selbstbildhaft bleibt hingegen die unpersönliche Sachlichkeit, wie sie uns aus unzähligen Stellenausschreibungen, den medialen Manifestationen des ökonomischen Bereichs aus Karrierebeschreibungen oder aus medialen Repräsentationen als Ausweis von Professionalität entgegenschlägt. Es handelt sich dabei um eine Form von Moderatheit, die durch das Geld ›moderiert‹ wird. Wenn Simmel in diesem Zusammenhang von der »Objektivität dieser Lebensverfassung«[22] spricht, dann meint er nicht, dass die moderne Kultur ein stabiles ›objektives‹ Fundament besitzt, sondern vielmehr, dass die Welt der durch das Geld vermittelten Dinge und Einrichtungen eine Objektivität erzeugt, an die wir uns in unserem Verhalten gleichsam anschmiegen. Das Geld etabliert insofern eine Art von leerer Objektivität, indem es Sachzwänge schafft, denen

---

[19] Ders., Philosophie des Geldes, a.a.O., S. 596ff.
[20] Karl Marx, Das Kapital, a.a.O., S. 146.
[21] Milan Kundera, Die unerträgliche Leichtigkeit des Seins, München: Hanser 1984, S. 9: »[D]ie völlige Abwesenheit von Gewicht« »bewirkt«, dass der Mensch leichter wird als Luft, dass er emporschwebt und sich von der Erde, vom irdischen Sein entfernt, »dass er nur noch zur Hälfte wirklich ist und seine Bewegungen ebenso frei wie bedeutungslos sind.«
[22] Georg Simmel, Philosophie des Geldes, a.a.O., S. 600.

wir uns nicht nur fügen, sondern die wir in unserem Verhalten ver-
innerlichen. Kultur ist jener wundersame Bereich, in dem es nicht
um Verbote und Repression geht, wie im Feld von Politik und Gesellschaft, sondern um die Frage der Selbstkonditionierung, einer
Form von mehr oder weniger unbewusst verlaufender kultureller
Sozialisation, die, wie Pierre Bourdieu gezeigt hat, viel effektiver ist
als der schiere Zwang, die bloße Repression, die schlichte Gewalt
(→ Kap. 9).

Zusammenfassend lässt sich im Hinblick auf die inneren, ›un-
sichtbaren‹ Tendenzen des modernen Lebensstils sagen, dass das
Geld kulturell betrachtet ein janusköpfiges Phänomen darstellt. Es
ermöglicht die Präsenz des Individuums um den Preis seiner rigoro-
sen Selbstbeschneidung. Im Gegensatz zum üblichen Binarismus –
hier Individualismus, dort Kollektivismus – geht Simmel davon aus,
dass der moderne Stil des Lebens sowohl individualistisch als auch
kollektivistisch ist.

Das Geld ist, wie sein theoretischer Reflex, die rationalistische
Weltauffassung, eine Schule des neuzeitlichen Egoismus und des
rücksichtslosen Durchsetzens von Individualität gegen die traditionellen Mächte der Gemeinschaft. In diesem Zusammenhang prägt
Simmel die paradoxe Formel von der »Majorisierung des Einzelnen«. Das Geld besitzt eine individualistische Komponente: Es ›ob-
jektiviert‹ zwar die »impulsiv-subjektivistische« »in überpersönliche
und sachlich normierte Verfahrungsweisen«, aber es gibt dem Einzelnen überlegene Strategien an die Hand, seinen Willen und seine
Ziele durchzusetzen. Der »kommunistische« Charakter des Geldes,
den Simmel ironisch, aber zugleich ganz ernst gemeint, gegen den
Sozialismus seiner Zeit setzt, ergibt sich hingegen aus dem »nivel-
lierten« Charakter des Geldes, für das alles gleichgültig (im Doppel-
sinn des Wortes) und allgemein mitteilbar ist. Das Geld macht alles
theoretisch für alle zugänglich, es ist »allgemein mitteilbar«.[23]

Andy Warhol, ein praktischer Soziologe mit künstlerischen Mitteln, hat dies ganz ähnlich gesehen wie Simmel. Er hat sich mit
massenwirksamen Symbolen beschäftigt, so auch mit Hammer und
Sichel, dem Symbol des offiziellen marxistischen Kommunismus.
Diesem hat er die Cola-Flasche gegenübergestellt, die er – so ironisch wie unironisch – als ein unsentimentales Symbol einer demo-

---

[23] Ders., Philosophie des Geldes, a.a.O., S. 602.

kratischen Popularkultur gefeiert hat: Jeder, auch die Queen trinkt
Coca Cola, textet Warhol in seiner Hommage auf den Kommunis-
mus der verallgemeinerten Geldkultur, jeder trinkt unabhängig von
Herkunft, Geschlecht und Klasse Coca Cola.[24]

Die Geldkultur ist, wenn man sie seitlich anleuchtet, also durchaus attraktiv, gerade weil sie individualistische und ›kommunistische‹, d.h. egalitäre Momente miteinander verknüpft. Nicht, weil
die USA der mächtigste Staat dieser Welt sind, sondern weil die Vereinigten Staaten diesen *Kommunismus des Geldes* – mit all seinen Facetten – perfekt zu verkörpern scheinen (denn die gesellschaftliche
Realität dürfte sich von diesem Selbst- und Fremdbild unterscheiden), ist Amerika, ungeachtet eines weltweiten Anti-Amerikanis-
mus, jene Kultur des Westens, die noch immer die mächtigste Anziehungskraft auf breite Schichten der außeramerikanischen Welt
ausübt, eben weil es beides verspricht, Individualität und egalitären
Konformismus.

Aus diesen beiden gegenläufigen Momenten ergibt sich eine weitere Form des modernen Lebensstils, der Atomismus der modernen
Gesellschaft. Die Masse tritt in dieser Kultur höchst selten in geball-
ter Form, als Mega-Körper auf, wie es die diversen Massentheo-
rien marxistischer, psychoanalytischer und kulturanthropologischer
Provenienz dargelegt haben, sondern zumeist handelt es sich um
eine virtuelle Masse, in der jeder für sich allein ist:

> Die Allgemeingültigkeit der Intellektualität ihren Inhalten nach wirkt,
> indem sie für jede individuelle Intelligenz gilt, auf eine Atomisierung
> der Gesellschaft hin, sowohl vermittels ihrer wie von ihr aus gesehen
> erscheint jeder als ein in sich geschlossenes Element neben jedem ande-
> ren, ohne dass diese abstrakte Allgemeinheit irgendwie in die konkrete
> überginge, in der der Einzelne erst mit den anderen zusammen eine Ein-
> heit bildete.[25]

Simmel zählt weitere Charakteristika auf, die mit den oben beschriebenen Tendenzen direkt zusammenhängen. Für den heutigen Leser
ist die Mischung aus Vertrautem und Befremdlichem verblüffend.
So spricht Simmel von der modernen Kultur als einer Kultur des
Messens, was sich im Umgang mit Geld aber auch mit Zeit sinnfällig

---

[24] Arthur Danto, Kunst nach dem Ende der Kunst, München: Fink 1996, S. 15–25; S. 159–191.
[25] Georg Simmel, Philosophie des Geldes, a.a.O., S. 606.

demonstriert. In der modernen Kultur dominiert das Phänomen der Verflüssigung, des Prozessualen, demgegenüber das Statische und das Produkt zurücktreten. Simmel zufolge handelt es sich dabei um eine »Verdichtung der rein formalen Kulturenergie, die jedem beliebigen Inhalt zugeordnet werden kann«.

Ziehen wir eine erste Zwischenbilanz, so lässt sich sagen, dass Simmels Analyse in der Tat einem kulturellen Materialismus verpflichtet ist, der bestimmte Denkformen, Haltungen und Lebensformen, das Hervortreten neuer symbolischer Formen wie der modernen Kunst vornehmlich nicht dem Entstehen neuer Ideen und Konzepte zuschreibt. Deren Durchsetzung ist nur möglich mittels der medialen Eigendynamik des Geldes. Von allen Medien ist Geld das kulturell nachhaltigste und durchschlagendste. Alle nachfolgenden technischen Kommunikationsmedien tragen dessen Struktur in sich. Aus dieser Perspektive sind politische Phänomene wie Pazifismus, Feminismus sowie politischer und sozialer Egalitarismus nicht so sehr geistesgeschichtliche Ereignisse, sondern Effekte der modernen, von der Struktur des Geldes bestimmten Lebensstilkultur. Die Devise des amerikanischen Medientheoretikers Marshall McLuhan *The medium is the message* gilt ganz besonders für das Geld.[26]

Der Pazifismus z.B. ist in dieser Argumentation nur möglich, weil die moderne Kultur die Tendenz beinhaltet, weltanschauliche Gegensätze zurückzustellen, und einen Menschentypus hervorbringt, der seinem ganzen Verhaltenskodex nach versöhnlich ist. Der Feminismus ist nicht zuletzt auch das Ergebnis eines Egalitarismus, der im Geld verankert ist und der Gleichgültigkeit mit sich bringt. Unter den Bedingungen des ›Kommunismus‹ des Geldes ist jedes Individuum ein gleichberechtigter Konsument, unabhängig von seinen spezifischen und inneren Besonderheiten, von denen die moderne Kultur ebenso wie das Geld abstrahiert.

Bezeichnend ist Simmels extreme Ambivalenz: Man kann seine Beschreibung der modernen westlichen, durch das Medium Geld gesteuerten Kultur wie ein Kippbild betrachten. Dann sehen wir auf der einen Seite das positive Selbstbild unserer gegenwärtigen Kultur – des Lebens, der Politik und der Künste – und auf der anderen Seite jene problematischen Aspekte, die stets – um mit Freud

---

[26] Marshall McLuhan, Die magischen Kanäle, Düsseldorf Wien: Econ 1968.

(→ Kap. 2) zu sprechen – »Unbehagen« hervorrufen (Relativismus, Zynismus, Egoismus, Verlust an sozialer Verbindlichkeit usw.). Die radikale Pointe dieser Ambivalenz liegt indes darin, dass Simmels Analyse der modernen Kultur uns zwingt, uns einen Spiegel vorzuhalten, in den wir üblicherweise nicht schauen mögen. Denn bei aller Attraktivität der modernen Kultur möchten wir uns nicht als Menschen begreifen, die maßgeblich von der Kultur des Geldes geprägt und habitualisiert sind. In diesem Sinn zieht Simmel eine verfängliche Bilanz; auf befremdliche Weise führt er uns unsere Kultur in ihrer latenten Programmatik vor, ohne in antimodernistische Ressentiments zu verfallen, die nahezu alle kulturrevolutionären oder -konservativen Bewegungen des abgelaufenen Jahrhunderts begleitet und die verfängliche, aber auch korrigierende Wirkungen hervorgebracht haben. Was Simmel offenkundig anstrebt, ist eine möglichst ungeschminkte und distanzierte Form der Diagnose. Im Gegensatz zu Freud richtet sich das nicht so benannte »Unbehagen« in der *Philosophie des Geldes* nicht gegen die Kultur schlechthin, sondern gegen eine ganz spezifische Kultur: die Welt der westlich-kapitalistischen Kultur und ihre Universalität. Dieses Unbehagen findet seine symbolische ›Nahrung‹ in den Gegenwelten anderer, vor allem außereuropäischer Kulturen (→ Kap. 2).

Diese moderne Lebenskultur beschreibt sehr neutral und im Unterschied zur marxistischen Diagnose die Entfremdung als eine »Kultur der Dinge«:[27]

> [...] die Dinge, die unser Leben sachlich erfüllen und umgeben, Geräte, Verkehrsmittel, die Produkte der Wissenschaft, der Technik, der Kunst – sind unsäglich kultiviert; aber die Kultur der Individuen, wenigstens in den höheren Ständen, ist keineswegs in demselben Verhältnis vorgeschritten, ja vielleicht sogar zurückgegangen.[28]

Die Schere zwischen dem technischen Fortschritt im Bereich der Welt und dem kulturellen Fortschritt des Menschen klafft auseinander. An diesem Punkt stimmt Simmels Skepsis mit jener Freuds überein. Das Problem sind nicht die Dinge, sondern die Menschen, die mit dem technischen Fortschritt in der Welt der Dinge nicht zu Rande kommen. Der Ausdruck »Kultur der Dinge« hat bei Simmel eine dreifache Bedeutung:

---

27 Georg Simmel, Philosophie des Geldes, a.a.O., S. 651.
28 Ders., Philosophie des Geldes, a.a.O., S. 620.

► Anwachsen der Welt der Dinge und Gerätschaften (Technik, moderne Massenprodukte),
► zunehmendes Dazwischentreten von rationalen, sachlichen und ›objektiven‹ Mitteln und Medien zur Durchsetzung individueller Interessen (Geld: »die allgemeinste Technik des äußeren Lebens«),
► Versachlichung des modernen Lebens.

Die Bedeutung der Kunst in der Moderne liegt darin, dass sie die widersprüchliche Kultur der Dinge und der Stilisierung vorführt. Die moderne Kunst ›zeigt‹, wie die künstliche Welt von heute funktioniert. Sie ist nicht ihr Anderes, sondern ihr expliziter Ausdruck (gerade in ihren avancierten Formationen):

> Alle Kunst verändert die Blickweite, in die wir uns ursprünglich und natürlich zu der Wirklichkeit stellen. Sie bringt sie uns einerseits näher, zu ihrem eigentlichen und innersten Sinn setzt sie uns in ein unmittelbares Verhältnis, hinter der kühlen Außenwelt verrät sie uns die Beseeltheit des Seins, durch die es uns verwandt und verständlich ist. Daneben aber stiftet jede Kunst eine Entfernung von der Unmittelbarkeit der Dinge, sie läßt die Konkretheit der Reize zurücktreten und spannt einen Schleier zwischen uns und sie, gleich dem bläulichen Duft, der sich um ferne Berge legt. [...] die bloße Tatsache ist an sich schon einer der bedeutsamsten Fälle von Distanzierung. Der Stil in der Äußerung unserer inneren Vorgänge besagt, dass diese nicht mehr unmittelbar hervorsprudeln, sondern in dem Augenblick ihres Offenbarwerdens ein Gewand umtun. Der Stil, als generelle Formung des Individuellen, ist für dieses eine Hülle, die eine Schranke und Distanzierung gegen den anderen, der die Äußerung aufnimmt, errichtet.[29]

Das Lebensprinzip der Kunst sei, »dass sie uns in eine Distanz von ihnen stellt«.[30] Der Subjektivismus des neuen Lebensstils hat Simmel zufolge ein vergleichbares Grundmotiv: Wir gewinnen paradoxerweise ein »innigeres und wahreres Verhältnis zu den Dingen«, indem wir uns in uns selbst zurückziehen und von ihnen abrücken oder die zwischen ihnen und uns bestehende Distanz bewusst anerkennen. Entgegen des erstmals in der romantischen Avantgarde formulierten Traums von der Wiederherstellung der Einheit von Kunst und Leben insistiert Simmel darauf, dass die Kunst sich immer wei-

---

29 Ders., Philosophie des Geldes, a.a.O., S. 658f.
30 Ders., Philosophie des Geldes, a.a.O., S. 659.

ter von diesem ›Leben‹ entfernt und sich als eigenes Feld (Kultur III) in der Kultur etabliert und ausdifferenziert (→ Kap. 2).

Den entscheidenden Punkt bildet dabei die Distanz. Wie jeder Besucher von Ausstellungen und Museen weiß, herrscht bei diesen ein generelles Verbot: *Noli me tangere*. Nicht Berühren. Das gilt für den auferstandenen Christus wie für die modernen Werke der Künste, gerade für jene, die die Nähe von Kunst und Leben so suggestiv vortäuschen. In seinem Fragment über den Henkel hat Simmel diese Differenz mit unbestechlicher Eleganz vorgeführt: Die Vase ist gleichsam ein kultureller Hybrid, der in der Kunst-Kultur ebenso beheimatet ist wie in der Alltagskultur. Der Henkel ist das sichtbare Phänomen des praktischen Gebrauchs. Diese Gebrauchsfunktion wird in jenem Moment annulliert, wenn es sich um einen etruskischen, kretischen oder griechischen Krug aber auch um ein *ready made* handelt, das in einem Museum steht.[31] Die Vitrine markiert gleichsam die Durchstreichung der Henkelqualität.

Distanz hat in diesem Zusammenhang also mehrere Aspekte:

► Die moderne Kunst bildet mimetisch die Distanz zwischen Menschen und Dingen und zwischen Menschen und Menschen nach und stellt so eine kulturelle Sozialisation in die Kultur der Moderne dar.

► Das Artefakt der Kunst im Kultraum Museum/Ausstellung erhält im Gegensatz zum Gebrauchsgegenstand einen Abstand zum Subjekt. Es ist das Ding, das sich nicht (so ohne Weiteres) vereinnahmen lässt. Insofern bricht es das selbstverständliche Begehren des modernen Menschen.

► Diese Widersetzlichkeit schafft dem modernen Menschen einen inneren Freiraum, eine Nische.

Gerade durch diese Distanzierung wird »unter günstigen Bedingungen« »eine Reserve des Subjektiven, eine Heimlichkeit und Abgeschlossenheit des persönlichen Seins« möglich, eine Subjektivität, die an den religiösen Lebensstil früherer Zeiten erinnert, eben dadurch, dass das Geld den modernen Menschen die Dinge vom Leib hält sowie die »Beherrschung und Auswahl des uns Zusagenden

---

[31] Vgl. Anm. 24.

unendlich erleichtert«.[32] So führt uns Simmel in eigener Person und Sache die Zwiegespaltenheit des modernen Menschen vor.

Mit dem modernen Stil des Lebens eng verwandt ist die Mode. Sie stellt die adäquate Form der Präsentation und Repräsentation des modernen Lebensstils dar, indem sie auf geniale Weise *konformistisches Verhalten* und *individualistische Verfügung* miteinander verschränkt. Die Mode stellt dabei nicht nur einen bestimmten kulturellen oder gesellschaftlichen Bereich des Lebens dar, sondern sie ist ein Prinzip, das in alle Bereiche der modernen »nervösen«[33] Kultur eindringt. Sie basiert auf der modernen Lebensstilkultur, in der »[…] die großen, dauernden, unfraglichen Überzeugungen mehr und mehr an Kraft verlieren«.[34] Sie verkoppelt zwei entscheidende Momente, das (traditionelle) Moment der Nachahmung mit jenem der Originalität: Der Reiz der Nachahmung besteht darin, dass

> […] sie uns ein zweckmäßiges und sinnvolles Tun auch da ermöglicht, wo nichts Persönliches und Schöpferisches auf den Plan tritt. Man möchte sie das Kind des Gedankens mit der Gedankenlosigkeit nennen. Sie gibt dem Individuum die Beruhigung, bei seinem Handeln nicht allein zu stehen, sondern erhebt sich über den bisherigen Ausübungen derselben Tätigkeit wie auf einem festen Unterbau, der die jetzige von der Schwierigkeit, sich selbst zu tragen, entlastet.[35]

Der Akzent liegt dabei auf dem »Bleibenden im Wechsel«.[36] Für den modernen Menschen ist Individualität ein hohes Gut. Eine solche Identität als Individuum erfordert die fortgesetzte Produktion von Differenz, die für das Phänomen Kultur so charakteristisch ist. Bloße, sichtbare Nachahmung ist im Fall der individuellen Differenzierung, »des Sich-abhebens von der Allgemeinheit« kontraproduktiv. Es ist, wie Simmel sich ausdrückt, »das [zu] negierende und hemmende Prinzip«. Die Mode, die die Setzung von Differenz verspricht, versöhnt zwei Dinge, die ansonsten unversöhnlich aufeinander treffen:

---

32 Georg Simmel, Philosophie des Geldes, a.a.O., S. 652.
33 Georg Simmel, Philosophie der Mode, Frankfurt/Main: Suhrkamp 1995, GA, Bd. 10, S. 15.
34 Ders., Philosophie der Mode, a.a.O., S. 17.
35 Ders., Philosophie der Mode, a.a.O., S. 10.
36 Ders., Philosophie der Mode, a.a.O., S. 11.

▶ den Konformismus und die *Sehnsucht nach Verbindung:* »bei dem Gegebenen zu verharren und das Gleiche zu tun und zu sein wie die anderen«,

▶ das Bedürfnis nach Originalität und Neuerung und die *Sehnsucht nach Absonderung und Trennung* »zu neuen und eigenen Lebensformen voranschreiten«.[37]

Die Mode ist nun beides. Sie ist die Durchbrechung des bisher Gültigen (Differenz), aber im Gefolge einer vorgegeben Richtung (Nachahmung). Ihr Vollzug ist immer ein individueller und das heißt auch – wenigstens formell – ein freiwilliger:

> Die Lebensbedingungen der Mode als einer durchgängigen Erscheinung in der Geschichte unserer Gattung sind hiermit umschrieben. Sie ist Nachahmung eines gegebenen Musters und genügt damit dem Bedürfnis nach sozialer Anlehnung, sie führt den Einzelnen auf die Bahn, die Alle gehen, sie gibt ein Allgemeines, das das Verhalten jedes Einzelnen zu einem bloßen Beispiel macht. Nicht weniger aber befriedigt sie das Unterschiedsbedürfnis, die Tendenz auf Differenzierung, Abwechslung, das Sich-abheben.[38]

Die Exponiertheit ist immer eine relative, die mindestens von einer Gruppe von Menschen getragen wird, die zur neuen Mode entschlossen ist:

> Die Aufgeblasenheit des Modenarren ist so die Karikatur einer durch die Demokratie begünstigten Konstellation des Verhältnisses zwischen dem Einzelnen und der Gesamtheit.[39]

Die Mode ermöglicht einen »sozialen Gehorsam«, der zugleich »individuelle Differenzierung« ist. Die Menschen fügen sich in ein kulturelles Muster ein, ohne dass dazu Befehl und Gehorsam vonnöten wäre. Diese kongeniale Überbrückung der feindlichen Gegensätze gelingt der Mode durch:

▶ den unbekümmerten Umgang mit Inhalten, Motiven und Überzeugungen,

▶ durch ihren zeitlichen – transitorischen – Charakter: »Das Wesen der Mode besteht darin, dass immer nur ein Teil der Gruppe sie

---

37 Ders., Philosophie der Mode, a.a.O., S. 11.
38 Ders., Philosophie der Mode, a.a.O., S. 11.
39 Ders., Philosophie der Mode, a.a.O., S. 19.

übt [...] – wenn die Mehrheit auf den Geschmack der jüngsten Mode einschwenkt, ist die Mode längst weiter,

► durch ihre »völlige Gleichgültigkeit gegen die sachlichen Normen des Lebens«.[40]

In ihrem Hang zum Hässlichen und Extravaganten dokumentiert die Mode sowohl diese Indifferenz als auch den vermeintlichen Wagemut gegenüber den anderen. Zugleich aber schützt die Mode noch den extravagantesten Auftritt vor dem peinlichen Reflex, den das Ich potenziell bei der Zurschaustellung seiner/ihrer selbst erleidet: der Scham. Ich muss mich nicht schämen, weil es alle anderen – auch – tun. Ich muss mich nicht rechtfertigen, ein Lacanianer, eine Poststrukturalistin oder ein Kulturwissenschaftler zu sein, denn es gibt andere, ich bin Teil eines Trends, einer Mode, die mich schützt. Das gilt übrigens auch für das scheinbare und schiere Gegenteil von Bekleidung: die Nacktheit, die sich als Aura des Natürlichen oder der sexuellen Befreiung seit der letzten Jahrhundertwende großer Beliebtheit erfreut. So ist das Nacktbaden am mediterranen Nudistenstrand (wo es von der ansässigen Bevölkerung bestenfalls toleriert wird, was den Reiz, anders zu sein, beträchtlich zu erhöht) oder in der Wiener Lobau eine Mode der *longe durée*, der ich mich anschließen kann (oder nicht), womit sich der Anschluss an eine kulturelle Gruppe eröffnet, die sich als progressiv und sexuell nichtprüde begreift.

Sehr viel riskanter ist es hingegen, gegen den Strom zu schwimmen, etwa als Lehrende oder als Studierender an heißen Sommertagen nackt die Universität zu betreten, denn dafür gibt es bislang keinen Modetrend. Solange diese Einschränkungen wirksam sind, ist – vom Nudistenreservat abgesehen – die Provokation des nackten Körpers wirksam, ob in aktionistischen Opern- und Theaterinszenierungen oder als politische Provokation wie weiland an der Frankfurter Universität in den Zeiten der Studentenbewegung, wo durch die Entblößung des Oberkörpers durch weibliche Studierende (*en groupe*) dem betroffenen Meisterphilosophen T.W. Adorno seine mangelnde politische Radikalität und sein traditionelles Frauenbild buchstäblich durch die Präsentation weiblicher Oberkörper vorgeführt wurde.

---

[40] Ders., Philosophie der Mode, a.a.O., S. 13.

Wo die Welt der Mode aufhört, beginnt die Welt des riskanten Einsatzes. Das gilt übrigens nicht bloß für die Mode, für Autos, für Architektur, sondern auch für das Denken und die Kunst. Heute sind die Grenzen zwischen den so genannten Transavantgarden und der Mode sichtbar fließend geworden. Auch der akademische Betrieb unterliegt mittlerweile diversen Moden. Nicht nur dass Denkschulen kommen und gehen. Wenn der Einsatz des Computers zum Ausweis von Modernität wird, dann wird die Power-Point-Präsentation zur soziokulturellen Pflicht, unabhängig davon, ob sie medial stimmig ist oder nicht. Sobald dies aber alle Lehrenden tun, verliert die Verwendung des Computers ihren spezifisch luxurierenden Nutzen. Mit dem Einsatz des digitalen Geräts ist nunmehr kein Differenzgewinn zu erzielen. Ähnliches gilt auch für das Denken selbst: Wenn ein innovatives Denken zum Alltag geworden ist, verblasst sein Glanz des Besonderen, das sich abhebt von all den anderen denkmodischen Langeweilern.

Der im Vergleich zu Simmels Zeit heute überwältigende Pluralismus der Moden und der unterschiedlichen medialen Formate und Inszenierungen in allen Bereichen von Kultur und Gesellschaft modifiziert das kulturelle Großphänomen Mode, ist aber letztendlich nur die logische Konsequenz dieses paradoxen Phänomens. Weil es andere Moden gibt, für die ich mich hätte entscheiden können, wächst das Gefühl der individuellen Wahlfreiheit ebenso wie das Glück der Differenz, das Glück, beispielsweise, ein Fan von Rasta-Musik und keiner von Hip-Hop oder Punk zu sein.

Kritikpunkte und Anmerkungen

▸ Simmels Konzept hat stark deterministische und lineare Züge.

▸ Er analysiert nicht die sich abzeichnenden Gegenbewegungen in ihrer Funktion und Bedeutung für die moderne Kultur.

▸ Seine Analyse kann nicht die starken affektiven und archaischen Energien in der Moderne erklären (Nationalismus).

▸ Seine Analyse erklärt nicht hinreichend das Aufkommen ideologischer post-religiöser Bewegungen.

▸ Simmel spezifiziert weder zwischen den diversen europäischen Kulturen noch zwischen der modernen westlichen Kultur und den nicht-okzidentalen Kulturen.

▸ Seine Analyse ist ahistorisch.

► Phänomene wie Macht und Herrschaft bleiben weithin außer Betracht.
► Zwischen seinem Befund der »Kultur der Dinge« und der Betonung des Flüssigen und Flüchtigen (Tempo und Rhythmus) bleibt ein gewisser, nicht ausdiskutierter Gegensatz.

Literatur

Georg Simmel, Philosophie des Geldes, Frankfurt/Main: Suhrkamp 1989, GA, Bd. 6, S. 9–138, S. 591–716.

Ders., Philosophie der Mode, Frankfurt/Main: Suhrkamp 1995, GA, Bd. 10, S. 9–37.

Barbara Aulinger, Die Gesellschaft als Kunstwerk. Fiktion und Methoden bei Georg Simmel, Wien: Passagen 2001.

Jürgen G. Backhaus (Hrsg.), Georg Simmels Philosophie des Geldes, Marburg: Metropolis 2000.

David Frisby, Georg Simmel, London: Routledge 2002.

Werner Jung, Georg Simmel zur Einführung, Hamburg: Junius 1989.

Ralph M. Leck, Georg Simmel and Avant-garde Sociology. The Birth of Modernity 1880–1820, Amherst/NY: Humanity Books 2000.

Klaus Lichtblau, Georg Simmel, Frankfurt/Main: Campus 1997.

Wolfgang Müller-Funk, Die Kultur und ihre Narrative, Wien/Heidelberg/New York: Springer 2002.

Kapitel 6

Kritische Theorie als Kulturtheorie:
Dialektik der Aufklärung und *Pariser Passagen*

Dass die Kritische Theorie im Umfeld der Frankfurter Schule eine Kulturtheorie darstellt, steht wohl außer Zweifel. Mehr noch: Mindestens zwei Jahrzehnte lang war sie tonangebend, und zwar nicht nur in Deutschland. In fast allen englischsprachigen Einführungen in die *Cultural Studies* findet sich ein ausführliches Kapitel zur Kritischen Theorie.[1] Dabei wird vor allem auf ihre kritische Analyse der modernen Kulturindustrie hingewiesen. Benjamins Aufsatz über *Das Kunstwerk im Zeitalter seiner technischen Reproduzierbarkeit* hat ungeachtet seiner methodisch-theoretischen Schwächen seine Stellung als diskurs-initiierender Text im Bereich der Medientheorie bewahren können. Gleichwohl ist es unübersehbar geworden, dass der Kritischen Theorie heute nicht mehr jene primäre Stellung zukommt, die sie in den 1970er und 1980er Jahren eingenommen hat. Das hat verschiedene Gründe. Philosophisch geriet sie in die Defensive, weil sie trotz aller Kritik am klassischen Marxismus und an Hegel in vielfacher Weise an Positionen, Prämissen und Denkweisen des deutschen Idealismus festgehalten hat, die von Philosophen in der kritischen Nachfolge Heideggers (Jacques Derrida ist hier nur der bekannteste) und vom französischen Poststrukturalismus generell in Frage gestellt worden sind.[2] In Deutschland war es vor allem Jürgen Habermas, der die radikale Kultur- und Gesellschaftskritik Horkheimers und Adornos in eine Theorie der kommunikativen und intersubjektiven Vernunft transformiert hat. Die Kulturkritik Horkheimers und Adornos geriet aber auch von einer anderen Seite her in die Defensive: Die einseitige Verdammung der Populärkultur wird heute weder in den Künsten noch im kulturwissenschaftlichen Bereich geteilt. Es waren ja gerade die englischen Kulturstudien

---

[1] Will Brooker, Cultural Studies, London: Hodder & Stoughton 1998, S. 16–22.

[2] Vincent Descombes, Das Selbe und das Andere. Fünfundvierzig Jahre Philosophie in Frankreich, 1933–1978, Frankfurt/Main: Suhrkamp 1981.

(John Fiske), die gegen die Literaturtheoretiker der Hochkultur den demokratischen und emanzipatorischen Charakter der neuen Popularkultur der 1970er Jahre hervorgehoben haben. Mittlerweile gehört indes auch dieses überschwängliche Abfeiern der modernen Massenkultur der Vergangenheit an. Es ist zu offenkundig, dass diese in ihrer ökonomischen Dimension und Struktur jedenfalls nicht pauschal als ›systemkritisch‹ bezeichnet werden kann.

Insbesondere für Adorno stellt die Kunst der, wie man heute einigermaßen paradox sagt, klassischen Moderne – Adornos bevorzugte Autoren sind Kafka, Beckett, Proust und Joyce – das wesentliche, ja kritische Potenzial gegenüber einer Gesellschaft dar, die sich in einer fast vollständigen Selbstverblendung befindet. Adornos Ästhetik ist modernistisch, insofern sie sich als eine Philosophie der modernen Kunst versteht, aber sie ist kulturkonservativ, insofern sie, trotz einschlägiger Kritik an der bürgerlichen Kultur, an einem elitären Kunstbegriff festhält und jedwede Art von popularer Kultur als Regression und Manipulation abstuft. Die Kulturphilosophie von Adorno, Horkheimer, Marcuse und ihrem Umfeld ist eine kritische Theorie, nicht nur in dem selbstverständlichen Sinn, dass Theorie prinzipiell eine hinterfragende und reflexive Funktion hat, wie sich das ja auch in Kants Verwendung des Begriffs niederschlägt, in der es um die Hinterfragung (der reinen und der praktischen Vernunft oder Urteilskraft) geht. Das Werk von Adorno, Horkheimer oder auch Benjamin ist kritisch in einem ganz dezidierten Sinn: Es positioniert sich in prinzipiellem Gegensatz zur kapitalistischen Gesellschaft und deren kulturellen Formationen (bürgerliche Klassenkultur, Massenkultur).

Die Kritische Theorie ist auch deshalb eine Kulturtheorie, weil sie sich auf die kulturellen Phänomene der kapitalistischen Gesellschaft konzentriert, auf jene Bereiche, die der standardisierte, ästhetisch und kulturell überaus konservative Marxismus so sträflich vernachlässigt hat. Diese Fokussierung bringt es beinahe automatisch mit sich, dass sie, ähnlich wie Gramsci, Althusser und die Vertreter der *Cultural Studies* (→ Kap. 12), das klassische Basis-Überbau-Modell modifiziert, ja verwirft. In gewisser Weise radikalisiert die Kritische Theorie den marxistischen Befund der bürgerlich-kapitalistischen Gesellschaft: Diese wird zu einem unentrinnbaren inneren wie äußeren Gefängnis, sie wird zu einer realen Dystopie, in der sich all jene Momente und Motive finden, die wir aus den beiden großen

Anti-Utopien des 20. Jahrhunderts, Huxleys *Brave New World* und Orwells *1984*, kennen. Aus dieser Perspektive wird unabweisbar, dass wir nicht nur in einer Welt falschen Bewusstseins, sondern in einer verkehrten Welt leben. Aber damit verengt sich auch jedwede Möglichkeit des politischen Eingriffs, denn das Proletariat, der historische Hoffnungsanker des klassischen Marxismus, ist in denselben kulturellen Verblendungszusammenhang eingesponnen wie alle anderen Bewohner dieses ökonomischen und symbolischen Gefängnisses. Lediglich Autoren wie Kafka und Beckett, die – so die Interpretation Adornos – diese totalitäre und unentrinnbare Kultur als den Ort menschlicher Verzweiflung beschrieben haben, sind imstande, diese Verblendung zu durchbrechen. Adornos Blick in die Welt der modernen Kultur ist schwärzer als der, der durch Platons Höhlengleichnis, einer zentralen Erzählung abendländischer Philosophie, vorgegeben ist.[3] Denn hier leben die Menschen noch in einem Schattentheater, wobei die Schatten so etwas wie den Abglanz des Wahren darstellen.

Insbesondere bei Adorno ist das Ganze der Wahrheit fragmentiert und zertrümmert. Sein Blick auf die Welt der modernen Kultur ähnelt strukturell dem der Gnosis. Der Gnostiker weiß, dass er in einer falschen, dämonischen Welt lebt, sie ist das Werk eines falschen Gottes, aber es glimmt in ihm, dem gnostischen Menschen, ein Fünkchen der wahren Welt, die er wie einen Schatz in sich trägt. Er lebt in dem Bewusstsein, dass seine wahre Heimat ganz woanders ist.[4] Jene Adornos liegt in der klassischen Moderne, die sich – so die Deutung Adornos – bewusst von der Welt abwendet.

In der Kritischen Theorie verschwimmen die Grenzen zwischen den Termini *Kultur* und *Gesellschaft*. Das hängt nicht zuletzt mit dem marxistischen Erbe zusammen, das die Kritische Theorie verschoben und modifiziert und mehr oder weniger durch Anleihen bei der Psychoanalyse erweitert hat. Schon seit den 1930er Jahren galt das Interesse Horkheimers, Adornos, Fromms oder Marcuses nicht so sehr der Analyse der ökonomischen Verhältnisse, aber diese werden nichtsdestotrotz als omnipräsent gesehen. Sie haben eine direkte und eine indirekte Wirkung auf die Kultur, direkt durch die

---

[3] Hans Blumenberg, Höhlenausgänge, Frankfurt/Main: Suhrkamp 1989.

[4] Elaine Pagels, Versuchung durch Erkenntnis. Die gnostischen Evangelien, Frankfurt/Main: Suhrkamp 1987. Die Gnosis, 3 Bde., hrsg. v. Werner Foerster u.a., München: Artemis & Winkler 1969–1980.

Macht des Ökonomischen, indirekt durch eine Form von Vernunft, die alle Dinge dieser Welt zum Mittel der kapitalistischen Verwertung macht. Horkheimer wird sie später als instrumentelle Vernunft bezeichnen. Entscheidend für die Verblendung der Welt ist aber jenes Phänomen, das Marx in Anlehnung an die Ethnologie als Fetischcharakter der Ware bezeichnet hat, als ein strukturell falsches Bewusstsein: Die in Waren und Geldwert verwandelten Dinge sind wie magisch aufgeladen und die Verhältnisse, die die Menschen letztendlich ja selbst geschaffen haben, erscheinen ihnen als eine Bewegung magischer Dinge. Die Kritik richtet sich also auf zwei Momente:

► auf das kollektiv falsche Bewusstsein, das sich in allen Bereichen, insbesondere in der Kultur, den Wissenschaften und in den Medien niederschlägt,

► auf eine Form von totaler Macht und Beherrschung, der die Menschen ausgeliefert sind.

Zielt die erste Kritik also auf unsere kulturelle Befindlichkeit (Kultur II) und auf den Kulturbetrieb (Kultur III), so ist die zweite gegen das Gesamtsystem der Gesellschaft gerichtet, wobei Horkheimer und Adorno insbesondere in der *Dialektik der Aufklärung* auch auf das Spezifische der westlich-abendländischen Kultur eingehen und ihre Kulturkritik bewusst jener von Spengler und Klages[5] entgegenstellen (Kultur I → Kap. 1).

Lange vor Foucault (→ Kap. 8) haben Adorno und Horkheimer, wenn auch, etwa im Vergleich zu Foucault, einigermaßen unsystematisch, den Gedanken formuliert, dass das Denken selbst machtförmig ist. Analytische Philosophie und die gängigen Sozialwissenschaften reproduzieren das verdinglichte Bewusstsein, insofern sie die Gesellschaft in ihrer scheinhaften Objektivität unhinterfragt als gegeben annehmen.

Sie exemplifizieren dies auch in ihrer Kritik an der Hegel'schen Philosophie, die das Besondere stets dem Allgemeinen unterstellt. Hier wird ein Macht- und Unterwerfungsverhältnis festgelegt, das auch in anderen Bereichen der Gesellschaft wirksam ist. Diese Machtförmigkeit des traditionellen Denkens lässt sich nur unterlau-

---

[5] Ludwig Klages, Mensch und Erde. Elf Abhandlungen, Stuttgart: Kröner 1973.

fen, indem man das Besondere aus seiner Herrschaft mit dem Allgemeinen, seiner falschen Identität mit ihm befreit. Adornos Essayismus,[6] sein Sprachdenkstil wie seine Denkweise, ist von der Strategie durchdrungen, das Besondere in Differenz zum Allgemeinen zu setzen. Systeme und Begriffe sind wie eine Armee von Soldaten, hat Friedrich Schlegel einmal formuliert: »Ein Regiment Soldaten *en parade* ist nach der Denkart mancher Philosophen ein System.«[7]

Man muss – so lautet die Denkstrategie der Kritischen Theorie – das Denken gleichsam entwaffnen. Damit ist eine Einsicht formuliert, die heute nicht laut aber doch vernehmlich den Diskurs im Bereich der Human- bzw. Kulturwissenschaften bestimmt: Es geht nicht nur um neue Inhalte, sondern auch um neue *Formen* des Denkens, die das prekäre Verhältnis von Begriff und Gegenstand sprachlich, rhetorisch und gedanklich reflektieren.

Mit diesem Befund befinden wir uns schon ganz in der Nähe jenes Werkes, das bis heute einen wichtigen Stellenwert in verschiedensten Diskursen einnimmt: Horkheimers und Adornos Gemeinschaftswerk *Die Dialektik der Aufklärung*, das vor dem Hintergrund des nahen Kriegsendes eine düstere Gesamtbilanz der Aufklärung und der abendländischen Denkweise (*episteme*) zieht. Das Werk ist fragmentarisch in einem doppelten Sinn. Der letzte Teil ist bruchstückhaft geblieben, eine Sammlung aus Aphorismen und Marginalien. Aber das Fragmentarisch-Ausschnitthafte ist zugleich Programm eines Werkes, das gegen die Idee des geschlossenen Werkes gerichtet ist. Das Buch kulminiert in einer Kritik an den Wissenschaften; deren Glauben an die Begrifflichkeit der Sprache wird in kritischer Volte gegen Bacons berühmten Satz *Wissen ist Macht* als mythisch und machtförmig denunziert. Im zweiten Teil wird Odysseus als Archetyp bürgerlicher Vernunft beschrieben, dessen List darin besteht, alles zum Mittel der Durchsetzung seines strategischen Kalküls zu machen. Höhepunkt dieser Analyse ist der kritische Kommentar zum Abenteuer Odysseus' und seiner Gefolgsleute mit dem einäugigen Riesen Polyphem. Der einäugige Riese ist der

---

6 Theodor W. Adorno, Noten zur Literatur I, Frankfurt/Main: Suhrkamp 1958, S. 9–50; Wolfgang Müller-Funk, Erfahrung und Experiment. Studien zu Theorie und Geschichte des Essayismus, Berlin: Akademie-Verlag 1995, S. 241–267.

7 Friedrich Schlegel, Athenäumsfragmente, in: ders., Schriften zur Literatur, hrsg. v. Wolfdietrich Rasch, München: dtv 1972, S. 29.

monströse Fremde, ein Hirngespinst der griechischen Eindringlinge, ein symbolisches Produkt aus deren Welt. Polyphem verkörpert den unterdrückten Autochthonen, den die beiden Autoren in die Nähe des modernen Opfers der neuzeitlichen Kolonisation rücken. Mit Seitenblick auf Simmel (→ Kap. 5) ließe sich sagen, dass Polyphem seinem Begehren blind ausgeliefert ist, er kann dieses nicht rational geltend machen, ganz im Gegensatz zu Odysseus, der ihn durch sein intellektuelles Kalkül überrumpelt und blendet. Odysseus' List deckt sich weithin mit dem strategischen Kalkül, das Simmel dem Menschen der modernen Geldkultur zugeschrieben hat. Die beiden philosophischen Interpreten bürsten Homers Epos gewissermaßen gegen den Strich und drehen die Perspektive um; sie nehmen Partei für den schmählich Unterworfenen und Getäuschten, der sich womöglich nur aus dem hochmütigen und herablassenden Blick des griechischen Herrn so hässlich und monströs ausnimmt. Insofern lässt sich dieses Kapitel aus der *Dialektik der Aufklärung* auch als ein hochkarätiger Beitrag zu einer Theorie des Kolonialismus und Postkolonialismus (→ Kap. 12) lesen. Schon in Homers Epos wird, Adorno und Horkheimer zufolge, die Auseinandersetzung zwischen Odysseus und Polyphem unter dem Gegensatz zwischen Zivilisation und Barbarei gefasst. Der Riese Polyphem trägt »das rädergroße Auge« »als Spur [...] der Vorwelt«.[8] Die Primitivität des Anderen, des Menschenfressers, seine Gesetzlosigkeit verschafft die Legitimation dafür, ihm Gewalt anzutun. Die für sich reklamierte zivilisatorische Überlegenheit liefert so die Begründung für Macht- und Gewaltausübung. In der ungleichen Begegnung trifft physische Überlegenheit auf ein Übermaß an Rationalität. Die physische Überlegenheit wird dem »Primitiven« zum Verhängnis: Sie macht ihn vertrauensselig, sich selbst und anderen gegenüber: »Die physische Rohheit des Überkräftigen ist sein allemal umspringendes Vertrauen.«[9]

Die List des Odysseus, das Spiel mit seinem Namen, bei dem er seinen Namen mit dem im Griechischen ähnlich klingenden *Oudeis* (Niemand) vertauscht, nimmt schon jene Listen vorweg, mit denen die okzidentalen Kolonisatoren Jahrtausende später den autochthonen Völkern Amerikas begegnen werden: falsche Namen, falsche Perlen, ungleicher Tausch. Odysseus' »Selbstbehauptung aber ist

---

[8] Max Horkheimer, Theodor W. Adorno, Dialektik der Aufklärung [1944], Frankfurt/Main: Fischer 1971, S. 59.

[9] Dies., Dialektik der Aufklärung, a.a.O., S. 62.

[...], wie in aller Zivilisation, Selbstverleugnung.«[10] Seine »List, die darin besteht, dass der Kluge die Gestalt der Dummheit annimmt, schlägt in Dummheit um, sobald er diese Gestalt aufgibt.«[11] In dieser Analyse der List klingt ein Motiv an, das uns bereits in Simmels Philosophie des Geldes begegnet ist, wenn Simmel davon spricht, dass der Mensch der kapitalistischen Geldkultur im Akt des Tausches dem vormodernen Menschen strategisch überlegen ist, weil er in längeren Reihen des Kalküls zu denken vermag (→ Kap. 5).

In einem dritten Teil werden Kant und de Sade als theoretische Doppelgänger einer Aufklärung verstanden, die den Menschen vergegenständlicht und reglementiert. Auch hier ist eine Nähe zu Überlegungen, wie sie Michel Foucault – etwa im Hinblick auf Wahnsinn und Vernunft – angestellt hat, bemerkenswert. In der *Dialektik der Aufklärung* geht es aber auch um die formale Gleichheit des neuzeitlichen Subjektes, wie sie in Kants Moralphilosophie und in de Sades bürokratischer Sexualphilosophie zutage tritt, um den Preis von Verfügbarkeit. In der Aufklärung selbst steckt also jenes totalitäre Potenzial, das im 20. Jahrhundert virulent werden sollte. Weitere Themen sind der Antisemitismus und die Kulturindustrie, die Horkheimer und Adorno als Regression betrachten, nicht nur im Sinne Freuds als zuweilen unvermeidliche Rückkehr in ein infantiles Stadium, sondern als ein Zurückfallen hinter jenen Ausgangspunkt des Menschenmöglichen, wie es in der Aufklärung aufgeleuchtet hatte. Es braucht eigentlich nicht eigens hervorgehoben zu werden, dass all diese Themen bis heute im Brennpunkt nicht nur des kulturwissenschaftlich orientierten Diskurses stehen. Das gilt insbesondere für den Bereich von Massenmedien und Kulturindustrie, der von Horkheimer und Adorno im Sinn einer radikalen Ökonomisierung der Kultur analysiert wird. Deren tiefster Antrieb ist Objektivierung und Verdinglichung. Insofern gehen ökonomische Effizienz und kulturelle Standardisierung Hand in Hand:

> Die traumlose Kunst fürs Volk erfüllt jenen träumerischen Idealismus, der dem kritischen zu weit ging. [...] Nicht nur werden die Typen von Schlagern, Stars, Seifenopern zyklisch als starre Invarianten durchgehalten, sondern der spezifische Inhalt des Spiels, das scheinbar Wechselnde ist selber aus ihnen abgeleitet. Die Details werden fungibel.[12]

---

10 Dies., Dialektik der Aufklärung, a.a.O., S. 63.
11 Dies., Dialektik der Aufklärung, a.a.O., S. 63.
12 Dies., Dialektik der Aufklärung, a.a.O., S. 112.

Die modernen Massenkulturen sind aber nicht bloß eine Ansammlung von stereoytpisierten Gemeinplätzen, sondern vielmehr ein struktureller Betrug, der Aufklärung und damit Freiheit unterminiert. Kulturindustrie bedeutet die Verschmelzung von Kultur, Medien und Reklame zu *einem* Gesamtkomplex. Die vermeintliche Konsumfreiheit »strahlt« immer schon als »wirtschaftlicher Zwang« »zurück«, sie ist eine »Freiheit des Immergleichen«. Die Kulturindustrie wird so zu einer gesellschaftlichen Sozialisierung, die indes hinter den Ansprüchen, Erwartungen und Prämissen von Aufklärung und Freiheit zurückbleibt, ja sie am Ende dementiert:

> Die Art, in der ein junges Mädchen das obligatorische *date* annimmt oder absolviert, der Tonfall am Telephon und in der vertrautesten Situation, die Wahl der Worte im Gespräch [...] bezeugt den Versuch, sich selbst zum erfolgsadäquaten Apparat zu machen, der bis in die Triebregungen hinein dem von der Kulturindustrie präsentierten Modell entspricht. Die intimsten Reaktionen des Menschen sind ihnen gegenüber so vollkommen verdinglicht, dass die Idee des ihnen Eigentümlichen nur in äußerster Abstraktheit noch fortbesteht: *personality* bedeutet ihnen kaum mehr etwas anderes als blendend weiße Zähne und Freiheit von Achselschweiß und Emotionen. Das ist der Triumph der Reklame in der Kulturindustrie, die zwanghafte Mimesis des Konsumenten an die zugleich durchschauten Kulturwaren.[13]

Verbunden werden diese auf den ersten Blick heterogenen Themen durch eine gedankliche Klammer, die dem Buch den Titel gegeben hat, die Formel von der Dialektik der Aufklärung, die längst – wie andere renommierte Titel auch – zu einem Stichwort geworden ist, das sich verselbständigt hat. In diesem Zusammenhang ist es wichtig, auf die Bedeutung dieser Formel für den gesamten Text selbst einzugehen. Denn beide Begriffe, *Aufklärung* und *Dialektik*, werden in einer verschobenen bzw. erweiterten Bedeutung verwendet. Das Wort *Dialektik*, mit dem Dialog verwandt, kommt von dem griechischen Wort *dialegesthai,* das so viel wie sich unterhalten, miteinander reden, etwas durchbesprechen bedeutet. Ihre philosophische Premiere hat die Dialektik in diesem dialogischen Sinn in Platons Schriften erfahren. Der Dialog folgt immer dem Schema von Rede und Gegenrede. Er ist aber zugleich eine Art von Unterrichtsmethode, die der Platonische Sokrates benutzt, um seinen Schüler,

---

[13] Dies., Dialektik der Aufklärung, a.a.O., S. 13.

aber auch seine Kritiker zu belehren. Der Ausgang des jeweiligen Dialoges steht dabei von vornherein fest: Die Widerlegung der möglichen Einwände und Argumente ermöglicht es dem Platonischen Sokrates am Ende, seine eigene Position zu illustrieren.

Im Gegensatz zur Platonischen Dialektik ist jene Hegels keineswegs dialogisch. Dialektik ist hier nicht bloß eine Form des Denkens, sondern wird vornehmlich als eine Struktur der natürlichen oder geschichtlichen Wirklichkeit selbst begriffen. So taumelt gleichsam das anfänglich seiner selbst nicht bewusste Subjekt in der *Phänomenologie des Geistes* durch ein System von Widerständen (Anti-Thesen) zu immer neuen Synthesen empor, denen immer wieder neue Antithesen gegenüberstehen, bis es dann den Gipfelpunkt des absoluten Daseins als Geist schlechthin erreicht. Hegels Philosophie ist eine spezifische Variante jener großen Erzählungen, von denen Lyotard in seinem Buch über die *condition postmoderne*[14] spricht: Es handelt sich um eine große Erzählung, eine Bildungsgeschichte des Menschen, eine Art von philosophischer Autobiographie des Mega-Subjekts Menschheit (→ Kap. 13).

Adorno und Horkheimer beziehen sich zwar auf Hegels Begriff der *Dialektik* als einer Bewegung in der Geschichte, aber sie drehen dessen Bedeutung radikal um. Die Dialektik verliert ihre positive Konnotation, wird zu einer Verfehlung, zu einer Umkehrung, zu einem Umschlag ins Negative – ohne versöhnliche Synthese. Zu einer Dementierung, ja Selbstdementierung der großen Erzählung von Bildung und Fortschritt:

> Der Mythos geht in die Aufklärung über und die Natur in bloße Objektivität. Die Menschen bezahlen die Vermehrung ihrer Macht mit der Entfremdung von dem, worüber sie Macht ausüben. Die Aufklärung verhält sich zu den Dingen wie der Diktator zu den Menschen. Er kennt sie, insofern er sie manipulieren kann. Der Mann der Wissenschaft kennt die Dinge, insofern er sie machen kann. Dadurch wird ihr An sich Für ihn. In der Verwandlung enthüllt sich das Wesen der Dinge immer als je dasselbe, als Substrat von Herrschaft.[15]

Horkheimer und Adorno spitzen diesen Sachverhalt noch insofern zu, als sie davon ausgehen, dass die moderne kapitalistische Kul-

---

14 Jean François Lyotard, Das postmoderne Wissen, Wien: Böhlau, Passagen 1986.
15 Max Horkheimer, T.W. Adorno, Dialektik der Aufklärung, a.a.O., S. 12.

tur die Menschen verdinglicht, zu Dingen macht, die fast beliebig »gemacht« und »manipuliert« werden können. Wenn sie behaupten, dass der Mann der Wissenschaft – analog zur Logik der kapitalistischen Ökonomie – die »Dinge an sich« zu Dingen »für ihn« macht, dann spielt das auf ein Grundmuster in Hegels Dialektik an, auf die Bewegung des An sich zum – höheren – Für-sich-Sein. Aber gerade in dieser Bewegung kommt es zu jener frappanten negativen Verkehrung und Entfremdung, zur Enteignung des Menschen durch gesellschaftliche Mächte, die den mythischen Zwang der Naturmächte reproduzieren. Die Manipulationstechniken der kapitalistischen Unterhaltungsindustrie sind in den Augen Horkheimers und Adornos nur ein schlagendes Beispiel für die Selbstverkehrung der neuzeitlichen Aufklärung. Übrigens diskutieren die beiden Autoren den Antisemitismus und sein letztes Kapitel im Sinn einer fehlgegangenen europäischen Aufklärung. Die Judenvernichtung ließe sich demnach – das wird in der *Dialektik der Aufklärung* nicht ausgeführt, ist aber in der Logik des Werkes angelegt – als die mörderischste historische Version einer Verdinglichungstendenz begreifen, die der »Aufklärung« inhärent war: Vernichtung als radikalste Form der Verdinglichung.[16]

Horkheimer und Adorno verändern aber auch – und das ist nicht selten moniert worden – den Begriff *Aufklärung*. Sie meinen damit nicht so sehr eine bestimmte historische Epoche (das 18. Jahrhundert bis zur Französischen Revolution) oder ein bestimmtes Land (Frankreich), sondern begreifen vielmehr Aufklärung als ein Langzeit-Projekt, das in der abendländischen Kultur schon früh angelegt war. Deshalb sind nicht bloß Kant und de Sade, sondern auch, übrigens in verzerrter und einseitiger Form, Bacon oder gar Homers Odysseus repräsentative Figuren der Aufklärung und der von ihr verursachten Demontage des Menschlichen, das historisch freilich immer nur als utopische Möglichkeit und als Anspruch bestanden hat.

Denn die Bezugnahme auf die Aufklärung besagt doch, dass diese auf eine wenn auch sehr indirekte Weise den Maßstab für die kulturtheoretischen Befunde der beiden Autoren bildet. Denn ihre Utopie und ihre Vision waren ja die Herstellung menschenwürdiger Verhältnisse, die Abschaffung von Ausbeutung, die Beseitigung von

---

16 Dies., Dialektik der Aufklärung, a.a.O., S. 151–186.

Armut, Not und Unterdrückung,[17] die Herstellung einer entfalteten, unentfremdeten Menschlichkeit, die Überwindung von Mythos und Aberglauben. Nur die tiefe Kluft zwischen diesen unbescheidenen Erwartungen und einer epochalen Katastrophe wie Auschwitz lässt die Dimension jener Dialektik sichtbar werden, um die es Adorno und Horkheimer geht, einer Katastrophe, die das bisher Vorstellbare übersteigt und auch so eine Herausforderung nicht nur für die Kunst, sondern auch für das Denken darstellt.

Die Dialektik der Aufklärung ist ein zutiefst radikales und in dieser Radikalität anfechtbares kulturpessimistisches Werk, das sich durchaus in ein merkwürdiges, spezifisch deutsches Unbehagen an Technik und Wissenschaft einordnen lässt. Es unterscheidet sich indes dadurch, dass es sich – das ist in der Auseinandersetzung mit Ludwig Klages, einem der Stichwortgeber der *Konservativen Revolution* gut ablesbar – jedweder Art von Romantisierung vormoderner Zustände widersetzt. Die beiden Autoren werden nicht müde, die heimlichen und auch offenen Befürworter des Mythos an dessen Blutspur in der Geschichte zu erinnern. Auf paradoxe Weise behalten sie letztendlich jenen Maßstab bei, der durch die historischen Ereignisse in sein Gegenteil verkehrt worden ist: den der Aufklärung und des kritischen Denkens, das sich nun gegen die Aufklärung selbst richtet. Der Umschlag der Aufklärung in ihr Gegenteil wird im Buch auf verschiedenen Ebenen thematisiert.

► Die Verkehrung der Wissenschaft in ihr Gegenteil, in Mythos und magisches Denken. So wie das magische Denken den Dingen eine geheimnisvolle Macht zuspricht, so die Wissenschaft dem Begriff, mit dem sie die Wirklichkeit darunter zu fixieren trachtet. Die Wissenschaftsgläubigkeit der modernen (westlichen) Kultur erweist sich also als eine Variante magischen Denkens.

► Die Verkehrung von Befreiung in Herrschaft: Ziel der Aufklärung war die Beseitigung von Herrschaft, wie sie im Kampf gegen das *ancien regime* zum Ausdruck kommt. Diese Abschaffung der Herrschaft von Menschen durch Menschen sollte durch die Beherrschung der Natur bewerkstelligt werden. Aber diese Herrschaft über die Natur, wie sie, Horkheimer und Adorno zufolge, Bacon schon früh zum Programm erhoben hat, schlägt in ihr Gegenteil um: in die Herrschaft der Gesellschaft, des technisch-

---

[17] Dies., Dialektik der Aufklärung, a.a.O., S. 3.

ökonomischen Komplexes über den Menschen. Mit dieser Kritik an der Ausbeutung der Natur, die ihre Folgen für Mensch und Natur zeitigt, haben Adorno und Horkheimer Ideen der Ökologie vorweg genommen, die in den 1980er Jahren dann öffentlich wirksam geworden sind.

► Die Mündigkeit des Menschen war – in allen Versionen der Aufklärung – ein erklärtes historisches Ziel. Aber diese Freiheit schlägt in Entfremdung und Objektivierung um: Der Mensch wird gleichsam zum Opfer seines eigenen Freiheitsprojektes. Der Mensch wird zum reinen Mittel reduziert.

Ob es an den falschen ›Methoden‹ lag oder ob die Ziele von vornherein schon suspekt waren, das wird nicht näher ausgeführt, bleibt ebenso offen wie die Frage nach der Möglichkeit einer alternativen Form von Aufklärung. Eine solche zeichnet sich allenfalls als ästhetische Reflexion ab.

Wenn Rationalität selbst zu einer raffinierten und unentrinnbaren Herrschaftspraxis mutiert, dann müsste es eine andere Form von kritischem Denken sein, das diesen Automatismus von Rationalität und Beherrschung – von Dingen, Tieren wie von Menschen – durchbricht. Adornos Rhetorik, seine Programmatik einer essayistischen Schreibweise, ist als der Versuch zu verstehen, einen Sprachwechsel vorzunehmen, der am kritischen Impuls des Denkens festhält, aber zugleich die Machtförmigkeit der begrifflichen Sprache zu unterlaufen sucht. Insbesondere Adornos Wertschätzung der Kunst, ein Erbe der Romantik, hängt damit zusammen, denn Kunst ist nicht etwas, was die Welt und die Wirklichkeit in den Griff zu bekommen versucht, sondern sich ihr gleichsam ausliefert.

Die »Dialektik der Aufklärung« ist ein kulturphilosophisches Schlüsselwerk, das bis heute wichtige Impulse im kulturwissenschaftlichen Diskurs liefert. Die Bewertungen und die pointierten Aussagen über den Zustand der okzidentalen Kultur oder über die Populärkultur muss man heute nicht mehr nachvollziehen: Zu offenkundig ist, dass es auch schon vor der kapitalistischen Ökonomie Volks- und Populärkulturen mit standardisierender Wirkung gegeben hat und dass kulturelle Programmierung womöglich ein Grundelement menschlichen Daseins darstellt. Allein der Versuch im Bereich der Kulturtheorie eine dritte Position jenseits von blanker Bejahung des Bestehenden und Nostalgisierung der Vergangenheit

einzunehmen, ist bedenkenswert genug. Angesichts der ganz offen-
kundigen Kehrseiten der modernen Popularkultur, ihrer weithin
entpolitisierenden Wirkung, ihrer Unbeeindrucktheit gegenüber
Bildung, ihrer konsumistischen Grundhaltung, lassen sich manche
Befunde Adornos über die moderne Kulturindustrie noch immer
mit Gewinn lesen, auch wenn ein Nachteil Adornos etwa gegenüber
Simmel (→ Kap. 5) oder Roland Barthes (→ Kap. 7) unübersehbar
ist: Mangel an Unvoreingenommenheit, fehlende Neugierde den
Phänomen gegenüber, vorschnelles Urteil. Die moderne westliche
Kultur, wie sie die Emigranten Horkheimer und Adorno in den
1930er und 40er Jahren in den Vereinigten Staaten kennengelernt
haben, wird letztendlich aus der Perspektive eines kulturellen Milieus vorgenommen, das, wie oft vermerkt worden ist, großbürger-
lichen Zuschnitts ist.

Kritikpunkte und Anmerkungen

▶ Die Kritische Theorie ist eine Kritik der okzidentalen Kultur. Sie kritisiert
nicht bloß und auch nicht so sehr die ökonomischen, politischen und gesellschaftlichen Verhältnisse im modernen Kapitalismus des 20. Jahrhundert, sondern, ganz im Sinne der Kultur I, insbesondere die Bereiche der
modernen Wissenschaft, der Medien und der modernen Kulturindustrie.
Die Fehlentwicklung der okzidentalen Kultur, wie sie in der *Dialektik der
Aufklärung* beschrieben und untersucht wird, ist gleichsam in die Struktur westlichen Denkens eingeschrieben, das sich spätestens seit der Neuzeit seine Bahn bricht. Diese Fehlentwicklung des Denkens hat für die
Entwicklung von Kultur und Gesellschaft fatale Konsequenzen: Letztendlich ist Auschwitz auch das Ergebnis einer instrumentellen Vernunft,
die den Menschen als bloßes verfügbares Material behandelt. Damit hat
die Kritische Theorie eine Selbstkritik der modernen Kultur entwickelt,
die in ihrer Radikalität singulär ist.

▶ Die Kritische Kultur ist eine Kulturtheorie, weil sie neue Phänomene wie
die moderne Massen- und Popularkultur, die psychoanalytische Therapie
oder das Fernsehen in ihrer Eigenart und Funktion in der modernen Welt
kritisch beleuchtet (Kultur II).

▶ Die Kritische Theorie ist eine Kulturtheorie, weil sie die Kunst der klassischen Moderne als eine symbolische Gegenwelt zur bestehenden Kultur
ansieht, die es ermöglicht, den Verblendungszusammenhang zu durch-
stoßen. Sie weist ihr damit eine reflexive und verändernde Funktion zu
(Kultur III → Kap. 1).

In den diskursiven Zusammenhang der Kritischen Theorie gehört selbstverständlich auch das Werk von Walter Benjamin (1892–1940). Zugleich ist aber dessen Sonderstellung unübersehbar. Im Gegensatz etwa zu Horkheimer ist Benjamin erst sehr spät und durch die Vermittlung seiner Geliebten Asja Lacis auf die Marx'sche Theorie gestoßen, die er sodann auf originelle Weise adaptiert und weiterentwickelt hat. Am wirksamsten hat sich im Rahmen von Benjamins Version einer materialistischen Ästhetik der Aufsatz *Das Kunstwerk im Zeitalter seiner technischen Reproduzierbarkeit* erwiesen[18], auch im Hinblick auf die angloamerikanische Diskussion. Im heutigen Jargon gesprochen, analysiert Benjamin hier die grundlegenden Folgen der Photographie im Hinblick auf die bestehende Kultur. »Technische Reproduzierbarkeit« ist für Benjamin jene Eigenschaft, die das Photo vom klassischen Tafelbild unterscheidet. Über Benjamin hinaus betrachtet, gilt diese Eigenschaft der technischen Reproduzierbarkeit für viele technische Medien, das Tonband, die Schallplatte, genauer für alle Konserven der Kultur, die uns heute am Eingang des 21. Jahrhunderts zur Verfügung stehen.

Benjamin greift ein für ihn entscheidendes Merkmal heraus, das das Photo vom gemalten Bild unterscheidet: Das technisch hergestellte Bild existiert beinahe beliebig oft, das gemalte Bild nur einmal; denn selbst eine Kopie hat noch einen Rest von Einmaligkeit und Differenz. Mit der Einmaligkeit verbindet Benjamin den Begriff der Aura. Damit zielt Benjamin auf jene Ausstrahlung, die das einzelne Kunstwerk besitzt und zu dem man hinpilgert wie zu einem Heiligtum. Die Bilder der Photographie und des Films kommen – und das wird im Zeitalter des Computers auf radikale Weise kulturelle Wirklichkeit – hingegen frei ins Haus. Sie haben keine Aura. So vollzieht sich beim Übergang von gemalten Bild zum chemisch hergestellten, beliebig kopierbaren Photo eine Art Säkularisierung, denn die Aura des traditionellen Bildes verbindet diese Art von Kunst noch mit dem Sakralen, das Photo hingegen ist seiner ganzen Struktur nach ein säkulares technisches Produkt, das Artefakt einer entzauberten Welt. Im Unterschied etwa zu Adorno sieht Benjamin in diesem Triumph des Photographischen keineswegs nur ein Verhängnis, sondern zugleich eine Chance für eine demokratische Massenkultur, in

---

[18] Walter Benjamin, Das Kunstwerk im Zeitalter seiner technischen Reproduzierbarkeit, in: ders., Ausgewählte Schriften 1: Illuminationen, Frankfurt/ Main: Suhrkamp 1977, S. 136–169.

der breiten Schichten der Bevölkerung jene Kunst zugänglich wird, die bislang einer kleinen Elite vorbehalten war. Obschon sich Benjamin über weite Strecken seines Aufsatzes auf diesen Aspekt der technischen Reproduzierbarkeit beschränkt, klingt doch am Ende der Glaube durch, dass die neuen technischen Medien gegen die Ästhetisierung der Politik, wie sie Faschismus und Nationalsozialismus entwickelt haben, gerichtet werden können.

So steht Benjamins Vision einer progressiven linken Massenkultur in einem unüberhörbaren Gegensatz zu einer Melancholie, die post-romantisch den wirklichen oder auch vermeintlichen Verlust der Aura beklagt. Von dieser ambivalenten Haltung ist Benjamins gesamtes Œuvre gezeichnet.

So lässt sich Benjamins poetisches Werk *Berliner Kindheit um 1900*[19] nicht nur als ein Rückblick auf das Wilhelminische Berlin um die Jahrhundertwende lesen, sondern sehr viel mehr als eine Rekonstruktion der damaligen kindlichen Wahrnehmung. Das Kind fungiert im Text als kultureller Sonderbeobachter, der die Architektur des 19. Jahrhundert, den Anhalter Bahnhof mit der staunenden Unkenntnis des kindlichen Blicks betrachtet. Noch im Nachhinein erzeugt der kindliche Blick ein Fremd-Werden der scheinbar selbstverständlichen Welt, deren Details und Oberflächen mit dem unwissenden Auge gleichsam abgetastet werden.

Vorbild dieses Verfahrens ist zweifelsohne Marcel Prousts ominöser Romanzyklus *Auf der Suche nach der verlorenen Zeit*[20], neben Baudelaires schmalem Œuvre[21] das wohl wichtigste literarische Werk, das er zum Ausgangspunkt seiner Kulturtheorie nimmt. Insbesondere in den ersten Teilen dieses gigantischen mnemotechnischen Unternehmens wird die entschwundene Zeit der Kindheit nahezu ausschließlich aus dem befangenen Blick des Kleinkindes und später des Jugendlichen gesehen. Die Zeit ist keineswegs die ›objektiv‹ messbare Zeit, die seither vergangen und unwiderruflich verloren ist, es ist vielmehr die subjektive innere Zeit: die Zeit der Kindheit mit der ihr ganz eigenen Logik, die Welt in ihrer Unverständlichkeit, Rätselhaftigkeit und Unvertrautheit.

---

[19] Ders., Berliner Kindheit um 1900, Frankfurt/Main: Suhrkamp 1950ff.

[20] Marcel Proust, Auf der Suche nach der verlorenen Zeit, übers. v. Eva Rechel-Mertens, Werke in 13 Bänden, Frankfurt/Main: Suhrkamp 1964.

[21] Charles Baudelaire, Sämtliche Werke/Briefe, hrsg. u. übers. v. Claude Pichois und Friedhelm Kemp, München: Heimeran, Hanser 1975ff.

Die Untersuchung über *Paris, die Hauptstadt des 19. Jahrhunderts*, Exposé des unvollendeten *Passagenwerks*, bildet, ungeachtet seiner Fragmentarität das Kernstück des kulturwissenschaftlichen Projektes Benjamins. Es ist avancierte Kulturtheorie und angewandte Kulturanalyse in einem. Der Paris-Essay ist gleichsam ein komprimiertes Fragment des geplanten Werkes, das die wichtigsten methodischen Prämissen enthält. Es gliedert sich in sechs thematische Abschnitte, die verschiedene Aspekte der modernen urbanen kapitalistischen Kultur beleuchten. Jedem Abschnitt wird dabei eine charakteristische Persönlichkeit zugeordnet: der Frühsozialist Fourier den neuen Einkaufspassagen, die Figur Daguerres dem Panorama und den Weltausstellungen, der Bürgerkönig Louis Philippe dem Phänomen von Sammlung und Interieur, die Lyrik Baudelaires der Erfahrung von Straße, Anonymität und Menge, der Stadtplaner Haussman der architektonischen Umgestaltung und Stadtplanung im Paris der zweiten Jahrhunderthälfte.

Warum und inwiefern ist Paris, die Stadt, die Flaubert, Hugo, Baudelaire und Proust immer aufs Neue literarisch erfunden und entdeckt haben, die Hauptstadt Europas? Sie ist es, ließe sich sagen, deswegen, weil hier zum ersten Mal, der Weg einer historischen Stadt in die Moderne sichtbar wird. Baudelaire ist unter anderem auch der historische Zeuge der Zerstörung des alten Paris und der Entstehung einer neuen Stadt im Zeitalter des Kapitalismus. Paris ist die historische Metropole der Revolution, man braucht bloß an die Jahre 1789, 1848 und 1870/71, die Zeit der Pariser Kommune zu denken. Paris ist aber auch die Hauptstadt Europas auf Grund seiner Vorbildhaftigkeit in der Stadtarchitektur wie im Bereich der Neuen Medien und Kunstentwicklungen. Das moderne Wien der Jahrhundertwende, das Wien der Ringstraße und vermutlich auch das Wilhelminische Berlin sind gleichsam kulturelle Reaktions- und Nachbildungen, Triumph des mimetischen Begehrens.

Eine der auffälligsten Erscheinungen moderner marktkapitalistischer Urbanität sind die Einkaufspassagen, die für Benjamin das spezifisch Neue der kapitalistischen Kultur versinnbildlichen. Sie sind in der Tat ganz neu und unterscheiden sich von den traditionellen Märkten und Kontoren. Es handelt sich um prachtvolle Durchgänge, deren Reste man heute noch in vielen europäischen Metropolen, deren Hochblüte ins 19. Jahrhundert fällt, bewundern kann, sozusagen von Birmingham in England bis zu der spät entstandenen ungarischen Metropole Budapest, der zweiten Hauptstadt des Habsburgerreiches. Man braucht nur die Einkaufsarchitektur im Zentrum des wiedervereinten Berlins oder die Kärntner Ringpassage in Wien zu betrachten, um zu sehen, dass die Postmoderne die kulturelle Energie der Passagen und das Versprechen, das sie beinhalten, wiederentdeckt hat.

Bei dieser reichen Einkaufsarchitektur, die damals wie heute die globalisierte Warenwelt präsentiert, bleibt der Blick an der Oberfläche der Erscheinungen haften. Ähnlich wie im Märchen *Schwan, kleb an* kann sich der Betrachter nicht losreißen von dieser Welt und diesem fortwährenden Fest der ausstaffierten Ware; es handelt sich um Erscheinungsformen, die programmatisch mit dem Wesen des modernen Kapitalismus auf verschlungene, aber auch auf programmatische Art und Weise korrespondieren.

In den Augen Benjamins sind diese Einkaufspassagen des 19. Jahrhunderts, diese Prachtstraßen der Waren und des Kommerzes, Monumente des schönen Kapitalismus. Üblicherweise neigt die Theorie dazu, in die Tiefe zu gehen; sie gönnt sich keinen Blick auf das Augenscheinliche. Aber gerade im Hinblick auf die Kultur, die der Kapitalismus in immer neuen Schüben hervorbringt, ist es wichtig, beim Augenschein zu verweilen. Die Literatur ist darin gleichsam eine Lehrmeisterin. So wie sich Dante bei seinem Durchgang durch die Unterwelt einen Reisegefährten wählt, so hat auch Benjamin bei seinem Durchgang durch das Paris der zweiten Hälfte des 19. Jahrhunderts seine Begleiter: Fourier, den ekstatischen Sozialisten, Baudelaire, den anarchisch-melancholischen Lyriker des urbanen Umbruchs, Balzac, Flaubert und Proust, den monomanen Erinnerungskünstler. Wenn es eine spezifisch kapitalistische Kultur gibt, dann muss man sie sichtbar machen. So abstrakt sich die kapitalistische Ökonomie mit ihren verschwiegenen Regeln auch ausnehmen mag, die kulturelle Erscheinungswelt der Ware ist auffällig, glitzernd und zuweilen auch pompös. Triumph der Oberfläche.

Der klassische Marxismus hat den Kapitalismus als ökonomisch-gesellschaftliches System, als Produktions- und wirtschaftliche Verkehrsform zu ergründen versucht (→ Kap. 12). In dieser theoretisch gleichsam nachgeholten post-marxistischen Kulturanalyse geht es darum, die wesentlichen Phänomene der kulturellen Selbstdarstellung kapitalistischer Ökonomie zu erfassen und diese Welt verheißungsvoller Oberflächen mit den hintergründigen ökonomischen Bewegungsgesetzen des Kapitals zu verknüpfen.

Benjamins ambitioniertes Projekt einer von Marx inspirierten, aber über ihn zugleich hinausweisenden Kulturwissenschaft hält eine wichtige Prämisse fest, die wohl für jedwede theoretische Durchdringung von Kultur gilt: Kulturanalyse lebt von einer Perspektive, die nichts selbstverständlich nimmt und die so ein Gespür für das Befremdliche, Nichtwahrgenommene der eigenen Kultur entwickelt. Das kann wie bei Proust oder in Benjamins Berliner Tableaus der staunende Blick des Kindes sein, aber es gibt auch andere Möglichkeiten verfremdender Wahrnehmung: die Position des kulturell Fremden, der verstohlene weibliche Blick in eine Männerwelt, die Sichtweise der kulturellen Außenseiter. In Benjamins Fall ist es insbesondere der Blickwinkel des Flaneurs, wie ihn Baudelaire eingenommen hat, jenes Flaneurs, der ziellos durch die Stadt streift und für den der Konsum des ästhetischen Scheins der Warenwelt zum einzigen Konsum wird, weil er sich das, was in den teuren Einkaufspassagen angeboten wird, ohnehin nie wird leisten können. Die moderne Warenwelt und ihre Verpackungen sind seine Obsession, aber als Subjekt verhält er sich kontrastiv zum kaufenden Wirtschaftssubjekt, indem er, aus seiner Not eine Tugend machend, die Warenwelt ausschließlich als ein einziges ästhetisches Spektakel betrachtet.

In der Einkaufspassage imaginiert sich der aufkommende Kapitalismus auf einer sinnlichen Oberfläche als eine einzigartige Erfolgsgeschichte in Gestalt eines prächtigen Warenlagers, einer Welt des Verfügbaren. Noch in den großen Einkaufshäusern der Zwischenkriegszeit wird diese Strahlkraft, diese Aura der Warenpaläste manifest. Wobei die Verbindung zwischen der Ware und dem Palast höchst ironisch ist, werden hier doch zwei gegenläufige Kulturen – aristokratisch-elitärer Reichtum und demokratische, allseits verfügbare Konsumwelt – scheinbar bruchlos miteinander verschmolzen.

Diese schöne neue Welt hat einen semiotischen Überhang (→ Kap. 7), sie ist übersät mit Zitaten aus anderen, fremden Zeiten und exotischen Welten. Aus heutiger Perspektive lässt sich auch sagen, dass die Einkaufspassage den überhöhten Ausdruck einer Globalisierung darstellt, wie sie im 19. Jahrhundert nicht zuletzt durch den klassischen Kolonialismus möglich geworden war. Für die Entfaltung dieser Pracht ist der Gestus wichtig, dass Waren aus aller Herren

Länder scheinbar für alle verfügbar sind. Als wichtige Voraussetzung für diese neue Kultur des Kaufens, in der sich Exklusivität und Inklusivität eigentümlich verbinden – jeder kann kaufen, er braucht dafür nur die entsprechende Menge an Geld – sieht Benjamin gerade im Hinblick auf Paris den Aufstieg der Textil- und Bekleidungsindustrie. Es gibt, nebenbei bemerkt, einige europäische Städte, die ihren Aufstieg der Textilindustrie verdanken, Lyon und Manchester zum Beispiel oder auch die mährische Metropole Brünn.

Neben der Obsessivität, mit der die global gewordene Warenwelt feilgeboten wird, ist die Verquickung von Industrie und Kultur, wie sie die technischen Konstruktion des 19. Jahrhunderts sichtbar machen, die Ehe zwischen Ingenieurskunst und Ästhetik, ein zweites konstitutives Merkmal des Kapitalismus als Kultur. Flaubert hat diese Tendenz in seiner *Education sentimentale* bereits festgehalten. Benjamin, der Zitate sehr strategisch einsetzt, bezieht sich auf Fourier, den utopischen Sozialisten, der die Rivalität zwischen Kunst und Industrie hervorhebt, die aber auch, wie das architektonische Design von Paris, von den Mietshäusern Haussmanns über die Straßenplanung und die Einkaufspassagen bis zu den neuen Prachtbauten, zeigt, eine Indienstnahme des Ästhetischen durch den funktionalen Industrialismus bedeutet:

> De ces palais les colonnes magiques
> A l'amateur mointrent les toutes parts
> Dans les objets, qu'etalent leurs portiques
> Que l'industrie est rivale des arts.[22]

Der Aufstieg der kapitalistischen Ökonomie und deren Ausbreitung bilden die eine Voraussetzung für die moderne urban-kapitalistische Kultur, die andere technische Basis bildet die Entwicklung neuer ›künstlicher‹ Baustoffe. Hierzu zählt das Eisen, das völlig neue Konstruktionsmöglichkeiten eröffnet, später das Glas, das sich mit diesen tragenden Eisenkonstruktionen auf geniale Weise verbinden lässt, später kommen Beton und Asphalt hinzu. Im Klassizismus und im frühen Historismus des Empire sind diese neuen Materialien gleichsam noch unter dem Alten versteckt: Die Bahnhöfe sehen häufig

---

[22] Walter Benjamin, Paris, die Hauptstadt des XIX. Jahrhunderts, in: Ausgewählte Schriften, Bd. 1, a.a.O., S. 170; ders., Das Passagenwerk, Frankfurt/Main: Suhrkamp 1982, S. 45 (Die Seitenangaben sind identisch mit den Bänden V/1 und V/2 der Gesamtausg.).

noch so aus, als wären sie Backsteinkirchen. Nicht selten nämlich bleiben die neuen Eisenkonstruktionen verdeckt. Erst die Glaspaläste und die Architektur der Weltausstellungen bringen hier eine Wende, eine Schau der neuen Materialien. Indem sie das neue Material schamlos und unversteckt zeigt, wird die große Erzählung manifest, die mit dieser Kultur einhergeht: die Selbstfeier des Fortschritts.

Das neue Material Eisen korrespondiert, so lautet die These Benjamins, auf geheimnisvolle Weise mit kollektiven Wunschbildern. Die moderne Konstruktion aus Eisen »nimmt die Rolle des Unterbewusstseins ein«.[23] Die kollektiven Wunschbilder grenzen sich zum einen von der jüngsten Vergangenheit ab und setzen zum anderen ein archaisches Potenzial in Gang.

Die äußere wie die innere Architektonik dieser Kultur hat aber nicht nur eine manifeste Botschaft, Fortschritt und Reichtum, sondern etabliert Wunschwelten.

Wieder placiert Benjamin geschickt ein Zitat um seine zentrale Gedankenfigur. Es stammt von dem prominenten Historiker Michelet: »Chaque époque rêve la suivante.«[24] Jede Epoche träumt von der ihr nachfolgenden, nimmt sie im Traum vorweg. Aber damit ist jene schöne kapitalistische Luxuskultur, die sich in den urbanen Passagen Paris' und anderer Städte versinnbildlicht und imaginiert, nicht ein bloßer Reflex kapitalistischer Ökonomie, wie es das Basis-Überbau-Schema des Marxismus suggeriert (→ Kap. 12), sondern sie weist einen Überschuss auf, bindet Wunschpotenziale von enormer kultureller Energie. Keineswegs steht die bloße Gebrauchsfunktion der ausgestellten Ware im Mittelpunkt, vielmehr verkünden sie ein kollektives Versprechen, das darüber hinausweist. Dieser Überschuss ist für die moderne Warenästhetik zentral.

Im Gegensatz zur Perspektive von Adorno und Horkheimer macht dieser Glanz nicht nur blind. Die Wunschbilder, die die Passagen mit der Fülle der Warenwelt erotisch in die Auslage stellen, verbildlichen ein gedoppeltes Phänomen: Sie sind falsches Bewusstsein im Sinne der Marx'schen, übrigens auf Bacon zurückgehenden Ideologiekritik,[25] sie enthalten aber auch ein utopisches Potenzial.

---

[23] Ders., Ausgewählte Schriften, Bd. 1, a.a.O., S. 171; ders., Passagenwerk, a.a.O., S. 46.

[24] Ders., Passagenwerk, a.a.O., S. 46.

[25] Francis Bacon, Neues Organon, Bd. 1, a.a.O., S. 99–147 (Abschnitt 38–69).

Das Wort »Ideologie« leitet sich vom griechischen Wort *eidos*, Bild, ab. Ideologie ist demnach eine Art von verzerrter Wahrnehmung, die der Logik selbstverständlich ›wahrgenommener‹ Bildsysteme geschuldet ist. Platons Höhlenmenschen kennen nur die Schattenbilder, deshalb haben sie auch keine Vergleichsmöglichkeit, die ihnen das Bildhafte und Beschränkte ihrer Wahrnehmung vor Augen führen könnte. Ideologie ist falsches Bewusstsein. Die symbolische Verzerrung hat bereits Bacon analysiert, als er von den *eidola* des Marktes sprach.[26]

Benjamin, der erst relativ spät auf die Theorie von Marx gestoßen ist und sie kulturwissenschaftlich transformiert, leitet das falsche Bewusstsein aus der Marx'schen Warenanalyse ab, wie dieser sie in seinem Hauptwerk *Das Kapital* entfaltet hat, und zwar aus dem berühmten Abschnitt über den Fetischcharakter der Ware. Wir sind diesem für eine marxistisch orientierte Kulturanalyse wohl relevantesten Textstück aus dem Marx'schen Gesamtwerk bereits im Konnex mit der Dialektik der Aufklärung begegnet. Es geht um eine Verkehrung, die einen realen und einen bewusstseinsmäßigen Aspekt hat. Die Macht der Gesellschaft in Gestalt des universellen Tauschprinzips wäre die reale Umkehrung, die Vorstellung vom Primat der Waren- und Dingwelt ihre symbolische Verdrehung, eben das »falsche Bewusstsein«.

Bekanntlich unterscheidet Marx Gebrauchswert und Tauschwert. Der fetischistische Charakter der Ware ergibt sich nicht aus dem Gebrauchswert, sondern aus dem Tauschwert: Der Tisch bleibt, schreibt Marx launig,

> Holz, ein ordinäres sinnliches Ding. Aber sobald er als Ware auftritt, verwandelt er sich in ein sinnlich übersinnliches Ding. Er steht nicht nur mit seinen Füßen auf dem Boden, sondern stellt sich allen andren Waren gegenüber auf den Kopf und entwickelt in seinem Holzkopf Grillen, viel wunderlicher, als wenn er aus eigenen Stücken zu tanzen begänne.[27]

Zunächst ist der Fetisch Bestandteil magischen Denkens: einem Gegenstand der äußeren Welt wird eine wundersame, unter Umständen auch übersinnliche Macht zugesprochen. Aber es wäre vorschnell,

---

[26] Ders., a.a.O., S. 103 (Abschnitt 43). Bacon betont indes nicht so sehr die ökonomische Blickverengung als solche, sondern hat vor allem den *common sense*-Aspekt des Marktes im Auge.

[27] Karl Marx, Das Kapital, a.a.O., S. 85.

den Fetischismus nur in vormodernen Kulturen anzusiedeln. Vielmehr ist er gerade für jene Kultur, die Benjamin im Anschluss an Marx, C.G. Jung und Freud analysiert,[28] von tragender Bedeutung. Es ist vor allem Jungs Lehre vom Archetypus, die dieser in Anlehnung an die romantische Psychologie aber auch an die Ethnologie seiner Zeit (Levy-Bruhl) entwickelt hat, die Benjamin – wie auch Ernst Bloch – aufnehmen. Besonders Jungs Unterscheidung von Bewusstem und Unbewusstem ist für Benjamins Analyse zentral:

> Seelische Existenz wird nur erkannt am Vorhandensein *bewußtseinsfähiger Inhalte*. Wir können darum nur insofern von einem Unbewußten sprechen, als wir Inhalte dessen nachzuweisen vermögen. Die Inhalte des persönlichen Unbewußten sind in der Hauptsache die sogenannten *gefühlsbetonten Komplexe*, welche die persönliche Intimität des seelischen Lebens ausmachen. Die Inhalte des kollektiven Unbewußten dagegen sind die sogenannten *Archetypen*.[29]

Gerade in der heutigen Warenwelt werden bestimmten Artikeln, zumeist noch mit spezifischen Markennamen versehen, Eigenschaften zugeschrieben, die sie real nicht besitzen. So werden z.B. auch einem sexuellen Fetisch wie dem Schuh oder der Unterwäsche erotische Potenziale zugesprochen, die sie von sich aus nicht besitzen, sondern allenfalls durch die erotische Ausstrahlung ihrer Träger und Trägerinnen bzw. durch die Aura des Erotischen gewinnen. Ihre erotische Selbstinszenierung setzt ferner eine Wahrnehmungskultur voraus, ohne die ihre verlockende Macht, die die primäre Funktion (komfortables Gehen, Hygiene) in den Schatten stellt, ja erst gar nicht hervortreten könnte.

Dieser erstaunliche Befund, dass auch moderne, aufgeklärte Gesellschaften magische und fetischistische Praktiken haben, ist mit Georg Simmels Diagnose von der Herrschaft der Dinge (→ Kap. 5) verwandt. Die Marx'sche Theorie belegt diesen Sachverhalt mit dem Terminus des falschen Bewusstseins. Den Menschen erscheint

> ihre eigne gesellschaftliche Bewegung in der Form einer Bewegung von Sachen, unter deren Kontrolle sie stehen.[30]

---

[28] Vgl. dazu Walter Benjamin, Gesammelte Briefe, Bd. V, 1935–1937, Frankfurt/Main: Suhrkamp 1999.

[29] Carl Gustav Jung, Über die Archetypen des kollektiven Unbewussten, Frankfurt/Main: Fischer 1957, S. 11–53, zit. S. 12.

[30] Karl Marx, Das Kapital, a.a.O., S. 85.

Dieser Magismus verdeckt die realen gesellschaftlichen Verhältnisse: Der quasi-religiöse Kult der Ware, der seit Benjamins Analyse der Kultur noch eher zugenommen hat, bildet den Kern eines ›objektiv‹ falschen Bewusstseins, das Hand in Hand geht mit dem Aufstieg der kapitalistischen Ökonomie. Benjamin bleibt seiner Doppelperspektive treu. So wie der Kapitalismus im Politisch-Ökonomischen Verhinderung und Ermöglichung einer Alternative darstellt – so haben ihn wenigstens Marx und Engels seit dem *Kommunistischen Manifest* interpretiert, wenn sie ihn dafür lobten, dass er die alten bornierten, ökonomischen, technischen und gesellschaftlichen Fortschritt behindernden Schranken des *ancien regime* überwunden und damit wider Willen die Voraussetzung für seine Abschaffung geschaffen hat[31] –, so wird er von Benjamin auch unter seinem kulturellen Aspekt als doppelbödig angesehen: Er produziert einen Reichtum, an dem alle Anteil haben könnten, real und symbolisch.

Benjamin benennt in diesem Zusammenhang zwei Momente: *Ablenkung* und *Aufhebung*.

Die schöne Warenwelt lenkt die Aufmerksamkeit von skrupelloser Ausbeutung, von Kolonialismus und inhumanen Arbeitsbedingungen ab. Sie wirkt zerstreuend. Was sie zerstreut, das sind unsere Bedenken im Hinblick darauf, auf welche Weise dieser Reichtum entstanden ist. Beim Kauf schicker Kleidung vergessen die Menschen der nördlichen Hemisphäre bis zum heutigen Tage nur allzu gern, unter welch elenden Bedingungen jene Textilien produziert worden sind, mit denen sie lässig durch die Straßen ihrer urbanen Metropolen flanieren.

In diesem Zusammenhang darf an die doppelte Bedeutung des von der Philosophie Hegels prominent gemachten Terminus *Aufhebung* erinnert werden, der sowohl *Überwindung* als auch *Bewahrung* bedeutet. In diesem Zusammenspiel wird die Aufhebung zu Erfüllung, zur Erfüllung kollektiver Träume der Menschheit. Benjamins Rezeption der Psychoanalyse in der Version C.G. Jungs, insbesondere seine Adaption der Lehre von den Archetypen, den unbewussten Kollektivbildern, schließt nahtlos an diese Überlegung an: Die Kultur, für welche die prächtige Einkaufspassage steht, ist nicht nur

---

31 Karl Marx, Friedrich Engels, Manifest der Kommunistischen Partei, in: Marx-Engels-Studienausgabe, hrsg. v. Iring Fetscher, Bd. III: Geschichte und Politik 1, Frankfurt/Main: Fischer 1966, S. 59–70.

»falsches Bewusstsein« im Sinn der Fetischisierung der Warenwelt, sondern sie enthält auch eine sinnfällige Utopie. Wie die moderne Technik und Maschinerie birgt auch die moderne Warenwelt eine verschwiegene Verheißung: Sie ist der Traum einer Zukunft und zugleich archaischer Rückgriff auf einen Urtraum der Menschheit: das »Schlaraffenland« der »klassenlosen Gesellschaft«. In den dauerhaften modernen Bauten wie in der »flüchtigen Mode« nimmt der Überfluss Gestalt an: *dass für alle alles da sein könnte.* An dieser Stelle wird die Überschneidung von Benjamins Kulturtheorie mit einer anderen post-marxistischen Kulturphilosophie unübersehbar, nämlich jener von Ernst Bloch, der zunächst in *Erbschaft dieser Zeit* und später in *Das Prinzip Hoffnung* den periodisch wiederkehrenden, unabgegoltenen menschlichen Wunschbildern und Sehnsuchtslandschaften nachgegangen ist. Bloch geht von einer Ungleichzeitigkeit nicht nur im Ökonomischen, sondern auch im kulturellen Bereich der Bilderwelten aus, wenn er schreibt:

> Nicht alle sind im selben Jetzt da. Sie sind es nur äußerlich, dadurch daß sie heute zu sehen sind. Damit aber leben sie noch nicht mit den anderen zugleich.
> Sie tragen vielmehr Früheres mit, das mischt sich ein. Je nachdem. Wo einer leiblich, vor allem klassenhaft steht, hat er seine Zeiten. Ältere Zeiten als die heutigen wirken in älteren Schichten nach; leicht geht oder träumt es sich hier in ältere zurück.[32]

Benjamin spitzt diese Methodologie insofern zu, als er nicht bloß von weiter wirkenden und tiefer liegenden kollektiven ›archaischen‹ Bildbeständen ausgeht, sondern diese nicht zuletzt in den avanciertesten kulturellen Hervorbringungen der modernen Welt ortet. Im Nachhinein könnte man im Hinblick auf Denker wie Adorno, Horkheimer, Benjamin und Bloch, bei allen Unterschieden, von einer kulturellen Wende im marxistischen Diskurs sprechen. Diese Wende bringt freilich auch eine Abkehr von klassischen Paradigmen des historischen Materialismus mit sich; die Fragezeichen mehren sich im Hinblick auf den Fortschritt und auf die Notwendigkeit. Der Sozialismus, den Engels zur Wissenschaft hatte machen wollen, wird wieder zur Utopie. Mit dem Tableau der Passage kommt für Benjamin daher auch Fouriers utopischer Sozialismus ins Spiel: »Diese

---

32 Ernst Bloch, Erbschaft dieser Zeit, Frankfurt/Main: Suhrkamp 1961, S. 104; zur expliziten Bezugnahme auf C.G. Jung, vgl. ders., Erbschaft, a.a.O., S. 344–351.

Maschine aus Menschen produziert das Schlaraffenland.«[33] Ganz generell gilt dies für die Architektur, die der Kunst entwächst und der Photographie, die die Malerei verabschiedet.

Die moderne Bilderwelt, verschleierte Selbstbildlichkeit der modernen Warenkultur, ist somit Ideologie und Utopie in einem. Aber während die Ideologie an ganz spezifische historische Bedingungen geknüpft ist, an Kultur und Gesellschaft des marktkapitalistischen Zeitalters, ist der Ort der archaischen Glücks- und »Wunschbilder«[34] zeitlos. Ihr Ort ist das »Unbewusste des Kollektivs«, das jenseits von Raum und Zeit ist. Auch hier steht Benjamin Bloch beträchtlich nahe, während etwa Adorno Benjamins Rückgriff auf das Archetypische im Sinne Jungs im Briefwechsel mit Benjamin scharf kritisierte.[35]

Benjamin untersucht in seinem Passagenwerk noch andere Tableaus und wählt sich einen spezifischen Sonderbeobachter, der die Stadt nicht als einen realen, sondern vornehmlich als einen fremden symbolischen, ja imaginären Raum erscheinen lässt, den Flaneur, den Dichter in Gestalt Baudelaires: »Die Menge ist der Schleier, durch den hindurch dem Flaneur die gewohnte Stadt als Phantasmagorie wirkt.«[36] Dieser Beobachter ohne festen sozialen Ort, weder Bürger, noch moderner Großstadtbewohner, imaginiert Paris postfuturistisch als eine versunkene Stadt. In der Moderne wiederholt sich die Urgeschichte. Der Tod, die Frau und die versunkene Stadt werden in dieser »Dialektik im Stillstand« miteinander verschränkt:

> Dieser Stillstand ist Utopie und das dialektische Bild also Traumbild. Ein solches Bild stellt die Ware schlechthin: als Fetisch. Ein solches Bild stellen die Passagen, die sowohl Haus sind wie Sterne. Ein solches Bild stellt die Hure, die Verkäuferin und Ware in einem ist.[37]

Aber die Passagen sind nicht die einzigen sichtbaren Phänomene und Symptome einer neuen Kultur. Benjamin wendet sich auch dem neuen Medium der Photographie zu, das völlig neue Perspektiven eröffnet. In den Panoramen Daguerres erhalten Weite, Entdeckung, Urbanität ein kongeniales Medium. So wie die Passage die Welt in

---

[33]   Walter Benjamin, Ausgewählte Schriften, Bd. 1, a.a.O., S. 172.
[34]   Ders., Ausgewählte Schriften, Bd. 1, a.a.O., S. 171.
[35]   Vgl. Anm. 28.
[36]   Walter Benjamin, Ausgewählte Schriften, Bd. 1, a.a.O., S. 179.
[37]   Ders., Ausgewählte Schriften, Bd. 1, a.a.O., S. 180.

die Stadt bringt, so blickt man mit dem neuen Medium von ihr in sie hinaus. Sie ermöglichen eine neue Konstruktion von »Welt«.

Die moderne Kultur der Ware hat ihre ganz eigenen Kulte und Kultstätten: Eine von ihnen sind die Weltausstellungen, die eine Leistungsschau der Nationen, eine Olympiade des technisch-ökonomischen Fortschritts darstellen, zugleich aber auch eine Selbstinszenierung einer historisch neuen Kultur: »Weltausstellungen sind Wallfahrten zum Fetisch Ware.« Sie bauen das »Universum der Waren« auf und machen Paris zur Kapitale nicht nur des technisch-industriellen Fortschritts, sondern zur Hauptstadt des Luxus und der »Phantasmagorie der kapitalistischen Kultur«.[38]

Aber auch die Operette, jene neue Form der Popularkultur, die in London, Paris und Wien ungeheure Triumphe feiert, interpretiert Benjamin als Manifestation einer neuen globalen Kultur. Benjamin bleibt seinem doppelten Blick treu. Keineswegs sieht er nämlich die Operette als bloßen ideologischen Zuckerguss einer von Kolonialismus und Klassenherrschaft geprägten Gesellschaft. Insbesondere im Œuvre Offenbachs sieht er kritische Impulse und interpretiert dessen Operettenwerk als einen hinterhältigen Kommentar zum Glamour des Zweiten Kaiserreiches: »Die Operette ist die ironische Utopie einer dauernden Herrschaft des Kapitals.«[39] Ob und inwiefern das etwa für die Operette Wiener Zuschnitts gilt, ist fraglich. Sie entbehrt fast gänzlich der sozialkritischen Invektiven. Ihre Renaissance in Deutschland und Österreich der 1950er Jahre legt es nahe, dass sie strukturell doch einer Sentenz folgt, die der berühmtesten Wiener Operette entstammt, der *Fledermaus*: »Glücklich ist, wer vergisst.« Aber dass auch dieser Typus von Operette eine gleichsam moderne, globale Formatierung besitzt, macht das ethnische gemischte Personal der Handlung sichtbar. Die multikulturelle Versöhnlichkeit und der Verzicht auf aggressive nationalistische Feindbilder lassen sich je nachdem entweder als kritische Abkehr von den realen Konflikten im mitteleuropäischen Raum oder auch als ein vorweg genommener Traum einer aufbrechenden Gesellschaft lesen.[40]

Kulturelle Veränderungen finden freilich nie bloß in den gut sichtbaren Außenarchitekturen einer Kultur statt. Außen und In-

---

[38] Ders., Ausgewählte Schriften, Bd. 1, a.a.O., S. 175ff.
[39] Ders., Ausgewählte Schriften, Bd. 1, a.a.O., S. 177.
[40] Moritz Csáky, Ideologie der Operette und Wiener Moderne, Böhlau: Wien 1996.

nen trennen sich mitunter voneinander. Das Interieur und die bürgerliche Binnenwelt wird bereits im Zeitalter des Bürgerkönigs und erst recht im *Fin de siècle* zu »Zufluchtsstätten der Kunst« und zum Ort der Verklärung der Dinge; Benjamin erwähnt in diesem Zusammenhang die Figur des Sammlers und prägt die metaphorische Formel vom »*etui* des Privatmanns«.[41] Das Kontor und die Privatwohnung bleiben für lange Zeit ein Schutzwall vor dem Draußen einer zunehmend wahrnehmungshektischeren urbanen Außenwelt. Der Bürger, der *citoyen* von einst, der geschäftstüchtige *bourgeois* von heute, verwandelt sich in den unpolitischen Privatmann. Mit Blick auf heute lässt sich der Verdacht formulieren, dass den Blütezeiten kapitalistischer Warenkultur eine Tendenz struktureller Entpolitisierung innewohnt.

Das Primat des Neuen ist ein weiteres Kennzeichen einer dynamischen Kultur. Seinen gültigen Ausdruck erfährt es in der rasanten Entwicklung der Presse und der Mode. Das Neue gewinnt seine Attraktivität allein schon dadurch, dass es neu oder modern ist. Der gerade heute unwiderstehliche Gebrauch von Begriffen wie Modernisierung und Reform macht deutlich, dass die Kultur, hier im Gleichklang zur Ökonomie, stets unter dem Druck des Innovativen steht, wobei das Neue – in Analogie zum technischen Fortschritt – *per se* gut ist, eben *weil* es neu ist. Ungewohnt sind auch die Architektur und die Straßen des Paris des 19. Jahrhundert. Mit einiger Zeitverschiebung gilt das auch für Berlin, Wien oder Budapest. Architekt dieses neuen Paris ist der aus der elsässischen Provinz stammende Baumeister und Stadtplaner Haussmann. Benjamin hebt die praktische und symbolische Bedeutung der großen breiten Straßen im Zentrum der Stadt hervor. Er spricht von »Durchblicke[n] durch lange Straßenfluchten« und von der »Veredelung der Technik durch künstlerische Zusätze«. Die Menschen erleben diesen kulturellen Wandel als Fremd-Werden der Stadt, so wie es Baudelaire in den *Fleurs du Mal* programmatisch und poetisch festgehalten hat. Denn Baudelaires Gedichte, deren obszöne Seiten im *Second Empire* einen Skandal auslösten, sind in gewisser Weise ein Erinnerungs- und Rettungswerk angesichts der Zerstörung des alten Paris. Für Benjamin hat die neue Architektur des neuen Paris zwei Seiten: Sie bedeutet den Triumph einer effizienten seriellen

---

41 Walter Benjamin, Ausgewählte Schriften, Bd. 1, a.a.O., S. 178.

Architektur, die sich primär als Ingenieurskonstruktion versteht, zielt aber auch auf Kontrolle und Beherrschung der Menschen, jener Massen, die 1789 und 1848 zum historischen Subjekt geworden waren. So sind in das von der Haussmann'schen Stadtplanung geschaffene Paris Aspekte von Macht und Herrschaft eingeschrieben: Sie möchte die Stadt vor den Revolutionen der Zukunft sichern. Benjamin denkt dabei natürlich an die Erhebung des revolutionären Proletariats.

Benjamins revolutionäre Perspektive verschränkt zwei Perspektiven, jene des Revolutionärs, der die bestehende Ordnung beseitigen möchte, mit der des Flaneurs, der der bürgerlichen Ordnung leidenschaftslos und gleichgültig gegenübersteht. Wie der Revolutionär Fourier sieht auch der »asoziale« Rebell Baudelaire diese Welt des Bürgertums als einen zerfallenden sozialen Kosmos:

> Dieser Epoche entstammen die Passagen und Interieurs, die Ausstellungshallen und Panoramen. Sie sind Rückstände einer Traumwelt. Die Verwertung der Traumelemente beim Erwachen ist der Schulfall des dialektischen Denkens. Daher ist das dialektische Denken das Organ des geschichtlichen Aufwachens. Jede Epoche träumt ja nicht nur die nächste, sondern träumend drängt sie auf das Erwachen hin. Sie trägt ihr Ende in sich und entfaltet es – wie schon Hegel erkannt hat – mit List. Mit der Erschütterung der Warenwirtschaft beginnen wir, die Monumente der Bourgeoisie als Ruinen zu erkennen, noch ehe sie zerfallen sind.[42]

Unübersehbar ist hier von einer anderen Dialektik die Rede, die sich gänzlich von jenem Typus unterscheidet, den Horkheimer und Adorno einige Jahre später entwickeln sollten. Benjamin greift noch einmal das Zitat von Michelet auf. Das kritische Bewusstsein hat wenigstens zwei Komponenten. Das dialektische Denken

► antizipiert den Untergang der alten Welt und sieht diese schon dann in Trümmern, als diese noch scheinbar fest gefügt ist;

► interpretiert die ›Exterieurs‹ und Interieurs der Epoche und der Kultur des Hochkapitalismus als »Rückstände« einer Traumwelt;

---

[42] Ders., Ausgewählte Schriften, Bd. 1, a.a.O., S. 184.

► zielt nicht auf die Perennierung des Träumens, sondern auf ein Erwachen, das erst die dialektische Verwendung und Verarbeitung der Traumfetzen ermöglicht;

► folgt der Figur der Hegel'schen List der Vernunft insofern nämlich, als jene Monumente der bürgerlich-kapitalistischen Kultur, die zur Selbstfeier des ökonomischen Systems entstanden sind, gegen die eigene Intention das Neue vorbereiten helfen. Sie werden gleichsam zum Werkzeug der sozialistischen Kultur.

Jenseits der Diskussion über die theoretische Position Benjamins muss man sagen, dass sich die Hegel'sche List der Vernunft ebenso wenig bewahrheitet hat wie Michelets Diktum. Der reale Sozialismus war mitnichten der Erbe jenes Hochkapitalismus, der dessen prächtige Monumente und elitären Luxus verwirklicht und verallgemeinert hat. Nichts dokumentiert dies besser als der Kontrast zwischen der schäbigen Konsumwelt des realen Sozialismus und den Prachtbauten des nach 1989 historisch siegreichen Kapitalismus. Die repräsentative Kultur des Kapitalismus, die Benjamin so eingehend dargestellt hat – Warenpaläste, Einkaufspassagen, Weltausstellung und andere Inszenierungen der Superlative, Popularkultur und Spektakel – haben sich bei allem Wandel, wie er durch eine Massenkultur mit breiten Käuferschichten gegeben ist, gehalten. Die alltägliche Warenkultur spielt sich indessen auf einem bescheideneren Niveau ab: den Einkaufszentren an den Stadträndern, die sich selbst den Namen Einkaufsstadt (*shopping city*) zugelegt haben. Aber die Phänomene, die Benjamin beschrieben hat, haben sich als repräsentative Formen der westlichen Konsumkultur in nahezu allen Metropolen dieser Welt etabliert, angereichert durch eine Form von Medialisierung und Bebilderung, die für Menschen früherer Epochen undenkbar gewesen wären.

Kritikpunkte und Anmerkungen

► Benjamin operiert höchst spekulativ und apodiktisch. Er arbeitet mit suggestiven Analogien (Eisenkonstruktionen – Traumkonstruktionen).

► Benjamin ersetzt die Erklärung durch die Analogie (die Eisenkonstruktion und die Konstruktion des Unbewussten).

► Er verwendet Begriffe wie Traum und Wunschbild im Gefolge der Jung-Schule unspezifisch und unhistorisch.

▶ Seine Kulturtheorie ist trotz seiner impliziten Kritik am Marxismus zu linear und deterministisch. Sie entwickelt kein eigenes Konzept von Kultur.

▶ Benjamin vertauscht einen ökonomischen mit einem technischen Materialismus.

▶ Benjamins Blick schwankt zwischen melancholischer Abkehr und romantischer Verklärung der Großstadt.

▶ Benjamin erklärt nicht hinreichend die Attraktivität von Mode und Geld, die ganz offenkundig nicht allein auf der utopischen Dimension beruht.

▶ Die dialektische Gedankenfigur, wonach die gegenwärtige Epoche stets die nachfolgende träumt, ist ein schönes Bild, trifft aber ganz offenkundig nicht zwingend zu. Der Umschlag vom Wollen zum Sein geschieht nicht zwangsläufig.

Literatur

Max Horkheimer, Theodor W. Adorno, Dialektik der Aufklärung, Frankfurt/Main: Fischer 1971.

Walter Benjamin, Das Passagenwerk, Frankfurt/Main: Suhrkamp 1982.

Ders., Ausgewählte Schriften, 2 Bde., Frankfurt/Main: Suhrkamp 1974 u. 1977, Bd. 1, S. 170–184.

Roger Behrens, Adorno-ABC, Leipzig: Reclam 2003.

Judith Butler, Kritik der ethischen Gewalt. Adorno-Vorlesungen 2002, Frankfurt/Main: Suhrkamp 2003.

Detlev Claussen, Theodor W. Adorno. Ein letztes Genie, Frankfurt/Main: Fischer 2003.

Wolfgang Müller-Funk, Erfahrung und Experiment. Studien zu Theorie und Geschichte des Essayismus, Berlin: Akademie-Verlag 1995.

Gerhard Schweppenhäuser, Theodor W. Adorno zur Einführung, Hamburg: Junius 2003.

Kapitel 7

Roland Barthes:
Von den *Mythologies* zur Semiotik der Kultur

In gewisser Weise spiegeln die theoretischen Diskurse und Debatten über Kultur die intellektuelle, und das heißt auch die politische und kulturelle Atmosphäre des jeweiligen Landes wider. Das gilt für die englischen *Cultural Studies* und ihre Vertreter (Raymond Williams, Stuart Hall → Kap. 12) ebenso, wie für jene Gruppe von Individualisten, die, ohne den Begriff *Kulturtheorie* programmatisch zu verwenden, doch einen ganz unverwechselbaren Beitrag zur Erforschung und Analyse all jener vielfältigen Phänomene geleistet haben (für Frankreich → Kap. 8, 9; für den deutschsprachigen Raum → Kap. 2, 3, 4, 6), die heute in einem weiteren Sinn als ›kulturell‹ gefasst werden. Im Falle der englischen *Cultural Studies* waren Phänomene der Massenkultur, das Entstehen von Minderheitenkulturen in den urbanen Zentren des Vereinigten Königreichs, das Thema Medien und die Diskussion um Geschlechtlichkeit einschlägig.

Vereinfacht gesprochen, hat die englische post-marxistische Kulturforschung die neuen Themen geliefert, während sich der französische Beitrag – wenn auch nicht ausschließlich – auf die Erarbeitung ambitionierter Theorieangebote im Windschatten einer an Marx anschließenden Gesellschaftskritik konzentriert. Das gilt für Roland Barthes ebenso, wie für Michel Foucault, Pierre Bourdieu, Louis Althusser (→ Kap. 12) oder Julia Kristeva[1]. Sie bildeten seit den 1960er Jahren – ungeachtet aller inhaltlicher Differenzen und Unterschiede des intellektuellen Temperaments – so etwas wie eine theoretische Avantgarde, die sich politisch vornehmlich auf der Neuen Linken positionierte. Wobei ihre Kritiker – und das gilt übrigens auch für die englischen *Cultural Studies* – nicht automatisch politisch konservativ waren. So positionierten sich so verschiedene Kritiker wie der österreichische Essayist und Emigrant Jean Amery oder auch der hermeneutisch orientierte Philosoph Paul Ricœur

---

[1] François Dosse, Geschichte des Strukturalismus, Bd. 2: Die Zeichen der Zeit, Hamburg: Junius 1997, S. 74–87.

(→ Kap. 13) durchaus als Denker, die sich im politischen Raum als Vertreter eines linken Spektrums verstanden, auch wenn sie freilich der radikalen Neuen Linken mit großem Vorbehalt gegenüberstanden.

Unter den repräsentativen Kulturtheoretikern ist Roland Barthes (1915–1980) der Essayist, der erst spät seinen Weg in das akademische Leben gefunden hat. Die Ursache hierfür war neben lebensgeschichtlichen Widrigkeiten vor allem die konservative Struktur der französischen Universitäten sowie ihr zäher Widerstand gegen das, was Jacques Derrida einmal in schöner Bildlichkeit als »strukturalistische Invasion« bezeichnet hat:

> Sollte sie sich eines Tages zurückziehen und ihre Werke und Zeichen auf den Stränden unserer Zivilisation hinterlassen, dann würde die *strukturalistische Invasion* zu einer Frage für den Historiker der Ideengeschichte. Wenn nicht gar zu einem Gegenstand. Der Historiker aber würde sich irren, ließe er sich darauf ein: denn schon durch die Geste, sie als Gegenstand anzusehen, würde er den Verlust ihres Sinns herbeiführen. Er vergäße, dass es sich in erster Linie um ein Wagnis in der Sehweise handelt, um eine Veränderung in der Art, Fragen an jeden Gegenstand zu stellen, und zwar im besonderen an die historischen – das heißt an seine – Objekte, und unter ihnen, entgegen aller Gewohnheit, an den literarischen Gegenstand.[2]

Wie die *Cultural Studies* so hat sich auch die an Semiotik und Strukturalismus[3] anschließende, von ihr beeinflusste Kulturtheorie französischer Provenienz gegen erhebliche Widerstände durchsetzen müssen. Womöglich überstrahlen Ansehen und Einfluss, die Denkern wie Foucault (→ Kap. 8), Bourdieu (→ Kap. 9) oder Barthes zuteil geworden sind, den akademischen Alltag in der frankophonen akademischen Landschaft.

Als Roland Barthes 1957 sein Buch *Mythologies* vorlegte, eine Sammlung von kleinen theoretischen Tableaus aus dem kulturellen Gesamtgefüge über das kulturelle Leben im Frankreich der 1950er Jahre, zählte der Autor immerhin schon 42 Jahre. Zu diesem Zeitpunkt war Barthes übrigens akademisch nicht etabliert, jedenfalls

---

[2] Jacques Derrida, Die Schrift und die Differenz, Frankfurt/Main: Suhrkamp 1976, S. 9.

[3] Vgl. François Dosse, Geschichte des Strukturalismus, Bd. 1: Das Feld des Zeichens, 1945–1966, Frankfurt/Main: Campus 1996.

nicht in dem Sinn, dass er universitäre und akademische Anerkennung erfahren hätte. Man merkt es dem Buch an, dass die Mythen
aus dem kleinbürgerlichen Alltag Nachkriegsfrankreichs zuerst als
Essays in Zeitschriften und Zeitungen erschienen sind. Die Publikation in Buchform zwingt Barthes indes, seine Denkbewegung zu
systematisieren und auf ihre methodischen Prämissen zu befragen.

Die deutsche Übersetzung des Buches ist keineswegs präzise, sie
unterschlägt nämlich die scheinbar geringfügige Differenz zwischen
Mythologie und Mythos. Unter Mythos versteht man für gewöhn-
lich eine ganz bestimmte Textsorte von Erzählungen: Heldensagen,
Gründungsgeschichten, Weltentstehungs-Erzählungen. Mit Mythologie wiederum ist das – mehr oder weniger ideologische – Gerüst
gemeint, das den Mythen zu Grunde liegt. Bereits Schelling hat in
seiner Philosophie der Mythologie sorgfältig zwischen Mythos und
Mythologie unterschieden. Er hat die Mythologie mit dem Polytheismus in Zusammenhang gebracht und sie als »ein Ganzes« der
einem jeweiligen Volk »eigentümlichen Sagen und Erzählungen«
bezeichnet, »die im Allgemeinen über die geschichtliche Zeit hinaus-
gehen«.[4] Der Mythos ist die Geschichte, die Erzählung (→ Kap. 13),
die Mythologie der systematische Aspekt, den die Theorie expliziert.
Barthes geht es um die Mythologie, nicht um die einzelnen mythisch strukturierten Erzählungen.

Barthes bezieht sich jedoch nicht auf die klassische vormoderne
Welt von Mythos und Mythologie, sondern auf jene mythischen
Strukturen, die in der Moderne gleichsam fortleben. Die Mythologie
ist eine Denk- und Anschauungsform, die Barthes immer wieder
in die Nähe des Begriffs der Ideologie rückt. Die Verwendung des
Terminus *Mythologie* in der Mehrzahl tut ein Übriges, die modernen
mythisch aufgeladenen Erzählkomplexe der modernen Kultur- und
Alltagswelt gleichsam symbolisch zu entwaffnen. Indem Barthes
die alltägliche Kultur und ihre Selbstwahrnehmung in die Nähe
des Mythologischen rückt, raubt er dem Mythos seine auratische
Schwere, wie er sie nicht zuletzt im deutschsprachigen Diskurs über
den Mythos besitzt. Barthes ist jedoch in dieser Strategie der Entzau-
berung nicht ganz konsequent, wie seine Analyse des DS 19 zeigen
wird, in der das französische Luxusauto als ein mythisches Subjekt
imaginiert wird.

---

4   Friedrich W.J. Schelling, Philosophie der Mythologie, a.a.O., S. 16.

Im systematischen Teil des Buches betont Barthes fünf Aspekte seiner Analyse jener Mythologien, die er für die Gegenwartskultur als symptomatisch ansieht.

► Mythologie und Mythos als Verwechslung von Natur und Kultur/Geschichte,
► Mythologie und Mythos als sprachliches und semiotisches System,
► der Symbolismus der modernen Mythologien,
► die Analyse der Mythologien als »Semiologie unserer bürgerlichen Welt«,
► Essayismus als methodisches Instrument, das konkrete Anschauung und begriffliche Durchdringung der modernen Mythologien erlaubt.

Der erste Punkt ist bereits in der Mythologie-Forschung vor Barthes geläufig. Der Mythos, auch der klassische, ist ein narratives Format, das die Differenz von Natur und Kultur nivelliert, das heißt erst gar nicht aufkommen lässt. Das ›Künstliche‹ erscheint als natürlich, und das ›Natürliche‹ als künstlich. Naturerscheinungen werden etwa als Zeichen (der Götter) gedeutet, während umgekehrt die von Menschen geschaffenen gesellschaftlichen und kulturellen Einrichtungen als natürlich interpretiert werden, als göttliche Setzungen, die sakrosankt sind.

Barthes meint nun, dass dieses Charakteristikum des traditionellen Mythos auch in den modernen Mythologien virulent ist. Anders als Horkheimer und Adorno, aber im Grundbefund doch ähnlich (→ Kap. 6), konstatiert auch Barthes, dass der moderne Mensch dem mythischen Denken nicht wirklich entronnen ist. Er schreibt:

Ich litt also darunter, sehen zu müssen, wie ›Natur‹ und ›Geschichte‹ ständig miteinander verwechselt werden.[5]

In den Mythologien des modernen Alltagslebens wird das ›Natürliche‹, insbesondere der Körper gleichsam zum Fetisch, während das Auto tendenziell zu einem objektiven, quasi-natürlichen Gegenstand gerät. Die Mythologien wären so besehen einer verzerrten Perspektive geschuldet, die beständig die Differenz von Kultur und Natur ausblendet und damit eine gleichsam prästabilisierte Welt erzeugt,

---

[5]   Roland Barthes, Mythen des Alltags, a.a.O., S. 2.

in der die Kultur als Naturgewalt und die Natur als Kunstwerk erscheint. Aber dadurch verwischt sich der Gegensatz zwischen Natur und Kultur selbst. Das sind Aspekte, die wir bereits in Marx' Analyse des Fetischcharakters der Ware kennen gelernt haben (→ Kap. 6).

Ziemlich neu hingegen wirkt der zweite Punkt in Barthes Analyse: Wie Lévi-Strauss, der Begründer der strukturalistischen Mythologie-Forschung,[6] versteht Barthes den Mythos nicht so sehr von der inhaltlichen Seite, von den Themen und Sujets der jeweiligen Mythologie und ihrer Mythen. Von daher nimmt es auch nicht Wunder, dass Barthes wie das Gros der Strukturalisten die formale Märchenanalyse eines Propp vehement begrüßt.[7] Denn auch Propp wendet sich von einer inhaltlichen Definition des Zaubermärchens ab und versucht, dieses stattdessen aus seinen formalen Bestandteilen heraus zu verstehen, nämlich aus den charakteristischen Handlungsfunktionen und den ihnen zugehörenden Akteuren, den Handlungsträgern. Wenn Barthes den Begriff *Semiologie* verwendet, so vornehmlich in dem Sinn, den er durch den Genfer Linguisten Ferdinand de Saussure erfahren hat. Saussure hat bekanntlich das sprachliche System (*langue*) von der gesprochenen Sprache (*parole*) unterschieden. Man könnte vielleicht sagen, dass sich die Mythologie zu den einzelnen Mythen so verhält wie die *langue* zur *parole*. Die *langue* ist sozusagen die ›unbewusste‹ Grammatik, die der konkreten Verwendung der Sprache im Allgemeinen und dem mythischen Sprechen im Besonderen zugrunde liegt. Das sprachliche Zeichen besteht Saussure zufolgt aus drei Elementen: dem Signifikanten (dem akustischen oder graphischen Zeichen, das sich von anderen unterscheidet), dem Signifikat (der Bedeutung) sowie der Relation zwischen beiden. Aber hier ist entscheidend, dass das Verhältnis zwischen beiden vollkommen kontingent und arbiträr, das heißt also willkürlich und konventionell ist. Der Mythos versteht sich nicht selbst als ein künstliches System, sondern er missversteht sich als natürlich. Das gilt gerade für die Dimension der Sprache, die als natürlich verstanden und systemlogisch zwingend missverstanden wird (→ Kap. 12).

---

6 Claude Lévi-Strauss, Strukturale Anthropologie, 2 Bde., Frankfurt/Main: Suhrkamp 1977; François Dosse, Geschichte des Strukturalismus, Bd. 1, a.a.O., S. 32–42.

7 Ders., Geschichte des Strukturalismus, Bd. 1, a.a.O., S. 111–117.

Das mythische System begreift Barthes drittens als ein komplexes System der Sinnstiftung, das prinzipiell auf zwei Ebenen angesiedelt ist. Es ist durch einen überladenen Symbolismus gekennzeichnet, in dem alles seine Bedeutung haben muss, wobei das sprachliche Zeichen in einen sekundären semiotischen Prozess eintritt. In diesem bekommen die Zeichen eine sekundäre, eben symbolische Bedeutung. Die Natur hat der französische, post-romantische Lyriker Charles Baudelaire (→ Kap. 6) als einen mit Symbolen übersäten Tempel apostrophiert:

> La nature est un temple où de vivant piliers
> Laissent parfoir sortir de confuses paroles;
> L'homme y passe à travers des forêts des symboles
> Qui l'observent avec des regards familiers
>
> Die Natur ist ein Tempel, wo aus lebendigen
> Pfeilern zuweilen wirre Worte dringen; der Mensch
> Geht dort durch die Wälder von Symbolen, die
> Mit vertrauten Blicken ihn beobachten.[8]

Damit ist Baudelaire eine zentrale Figur jener Moderne, die seit der deutschen Frühromantik, die Dichtung durch den Rückgriff auf die semiotische Welt des Mythischen erneuert und wiederverzaubert.[9] Dieser Rückbezug verschafft den Worten der Dichtung einen magischen Bann. Nicht in der modernen Welt als solcher, wohl aber im Raum der Dichtung findet diese Wiederverzauberung der Welt statt.

Die moderne Welt der Werbung, des Films, der Photographie hat Baudelaires nachromantisch-symbolistisches Programm auf eine sehr profane Art und Weise wahr gemacht. Es handelt sich um eine Welt überschäumender Symbolik, in der nichts dem Zufall überlassen wird. Was in der Kunst, die in der Moderne zunehmend selbstbezüglich geworden ist, angehen mag, das wird in der Alltagskultur zum systematisch falschen Bewusstsein. Das Problematische am Mythos ist also nicht sein Mangel, sondern seine Fülle an Sinn. Barthes spricht in diesem Zusammenhang einmal von der »schwere[n] Kavallerie des Symbols«. Unter den Bedingungen

---

[8] Charles Baudelaire, Die Blumen des Bösen, Sämtliche Werke, Bd. 3, a.a.O., S. 69.

[9] Octavio Paz, Die andere Zeit der Dichtung, Frankfurt/Main: Suhrkamp 1989, S. 92–103.

der Moderne kommt dem Mythos die prekäre Aufgabe der symbolischen Rettung der Welt zu, die das mythologische Denken durch
restlose Sinnstiftung verbürgt: »Die Rechnung ist gerettet, die Welt
hält noch einmal.«[10]

Den vierten Aspekt der Mythologie beschreibt Barthes einigermaßen unsystematisch und fragmentarisch, wenn er die Mythologie der modernen Welt als eine bürgerliche Semiotik bezeichnet:
Das lässt sich zumindest in zweierlei Richtung deuten, zum einen als
die kulturelle Manifestation einer sozialen Klasse, des Bürgertums,
das es sich gemütlich in dieser Welt eingerichtet hat, zum anderen
aber als (falsche) Selbstwahrnehmung der kapitalistisch ›bürgerlichen‹ Ökonomie. Zum dritten aber ist die Mythologie als kritisches
Projekt Teil einer multimedialen Semiologie, die das mythische Mitteilungssystem in kritischer Absicht zerlegt.[11]

Zumindest heute sind diese beiden Bedeutungen auseinander-
getreten; denn der Kapitalismus im Zeitalter der Massenkultur, mit
dem wir heute konfrontiert sind, hat sich längst von jener sozialen
Klasse getrennt, die man als bürgerlich bezeichnet. Der postmoderne
Kapitalismus ist eine globale Ökonomie ohne ein bürgerliches ›Subjekt‹. Barthes legt indes an einigen seiner Modellinterpretationen
der modernen Kultur nahe, dass diese Bürgerlichkeit keineswegs in
einem strikten Sinn gemeint ist, als kulturelle Manifestation einer
bestimmten Klasse, sondern als eine Form kultureller Selbstwahrnehmung, die eine generelle Bedeutung in einer Gesellschaft besitzt. Das gilt für das Gesicht der Schauspielerin Greta Garbo ebenso
wie für das Material Plastik oder für die Sexualität. Die Mythologie
der bürgerlich-kapitalistischen Welt ist der »Luxus der bedeutungsvollen Formen«.[12]

Als Methode empfiehlt Barthes ein Verfahren, das ich im Anschluss an Robert Musil als essayistisch (→ Kap. 5, 6) bezeichnen
möchte. Ausdrücklich verwahrt sich Barthes, jahrelang ein Außenseiter des akademischen Lebens, gegen die »wesensmäßige Differenz zwischen der Objektivität des Gelehrten und der Subjektivität
des Schriftstellers«.[13] Gerade auf die Verbindung von Augenschein
und Analyse, von Konkretem und Abstraktem kommt es an, wenn

---

[10] Roland Barthes, Mythen des Alltags, a.a.O., S. 3.
[11] Ders., Mythen des Alltags, a.a.O., S. 90.
[12] Ders., Mythen des Alltags, a.a.O., S. 188.
[13] Ders., Mythen des Alltags, a.a.O., S. 8.

man die symbolischen Verfestigungen, die der traditionelle wie der moderne Mythos schafft, durchbrechen möchte. Der Essayismus Barthes' verfolgt eine Doppelstrategie: Er fährt sprachlich die semiotische Oberfläche der modernen Kultur nach und durchsticht sie zugleich mit einem theoretischen Besteck, das für die Kulturtheorie gänzlich neu ist: Sprachanalyse und moderne Zeichentheorie. Diesen Prozess des aktiven Lesens hat Barthes in einem anderen Zusammenhang als ›Schreiben‹ bezeichnet. Die moderne Literaturtheorie hat die Gewichtung zwischen Autor und Leser verschoben, sie sieht in dem aufmerksamen Leser einen Akteur, der den literarischen Text noch einmal schreibt und ihn durch diesen Akt aktiver Rezeption aktualisiert und gegenwärtig macht.[14] In Analogie hierzu ließe sich sagen, dass der Kulturtheoretiker ein aktiver Zeichenleser ist, der die Kultur, die er vorgeblich nur beschreibt, selbst in ihrer Bedeutung herstellt, konstruiert.

Barthes geht, wie später die Begründer der englischen Kulturstudien, davon aus, dass die Kultur sehr viel mehr umfasst als die traditionelle Hochkultur, die in erster Linie der Repräsentation der bürgerlichen Klasse im 19. Jahrhundert gedient hat. Moderne Kultur lässt eine unbekümmerte Melange aus ›Hohem‹ und ›Tiefem‹ zu. Beide Elemente stehen einigermaßen unvermittelt nebeneinander oder einander gegenüber. Dem muss eine zeitgemäße Kulturanalyse Rechnung tragen. Dementsprechend trifft Barthes auch seine Auswahl. Die *Mythologies* bestehen aus Tableaus, die jeweils aus aktuellem Anlass erschienen. Der unsystematische Charakter des Buches ist Teil eines Programms, das die Heterogenität dessen sichtbar macht, was wir heutzutage unter Kultur verstehen. Ihre Bandbreite reicht vom traditionellen Kulturleben (Ausstellung, Theater) über Film, Reklame, Vergnügungswelt bis zur Esskultur (Nationalgerichte) und neuen Automarken. Insofern ist Barthes' Kulturbegriff jenem durchaus verwandt, den T.S. Eliot (→ Kap. 1) und in seinem Gefolge die *Cultural Studies* (→ Kap. 12) geprägt haben.

Was diese zu repräsentativen Erscheinungen und Artefakten der modernen kapitalistischen Kultur macht, ist nicht so sehr ihr praktischer Wert, sondern ihr symbolischer Überhang, ihr semiotischer Überschuss *und* ihre symbolische Einkleidung. Im Mittelpunkt der betrachtenden Analyse von modernen Kulturphänomenen steht

---

[14] Ders., S/Z, Frankfurt/Main: Suhrkamp 1987.

deren semiotische Bedeutung. Später wird Barthes den Begriff *Code* verwenden, einen Begriff, der womöglich nicht nur das technische Moment überakzentuiert, sondern auch eine Eindeutigkeit suggeriert, die diese Codes der Kleidung, der Autos, der Häuser usw. vermutlich nicht besitzen. Gegen diesen Begriff ist zu Recht eingewandt worden, dass er den Rezeptionsaspekt technisch verkürzt und zudem eine objektive Lesart nahe legt (→ Kap. 10). In seinem Spätwerk wird Barthes dies dezidiert ablehnen.

Die essayistische Methode, der sich Barthes bedient, steht in nicht zufälligem Gegensatz zum mythologischen Denken, das sie gewissermaßen entzaubern will, ohne doch die Attraktivität der Oberfläche zu missachten, die die Mythologien des Plastiks, des Striptease, des Citroen DS 19 erzeugen: Bei den *Mythologies* und erst recht bei der deutschen Ausgabe – sie enthält nur 19 Texte – handelt es sich um eine Auswahl von Aufsätzen, die Roland Barthes in den Jahren 1954 bis 1956 für *Les Lettres Nouvelles* Monat für Monat geliefert hat:

> Barthes wendet sich sarkastisch gegen das, was er als kleinbürgerliche Ideologie bezeichnet, die sich in den von den immer gewichtigeren Medien transportierten Geschmäckern und Werten äußert. Diese kleinbürgerliche Ideologie, mit der Barthes ins Gericht geht, birgt nach seiner Auffassung eine im wesentlichen ethische Bedeutung und ist im Sinne Flauberts ein zugleich sozialer, ethischer und ästhetischer Begriff: Sie ist »alles, was in mir den Ekel vor dem Durchschnitt, dem Halbwegs, der Vulgarität, dem Mittelmaß und besonders der Welt der Stereotypen hervorruft«.[15]

Den Texten, die keine innere Verbindung zueinander haben, ist das jedoch gemeinsam, dass sie Teile einer Alltagskultur, die in Medien behandelt werden, ansprechen. Das gilt für die Manifestation der so genannten Hochkultur, ebenso wie für die Popular- und Alltagskultur oder jene Ereignisse, die erst durch die Medien zu solchen werden. Die französische Ausgabe enthält folgende Analysestücke (die deutsche Auswahl findet sich nach dem Gedankenstrich).

(1) Avant-propos – (1) Vorbemerkung
(2) Le monde où l'on catche
(3) L'acteur d'Harcourt

---

[15]   Dosse, Geschichte des Strukturalismus, Bd. 1, a.a.O., S. 122.

 (4) Les Romains au cinéma – (12) Die Römer im Film
 (5) L'écrivain en vacances
 (6) La croisière du Sang bleu
 (7) Critique muette et aveugle – (8) Stumme und blinde Kritik
 (8) Saponides et détergents
 (9) Le Pauve et le Prolétaire
(10) Martiens
(11) L'operation Astra
(12) Conjugales
(13) Dominici
(14) Iconographie de l'abbé Pierre – (7) Ikonographie des Abbé Pierre
(15) Romans et Enfants
(16) Jouets
(17) Paris n'a pas été incondé
(18) Bichon chez les Négres
(19) Un ouvrier sympathique
(20) Le visage de Garbo – (18) Das Gesicht der Garbo
(21) Puissance et désinvolture
(22) Le vin et le lait
(23) Le biftek et les frites – (9) Beefsteak und Pommes frites
(24) Nautilus et Bateau ivre – (10) Nautilus und trunkenes Schiff
(25) Publicité de la profondeur – (12) Tiefenreklame
(26) Quelques paroles de M. Poujade
(27) Adamov et le langage – (13) Adamov und die Sprache
(28) Le cerveau d'Einstein – (5) Einsteins Gehirn
(29) L'homme-jet
(30) Racine est Racine – (6) Racine ist Racine
(31) Billy Graham au Vel' d'Hiv' – (2) Billy Graham im Velodrome d'Hiver
(32) Le procès Dupriez
(33) Photos-chocs – (14) Schockphotos
(34) Deux mythes du Jeune Théâtre – (4) Zwei Themen des Jungen Theaters
(35) Le Tour de France comme épopée
(36) Le Guide Bleu – (15) Der ›Blaue Führer‹
(37) Celle qui voit clair
(38) Cuisine ornamentale
(39) La croisière du ›Batory‹

(40) L'usager de la grève
(41) Grammaire africaine
(42) La critique Ni-Ni – (16) Die Weder-Noch-Kritik
(43) Strip-Tease – (17) Strip-Tease
(44) La nouvelle Citroen – (19) Der neue Citroen
(45) La Littérature selon Minou Drouet
(46) Photogénie électorale
(47) Continent perdu
(48) L'art vocal bourgeois
(49) Le plastique – (20) Plastik
(50) La grande famille des hommes – (3) Die große Familie der Menschen
(51) Au music-hall
(52) La Dame aux camélias
(53) Poujade et les intellectuells

Die deutsche Ausgabe umfasst die folgenden Tableaus:

► Selbstinszenierung des amerikanischen evangelikalen Billy Graham
► Besprechung einer anthropologischen Ausstellung und ihrer ideologischen Voraussetzungen
► Theaterrezension
► Einsteins Gehirn
► Reflexion über Racine als Ikone der konservativen Kultur
► Ikonographie des Abbè Pierre
► Kritische Auseinandersetzung mit der Funktion der Kritik
► Die semiotische Bedeutung von Beefsteak und Pommes frittes
► Die Bürgerlichkeit von Jules Vernes Phantasiewelt
► Die Antike (Römer) als Sujet des Films
► Tiefenreklame
► Das absurde Theater Adamovs
► Photographien des Schreckens
► Semiotik traditioneller Reiseführer
► die Kritik des Weder-Noch
► Strip-Tease
► Film: Das Gesicht der Greta Garbo
► Der neue Citroen
► Plastik als neues Material

Die Auswahl zeigt – auch noch in der gekürzten, um nicht zu sagen, entstellten deutschen Version – Barthes' Bemühen um Repräsentativität. Es geht um die gesamte Bandbreite der Kultur, um Phänomene, die eine überwiegend alltägliche Seite haben, im Lebensvollzug verankert sind, wie der Reiseführer, das Beefsteak oder das in den 1950er Jahren neue Material Plastik und seine Aura des Unauratischen. Unter die Lupe genommen werden aber auch jüngere Formen von kulturellen Erscheinungen wie der Film, die Photographie oder die Ausstellung. Zwar analysiert Barthes in seinen *Mythologien* auch die Produkte der traditionellen (Racine) oder der modernen Hochkultur (absurdes Theater), aber er tut dies doch unter einem verschobenen Blickwinkel: Es geht um ihre Funktion im Gesamtgefüge der Kultur.

Berühmt geworden ist – man könnte fast sagen analog zum glänzenden Objekt der Begierde – die Analyse des damals nicht nur vom Design her revolutionären Citroen DS 19, des ersten repräsentativen französischen Luxusautos nach dem Zweiten Weltkrieg. Barthes beginnt seine fulminante Decodierung dieses Artefakts mit einem Wortspiel. Wenn man die Abkürzung DS phonetisch realisiert, dann klingt der DS wie die *Déesse*, das französische Wort für Göttin. Diese Etymologie ist selbstredend das, was man im Englischen einen *fake*, einen raffinierten Schwindel nennt. Mit diesem konnotativen Wortspiel eröffnet Barthes eine wichtige und witzige Perspektive, lange bevor die zünftigen Humanwissenschaften die Kategorie des Geschlechts entdeckt hatten. Das Auto ist das Objekt des Mannes, das Objekt seines Begehrens, ein Substitut der Frau. Insofern liegt es nahe, das Auto, die DS, als weiblich imaginiertes Objekt zu verstehen.

In ihrer kulturellen Bedeutung stellt Barthes die *Déesse*, die neue Göttin, als magisches Objekt und symbolisches Artefakt in eine Reihe mit den romanischen Kathedralen, den Häusern des christlichen Gottes. Er lädt damit die Bedeutung des Autos, des Produktes einer industriellen Herstellung, sakral auf und raubt der Kathedrale, die der bürgerliche Kulturstolz des 19. Jahrhunderts als unerreichbares Kulturjuwel imaginiert, die Aura des Unerreichbaren. 1957 war es wohl provokant, ein modernes ›Gestell‹ mit Worten zu beschreiben, die ansonsten eben für die Spitzenprodukte der Hochkultur reserviert waren.

Die *Déesse* wird in dieser pointierten semiotischen Aufladung, bei der sich Barthes nicht nur als ironischer Kommentator, sondern auch als patriotischer Bewunderer moderner Autokultur erweist, zum Geschenk des Himmels. Sie ist von mythischer Vollkommenheit. Ihre Herkunft ist – beliebtes Motiv nicht nur antiker Mythologien – unbekannt, und gerade diese Ursprungslosigkeit verleiht ihr, trotz aller Nüchternheit, einen auratischen Glanz, den der semiotische Essayist in die Nähe von Jules Vernes gläsernem Schiff *Nautilus* rückt.

Diese Vollkommenheit offenbart sich in der Glätte des Materials und in der ästhetischen Konzentriertheit des Objekts. Von einer »Phänomenologie der Zusammenspannung«[16] spricht Barthes an einer anderen Stelle.

Das Himmlische dieses Autos offenbart sich gleichsam an der Karosserie des göttlichen Gefährts. Seine Aerodynamik überwindet die sportliche, nichtsublimierte männliche Aggressivität, die die bisherigen schnellen Autos charakterisiert. Eine französische Filmserie (*Fantomas*) hat sich dieses flugzeuggleiche Aussehen des Autos zunutze gemacht. Am Ende des Filmes, als der tüchtige, aber doch ein wenig begriffsstutzige Kommissar (Luis de Funès) seinem geheimnisvollen Widersacher beträchtlich nahe gekommen ist, hebt dieser mit seinem prächtigen DS 19 ab. Auf Knopfdruck haben sich die Flügel aufgeklappt, der Wagen hebt von der Autobahn ab. Die Göttin verschwindet in den Lüften.

Barthes hat seinen eigenwilligen Vergleich zwischen Kathedrale und Auto keineswegs vergessen, wenn er dieser verführerischen Luxuslimousine eine Tendenz zur Vergeistigung nachsagt und dabei auf die Bedeutung der verglasten Flächen verweist. Das Glas schiebt sich in den Vordergrund, das Blech ist nur mehr »Partitur«:

> Die Scheiben sind keine Fenster mehr, keine Öffnungen, die in die dunkle Karosserie gebrochen sind, sie sind große Flächen der Luft und der Leere, haben die gleißende Wölbung von Seifenblasen, die harte Dünnheit einer Substanz, die eher insektenhaft als mineralisch ist.[17]

Tatsächlich hat sich seit den Zeiten des DS 19 das Verhältnis von Glas und Blech geändert. Aber als dieser Citroen auf den Markt kam, waren die Fenster der Autos, und auch der Luxuslimousinen (Jaguar, Mercedes, BMW) eher klein und mickrig. Mittlerweile hat sich auch

[16] Roland Barthes, Mythen des Alltags, a.a.O., S. 77.
[17] Ders., Mythen des Alltags, a.a.O., S. 77.

die Aerodynamik der Autos, die tatsächlich Flugzeugen nachgebaut ist, einschneidend verändert. Insofern war, wie Barthes nicht ohne einen gewissen Patriotismus verkündet, die *Déesse* in der Tat revolutionär, von ihrer praktischen wie von ihrer symbolischen Seite.

Barthes kommt nun wieder auf seine Ausgangsidee zurück, die Fetischisierung des Autos als eines weiblichen Objekts, das ›man(n)‹ begehrt, weil es Eleganz besitzt: »Bisher erinnerte das superlativische Auto eher an das Bestiarium der Kraft.«[18]

Das Auto als die wahre Frau des Mannes, die ihm stummes Glück gewährt. Die Göttin der Autos lädt zur tastenden Entdeckung ein, sie befriedigt das männliche Begehren: die Polstergarnitur zu befühlen, die Türen zu streicheln. Der Bewunderer der Mythologie der *Déesse* wird plötzlich zum sarkastischen Kommentator, wenn er von der »Prostitution des Objekts«[19] spricht. Als analytischer Befund lässt sich festhalten, dass die symbolische Aufladung, wie sie mit dem mythischen Komplex einhergeht, nicht selten eine erotische ist.

Das Himmlische der neuen Göttin ist aber nur die eine Seite, die andere – und das charakterisiert die doppelbödige Eigenschaft vieler Produkte der modernen Warenkultur – ist überaus irdisch; der neue Citroen besitzt auch ein Pathos der Nützlichkeit und Funktionalität. So erinnert die Armatur den semiotischen Betrachter an die Schaltapparatur eines modernen Küchenherdes: Beide versprechen zuverlässige Kontrolle über das erworbene Objekt. In seinen Aspekten verkörpert die *Déesse* in ihrem symbolischen Überhang auf überraschende Weise zwei männliche Konstruktionen des Weiblichen: das überirdische Luxusgeschöpf und die Zuverlässigkeit der Hausfrau.

Auch Roland Barthes' Analyse des *Strip-Tease* verschaltet in seiner essayistischen Lesart den mythischen mit dem erotischen Aspekt. Die ungewöhnliche Schreibweise, die die beiden Bestandteile des Kompositums wieder trennt, bereitet das etymologische Wortspiel vor: das Abstreifen – etwa von Kleidungsstücken – (*strip*) ist mit dem Aspekt des Neckens und Quälens (*tease*) verbunden. Vielleicht ist es nicht unnötig zu sagen, dass diese theoretische Sichtung des begehrlichen Blickes in eine Zeit fällt, die noch nicht von sexueller Revolution und Befreiung spricht. Deshalb kann Barthes den *Strip-*

---

[18] Ders., Mythen des Alltags, a.a.O., S. 77.
[19] Ders., Mythen des Alltags, a.a.O., S. 78.

Tease als eine Ersatzhandlung interpretieren, die die kleinbürgerliche repressive Sexualmoral reproduziert.

Barthes spricht in diesem Zusammenhang von der Entsexualisierung des Körpers: Damit meint er nicht, dass dem Körper seine spezifische geschlechtliche Markierung genommen ist, sondern dass durch die spezifische Form seiner Präsentation Sexualität gebannt wird. Die öffentliche Vorführung im *Strip-Tease* lebt von der Dämonisierung des Sexuellen, wie sie der traditionellen Sexualmoral entspricht. Er lebt vom Reiz des Verbotenen, ohne dieses Verbot selbst zu durchbrechen. Um diese paradoxe kulturelle Funktion des Striptease zu beleuchten, greift Barthes zu einem Vergleich aus der Medizin, genauer aus der Prävention: moralische Immunisierung, Impfung. So besehen bedeutet der Striptease im Kontext der kleinbürgerlichen Welt der 1950er Jahre – aber vielleicht gilt dies auch im Zeitalter des Sex-Tourismus – das Publikum »mit einer Prise des Bösen [...] [i]mpfen«, um es gegen die Sexualität immun zu machen.[20]

Für die Analyse dieser erlaubten Entblößung des (vornehmlich) weiblichen Körpers bedient sich Barthes augenscheinlich ethnologischer Begriffe: *Magie, Bann* und *Ritual*. Ritualisierung bedeutet in diesem Zusammenhang, dass der Ablauf, also die Entkleidung, nach einer feststehenden Dramaturgie verläuft. Diese Festlegung ermöglicht ein weiteres Phänomen, das für den *Strip-Tease* eigentümlich ist: die Serialisierung. Die Festlegung des ›Programms‹ ermöglicht eine »ganze Serie von Entkleidungen«. Serialisierung ist auch in der modernen industriellen Gesellschaft ein sehr verbreitetes Phänomen: Jeder Mercedes oder jeder BMW ist exakt ein Modell aus einer Serie. Solche Serialisierungen (→ Kap. 13) sind charakteristisch für den Bereich kulturellen Handelns und Tuns: Eine Vorlesung ist – bei allen Abweichungsmöglichkeiten – ein serieller Akt, so wie das Verlesen von Nachrichten in Radio und Fernsehen usw. Die ›rituell‹ festgelegte Serialisierung erleichtert nicht nur unser alltägliches Handeln, sie macht es auch für die anderen nachvollziehbar.

Mit dem Ritual korrespondiert auch das, was Barthes als die »Maske aus Gesten«[21] und als Bewegungslosigkeit beschreibt. Die Maske gehört ebenso in den Bereich der feierlichen, aus dem Alltag

---

[20] Ders., Mythen des Alltags, a.a.O., S. 68.
[21] Ders., Mythen des Alltags, a.a.O., S. 70.

herausgehobenen Handlung. Die Maske verbirgt das Gesicht, verdeckt oder schützt das individuelle Antlitz, ermöglicht ein Sehen, ohne selbst gesehen zu werden. Das ist im Falle der völligen Entblößung einigermaßen widersinnig. Denn der einzige ›Daseinszweck‹ der Striptease-Tänzerin, der Stripperin, ist ja das Gesehen-Werden, die völlige Objektivierung durch den Blick. Aber während sie die intimen Details ihres Körpers frei gibt, entzieht sie die Intimität ihrer Persönlichkeit. Infolge des seriellen Charakters wird aus der einzelnen nackten Poseurin die Frau, das ›Weib‹ schlechthin, wie man früher im Deutschen sagte. Während sie sich äußerlich durch tänzelnde Schritte in Bewegung hält, ist ihre Bewegungslosigkeit eine innere, durch die sie sich von ihrem Publikum abgrenzt.

Der *Strip-Tease* spielt und operiert mit dem Kitzel des Geheimnisses. Und er dementiert es zugleich: Es wird, wie Barthes meint, nichts Verborgenes ans Tageslicht gebracht. Es gibt kein Geheimnis in der Tiefe, keine Wahrheit der Sexualität. Obschon sich über Barthes hinaus anfügen ließe, dass die Frau und das Weibliche, gerade im 19. Jahrhundert immer als geheimnisvoll und bedrohlich imaginiert worden sind. In ihrer mysteriösen Erscheinung wird sie zum Repräsentanten eben jenes Dunkels, mit dem die Sexualität verbunden wird. Die weibliche Scham, die der Striptease zugleich ent- und verhüllt, steht genau für dieses Dunkel.

Der Striptease widerlegt die Vorstellung, dass Nacktheit Natur pur sei. Damit befindet er sich genau in jenem mythischen Zwischenbereich, in dem die Differenz von Natur und Kultur verschwindet. Der Ausdruck »Nacktheit als natürliches Gewand« korrespondiert genau mit dieser verräterischen Doppelung.[22] Denn ein Gewand ist niemals Natur. Deshalb gilt es eine Semiotik der Nacktheit und der Scham zu entwickeln, die die Künstlichkeit des vornehmlich Natürlichen, des einer limitierten Öffentlichkeit zur Schau gestellten nackten weiblichen Körpers in unserer Kultur in seiner feinen kollektiven psychologischen Modellierung zu analysieren vermag.

Um seine Künstlichkeit zu offenbaren, bedarf der »entschleierte Körper« einer kulturellen Rekontextualisierung. Diese geschieht durch den Fetisch, der einzelne Accessoires in einer Weise auflädt, als ob sich diese den Dingen selbst verdanken. Wie Magie, Ritual oder Bann entstammt auch der Fetisch dem Bereich von Ethno-

---

[22] Ders., Mythen des Alltags, a.a.O., S. 69.

graphie und Ethnologie. Der Striptease kann dabei auf einen Traditionsbestand von Fetischen zurückgreifen: Feder, Pelz, Handschuh, Schuhe, das diamantene Dreieck, das die Scham verbirgt. Sie sind Einladungen an den Betrachter, um den präsentierten Körper erotisch aufzuladen. Sie sind Schminke, Andeutung und Vorenthaltung, um die – männliche – Phantasie in Gang zu setzen. Oder anders formuliert: Es gibt nur wenige Erscheinungen, die symbolisch so aufzuladen sind wie der nackte Körper des Menschen im Blickfeld des Begehrens.

An einer Stelle seiner Analyse bedient sich Barthes eines methodischen Kniffs, etwa wenn er auf den Striptease von Amateurinnen eingeht, wie er ja mittlerweile – im übertragenen, aber auch im unmittelbaren Sinn, zum Fernsehalltag geworden ist. Nicht nur offenbart er das uneingestandene Begehren nach Selbstenthüllung, vielmehr wird das Komische dieses Entkleidungsspieles dadurch sichtbar, dass es den nichtprofessionellen Akteurinnen nicht im gleichen Maß gelingt, wie den professionellen Stripperinnen: Das Spiel zwischen Natur und Kultur, zwischen Gewand und Nacktheit, zwischen Bann und Aufladung, zwischen Bewegung und Bewegungslosigkeit, zwischen Enthüllung und Verhüllung, zwischen Nähe und Distanz. Der Amateur-Striptease ist eine unfreiwillige entzaubernde Satire der erotischen Inszenierung, der Striptease in der Kunst kann im gelungenen Fall eine erhellende Verfremdung eines zutiefst widersprüchlichen Phänomens sichtbar machen, das fünfzig Jahre nach Barthes, auch im Zeitalter nach der sexuellen Revolution seine Attraktivität nicht eingebüßt hat, auch wenn sich die Geschlechterrollen und damit auch das Stereotyp – die Frau als Objekt des Begehrens und der Mann als der begehrende Blick – durchaus verändert haben. Die ›Urszene‹ des Striptease wird heute abgewandelt und künstlerisch verfremdet, in diversen künstlerischen Tanzvorführungen oder im Musiktheater, wo Nacktheit, weibliche, zuweilen aber auch männliche, als Travestie und *transgender*, sich als natürlich präsentiert. Aus heutiger Perspektive lässt sich fragen, ob die These von der Ersatzhandlung noch triftig ist oder ob die hier zur Schau gestellte Nacktheit nicht eine Mischung aus Restschock und Selbstfeier des Sexuellen darstellt. Vielleicht darf man hinzufügen, dass Kulturanalyse und Kulturforschung für ihre Ethnologie in eigener Sache nicht unbedingt die jeweiligen Spitzenprodukte brauchen. Viel eher scheint es, als ob das Mittelmaß den Blick auf das für so selbstverständlich Genommene frei gibt.

Abschließend lässt sich sagen, dass das scheinbare »Natürliche«, der nackte weibliche Körper, durch und durch semiotisch codiert ist. Die kollektiven Phantasien einer ganzen Kultur und Epoche sind in ihn eingeschrieben. Der Wortbedeutung von *tease* (necken) entsprechend, wird das Publikum – wie im Theater – auf die konzentrierte Position des Betrachters verpflichtet, der sich dem Tabu *Bitte nicht berühren* nicht zu widersetzen vermag. Der Blick, der in seinem Begehren auf Besitznahme drängt, wird systematisch an seinem Wunsch der Habhaftwerdung gehindert. Reizung durch Entzug. Dieses Spiel von Angebot und Dementi hatte Barthes im Sinn, wenn er von Entsexualisierung und von einer (spießigen) Selbstimmunisierung sprach. Der rituelle Entzug, der im Striptease zum Tragen kommt, korrespondiert mit dem gesellschaftlichen Tabu.

In einer späteren Phase wird Barthes dieses Spiel des Begehrens nicht mehr so negativ beurteilen und auf *den* Gegenstand der Literaturwissenschaft, den Text, übertragen. Schließlich lässt sich die Raffinesse des Vorgangs auch im Sinne der Sublimierung lesen. Wie der ausgestellte Körper so entzieht sich auch der sprachliche Körper eines Textes dem eindeutigen Zugriff, widersetzt er sich der eindeutigen symbolischen Entkleidung, auch wenn er scheinbar – wie bei Kafka oder Beckett – förmlich zur semiotischen Enthüllung, zur ultimativen Interpretation einlädt. Diese scheinbare, in Wirklichkeit sich selbst dementierende Einladung zur Decodierung erzeugt Lust und Begehren am und in Auseinandersetzung mit dem Text.[23]

Man könnte also sagen, dass Barthes' aktiver Leser, dieser Leser, der selbst als ein Schreibender gedacht wird, jenem begehrlichen Betrachter auf verblüffende Weise ähnelt, den Barthes in seiner Analyse eigentümlich aus der Betrachtung des Striptease aussperrt: den begehrlichen ›Leser‹ des öffentlich inszenierten Sprach-Körpers.

Seine *Mythologies* hat Roland Barthes in seinen späteren Arbeiten durch einen systematischen methodischen Appendix erweitert, der die essayistische Methode seines Vorgehens explizieren soll. Dabei geht er noch einmal auf seine vom traditionellen Verständnis abweichende Vorstellung von Mythologie und Mythos ein:

---

[23] Roland Barthes, Die Lust am Text, Frankfurt/Main: Suhrkamp 1984.

► *Dominanz der Form*: »Der Mythos hat kein Objekt, keinen Begriff, keine Idee«, er ist ein »Modus des Bedeutens« und eine narrative Form, ein »Mitteilungssystem«.

► *Multimedialität des Mythos*: Der Mythos kann die unterschiedlichsten medialen Darstellungsform haben (Photographie, Film, Reportage, Theater, Reklame).

► *Mythos als semiotisches System*: Der Mythos ist ein sekundäres ›semiologisches‹ System. Er lädt die Dinge mit einer sekundären Bedeutung auf, die nichts mit ihrer physikalischen Beschaffenheit zu tun hat.

Die Sekundärliteratur hat zu Recht herausgestellt, dass Barthes sich erst im Anschluss an seine mikroskopischen Analysen der Alltags- und Massenkultur mit jenen Theorien auseinander gesetzt hat, die heute in der Kulturanalyse eine so wichtige Rolle spielen, etwa die Semiologie (oder Semiotik), die Lehre von den Zeichen, die strukturale Linguistik eines Ferdinand de Saussure oder die Morphologie eines Propp.

Im methodischen Anhang interpretiert Barthes seine *Mythologies* im Licht der Saussure'schen Theorie der (sprachlichen) Zeichen. In dieser wird zwischen dem Signifikanten (dem Element, das Bedeutung generiert (das Bedeutende): Lautfolge, Schriftzeichen, Ideogramm, Piktogramm), und dem Signifikat (der Bedeutung, dem Bedeuteten), zwischen dem manifesten oder latenten Inhalt, unterschieden. Das Zeichen ist dabei das assoziative Ganze eines Begriffs, eines Bildes. Barthes gibt folgendes Beispiel:

Signifikant: Rose
Signifikat: Leidenschaft
Zeichen: Rose, die Leidenschaft bedeutet

Unübersehbar ist, dass Barthes hier bereits auf einer sprachlichen Metaebene argumentiert. Denn die primäre Bedeutung (Signifikat) des Signifikanten ›Rose‹ (als Lautform, als Schriftfolge oder als Abbildung) ist eine bestimmte Blume mit charakteristischen Eigenschaften (Stacheln, Blütenblättern, Blütenstempel usw.) und die kontingente, d.h. durch keine innere Notwendigkeit konstituierte Einheit des nur scheinbar tautologischen sprachlichen Zeichens wäre also, dass die ›Rose‹, die *Rose* bedeutet.

Die Bedeutung Leidenschaft ist sekundär und vermutlich auf bestimmte Kulturen beschränkt. Dem primären semiotischen System entspricht die Denotation, dem sekundären die Konnotation. Der Mythos ist ein sekundäres semiologisches (semiotisches) System, eine Metasprache, die auf das primäre semiologische System von Bild und Sprache rekurriert. Der Mythos macht das Zeichen, den Schlussstein des Primärsystems (in unserem Beispiel die *Rose*), zum Ausgangspunkt des sekundären Systems. Barthes liefert in seinem Text noch zwei weitere Beispiele:

► Beispiel (1): der Schüler der Quinta, der den lateinischen Satz »Quia ego nominor leo« lernt.
  a. primäre Bedeutung ist die Namenszuordnung.
  b. sekundäre Bedeutung ist: Das ist ein Übungssatz zur Erlernung der Passivformen der Konjugation.

► Beispiel (2): Photo in *Paris Match*: ein farbiger Soldat mit französischem Militärgruß
  a. primäre Bedeutung: ein farbiger Soldat ist ein französischer Soldat.
  b. sekundäre Bedeutung: Frankreich ist ein großes Imperium, in dem alle seine Söhne ohne Unterschied der Hautfarbe unter seiner Fahne dienen.

Es sei hier kurz auf Beispiel (2) eingegangen, weil es für die Analyse von Bildmaterial in Zeitungen, Fernsehen oder im Internet von großer Bedeutung ist. Die Bilder werden nur dann sekundär konnotiert, wenn man die jeweiligen Erzählungen kennt, in diesem Fall die (noch) koloniale Erzählung des Landes als eines multiethnischen Imperiums. Beispiele für solch suggestive Aussagen kann man im Fall des 11. Septembers in Hülle und Fülle finden: Afghanen in folkloristischer Tracht, als Sinnbild der Rückschrittlichkeit und Unterentwicklung, die Burkas der Frauen, Bilder von Muslimen, die sich auf den Boden werfen. Bei keinem dieser Bilder spielt die primäre Bedeutung eine sonderliche Rolle. Gewiss, sie bildet gleichsam die Unterlage für jenen Prozess sekundärer Bedeutungsgenerierung, der sich zumeist der Reflexion entzieht. Es ist der stereotype Charakter des Mythos als einer »erstarrte[n] Aussage«, die Barthes in dem Buch auf hinterhältige Weise konterkariert und kritisch hinterfragt. In seiner sinnerzeugenden Wut bewirkt das Ensemble kulturell verankerter Mythologien Deformierung von Sinn. Von da aus versteht sich auch Barthes' Kulturtheorie als ein kritischer Kommentar, der die versteinerten Verhältnisse, die die mythologische Matrix generiert, zum Tanzen bringen will. Der Mythos ist in Barthes' Augen imperativ, interpellativ und reduktionistisch. Er duldet keinen Widerspruch, er ist suggestiv (und manipulativ) und er schränkt den Blickwinkel ein. Eine kritische Analyse, wie sie Barthes vornimmt, widerspricht ihm nicht nur auf der Ebene der Inhalte, sondern repräsentiert eine andere offene Form des Denkens, die kommunikativ und differenziert ist.

Die *Mythologies* sind ein einzigartiges Werk geblieben, das keine direkte thematische und methodische Fortsetzung erfahren hat. Aber ihre Spuren finden sich in nahezu allen späteren Werken, etwa in seinen Versuchen, eine Semiotik des Narrativen (*Das semiologische Abenteuer*) zu entwickeln. Insbesondere die mittlere Phase seines Werkes lässt sich durch das forcierte Bemühen beschreiben, nach den *Mythologies* eine Kulturtheorie zu entwerfen und zu entwickeln, die auf semiologischen Füßen steht. Das Materielle und Materiale an der Kultur, insbesondere der modernen Kulturen besteht nicht so sehr in der Gegenständlichkeit ihrer Produkte, sondern in ihrer Symbolproduktion.

Immer wieder greift Barthes dabei auch auf eine klassische Sparte der Kultur im engeren Sinn zurück, auf den literarischen Text. Barthes' einschlägige Abhandlung mit dem geheimnisvollen Titel *S/Z* ist eine exemplarisches Studie und zugleich ein radikales Abenteuer des Denkens auf der Suche nach einer gesicherten Basis für eine Theorie der Literatur und – darüber hinaus – der Kultur. Die Wahl des Textes, Honoré de Balzacs Erzählung *Sarrasine*, ist strategisch gewählt. Barthes bezieht sich ganz bewusst auf keinen der großen Texte der Moderne des 20. Jahrhunderts, nicht auf die Dichtung des französischen Symbolismus, nicht auf die experimentale Literatur der Avantgarde, sondern auf einen scheinbar konventionellen ›realistischen‹ Text, der auf den ersten Blick keines aktiven Lesers bedarf, sondern aus sich selbst verstanden werden kann. Aber gerade der Realismus des 19. Jahrhunderts zeichnet sich weithin durch einen Überhang des Symbolischen aus, das Barthes in den *Mythologien* für den Mythos als charakteristisch angesehen hat – man denke zum Beispiel an Flauberts orientalistischen Roman *Salammbô*.[24]

---

[24]   Gustave Flaubert, Salambo, Frankfurt: Insel 1979.

Der zunächst rätselhafte Titel des Buches referiert auf einer primären Ebene auf die strukturalistische Grundoperation: die Bildung von Oppositionspaaren. *S/Z* zeigt an, dass diese beiden Buchstaben/Laute im Französischen Differenz markieren und damit Bedeutung generieren. Auf einer zweiten Ebene wird sinnfällig, dass diese Unterscheidung eine kulturell tiefliegende ist, markiert sie doch im Französischen die Differenz von Mann und Frau, von männlich und weiblich als einer Grundunterscheidung, die bisher allen Kulturen zu Grunde gelegen hat, auch wenn sie heute in Frage gestellt wird. Diese Infragestellung vollzieht sich auch in diesem Text des 19. Jahrhunderts. Die klassischen Unterscheidungen geraten ins Rutschen, wenn Männer nicht nur auf der Bühne Frauen spielen, sondern ein Mann als eine Frau wahrgenommen wird, und wenn unter der Welt des Heterosexuellen die verschwiegene und verpönte Homosexualität blitzlichtartig zum Vorschein kommt. Der Mann, der eigentlich Sarrazin heißen müsste, trägt den falschen Namen, den Namen, der einer Frau gehören würde: Sarrasine. Das ist das Thema einer raffiniert umrahmten Binnenerzählung, das war das Lebensthema von Roland Barthes und das ist ein Thema, das die Menschen der westlichen Welt beschäftigt: die Relativität der sexuellen Ordnung.

Barthes entwickelt im Hinblick auf die semiotische Analyse dieses Textes ein System von verschiedenen Codes. Umgekehrt wird die Differenz zwischen den Codes erst durch den literarischen Text nachvollziehbar. Die Anwendung von Theorie verschränkt sich mit ihrer Entfaltung. So ist auch nicht ganz klar, ob es mehr als die fünf von Barthes angeführten und beschriebenen Codes gibt. Das semiotische System, das Barthes in *S/Z* entwickelt, ist also offen und hat das Pathos einer quasi-naturwissenschaftlichen Objektivität, wie sie für den frühen Strukturalismus eigentümlich war, hinter sich gelassen. Selbst die Zuordnung der Codes unterliegt der Offenheit der Interpretation.

Das, was Barthes als Codes bezeichnet, sind nicht mehr geschlossene semiotische Systeme, die mehr oder wenig objektiv abrufbar sind, sie sind für ihn eine »Perspektive aus Zutaten«, »eine Luftspiegelung von Strukturen«[25].

---

[25] Roland Barthes, S/Z, a.a.O., S. 25.

Barthes unterscheidet fünf Codes, denen er verschiedene Funktionen zuordnet. Sie lauten:

▶ Hermeneutischer Code (HER): Gliederung einer Frage, einer Antwort, des Zufalls, eines Rätsels. *Code des Fragens.* (Wer oder was?)
▶ Semantischer Code (SEM): Ablesen der semantischen Einheiten, Konnotation. *Code der semantischen Bedeutung* (Welche Bedeutung?)
▶ Symbolischer Code (SYM): Situierung der realen und symbolischen Räume. *Code des symbolischen Feldes* (Wo, Wohin?)
▶ Proairetischer Code (AKT): Organisation der Handlungen und Akte. *Code der Handlung* (Was tut er/sie?)
▶ Gnomischer Code (REF): Referieren auf vorhandene und verfügbare Wissensbestände in einem vorgegebenen kulturellen Kontext. Organisation der Werte und Kommentare. *Code des kulturellen Wissens* (Wie ist das zu beurteilen? Wie ist das?)

Barthes untergliedert die etwa dreißigseitige Erzählung in 561 Sequenzen, denen er einen, zuweilen auch zwei oder mehrere Codes zuordnet. Auf ca. 200 Seiten wird der Text in seiner semiotischen Fülle präsentiert und zugleich aufgeschnitten. Die Eingangspassage aus Balzacs Erzählung – die Überschrift und die Anfangssätze – hat Barthes, wie man sieht, bereits in sieben Sequenzen unterteilt:

Honoré de Balzac

(1) Sarrasine

(2) Ich war in eine jener tiefen Träumereien versunken, (3) wie sie jeden, auch einen frivolen Menschen, inmitten noch so rauschender Feste erfassen. (4) Die Uhr des Elysée-Bourbon hatte gerade Mitternacht geschlagen. (5) In einer Fensternische sitzend (6) und hinter den herabwallenden Falten eines Moirévorhangs verborgen, (7) konnte ich nach Belieben den Garten der Villa betrachten, in deren Räumen ich den Abend verbrachte.[26]

▶ *Hermeneutischer Code*: »Sarrassine, was ist das? Irgendeine Bedeutung? Ein Eigenname? Eine Sache? Ein Mann, eine Frau?« Sequenz 1

---

[26] Ders., S/Z, a.a.O., S. 22.

► *Semantischer Code:* Konnotation des Wortes mit Weiblichkeit (= Signifikat). Sequenz 1

► *Symbolischer Code:* »Ich war in eine jener tiefen Träumereien versunken ...« Sequenz 2. Träumerei bezeichnet ein symbolisches Feld im Kontext einer Kultur.

► *Handlungscode*: »Ich war [...] versunken.« Zustand der Abwesenheit, des Absorbiert-Seins. Sequenz 2

► *Gnomischer Code*: »[...] wie sie jeden, auch einen frivolen Menschen, inmitten noch so rauschender Feste erfassen.« Es handelt sich um einen kulturellen Code im engeren Sinn, um einen Code des Wissens und der Weisheit. Sequenz 3[27]

Schon die ersten drei Sequenzen enthalten in Barthes Decodierung insgesamt alle fünf von Barthes unterschiedenen Codes. Wir rätseln über die Person des Protagonisten und sein Geschlecht, wir erfahren etwas von der Geistesabwesenheit des heterodiegetischen und intradiegetischen Erzählers (des Rahmenerzählers, der in der Binnenhandlung nicht vorkommt), der sich abseits des rauschenden Festes befindet. Wir erfahren, dass sich dieser Besucher auf einem vornehmen Fest befindet, und wir werden mit dem Urteil des Rahmenerzählers konfrontiert (Frivolität), das auf das nachfolgende elegante Geschehen abfärbt.

Der semiotischen Kulturtheorie geht es nicht primär um eine letzte gültige Interpretation, um die lückenlose Erfassung von Bedeutung, sondern um die Beschreibung, wie jene sekundären semiotischen Mitteilungssysteme Bedeutung produzieren. Umberto Eco hat den literarischen Text einmal als eine »faule Maschine«[28] bezeichnet, die den Leser zur aktiven semiotischen Arbeit antreibt. Es ist nicht ganz sicher, ob sich diese Faulheit auf literarische Texte beschränkt. Die Decodierung, die Barthes hier am Beispiel eines historischen literarischen Textes vornimmt, lässt sich – mit Modifikationen – prinzipiell auch auf andere kulturelle Bereiche ausweiten: auf Phänomene wie Film, Werbung, bildende Kunst, auf Texte der Alltagskultur.

Einen ganz anderen methodischen Weg hat Barthes in seinem Buch *Das Semiologische Abenteuer* beschritten. Steht in *S/Z* der semantische Aspekt im Vordergrund, so konzentriert sich Barthes in dem

---

[27] Ders., S/Z, a.a.O., S. 23f.
[28] Umberto Eco, Im Wald der Fiktionen, München: dtv 1996, S. 11.

zeitlich benachbarten Werk vornehmlich auf die strukturale Analyse von Erzählungen. Bisher hat sich die strukturalistische Analyse auf die Sätze als größte Einheiten beschränkt. Barthes möchte sie nun auf Erzählungen ausweiten. Erzählungen begreift Barthes als universale kulturelle Konstruktionsformen (→ Kap. 13). Man kann den Satz als den Nukleus einer Erzählung verstehen und umgekehrt die Erzählung als Exposition eines Satzes.

Barthes behandelt in dem Aufsatzband Texte aus der Bibel und von Edgar Allan Poe (*Der Fall Valdemar*) sowie den James Bond-Roman *Goldfinger*. Seine Grammatik des Narrativen unterscheidet vier ›syntaktische‹ Grundfunktionen:

- ► (metonymische) *Funktionen* der Handlung und (metaphorische) *Indizien* der Bedeutung
- ► innerhalb der Funktionen zwischen *Kardinalfunktionen und Katalysen*
- ► innerhalb der Indizien zwischen *Indizien im engeren Sinn* und *Informanten*

Die *Funktion* bezieht sich, wie das Zitat aus dem James Bond-Roman illustriert, auf den Fortlauf der Handlung, auf die »Funktionalität des Tuns«:[29] »Der Kauf eines Revolvers korreliert mit dem Augenblick, in dem man ihn benutzen wird.« Die Funktion ist ihrer ganzen Logik nach, wie Barthes formuliert, eine *metonymische* Beziehung, ein *relatum*. Eigentlich ist die Metonymie eine rhetorische Figur, in gewisser Weise das Gegenstück zur Metapher. Repräsentiert die Metapher in der Terminologie der strukturalen Linguistik den paradigmatischen Aspekt, so die Metonymie den syntagmatischen. Die Metapher folgt dem Prinzip der Substitution, die Metonymie der Komplementarität. Der Revolver ist kein Substitut, keine Metapher für den Akt, den er setzt, sondern dessen integrativer Bestandteil. Als Beispiel für eine Gattung, die eine stark funktionale Struktur hat, nennt Barthes das Volksmärchen.

Das *Indiz* wiederum korreliert mit jener Form der Bedeutungsproduktion und -transformation, mit der rhetorischen Figur der Metapher: »Die Verwaltungsmacht, die hinter Bond steht und die durch die Zahl der Telephonapparate indexiert wird, hat keinerlei

---

[29] Roland Barthes, Das semiologische Abenteuer, a.a.O., S. 112, vgl. auch S. 145.

Auswirkung auf die Handlungssequenz«, aber sie beschreibt und charakterisiert Bond: Er »steht auf der Seite der Ordnung«. Das Indiz ist ein *metaphorisches* Relatum: In ihr geht es um die »Funktionalität des Seins«, nicht um jene des Tuns. Das Gattungsbeispiel, das hier angeführt wird, ist der psychologische Roman.[30]

Die zentrale Handlungsfunktionen sind die *Kardinalfunktionen (Kerne)*: Sie bilden das tragende Gerüst für Bedeutung und Logik der Handlung, Lässt man sie aus, dann fällt der Text in sich zusammen wie ein Kartenhaus. Barthes nennt sie auch die »Risikomomente der Erzählung«. Die Kardinaltugenden sind epische Festlegungen.

Demgegenüber erscheinen die *Katalysen* zunächst als sekundär. *Katalyse* kommt aus dem Griechischen und bedeutet Auflösung, aber auch Verzögerung. Die Katalyse hemmt den epischen Ablauf. Sie hat eine retardierende, das heißt verlangsamende Funktion. Es handelt sich um Handlungsfunktionen, die für den Ablauf der Handlung nicht von fundamentaler Bedeutung sind wie die Kardinalfunktionen. Barthes macht dies an einer Passage aus Goldfinger anschaulich: »Bond begab sich zu seinem Schreibtisch, nahm den Hörer ab, legte seine Zigarette weg.« Die Katalysen sind die kleinen Feinheiten des Textes und sie sind tragend für den konsekutiven Ablauf, für die »narrative Autorität«,[31] für die Spannung der Abläufe. Sie stiften Kontakt zwischen Erzähler und Leser. Sie schaffen Ruhepausen und Luxus, somit auch einen Horizont der Sinnerwartung.

Die *Indizien im engeren Sinn* sind die wichtigsten Bedeutungsfunktionen. Indizien sind – etymologisch betrachtet – Anzeichen. Der Begriff *Indiz* ist vor allem im Bereich der Kriminalistik und im Prozesswesen gebräuchlich. Hier sind Indizien Spuren, die der Täter hinterlassen hat. Barthes wählt wiederum ein Beispiel aus dem James Bond-Roman:

> […] Bond versieht seinen Dienst in einem Büro, durch dessen geöffnetes Fenster man zwischen vorbeijagenden Wolken den Mond sehen kann […].[32]

---

[30] Ders., Das semiologische Abenteuer, a.a.O., S. 112: »Die zwei großen Klassen von Einheiten, Funktionen und Indizien, dürften bereits eine gewisse Einteilung der Erzählungen gestatten. Manche sind hochgradig funktionell (etwa die Volksmärchen), andere wieder hochgradig indiziell (etwa der ›psychologische‹ Roman).«

[31] Ders., Das semiologische Abenteuer, a.a.O., S. 113.

[32] Ders., Das semiologische Abenteuer, a.a.O., S. 114.

Die Indizien erzeugen Atmosphäre, sie erzeugen Gefühl und bezeichnen einen Charakter, produzieren Stimmung, beleuchten die
Seelenlage der Akteure. Sie machen Menschen und Situationen unverwechselbar.

Die *Informanten* sind ähnlich wie die die Katalysen scheinbar
überflüssige Funktionen. Die Angaben, die die Bedeutungsfunktion
Informant liefert, sind für die Charakterisierung der jeweiligen Person und ihrer Situation höchst nebensächlich. Ein Beispiel dafür ist
das exakte Alter eines Proponenten. Wie alt James Bond oder Madame Bovary exakt sind, ist funktional besehen unwichtig. Aber die
Detailbeschreibung hat eine ganz andere Funktion, die vor allem im
Hinblick auf die Suggestion von Realität von Belang ist, wie Barthes
ausführt:

> Der Informant mag noch so ›matt‹ sein in bezug auf die übrige Geschich-
> te, er dient als Gewähr für die Realität des Berichteten und verankert die
> Fiktion in der Wirklichkeit.[33]

Der Informant erweist sich als ein »realistischer Operator auf der
Ebene der Geschichte wie auf der des Diskurses«. Eigentlich sind
nur die Kardinalfunktionen (Kerne) ›primär‹, Katalysen, Indizien
und Informanten lassen sich hingegen als »Expansionen« der Funktion beschreiben. Aber die Qualität eines Textes, eines Films, eines
Video-Clips, einer Werbung usw. besteht nicht ausschließlich in ihrer durch den Plot der Handlung vermittelten Botschaft, sondern in
ihrer formalen ästhetischen Einkleidung. Insofern wird das scheinbar Überflüssige, Luxuriöse, Sekundäre zum Primären. Die Geschichte eines Ehebruchs allein macht Flauberts Roman noch nicht
zu einem literarischen Meisterwerk, vielmehr jenes zarte und dif-
ferenzierte Gewebe des scheinbar Überflüssigen, das Flaubert über
die Geschichte legt.

Barthes formales Modell gestattet es übrigens auch, serielles
Schreiben und bestimmte Genres (Kriminalroman, Seifenoper, Por-
nographie, Abenteuerroman) jeweils auf eine homologe Matrix und
auf bestimmte Konstellationen von Handlungsfunktionen zurück-
zuführen. Nicht nur der Striptease, sondern auch viele literarische
und filmische Genres sind in höchstem Maße seriell. Das gilt nicht
nur für die von der zünftigen Literaturkritik eher verachteten Gen-

---

[33] Ders., Das semiologische Abenteuer, a.a.O., S. 115.

res (*Science Tiction, Fantasy,* Kriminalroman, pornographische Literatur), sondern auch für die hoch eingestuften Genres der Literatur (etwa den Briefroman um 1800 oder der Novelle Anfang des 19. Jahrhunderts, Autobiographien usw.).

Die Semiotik Barthes weitet sich in jenem Moment von einer Literaturtheorie zu einer allgemeinen Kulturtheorie, wenn Barthes sein Instrumentarium auf Artefakte der Massenkultur aber auch auf Phänomene wie die Stadt bezieht, die sich auch als ein semiotisches System begreifen lässt (wovon die Großstadtbeschreibung seit Victor Hugo und Baudelaire nachhaltig profitiert hat):

> [...] die Stadt ist ein Gedicht, [...] aber sie ist nicht ein klassisches Gedicht. Sie ist ein Gedicht, das den Signifikanten entfaltet, und diese Entfaltung sollte die Stadtsemiologie letztlich versuchen zu erfassen und erklingen zu lassen.[34]

Damit kommt Barthes wieder auf Themen zurück, die schon in den *Mythologie*s zur Sprache kamen: Ein Citroen ist ein Citroen ist ein Citroen. Aber während Barthes im Hinblick auf schriftlich verfasste Texte ein ziemlich systematisches theoretisches Regelwerk der Analyse entwickelt, bleibt die Kulturanalyse Stückwerk. Zu offensichtlich, dass die Semantik der fünf Codes und die Grammatik der Erzählung sich an der expliziten narrativen Qualität literarischer und nichtliterarischer Texte orientieren. Eine semiotische Kulturanalyse, die das Bildliche und Piktographische mit einbezieht, hat davon auszugehen, dass derlei semiotische Komplexe oftmals Erzählungen voraussetzen, diese aber nicht exemplifizieren. Und sie hat davon auszugehen, dass Bild und Schrift zwei Phänomene sind, die in hohem Maße voneinander unabhängig und nicht auseinander ableitbar sind, was nicht heißt, dass sie nicht miteinander verbunden sein können.

Barthes hat ein leistungsfähiges, wenn auch zuweilen sehr objektivistisches und formalistisches System geschaffen. Natürlich sind die Strukturmodelle, die Barthes vorlegt, von einem hermeneutischen Vorverständnis abhängig und somit ›subjektiv‹. Sie sind alle kontextabhängig; das heißt es hängt stets von meiner Position im kulturellen Kontext ab, ob ich die Erzählung in *Paris Match* voll erfasse, welche Aktualität die Geschichte eines transsexuellen

---

[34] Ders., Das semiologische Abenteuer, a.a.O., S. 209.

neapolitanischen Sängers für mich hat und welche Bedeutung des Citroen ich decodiere und zu decodieren vermag. Im Hinblick auf die Thematik des Mythos kommt es zum Beispiel darauf an, ob ich die verschwiegenen und von einer Kultur vorausgesetzten Bedeutungen kenne oder nicht. Vermutlich hat die »Déesse« für einen Österreicher anno 1960, für einen Japaner 2003 und für eine Amerikanerin eine verschiedene Bedeutung. Gleiches gilt für das Kulturphänomen Striptease.

Kritikpunkte und Anmerkungen

▶ Barthes' Mythos-Begriff ist zu unspezifisch und ahistorisch, er unterscheidet nicht zwischen traditionellem und modernem Verständnis von Mythos und Mythologie.

▶ Barthes' Konzept der Semiotik ist, wenigstens in seinem frühen und mittleren Werk, zu objektivistisch. Das System von Codierung/Decodierung funktioniert keineswegs so ›objektiv‹, wie es Barthes' frühe Semiologie nahe legt. Sein eigenes essayistisch-hermeneutisches Verfahren widerspricht dieser methodischen Prämisse. Der englische Kulturtheoretiker Stuart Hall, aber auch die deutsche Rezeptionsästhetik haben zu Recht auf die offenen Stellen in semiotischen Systemen hingewiesen, auf die pluralen und auch subversiven Möglichkeiten von Decodierung (→ Kap. 12).

▶ Barthes' Konzept vom Mythos als sekundärem semiotischen System fehlt im Gefolge des lingustischen Strukturalismus Saussures jegliche historische Dimension.

▶ Barthes setzt Mythos und Erzählung strukturell gleich. Es gibt aber auch andere sekundäre Systeme und Erzählungen, die nicht mythisch sind (etwa in Literatur, Kunst, Wissenschaft).

▶ Barthes' negative Sicht von Mythos und Mythologie blendet die Unhintergehbarkeit des Mythos als kollektive Gemeinschaftserzählung und als Bearbeitung von Grenzerfahrungen aus.

▶ Barthes setzt Mythologie mit Ideologie tendenziell gleich.

Literatur

Roland Barthes, Mythen des Alltags, Frankfurt/Main: Suhrkamp 1964.
Ders., Das semiologische Abenteuer, Frankfurt/Main: Suhrkamp 1979.
Ders., S/Z, Frankfurt/Main: Suhrkamp 1987.

Graham Allen, Roland Barthes, London: Routledge 2004.

Louis-Jean Calvet, Roland Barthes. Eine Biographie, Frankfurt/Main: Suhr-kamp 1993.

François Dosse, Geschichte des Strukturalismus, 2 Bde., Frankfurt/Main: Campus 1996/97.

Mike Gane (Hrsg.), Roland Barthes, London: Sage 2004.

Gabriele Röttger-Denker, Roland Barthes zur Einführung, (2. überarb. Aufl.) Hamburg: Junius 1997.

Michael Stehle, Die Stellung des Subjekts bei Michel Foucault und Roland Barthes, Wien: Dipl.Arb. 2000.

Kapitel 8

Michel Foucault: Diskurs als kulturelle Macht

Roland Barthes und Michel Foucault werden gerne als Doppelgänger am Rande des Strukturalismus gehandelt. Gewisse Gemeinsamkeiten in ihrer privaten wie intellektuellen Biographie sind unübersehbar: die umwegige und späte akademische Karriere, die homosexuelle Disposition, die Erfahrung der Krise traditioneller linker Positionen, die transdisziplinären Interessen, das Faible für theoretisches Experimentieren und die nicht endende Suche nach neuen methodischen Konzepten. Ihr weit gestreutes Interesse und ihre spezifische Neugier im Hinblick auf die Grundlagen der eigenen westlichen Kultur machen sie, ohne dass sie diese Bezeichnung je für sich reklamiert hätten, zu Beispiel gebenden Kulturtheoretikern oder Kulturwissenschaftlern.

Nicht zu übersehen sind indes auch die Unterschiede, die man provisorisch als Gegensatz zwischen Essayismus (→ Kap, 5, 6) und System bezeichnen könnte. Denn trotz aller Anstrengungen um eine konsistente, ›gründliche‹ Methodologie hat Barthes keine systematische Kulturtheorie hinterlassen, während Foucaults Diskursanalyse eine sehr gut anwendbare methodische Werkzeugkiste liefert, die sich bis heute bei Historikern, Literatur- und Kulturwissenschaftlern großer Beliebtheit erfreut.

Mit anderen Worten: Foucault ist im Unterschied zu Barthes ein schulbildender Autor. Beide Denker durchlaufen eine strukturalistische Phase und entdecken am Ende das Subjekt, von dem sich insbesondere Foucault so entschieden (fast euphorisch) und endgültig verabschiedet hatte, wieder.[1] Hatte sich Foucault bereits im ersten Band von *Sexualität und Wahrheit* kritisch über die Repressionshypothese geäußert,[2] so erklärt er im zweiten Band *Der Gebrauch der Lüste*, dass es nicht die Absicht der vorliegenden Untersuchung sei,

---

[1] François Dosse, Geschichte des Strukturalismus, Bd. 2, a.a.O., S. 394–426; Michael Stehle, Die Stellung des Subjekts bei Michel Foucault und Roland Barthes oder A la recherche du sujet perdu, Wien: Dipl.Arb. 2000.

[2] Michel Foucault, Sexualität und Wahrheit, Bd. 1: Der Wille zum Wissen, Frankfurt/Main: Suhrkamp 1977, S. 11–23.

»eine Geschichte der sexuellen Verhalten und Praktiken in ihren sukzessiven Formen, ihrer Entwicklung und ihrer Verbreitung« zu rekonstruieren oder jene »wissenschaftlichen, religiösen oder philosophischen« Diskurse zu verfolgen, »in denen man sich diese Verhaltensweisen vorgestellt hat.«[3] Damit modifiziert und relativiert Foucault seine bisherige genealogische Diskursanalyse zugunsten einer Kulturgeschichte des Subjekts, das sich aus der Erfahrung der Sexualität speist:

> Es ging mir also darum, zu sehen, wie sich in den modernen abendländischen Gesellschaften eine ›Erfahrung‹ konstituiert hat, die die Individuen dazu brachte, sich als Subjekte einer ›Sexualität‹ anzuerkennen, und die in sehr verschiedene Erkenntnisbereiche mündet und sich an ein System von Regeln und Zwängen anschließt. Das Projekt war also das einer Geschichte der Sexualität als Erfahrung – wenn man unter Erfahrung die Korrelation versteht, die in einer Kultur zwischen Wissensbereichen, Normativitätstypen und Subjektivitätsformen besteht.[4]

Sexualität und Wahrheit geht zweifelsohne von einer Fokalisierung aus, die mit heutigen Worten kulturwissenschaftlich ist; aber ganz unverkennbar haben sich die Akzente verschoben: Das Subjekt wird in dieser Kulturgeschichte neuzeitlicher Individualität nicht mehr ausschließlich als das Resultat von diversen Entmächtigungs- und Ausschließungsprozessen gesehen, sondern konstituiert sich, wenn man so will, positiv in eben jenem Bezugsrahmen, der durch Begriffe wie *Sex* und *Sexualität* umschrieben ist. So wird eine Geschichte der Moderne sichtbar, die in Foucaults vorangegangenen Werken eher ausgespart blieb. Diese Form des Selbstbezugs, der »Selbstsorge«, unterscheidet womöglich heutzutage, nach der ›Sexuellen Revolution‹, hypermoderne Kulturen von traditionellen, vormodernen Formen der Selbstbezüglichkeit.

Berühmt wurde der französische Theoretiker nicht zuletzt durch sein Buch über *Wahnsinn und Gesellschaft*. Erst ein diskursives Konzept wie der Wahnsinn, der von der Vernunft genau unterschieden wird, hat, so lautet die Pointe von Foucaults Analyse, bestimmte Formen der Weltbefindlichkeit aus dem ›vernünftigen‹ Diskurs ausgeschieden und zugleich festgelegt, was vernünftig ist. Dieser

---

[3] Ders., Sexualität und Wahrheit, Bd. 2: Der Gebrauch der Lüste, Frankfurt/ Main: Suhrkamp 1986, S. 9.

[4] Ders., Sexualität und Wahrheit, Bd. 2, a.a.O., S. 10.

vermeintlich objektive Diskurs über den Wahnsinn, im Selbstverständnis Foucaults, enthält willkürliche Setzungen. Er ist also alles andere als ein harmloser wissenschaftlicher Diskurs, sondern in die Unterscheidung ist gleichsam eine Verfügung und Ermächtigung eingeschrieben, die es gestattet, das Unvernünftige (und damit die Unvernünftigen) auszuscheiden und gleichzeitig festzulegen, was vernünftig ist und was nicht. Nebenbei bemerkt, gelten natürlich in solchen Diskursen auch Frauen und Kinder minder vernünftig.

Der Historiker Philippe Ariès hat in seinen beiden einflussreichen Untersuchungen zum Thema Kindheit und Tod aufzuzeigen versucht, dass die Kindheit wie auch die moderne Form des Todes neuzeitliche Konstruktionen sind, die durch Belletristik oder durch pädagogische Literatur symbolisch erfunden worden sind.[5] Dass diese Ausscheidung sich keineswegs nur auf die sprachliche Diskriminierung beschränkt, zeigt der Umstand, dass die ›Wahnsinnigen‹ seit diesem rationalistischen Diskurs gesellschaftlich ausgeschieden und in eigene Institutionen verfrachtet werden: in psychiatrische Anstalten, in denen man ihnen – mit grotesken Methoden – Verstand beibringen will.[6] Foucaults Theorie hat unübersehbar eine eindeutige metapolitische, kulturkritisch-linke Dimension, die ihren Niederschlag nicht zuletzt in der Anti-Psychiatriebewegung der 1970er Jahre gefunden hat, als man versuchte, die Patienten aus ihren psychiatrischen ›Gefängnissen‹ zu befreien.

Dieser radikale ›anarchische‹ Impuls ist auch für zwei Theoriebestände konstitutiv, die im Windschatten von Foucaults diskursiver Methode operieren und die im Umfeld der *Cultural Studies* und der Kulturwissenschaften eine wichtige Rolle spielen: für die Arbeiten Judith Butlers und jene von Edward Said. Das Werk der nicht nur akademisch höchst erfolgreichen amerikanischen Philosophin Judith Butler, die die Heterosexualität als einen diskursiv generierten Zwangs- und Ausschlussdiskurs analysiert, sowie Edward Saids Überlegungen zum Orientalismus als einer Form diskursiver Übermächtigung der islamischen Kultur durch den akademischen Dis-

---

[5] Philipp Ariès, Geschichte des Todes, München: Hanser 1980; ders., Geschichte der Kindheit. Kinder, Schulleben und Familie seit dem Mittelalter, München: Hanser 1975.

[6] Michel Foucault, Wahnsinn und Gesellschaft. Eine Geschichte des Wahns im Zeitalter der Vernunft (4. Aufl.), Frankfurt/Main: Suhrkamp 1981; François Dosse, Geschichte des Strukturalismus, Bd. 1, a.a.O., S. 217–230.

kurs des Westens sind die vielleicht prominentesten Beispiele für die Wirkungsmächtigkeit des Foucault'schen Denkens.

Butler sieht vor allem in ihrem ersten, überaus erfolg- und einflussreichen Buch *Gender Troubles* (Deutsch: *Das Unbehagen der Geschlechter*) die Polarität von Mann und Frau nicht als einen natürlich gegebenen Kontrast, sondern primär als einen, der sich – der Dichotomie Wahnsinn/Vernunft ähnlich – einem willkürlichen diskursiven Effekt der Ausschließung und Ausgrenzung verdankt:

> Die grundlegenden Kategorien des Geschlechts, der Geschlechtsidentität und des Begehrens als Effekte einer spezifischen Machtformation zu enthüllen, erfordert eine Form der kritischen Untersuchung, die Foucault in Anschluss an Nietzsche als ›Genealogie‹ bezeichnet hat. Die genealogische Kritik lehnt es ab, nach den Ursprüngen der Geschlechtsidentität, der inneren Wahrheit des weiblichen Geschlechts oder einer genuinen, authentischen Sexualität zu suchen, die durch die Repression der Sicht entzogen wurde.[7]

Dieser Diskurs ›diskriminiert‹, trifft ›Unterscheidungen‹, aber dieses Unterscheiden unterliegt in einem nächsten Schritt einer pejorativen Wertung. Diese beschränkt sich nicht auf die Frau, sie zwingt vielmehr alle Menschen, sich dem binären Code des Entweder-Oder, männlich oder weiblich, zu unterwerfen. So wird der auf der Polarität von Männlichkeit und Weiblichkeit beruhende Diskurs als ein heterosexueller »Zwangsdiskurs« zur Unterdrückung all jener interpretiert, die sich dieser Binarität nicht fügen. Pointiert formuliert, liegt das Übel bereits in dem binären Prozess der Unterscheidung selbst. Die Frau gibt es nicht, aber anders als es Lacan gedacht hatte: Sie ist das künstliche Geschöpf eines durch und durch machtförmigen Diskurses. Die vorhergegangene Unterscheidung zwischen *sex* (natürliches Geschlecht) und *gender* (Geschlechtsrolle) wird tendenziell annulliert: *sex* ist *gender*. Butler fragt rhetorisch:

> Ist ›weiblich sein‹ eine ›natürliche Tatsache‹ oder eine kulturelle Performanz? Wird die ›Natürlichkeit‹ durch diskursiv eingeschränkte performative Akte konstituiert, die den Körper durch die und in den Kategorien des Geschlechts (*sex*) hervorbringen?[8]

---

7   Judith Butler, Das Unbehagen der Geschlechter, Frankfurt/Main: Suhrkamp 1991, S. 9.

8   Dies., Das Unbehagen der Geschlechter, a.a.O., S. 9.

Was bleibt, sind letztendlich nur die kulturellen Konstruktionen des Geschlechtlichen. So werden alle (natur)wissenschaftlichen und kulturellen Manifestationen dieser binären Opposition als konstitutive Diskurse interpretiert, die die Künstlichkeit des Gegensatzes von männlich/weiblich mitkonstituieren. Butler verschränkt Foucaults Konzept mit jenem von Bourdieu (→ Kap. 9), indem sie nahe legt, dass Weiblichkeit durch Einübung und körperliche Dressur erzeugt wird, durch Prozesse, die zwar nicht diskursiv realisiert werden, denen aber bestimmte Herrschaftsdiskurse vorausgehen. Weiblichkeit mutiert zu einem diskursiven Moment, reduziert sich auf einen Habitus, der von einer Kultur erzeugt wird, die als »phallogozentrisch« bezeichnet wird. In ihr findet die Verschränkung männlicher Macht (symbolisiert durch den Phallus) mit jener des Rationalismus (Logos) statt. Diese doppelte Ausschließung (des Nicht-Männlichen und des Nicht-Rationalen, Körperlichen) bildet den Kern dessen, was man früher als Patriarchat bezeichnet hat, ein Konzept, das Butler indes ausdrücklich verabschiedet, weil es ein universales Mega-Subjekt und eine Ursprungsgeschichte suggeriert.[9] Stattdessen bezieht sich Butler auf Foucaults Konzept des machtförmigen Diskurses:

> Michel Foucault hat darauf hingewiesen, dass die juridischen Machtregime die Subjekte, die sie schließlich repräsentieren, zuerst auch produzieren. Die juristischen Machtbegriffe scheinen das politische Leben in rein negativer Form zu regulieren, beispielsweise durch Beschränkung, Verbot, Regulierung, Kontrolle, ja sogar durch den ›Schutz‹ der Individuen […]. Doch gerade weil die Subjekte diesen Strukturen unterworfen sind, die sie regulieren, werden sie auch in Übereinstimmung mit den Anforderungen dieser Strukturen gebildet, definiert und reproduziert. Wenn diese Analyse richtig ist, ist jene Rechtsformation von Sprache und Politik, die die Frauen als ›Subjekte‹ des Feminismus repräsentiert, selbst eine Diskursformation und der Effekt einer gegebenen Variante der Repräsentationspolitik.[10]

Bei Foucault war das durch den binären Diskurs Ausgeschlossene der Gegenpol, der ›Wahnsinnige‹. Butler modifiziert diese Denkfigur insofern, als es hier nicht so sehr die Gegenseite zum Mann, also die Frau, bezeichnet, sondern alle Menschen, die in ihrer geschlechtlichen Ori-

---

9   Dies., Das Unbehagen der Geschlechter, a.a.O., S. 18ff.
10   Dies., Das Unbehagen der Geschlechter, a.a.O., S. 16f. Mit dem Vorwurf eines linguistischen Konstruktivismus hat sich Butler in einer späteren Aufsatzsammlung auseinandergesetzt: Judith Butler, Körper von Gewicht. Die diskursiven Grenzen des Geschlechts, Frankfurt/Main: Suhrkamp 1993, S. 9–41.

entierung weder Mann noch Frau sind. Mit Foucault geht Butler so weit, zu behaupten, dass dieser Binarismus, der den Schwulen oder die Lesbe, Butlers Konfigurationen des Subversiven, in seiner sexuellen Definitionsmacht programmatisch ausschließt, sich einem historisch zu verortenden epistemischen Diskurs verdankt. »Die Macht in der Produktion des binären Rahmens« wird – so die provokative These – »durch das epistemologische Regime der vermeintlichen Heterosexualität hervorgebracht und verdinglicht«.[11]

Der palästinensisch-amerikanische Literaturwissenschaftler Edward Said wiederum, zeitlebens politisch für die Sache der Palästinenser engagiert, hat das Denkmodell Foucaults auf ein höchst interessantes inter- bzw. transkulturelles Phänomen verschoben: das Bild des Islams im Westen, genauer in der akademischen Wissenschaft der einstigen Kolonialmächte England und Frankreich. Said hat mit Blick auf die im späten 19. Jahrhundert vollzogene reale und symbolische Kolonialisierung von einer Konstruktion des Orients gesprochen, die für die Konstruktion der eigenen westlichen Identität konstitutiv geworden ist. Im vor allem wissenschaftlichen Diskurs über den Orientalismus wird ein radikaler Ausschluss vollzogen, die die islamisch-orientalische Welt als das Gegenbild westlicher Aufklärung erscheinen lässt. Mit dem realen Orient, sofern es ihn überhaupt gibt, hat der westliche Orientalismus nichts gemein. Auch Said beruft sich programmatisch auf Foucault, wenn er in der Einleitung seines umstrittenen Buches festhält:

> I have found it useful here to employ Michel Foucault's notion of a discourse, as described by him in *The Archaeology of Knowledge* and in *Discipline and Punish*, to identify Orientalism. My contention is that without examining Orientalism as a discourse one cannot possibly understand the enormously systematic discipline by which European culture was able to manage – and even produce – the Orient politically, sociologically, militarily, ideologically, scientifically and imaginatively during the post-Enlightenment period. Moreover, so authoritative a position did Orientalism have that I believe no one writing, thinking or acting on the Orient could do so without taking account of the limitations on thought and action imposed by Orientalism. In brief, because of Orientalism the Orient was not (and is not) a free subject of thought or action.[12]

---

[11] Dies., Das Unbehagen der Geschlechter, a.a.O., S. 8.
[12] Edward W. Said, Orientalism, Western Conceptions of the Orient, London: Penguin 1995, S. 3, vgl. auch S. 329–354.

Die argumentativen Strategien Saids, Butlers und Foucaults haben verblüffende Gemeinsamkeiten: Der Orientalismus ist bei Said eine Konstruktion, die es dem Westen ermöglicht, sich durch ein negatives Gegenbild als Kultur positiv zu beschreiben (nämlich als das, was der Orient nicht ist), die Frau ist eine Konstruktionsform des Anderen, um sich als Mann als aktives und tatkräftiges Wesen zu bestimmen, der Wahnsinn wird zum negativen Inbegriff der Vernunft. Die Frau, der Orient und der Wahnsinn sind demzufolge kollektive diskursive Hirngespinste, die dadurch charakterisiert sind, dass in ihnen ein Machtverhältnis eingeschrieben ist und fortgeschrieben wird. Der gemeinsame Nenner aller drei Gegenbildkonstruktionen besteht in ihrer schroffen Opposition, die alle Zwischenbereiche und Übergänge ausmerzt. *Tertium non datur*, es gibt kein Drittes. Das binäre Denkmuster stiftet nicht nur Ordnung, sondern eindeutige, und das heißt hierarchische Machtbeziehungen.

Ohne die kritischen Potenziale solcher und ähnlicher Analysen zu leugnen, lässt sich vorab konstatieren, dass derlei radikaler Kulturalismus dazu tendiert, jegliche Realität außerhalb der auf Diskurs und Inszenierung reduzierten Kultur – Natur und Politik – zu eliminieren. Dass Foucault, wie gesagt, seine eigene Methode in seinem dreibändigen Spätwerk *Sexualität und Wahrheit* revidiert hat (etwa die Repressionshypothese), hat dem theoretischen Einfluss der Diskursanalyse, wie sie Foucault insbesondere in *Wahnsinn und Gesellschaft. Eine Geschichte des Wahns im Zeitalter der Vernunft* sowie in *Überwachen und Strafen. Die Geburt des Gefängnisses* vorgelegt und dann im Hinblick auf die Geschichte des neuzeitlichen Wissens (*Die Ordnung der Dinge* und die *Archäologie des Wissens*) weiterentwickelt und modifiziert hat, keinen Abbruch getan.

Für den Einstieg in das Foucault'sche Denken empfiehlt sich, insbesondere im Hinblick auf seinen Beitrag zur kulturellen Wende in den Humanwissenschaften, die kleine Schrift *L'ordre du discours*, deutsch: *Die Ordnung des Diskurses*, die hier nun einer eingehenden Lektüre unterzogen wird. Dieser Text hat einen ganz bestimmten, konkreten Bezug. Es handelt sich um den Abdruck, die schriftliche Version eines programmatischen Vortrags, den Foucault aus einem prominenten Anlass gehalten hat. *L'ordre du discours* ist die Inauguralvorlesung, die feierliche akademische Antrittsrede also, die Foucault am 2. Dezember 1970 im Collège de France gehalten hat. Das Prestige des Collège ist bis heute enorm und übertrifft jenes einer ›normalen‹ Universität bei weitem. Die Berufung markiert den Höhepunkt einer akademischen Karriere und bedeutet die lang ersehnte gesellschaftliche Anerkennung. Im intellektuellen Milieu, insbesondere in jenem, das theoretisch-politisch mit dem Namen des Strukturalismus verbunden ist, wurde die Berufung Foucaults, die gegen seinen kaum minder prominenten Konkurrenten Paul Ricœur (→ Kap. 13) erfolgte, als Triumph des ›Strukturalismus‹ gegen eine immerhin avancierte Hermeneutik des Dialogischen gefeiert, wie sie Foucaults Gegenspieler verkörperte.[13]

Eine solche Inauguralvorlesung bedeutet selbst eine rituelle Handlung, einen theatralischen Auftritt, einen kulturellen Akt, sie folgt vorgegebenen Diskursregeln. Nichts zeigt Foucaults kulturtheoretisches Gespür besser als die Tatsache, dass er sich dieser Theatralik des Augenblicks bewusst ist, sie thematisiert, aber nicht nur im Sinn einer rhetorischen *captatio benevolentiae*, bei der man sich im Gestus der Bescheidenheit um die Gunst des anwesenden Publikums bemüht. Der symbolische Akt der Antrittsvorlesung gibt dem Rhetoriker Foucault die Möglichkeit, seine Kulturtheorie gleichsam ›vorzuführen‹, zu zelebrieren. Im Anschluss an den zu vollziehenden performativen Auftritt nimmt der gefeierte Denker doppeldeutig – mit Blick auf die eigene Arbeit sowie den Ort seiner Rede – Bezug auf »das sehr provisorische Theater […] meiner Arbeit«[14]. Damit ist ein Verständnis von Denken formuliert, das sich vom klassischen Selbstverständnis bewusst abhebt und dieses selbst als eine kulturelle Inszenierung begreift. Die Inauguralvorlesung gibt Foucault, dem neuen Mitglied der exquisiten Einrichtung als Professor für »Geschichte der Denksysteme«, die Gelegenheit, eine Zwischenbilanz seines bisherigen Schaffens zu ziehen (*Wahnsinn und Gesellschaft*, *Die Ordnung der Dinge*, 1966) und zugleich neue Projekte vorzustellen (eine Epistemologie sowie ein Werk über die Diskursivierung der Sexualität). Dies erlaubt eine Reflexion und Explizierung der eigenen Methode, die im Falle Foucaults stets modifiziert und variiert ist. Foucaults Werk befindet sich – Konsequenz des eigenen Denkens – andauernd in theoretischer Bewegung.

Foucault erinnert auch an den zunächst nicht namentlich genannten Vorgänger. Das ist im Sinne eines Rituals, wie es eine

---

13 François Dosse, Geschichte des Strukturalismus, Bd. 2, a.a.O., S. 347f.
14 Michel Foucault, Die Ordnung des Diskurses, Frankfurt/Main: Ullstein, S. 7.

Antrittsvorlesung nun einmal darstellt, durchaus üblich, ebenso wie der Gestus der Bescheidenheit, mit dem man die Sympathie des Publikums erwirbt. Aber Foucault geht einen Schritt weiter; die vermeintliche Bescheidenheit exemplifiziert zugleich die eigene Theorie. Der Theoretiker, der das Verschwinden des Autors und das Verschwinden des Menschen zur pointierten These gemacht hat, versucht gleichsam, vor dem Publikum selbst zu verschwinden.

Die Methodik seines theoretischen Vorhabens stellt Foucault auf eine selbstbezügliche Weise her, indem er seine Situation als Vortragender in dieser ganz speziellen Situation analysiert.

> In den Diskurs, den ich heute zu halten habe, und in die Exkurse, die ich vielleicht durch Jahre hindurch hier werde halten müssen, hätte ich mich gern verstohlen eingeschlichen.[15]

In diesen einen Satz hat Foucault mit einem rhetorischen Schlag drei zentrale Momente seines Denkens komprimiert:

► Der Diskurs ist ein kulturelles Regelwerk. »Diskurs« kommt von lateinisch *discurrere*, auseinanderlaufen. Der Diskurs ist zwar immer sprachlich gedacht, aber ist nicht identisch mit Sprache, er umfasst den Akt, die Präsentation und die Manifestation des Sprechens (→ Kap. 12), wie es die Situation der Inauguralvorlesung sinnfällig macht.

► Der Diskurs enthält eine Verpflichtung, ja sogar eine Nötigung. Es gibt einen Zwang, eine Notwendigkeit zu sprechen. Das Sprechen vollzieht sich nicht freiwillig, es geschieht unter einem institutionellen Druck. Als prominentes Mitglied der akademischen Gemeinschaft muss man sprechen.

► Der Diskurs ist eine zentrierende Macht, der der einzelne Mensch unterworfen ist. Der Sprechende, der Festredner, steht scheinbar und sichtbar im Mittelpunkt, aber er ist nicht der Mittelpunkt des Sprechens. Deshalb hätte er sich gerne »verstohlen« wie ein Dieb (ein Dieb ist notorisch jemand, der sich etwas aneignet, was ihm nicht gehört) in den Diskurs eingeschlichen. Zugleich verweist die Verstohlenheit auf einen Akt der Bescheidenheit und der Scham.

---

[15] Ders., Die Ordnung des Diskurses, a.a.O., S. 5.

Foucault spielt diese drei Momente offensiv aus, wenn er bekennt:

> Anstatt das Wort zu ergreifen, wäre ich von ihm lieber umgarnt worden, um jedes Anfangens enthoben zu sein. Ich hätte gewünscht, während meines Sprechens eine Stimme ohne Namen zu vernehmen [...][16]

Die Unterwerfung des Sprechenden unter die Sprache wird – wenigstens an dieser Stelle – nicht so sehr als Zwang, sondern als eine beinahe erotische Entlastung empfunden. Es ist die Lust des Selbstentzugs, die Sehnsucht, kein Ich zu sein, die schon den jungen Brentano so fasziniert hat.[17]

Auch diese beiden Sätze enthalten *in nuce* wichtige Charakteristika der Foucault'schen Kulturtheorie, die das Augenscheinliche und Selbstverständliche umkehrt (*Ich bin es, der jetzt das Wort ergreift, umdreht, ich bin der Autor meiner Rede usw.*). Die Setzungen, die Foucault vornimmt, lassen sich wie folgt schematisieren:

► Das Anfangen ist niemals voraussetzungslos, es stellt praktisch und theoretisch ein Problem dar: Man setzt sich aus, man geht ein Risiko ein. Es haben schon so viele andere vor einem gesprochen.

► Der Diskurs geht dem Sprecher stets voraus, er »umgarnt« ihn.

► Das, was im Diskurs vernehmbar ist, ist eine Stimme ohne Namen.

► Das Ich ist ein Effekt des Sprechens, nicht seine Ursache.

► Die Sehnsucht, nicht selbst zu sprechen, sondern gleichsam vom Diskurs gesprochen zu werden.

Was hier anklingt, das ist der Begriff des Begehrens, der in der französischen Philosophie über die französische Hegel-Rezeption insbesondere der *Phänomenologie des Geistes*, an der Kojève[18] und der namentlich noch nicht genannte Vorgänger einen entscheidenden Anteil hatten. Nicht zuletzt in der Lacan-Schule hat der Begriff des Begehrens, der die Gerichtetheit und die Visualität des Phänomens so plastisch zum Ausdruck bringt, den etwas blassen Terminus der Libido (→ Kap. 2) abgelöst. Das Begehren richtet sich hier indes

---

16 Ders., Die Ordnung des Diskurses, a.a.O., S. 5.
17 Dietmar Kamper, Zur Geschichte der Einbildungskraft, München: Hanser 1981, S. 69–85.
18 Vincent Descombes, Das Selbe und das Andere. Fünfundvierzig Jahre Philosophie in Frankreich 1933–1978, a.a.O., S. 21.

nicht auf eine Person, sondern gleichsam auf sich selbst. Hier ist es das Begehren, nicht anfangen zu müssen, ein Begehren durch Sprache und ein Begehren nach Sprache.

Das Verhältnis von Begehren und Sprechen ist zutiefst zweideutig. Der Diskurs lässt sich als ein institutioneller kultureller Zwischenraum begreifen, in dem Begehren und Verzicht als zentrale Momente und Motive gegenwärtig sind. Die Sprache wird nicht so sehr als ein Mittel der Kommunikation, der Intersubjektivität oder der freien Äußerung angesehen. Vielmehr ist in ihr die Macht, die in und durch Kultur ausgeübt wird, kristallisiert. Diskurs bedeutet: verfestigtes und geregeltes Sprechen. Auch hier sind Phänomene wie Ritual und Serialisierung (→ Kap. 7, 13) einschlägig. Der Diskurs und seine materiale Seite, der sprachliche Akt, werden hier nicht unter dem Gesichtspunkt bloßen Sprechens oder als friedliches Mittel der Verständigung gesehen. Der Diskurs ist ein Regelwerk, das den Einzelnen den jeweils geltenden Sprachregeln unterwirft, wobei diese Sprachregeln nicht nur linguistische-grammatikalische sind, sondern auch die pragmatischen Aspekte, Sprechakte (im Sinne Austins) bzw. Sprachspiele (im Sinne Wittgensteins) regeln. Die organisatorische Ausformung dieses Regelwerkes ist die Institution.

Daraus ergeben sich drei weitere Bestimmungen die für die Foucault'sche Diskursanalyse entscheidend sind:

► Die Sprache ist keine bloße Offenbarung des Begehrens, sondern auch seiner Unterbindung.
► Die Sprache ist nicht einfach ein Medium, das Macht und Herrschaft übermittelt oder überbringt (wie der königliche Bote bei Kafka), sondern sie ist selbst eine, wenn nicht *die* zentrale Macht der Kultur.
► Die Sprache ist kein neutrales Mittel, sondern sie ordnet ihre Gegenstände.

Wir sprechen auch deshalb so gerne, weil wir nach der Macht des Wortes und der Worte streben. Deshalb definiert Foucault den Diskurs höchst widerspruchsvoll als die »Macht, deren man sich zu bemächtigen sucht«.[19] Gegen die klassische Aufklärung argumentiert Foucault, dass wir uns dieser Macht nicht entziehen können,

---

[19] Michel Foucault, Die Ordnung des Diskurses, a.a.O., S. 8.

wir können allenfalls lernen, mit der Macht, die in und hinter der Sprache lauert, umzugehen.

In Anlehnung an die Etymologie des Wortes »Diskurs«, das, wie oben ausgeführt, auf eine schnelle Bewegung (Herum- und Auseinanderlaufen) referiert, spricht Foucault von der »Unruhe« des Diskurses. Diese Unruhe der kulturell formierten und formatierten Sprache bezieht sich auf

► die materielle Wirklichkeit als »gesprochenes und geschriebenes Ding«,
► auf die Vergänglichkeit und auf das »Verschwinden«: »auf eine Zeitlichkeit, die nicht die unsere ist«,[20]
► auf die Mächte und Gefahren, die unter der harmlosen und unscheinbaren Tätigkeit des diskursiven Prozesses lauern: Kampf, Verletzung, Dominierung, Herrschaft.

An dieser Stelle tritt eine gewisse Gegenläufigkeit zutage. Denn zum einen wird bei Foucault immer wieder der stabile, ja fast statisch-petrifizierende Charakter der kulturell gefassten Diskurse festgehalten, zum andern aber wird diese Stabilität gleichsam durch ein unruhiges Moment unterlaufen: durch die materielle Wirklichkeit, durch die Vergänglichkeit, die auch die Sprache letztendlich nicht beseitigen kann, durch die sozialen Effekte, die sie bewirkt. Der Diskurs wird vom Tod, von Kampf und Herrschaft und von der materiellen Wirklichkeit immer wieder eingeholt und in Bewegung gehalten.

Foucault konzentriert sich in der Folge auf den dritten Aspekt, auf das Verhältnis von Sprache und Macht. In jeder Gesellschaft unterliegt die Produktion des Diskurses bestimmten Operationen. Sprechen heißt, diese Mechanismen des geregelten Sprechens, bewusst oder unbewusst nachzuvollziehen und einzuhalten. Es gibt unendlich viele Situationen, in denen wir automatisch wissen, wie wir uns sprachlich und pragmatisch verhalten müssen. Wir haben gelernt, uns sprachlich zurückzunehmen. Eine Frage bleibt: Sind das Operationen, um die gefährliche, freie Energie des sprachlichen Begehrens zu kanalisieren, oder ist die Sprache und der mit ihr einhergehende Prozess des Diskurses ›an sich‹ machtförmig? Foucault scheint die zweite Interpretation nahezulegen:

---

20   Ders., Die Ordnung des Diskurses, a.a.O., S. 6f.

> Offensichtlich ist der Diskurs keineswegs jenes transparente und neu-
> trale Element, in dem die Sexualität sich entwaffnet und die Politik sich
> befriedet, vielmehr ist er ein bevorzugter Ort, ihre bedrohlichsten Kräfte
> zu entfalten.[21]

Als Beispiel lässt sich noch einmal die Geschichte von Kaspar Hauser
anführen, die Jakob Wassermann unter Benutzung zeitgeschicht-
licher Quellen zu einem Roman zusammengefasst hat. Dieses na-
men- und sprachlose Lebewesen ist so lange kein gesellschaftliches
Wesen, so lange es nicht die Sprache beherrscht. Soziokulturelle
Sozialisation vollzieht sich durch und infolge von Sprache, die es
dem vermeintlich unschuldigen Naturwesen à la Rousseau gestattet,
sich eine bescheidene Geltung zu verschaffen, auf Distanz zu gehen und sich den Normen und Spielregeln zu unterwerfen. Diesen
sprachlichen Dressurakt hat übrigens der frühe Handke in seinem
Kaspar, in dem er sich auf den von Wassermann fortgeführten Diskurs des natürlichen Menschen bezieht, lehrstückartig vorgeführt.
Foucault würde indes nicht davon ausgehen, dass es unterhalb der
kulturellen Repression einen unverstellten natürlichen Menschen
gibt.[22] Spracherlernung und kulturelle Selbstunterwerfung gehen
also Hand in Hand. Das Subjekt, so könnte man in Anschluss an
Foucault sagen, ist der/die durch den Diskurs Unterworfene (das bedeutet ja eigentlich Subjekt im Kontrast zur Emphase, die das Wort
im Deutschen Idealismus erfahren hat).

In einem nächsten Schritt analysiert nun Foucault all jene Operationen, die dem Diskurs zu Grunde liegen, die ihn konstituieren
und die, solange er Gültigkeit besitzt, eingehalten werden. Kontrolle, Selektion, Organisation und Kanalisierung sind die wichtigsten,
einander bedingenden Operationen, wie Macht in Sprache eingelas-
sen ist. Foucault unterscheidet drei verschiedene Ebenen der Ausschließung:

► Die externe Ausschließung: Verknappung der zulässigen Aussa-
  gen. (1)
► Die interne Ausschließung: Verknappung der Ereignisse. (2)
► Die Regulierung: Verknappung der sprechenden Subjekte. (3)

---

21 Ders., Die Ordnung des Diskurses, a.a.O., S. 8.
22 Jakob Wassermann, Caspar Hauser, München: dtv, 1997; Peter Handke, Kaspar. Frankfurt/Main: Suhrkamp 1967.

1. Die Methoden der *externen* Ausschließung beziehen sich auf die Frage, *was* gesagt werden *darf*. Es geht dabei also um die Regulierung der jeweils zulässigen Aussagen und Inhalte, um das, was ausgesprochen werden darf oder auch soll. Viele Menschen in unserer Kultur leben in der – falschen – Vorstellung, dass die Verbote immer weiter abnehmen und nunmehr alles erlaubt sei. Aber das ist keineswegs der Fall. Der Diskurs der Korrektheit ist nur das augenfälligste Beispiel für den kulturellen Tatbestand, dass externe Ausschließung immer wieder produziert wird, in diesem Fall geht es um den Ausschluss bestimmter Ausdrücke und Terminologien, die früher im wissenschaftlichen wie im gesellschaftlichen Diskurs landläufig benützt worden sind, heute nicht mehr gebräuchlich, *comme il faut*, sind. Auch Wissenschaften schließen sich gerne wechselseitig aus.

Foucault differenziert nun die verschiedenen Möglichkeiten der externen Ausschließung unliebsamer Aussagen:

► Das *generelle ›kategorische‹ Verbot* ist der bekannteste und manifesteste Ausschlussmechanismus. Man darf nicht alles sagen: In Deutschland oder Österreich darf man zum Beispiel nicht sagen, dass Auschwitz eine jüdische Erfindung sei, um die Deutschen zu demütigen.

► Neben dem generellen gibt es das *spezifische Verbot*. Das oben benannte, von der Gesellschaft moralisch gerechtfertigte Verbot gilt ganz generell, tendenziell auch am Stammtisch, diesem seltsamen Ort einer repressiven Befreiung von Verboten. Aber es gibt auch situative Verbote: Man darf – mittlerweile wird dies gegebenenfalls auch juristisch sanktioniert – zum Beispielen nicht einer fremden Frau oder einem fremden Mann gegenüber obszöne Anspielungen machen. Aber zwei Liebende *entre nous* und im Einverständnis mit sich selbst dürfen dies durchaus. Das spezifische Verbot besagt, dass man nicht bei jeder Gelegenheit von allem sprechen kann, etwa in einer akademischen Sitzung, bei einem Begräbnis, bei einer Geschäftsbesprechung usw. Auch hier werden die Rechte des sprechenden Subjektes festgelegt. Ein schönes Beispiel für eine bewusste Durchbrechung des Erlaubten findet sich in Robert Musils *Mann ohne Eigenschaften*. Die Teilnehmer der Parallelaktion diskutieren sehr ernsthaft über die möglichen Inhalte für das 70. Regierungsjubiläum des Kaisers. Ulrich, der Generalsekretär meldet sich mit der Bemerkung zu Wort, man möge ein Generalsekretariat gründen, das sich mit der exakten Analyse der seelischen Befindlichkeit des Reiches befasst. Die Avantgarden des 20. Jahrhunderts haben immer wieder solche Verbotsüberschreitungen inszeniert.[23]

Dieses Beispiel leitet zum nächsten externen Exklusionsmechanismus über, zur

► *Grenzziehung und Verwerfung.* Hier geht es nicht darum, festzulegen, was einwandfrei und was anstößig, was moralisch korrekt und was unmoralisch ist, sondern hier kommt der Gegensatz von vernünftig/unvernünftig zum Tragen. In seiner akademischen Antrittsrede bezieht sich Foucault noch einmal auf sein folgenreiches Buch *Wahnsinn und Gesellschaft.* Es geht dabei um den Ausschluss des Anderen, wobei hier der Akzent auf den ausgeschlossenen Inhalten liegt. Das als unvernünftig Ausgeschiedene zieht natürlich die diskursive Exkommunikation all jener mit ein, die so unvernünftig sprechen. Das Sprechen des Ausgeschlossenen, dessen, der Wahnsinn redet, zählt nicht, hat keine Bedeutung, ist irrelevant. Foucault führt an, dass dieser diskursive Ausschluss des wahnsinnigen Menschen andere Formen gesellschaftlichen Ausschlusses nach sich zieht: den Ausschluss vor Gericht oder auch beim Abendmahl. Der Wahnsinnige hat keine Stimme, er wird für unmündig erklärt.

Aber es gibt noch andere Beispiele: den Aberglauben, das ›Gerede‹ des Kindes, das ›Geschwätz‹ der Frau, die weibliche Stimme, die Sprache des Fremden, vor allem des ›primitiven‹ kolonialisierten Fremden. All diese Formen des Sprechens werden in vielen Kulturen und Epochen als minder vernünftig angesehen. Sie zählen nicht, mit ihnen wird nicht gerechnet. Sie bleiben unberücksichtigt. Unter gewissen Umständen findet eine Umkehrung statt, und zwar in Sonderdiskursen mit ganz spezifischer Bedeutung: die verborgene Wahrheit des Propheten und des Hofnarren und, daran anschließend, die Sprache der Dichtung, die, wenigstens in einem spezifischen Feld, nämlich in jenem von Kunst und Literatur, als bedeutend oder sinnvoll angesehen wird.

---

[23] Vgl. auch Cornelia Klinger, Wolfgang Müller-Funk (Hrsg.), Das Jahrhundert der Avantgarden, München: Hanser 2004.

► *Der Wille zum Wissen*, der mit dem Anspruch auf Wahrheit und Urteil auftritt, lässt sich als eigene Operation begreifen. Es ist

der Diskurs, der von den hierzu Befugten nach dem erforderlichen Ritual verlautbart worden ist. Dem erkennenden Subjekt wird dabei eine bestimmte Position, ein bestimmter Blick, eine bestimmte Funktion zugeschrieben.[24]

Foucault nimmt hier ganz bewusst auf Friedrich Nietzsche Bezug, indem er dessen Formel vom Willen zur Macht variiert. In gewisser Weise lässt sich sagen, dass der Wille zum Wissen vom Willen zur Macht durchtränkt ist. Steht bei der Analyse der Konstruktion des Wahnsinns in der modernen Gesellschaft der Ausschlussmechanismus der Grenzziehung und Verwerfung im Mittelpunkt, so ist die Exklusion, die Foucault mit dem Willen zum Wissen identifiziert, vor allem im Bereich der offiziellen Wissenssysteme verankert, wie sie der Autor in der *Ordnung der Dinge* sondiert hat.

Foucault unterscheidet folgende Ebenen, die für die Geschichte von Denksystemen relevant sind:

► die Ebene der Erkenntnisgegenstände (Was sind legitime Gegenstände?),
► die Ebene der Funktion und der Position des erkennenden Subjekts (Wer ist legitimiert, darüber zu sprechen?),
► die Ebene der materiellen, technischen und instrumentellen »Investitionen« (Welche Mittel sind statthaft oder vorgeschrieben?).

Entgegen seines uneigennützigen und schmeichelhaften Selbstverständnisses ist der »Wille zur Wahrheit« ein Instrument der Fortschreibung von Herrschaft. Der Wille zur Wahrheit erweist sich, wie schon angedeutet, als eine Variante des Nietzsche'schen Willens zur Macht. Foucault nimmt ausdrücklich Bezug auf den deutschen Meisterdenker, dem er – wie Artaud und Bataille – die kritische Funktion zuschreibt, »den Willen zur Wahrheit umzubiegen und ihn gegen die Wahrheit zu wenden«.[25] In diese Tradition will sich Foucault gestellt sehen. Dieser Wille zur Wahrheit, wie er sich in Wissenschaft und Philosophie äußert, ist kein rein sprachliches Phänomen, sondern in eine gesellschaftliche Wirklichkeit fest eingefügt.

---

24 Michel Foucault, Die Ordnung der Dinge, Frankfurt/Main: Suhrkamp 1971, S. 12.
25 Ders., Die Ordnung der Dinge, a.a.O., S. 15.

In dem institutionalisierten Diskurs (Pädagogik, Bücher, Verlage, Bibliotheken, Universitäten, Schulen) ist ein Geflecht von Praktiken vorgegeben und vorgeschrieben.

Bis jetzt haben wir uns auf dem Feld der externen Ausschließung bewegt, bei der es um die Unterscheidung bzw. Diskriminierung der Inhalte ging. Striktes und kontextuelles Verbot, Grenzziehung und Verwerfung sowie der Wille zum Wissen stellen Foucault zufolge die wichtigsten Operationen dar, durch die eine Gesellschaft bzw. eine Kultur die ihr genehmen Inhalte festlegt.

2. Bezogen sich die externen Ausschließungsformen auf die Frage, *was* (und *was nicht*) gesagt werden darf, so wird bei den Methoden der *internen* Ausschließung das Hauptaugenmerk auf die Frage, *wie* man sprechen darf, gelenkt. Foucault unterscheidet dabei drei kulturelle Operationen und Phänomene:

► den *Kommentar* zu den »großen Erzählungen«. Stichworte sind dabei die markierte Wiederholung, Abwandlung und Fortschreibung des schon zuvor Gesagten:

> Er muss [...] zum ersten Mal das sagen, was doch schon gesagt worden ist, und muss unablässig das wiederholen, was eigentlich niemals gesagt worden ist.[26]

Solche gerade in der abendländischen *episteme* (Formation des Wissens) beliebten Textsorten sind die Exegese, der religiöse Kommentar oder die literarische Interpretation. Foucault trifft dabei eine nicht unwesentliche Unterscheidung zwischen den Diskursen. Es gibt

▷ informelle, *alltägliche Diskurse*, die bald wieder verschwinden,
▷ *formatierte Diskurse*, die zu steter Kommentierung zur Verfügung stehen (Literatur, Philosophie, Wissenschaft).

► den *Autor* als Instanz. Der Autor ist, wie Foucault an anderer Stelle ausgeführt hat, keine natürliche Größe, sondern eine Konstruktion der Kultur. Es geht also vordergründig nicht um den empirischen Autor als sprechendes Individuum, sondern um die Idee, bestimmte Diskurse *einem* Autor, d.h. einer numerisch eindeutigen und bestimmten Person, zuzuordnen und damit Prinzipien wie Einheit, Ursprung, Mittelpunkt und Zusammenhalt

---

[26] Ders., Die Ordnung der Dinge, a.a.O., S. 18.

geltend zu machen und alle solchen Texte aus dem Diskurs aus-zuschließen, die keinen Autor haben.

Dass es in diesem Sinn einen Autor gibt, ist nicht selbstver-ständlich. Verträge, Beschlüsse oder banale technische Anwei-sungen kennen bis heute keinen Autor. Wohl aber die Bereiche von Literatur und Kunst, sowie von Philosophie und Wissen-schaft. Hier stellt Foucault eine eigentümliche Gegenläufigkeit fest. Während die Bedeutung der Autorfunktion im Bereich der Belletristik wächst, nimmt diese im Bereich der Wissenschaft ab. Geht es im Kommentar um die Form der Wiederholung und des Selben, stehen bei der Autorfunktion die Form der Individualität und des Ichs und Kategorien wie Kontinuität und Konsistenz im Zentrum. Beiden gemeinsam ist, dass es sich um Sprachspiele der Identität handelt. Der Autor ist eng verbunden mit der Idee des Werks, dem die einzelnen Werke zugeordnet werden. Pro-duktionsästhetisch wird der Autor als letzte Ursache des Werkes gesehen. Der Geniekult der Jahrhundertwende vom 18. auf das 19. Jahrhundert bedeutet einen Höhepunkt dieser Auffassung. Demgegenüber lässt sich auf verschiedenen Ebenen sagen, dass ›Werk‹ und ›Autor‹ Effekte eines sprachlichen Diskurses sind, dass ein Werk niemals für sich allein steht, sondern in einen »unendlichen Text«[27] eingeschrieben ist und dass im Schreiben, sozusagen am Autor vorbei, nicht-intentionale Momente ins Spiel kommen, die man seit Freud mit dem Unbewussten in Verbindung bringt. Psychoanalyse und Linguistik schränken die klassische humanistische Vorstellung von der Autonomie des Menschen ein. Diese Verabschiedung hat Foucault in Anschluss an Nietzsches Figur des »letzten Menschen« mit der provoka-tiven Formel vom »Tod des Menschen« bezeichnet:

Der Mensch wird verschwinden. Mehr als den Tod Gottes, oder vielmehr in der Spur dieses Todes und gemäß einer tiefen Korrelation mit ihm, kündigt das Denken Nietzsches das Ende seines Mörders, das Aufbrechen des Gesichtes des Menschen im Lachen die Wiederkehr der Masken, der Verbreitung des tiefen Flusses der Zeit, von der er sich getragen fühlte und dessen Druck er im Sein der Dinge selbst vermutete, die Identität der Wiederkehr des *Gleichen* und die absolute Zerstreuung des Menschen an.

---

[27] Hans Jost Frey, Der unendliche Text, Frankfurt/Main: Suhrkamp 1990.

[...] dann kann man sehr wohl wetten, dass der Mensch verschwindet wie am Meeresufer ein Gesicht im Sand.[28]

Diese Passage, in der sich geschichtsphilosophische Prophetie mit einem kulturanalytischen Blick paart, zielt darauf ab, dass der Mensch zwar als ›authentisches‹ Wesen verschwindet, nicht aber als kulturelle Konfiguration, als Maske und uneigentliche Figur, die über sich lacht, das heißt die als Erfindung des Diskurses fortbesteht. In der heutigen Kultur wimmelt es nur so von Inszenierungen von Autoren und Autorinnen. Aber dabei wird ausdrücklich die Idee eines authentischen Subjektes durch den grellen Hinweis auf die Inszeniertheit dieses Ichs unterminiert. Bei der Lektüre von Theoretikern wie Barthes oder Foucault ist es wichtig, die rhetorische Absicht ihrer Pointierungen, Übertreibungen und Zuspitzungen zu begreifen und sie nicht im Sinne klassischer philosophischer Setzungen zu lesen. Es lässt sich natürlich sagen, dass es im politischen und intellektuellen Diskurs eines Autors bedarf: nämlich eines Menschen, der die Verantwortung für einen Text übernimmt.

▶ Die Disziplin, die wohl die heute wichtigste Binnen-Einschränkung des Diskurses darstellt. Sie ist jedem jungen Menschen, der studiert, vertraut. Die Disziplin legt fest, ob man sich im jeweiligen historischen und kulturellen Kontext »im Wahren« (Georges Canguilhem)[29] befindet. In einer Disziplin wie der Biologie herrscht eine andere ›Wahrheit‹ als in der Literaturwissenschaft. Was dort anstößig ist, wird hier als notwendig empfunden. Auch die Ansicht vieler Naturwissenschaftler, dass die Humanwissenschaften keine richtigen Wissenschaften seien, hängt mit dem Phänomen programmatischer Verengung zusammen, wie sie für die wissenschaftlichen Disziplinen im akademischen Betrieb so eigentümlich ist und wie sie von dem polnischen Wissenschaftstheoretiker Ludwik Fleck schon sehr früh konstatiert worden ist.[30]

Der Begriff der Disziplin macht in seiner hübschen Doppeldeutigkeit – Fach sowie restriktive interne und externe Ordnung –

---

[28] Michel Foucault, Die Ordnung der Dinge, a.a.O., S. 461ff.

[29] Ders., Die Ordnung des Diskurses, a.a.O., S. 24 u. 49.

[30] Ludwik Fleck, Entstehung und Entwicklung einer wissenschaftlichen Tatsache [1935], Frankfurt/Main: Suhrkamp 1980, S. 31–108.

sinnfällig, warum Wissenschaften so beharrlich an ihren traditionellen Paradigmen festhalten. Durch die Disziplin werden folgende Elemente des Diskurses festgelegt:

- ▷ der Bereich der legitimen Gegenstände,
- ▷ das Bündel der zulässigen Methoden,
- ▷ der Korpus wahrer Sätze,
- ▷ das zugelassene Spiel von Regeln, Definitionen, Techniken
  und Instrumenten.

In Foucaults Kommentar hallt noch die Erfahrung desjenigen nach,
der als Außenseiter und Transdisziplinär die Enge des universitären
Lebens hat erfahren müssen. Das »wilde Denken«, das in den 80er
Jahren zum Programm innerakademischer Kritiker geworden ist,
vermag die Enge der konventionellen disziplinären Wahrheiten zuweilen zu durchbrechen, aber es bleibt aus dem disziplinären Blickwinkel ein unmögliches Denken, außerhalb der von ihr jeweils festgelegten Wahrheit:

> Es ist immer möglich, dass man im Raum eines wilden Außen die Wahr-
> heit sagt: aber im Wahren ist man nur, wenn man den Regeln einer dis-
> kursiven ›Polizei‹ gehorcht, die man in jedem seiner Diskurse reaktivie-
> ren muss.[31]

Universitäten lassen sich polemisch auch als Anstalten verstehen, in
denen das Wissen diszipliniert und kanalisiert und damit auch die
Produktion subversiven Denkens unterbunden wird.

3. Bis jetzt haben wir die externen Ausschließungsmechanismen
(kategorisches Verbot, spezifisches Verbot, Grenzziehung und Verwerfung sowie der Wille zum Wissen) sowie die internen Ausschließungsmechanismen (Kommentar, Autor, Disziplin, d.h. Beschränkung von Gegenstand, Methode, Korpus und Spielregeln)
diskutiert. Aber Foucault zufolge gibt es noch eine dritte Form der
Ausschließung.

Diese dritte Form der Exklusion bezeichnet Foucault als *regulative
Ausschließung*. Hier geht es um die Frage, wer sprechen darf. Bereits
aus dem Neuen Testament wissen wir, dass nicht alle sprechen dürfen, sondern dass viele auch schweigen sollen, etwa Frauen. So hat

---

[31] Michel Foucault, Die Ordnung des Diskurses, a.a.O., S. 25.

es wenigstens Paulus dekretiert. Auch die dritte Form der Exklusion im Diskurs kennt mehrere Varianten. Foucault unterscheidet:

► Das Ritual, das die Gesten, Verhaltensweisen, Umstände und Zeichen definiert und damit regelt, wer wann und wo sprechen darf. Es ist relevant in Bereichen des Gerichts, der Religion, der Therapie, der Literatur, der Wissenschaft.

► Die Diskursgesellschaften. Hier werden mehr oder weniger eindeutig folgende diskursive Positionen festgelegt: Wer darf sprechen? Wer darf/muss zuhören? Wer darf nicht einmal zuhören? Zu denken ist hierbei an geschlossene Gesellschaften wie die Freimaurer und andere Geheimgesellschaften, an Orden, Akademien und bestimmte Aspekte des Literaturbetriebs. Aber auch der Ausschluss der Frauen aus allen relevanten öffentlich formatierten Diskursen bis ins 20. Jahrhundert fällt unter diesen Punkt.

► Die Doktrin. Sie bindet die Individuen an bestimmte Diskurse und verbietet den Zugang zu anderen. Es ist aufschlussreich, dass Foucault die Doktrin nicht so sehr unter inhaltlichen Gesichtspunkten, als vielmehr im Hinblick auf ihre Funktion für die Regelung des Diskurses betrachtet. Sie vereinigt eine Gruppe von Individuen miteinander und grenzt sie von einer anderen ab. Die Unterwerfung der sprechenden Subjekte unter bestimmte Diskurse und die Unterwerfung bestimmter Diskurse unter die Gruppe der sprechenden Individuen bedingen einander.

Auffällig ist, dass Foucaults Theorie, vor der kulturellen Wende verkündet, zwischen einem soziologischen Funktionalismus und einem dekonstruktivistischen Kulturalismus schwankt. Die Ausschlussregeln, wie sie Foucault beschreibt, sind Mechanismen, die für die Konstituierung von Gruppen eigentümlich sind, während er zugleich davon ausgeht, dass Begriffe wie Autor, Werk und Disziplin kulturelle Konstruktionen darstellen, die für das abendländische Wissen (*episteme*) eigentümlich sind und in ihr auch historischen Brüchen unterliegen. Insofern ist es im Hinblick auf Foucault nicht ganz einfach, ›Kultur‹ und ›Gesellschaft‹ voneinander zu trennen.

Das gilt auch im Hinblick auf das letzte Regulationsinstrument unserer Kultur:

► Die gesellschaftliche Aneignung der Diskurse durch das System der Erziehung. Kindergarten, Vorschule, Schule, Universität und berufliche Ausbildung, Fortbildung und Volkshochschulwesen, in gewisser Weise auch die Bildungsprogramme der öffentlich-rechtlichen Medien stellen Formen der Regulation des Wissens dar. Sie bestimmen das Wissen, das wichtig und relevant ist, das Wissen, das gelernt werden soll und muss. Zumindest stellen sie Empfehlungen dar, welches Wissen für wen gesellschaftlich und kulturell relevant ist und welches nicht. Während in früheren Zeiten ein hoher Wert auf Allgemeinbildung (humanistisches Wissen, Grundlagenkenntnisse in den Naturwissenschaften) gelegt wurde, die einigermaßen autoritär verabreicht wurde, wird dies heute mehr und mehr als unwichtiger Wissensplunder und entbehrliches Gerümpel angesehen, das angesichts der technisch-ökonomischen Herausforderungen unserer Zeit als nicht mehr relevant, bestenfalls als Luxus erscheint. Die Schule ist – aus der Perspektive Foucaults oder auch Ariès' – ihrer ganzen Struktur und Funktion nach ein ähnliches System wie das Gefängnis oder die Psychiatrie.

Betrachten wir kurz die methodischen Prämissen, die Foucaults Diskursanalyse zugrunde liegen. Diskurs wird dabei immer schon als ein geregeltes, diszipliniertes und oktroyiertes, das heißt fremdbestimmtes System von Aussagen angesehen. Worum es Foucault geht, ist nicht mehr und nicht weniger als die Revision der abendländischen *episteme* oder genauer gesagt: ihrer dominanten Strömungen, wie sie sich im Selbstbild der klassischen Philosophie als uneigennütziger Wille zur Wahrheit manifestieren und präsentieren. In diese Wahrheitsliebe ist immer schon der Wille zur Durchsetzung des eigenen Diskurssystems eingeschrieben. Deshalb plädiert Foucault für die Rehabilitation der gerade in Platons Werk verunglimpften Sophisten, die ihr Augenmerk der Rhetorik, d.h. der Realität des Diskurses geschenkt hätten. Anders als ihre Widersacher seien die Sophisten niemals davon ausgegangen, dass ihr Tun autonom, zweck- und interessensfrei sei. Heute wird eine solche traditionelle okzidentale Betrachtungsweise als ›logozentrisch‹ diskreditiert, als eine Auffassung, die den Logos, Vernunft und Verstand, in den Mittelpunkt rückt und deren Autonomie und Unabhängigkeit behauptet. Die Diskursanalyse Foucault'scher Prägung läuft darauf hinaus, zu zeigen, dass dieser Wille zur Wahrheit das geschönte Selbstbild eines Diskurses in Philosophie und Wissenschaft ist, um die Regeln von Exklusion, Inklusion und Regulation zu bestimmen. Insofern die Foucault'sche Analyse die Abhängigkeit des Denkens vom kulturellen Horizont, wie er sich in den diversen Regulationsmechanismen der Diskurse zeigt, herausstellt, erweist sie sich als Teil jener Bewegung, die das Denken in Abhängigkeit von einem kulturellen Unterbau sieht. Kultureller Materialismus (*cultural materialism* → Kap. 12) ist nur ein anderer Ausdruck für diesen Sachverhalt.

Mit Foucault kann man die Sophisten auch als Vorläufer Nietzsches ansehen, jenes Denkers, der zum ersten Mal im Diskurs der Philosophie deren Gewissheiten erschüttert hat. Folgende ›logozentrische‹ abendländische Ideen möchte Foucault im Gefolge von Nietzsche verabschieden:

► das Spiel des Schreibens: den Gedanken des (sich selbst) begründenden Subjekts,
► das Spiel des Lesens: den Gedanken der ursprünglichen Erfahrung,
► das Spiel des Tauschens: den Gedanken der universellen Vermittlung.

In allen drei Punkten geht es um den Abschied von der Vorstellung von Authentizität. Mit dem soziologischen Blick hat der kulturwissenschaftliche gemein, dass hier die Vorstellung von einem freien natürlichen Lebewesen verabschiedet wird, das seine Identität aus sich selbst bezieht und autonom agiert. Das Schreiben der Gedanken, das Lesen von Büchern und der Austausch von Ideen sind niemals ursprünglich, sondern stets geregelt und generiert. Es gibt keine ursprünglichen Gedanken, keine ›eigenen‹ Erfahrungen, keinen unverstellten Austausch (etwa in der Begegnung von Kulturen). Denkendes Schreiben, lesendes Erfahren, und der damit verbundene Austausch von Gedanken sind niemals ›rein‹. Indem wir denken, lesen, uns austauschen, bewegen wir uns in kulturell vorgegebenen Bahnen geregelter Diskurse. Diese Regelungsweisen, die uns im Vollzug des Denkens, Schreibens, Mitteilens womöglich entgehen, sind in der Schwere dessen, was sie vorgeben, fast so strikt wie die Verkehrsregeln. Aber während wir auf der Straße immer wieder auf das Regelwerk stoßen, entzieht sich die Regelung der gesellschaftlich und kulturell relevanten Diskurse unseren

Blicken. Unsere Lebenserfahrung deckt sich nicht mit dem skeptisch-ernüchternden Befund, den uns eine Kulturtheorie im Gefolge von Foucault nahe legt. Das gilt übrigens auch für Foucault selbst: Zwischen dem politischen Subjekt Michel Foucault, der sich in den 1970er und 80er Jahren im Stil des humanistischen Intellektuellen für die Menschenrechte in den damals kommunistischen Staaten Europas einsetzt und gegen die Diskriminierung der Homosexualität kämpft, und jenem kalten Analytiker der Macht in der Kultur tut sich ein Abgrund auf, der sich kaum überbrücken lässt.

Für Michel Foucault, der als radikaler Theoretiker wie die Avantgardisten des 20. Jahrhunderts *tabula rasa* machen will, ergeben sich aus der von ihm formulierten Einsicht drei Postulate:

► Man muss unseren Willen zur Wahrheit in Frage stellen.
► Man muss dem Diskurs seinen Ereignischarakter zurückerstatten.
► Man muss sich vom Postulat der Souveränität des Signifikanten verabschieden.

Es ist auch hier wieder wichtig, den Gestus der Theorie und ihre Rhetorik im Auge zu behalten. Das Infragestellen hat überdies mehrere Bedeutungen, mit denen Foucault offenkundig spielt: Es meint die radikale Geste der Verabschiedung ebenso wie die kritische Hinterfragung. Verabschieden muss man sich aber nicht nur von diesem Selbstbild der abendländischen Philosophie, sondern auch von der im Umkreis des Strukturalismus verbreiteten Vorstellung, dass unsere Sprache selbst autonom und selbstmächtig sei. An dieser Stelle wird deutlich, dass Foucault eine wichtige Unterscheidung zwischen Sprache und Diskurs trifft. Das mittlere Postulat, das auf die Prozessualität abzielt, ist am schwierigsten zu begreifen. Es beinhaltet eine methodische Prämisse, nämlich den Diskurs nicht als Produkt zu vergegenständlichen, sondern als einen kulturellen Prozess zu begreifen. Eine solche Wende lässt sich heute in nahezu allen Kulturtheorien konstatieren – sie war schon bei Simmel (→ Kap. 5) und bei Cassirer (→ Kap. 3) als Abschied vom Ding vorweggenommen. Das mittlere Postulat, der einzige positive der drei ›kategorischen‹ Imperative Foucaults, könnte aber noch ein anderes subversives Moment beinhalten: Wenn der Diskurs als Ereignis oder Serie von Ereignissen begriffen wird, dann kann man in diese Ereignisse möglicherweise subversiv eingreifen und sie verändern.

In dieser subversiven Perspektive mag man auch Foucaults Theorie als eine programmatische Umkehrung der Perspektive verstehen, die zum Ende der Vorlesung programmatisch in vier Prinzipien
des Umdenkens verkündet wird:

► das Prinzip der Umkehrung (Es geht um eine radikale andere
  Form zu denken.),
► das Prinzip der Diskontinuität (Es gibt keine Kontinuität.),
► das Prinzip der Spezifizität (Kritik an der Gewalt, die wir den
  Dingen antun.),
► das Prinzip der Äußerlichkeit (Es gibt keinen Kern.).

Das erste Prinzip beschreibt die kontrastive Drehbewegung, die
Foucault vollzieht, jene Destruktion, die Heidegger programmatisch
verkündet hat und die Derrida und andere mit dem Begriff der Dekonstruktion belegt haben.[32] Vom Bedeutungsgefüge her besteht
zwischen Umkehrung und Revolution kein merklicher Unterschied.
Insofern deklariert sich Foucault hier als ein revolutionärer, ›umwerfender‹ Denker.

Die Kulturtheorie à la Foucault unterscheidet sich an einem zentralen Punkt von ihrem Gegenstand, der Kultur. Kulturen, in denen nicht zufällig Religionen im engeren wie im weiteren Sinn eine
zentrale Rolle spielen, sind kollektive Mittel der Kontingenzbewältigung, Kulturtheorien hingegen nicht. Sie stellen sich gleichsam in
eine Position des Außenbeobachters. Sie sind unversöhnlich gegenüber allen harmonisierenden Tendenzen, die Kulturen zugrunde
liegen. In dieser heroischen Unversöhnlichkeit, die den Ausgangspunkt für seine Radikalität und auch für seine fortdauernde Anziehungskraft bildet, ist freilich ein durchaus entschiedener Wahrheitsanspruch verborgen, der womöglich den traditionellen Willen zum
Wissen noch überbietet.

Deshalb legt seine Theorie ihr Augenmerk auf die Brüche und
Verwerfungen. Sie verabschiedet sich von der Idee, dass es einen
Kern, ein Wesen gebe, und betrachtet die Phänomene der Kultur
in ihrer bloßen Äußerlichkeit. Das Prinzip der Spezifität ähnelt ein
wenig der Kritik von Horkheimer und Adorno (→ Kap. 6), ihrer
These, dass Sprache und Denken den Dingen Gewalt antun, und

---

[32] François Dosse, Geschichte des Strukturalismus, Bd. 2, a.a.O., S. 288–317.

zwar allein schon durch die Macht der Abstraktion. Es könnte sein, dass Foucaults Abkehr vom Strukturalismus, jenseits der rhetorischen Geste, damit etwas zu tun hat: dass nämlich auch Strukturalismus und Poststrukturalismus das Prinzip der Spezifität verletzen.

Die Welt und die Gesellschaft sprechen nicht. Wer spricht, das sind – um eine berühmte Passage von Marx aus dem *18. Brumaire* zu variieren – wir, aber unter vorgegebenen, polizeilich geregelten Bedingungen:

> Die Menschen machen ihre eigene Geschichte, aber sie machen sie nicht aus freien Stücken, nicht unter selbstgewählten, sondern unter unmittelbar vorgefundenen, gegebenen und überlieferten Umständen. Die Tradition aller toten Geschlechter lastet wie ein Alp auf dem Gehirne der Lebenden.[33]

Zweifelsohne liegt der Akzent bei Foucault stärker im synchronen als im diachronen Bereich: Es ist nicht nur die Macht der »toten Geschlechter«, die »auf den Gehirnen der Lebenden« wie ein »Alb« lastet, es ist vor allem die institutionelle Macht der Diskurse, denen die Menschen zunehmend unterworfen sind. Freuds Diagnose, dass die Kultur eine Einschränkung des Menschen durch Kanalisierung und Regulierung bedeutet (→ Kap. 2), wird aus der Perspektive des Foucault'schen Denkens merkwürdig bestätigt.

Kultur und Gesellschaft sind ein »Ensemble diskursiver Ereignisse«. Foucaults Analyse von Kultur und Gesellschaft verabschiedet traditionelle Termini wie Bedeutung, Ursprünglichkeit, Einheit und Schöpfung. Sie geht in zwei Richtungen:

Sie lässt sich, indem sie die Zwangssysteme, die aus dem »Willen zur Wahrheit« entspringen, aufdeckt und sichtbar macht, zum einen als Kritik und Umkehrung der dominanten westlichen Form des Wissens (*episteme*) verstehen. Sie ist aber nicht nur Kritik sondern auch Genealogie, insofern sie sich der Prinzipien der Diskontinuität, der Spezifizität und der Äußerlichkeit bedient, um die Entstehung der abendländischen Diskurse, in denen sich Wissen und Macht beinahe nahtlos verzahnen, zu verfolgen.

Foucaults rhetorisch brillanter Text endet in einem fulminanten Finale: Im letzten Abschnitt kommt der durch seine Berufung ge-

---

[33] Karl Marx, Der achtzehnte Brumaire des Louis Bonaparte, in: ders., Studienausgabe, Bd. IV: Geschichte und Politik 2, hrsg. von Iring Fetscher, Frankfurt/Main: Fischer 1966, S. 34.

ehrte Denker auf jene Namen zurück, die in seinen Diskurs eingeschrieben sind: Georges Dumézil, Georges Canguilhem und Jean
Hippolyte, neben Kojève der wichtigste Hegel-Kommentator im
französischen Diskurs der Philosophie nach 1945. Dieser Diskurs hat
ein Kapitel aus Hegels Philosophie prominent gemacht, das Kapitel
über Herr und Knecht, in dem das Verhältnis von Selbstbewusstsein
und Macht dramatisch in Szene gesetzt wird. Der Vortrag des Lehrers, Jean Hippolyte, stellt gewissermaßen eine Schlüsselszene der
französischen Nachkriegsphilosophie dar, die am Ende ungewöhn-
lich pathetisch beschworen wird:

> Ich weiß auch, welche Stimme es war, von der ich gewünscht hätte, dass
> sie mir vorangeht, dass sie mich trägt, dass sie mich zum Sprechen einlädt
> und sich in meinen Diskurs fügt. Ich weiß, warum ich solche Angst hatte,
> das Wort zu ergreifen: ich habe das Wort an dem Ort ergriffen, wo ich ihn
> gehört habe, und wo er nicht mehr ist, um mich zu hören.[34]

Die Stimme vom Anfang war jene des Vorgängers, die von Jean
Hippolyte, die Foucault hört. Zugleich dreht er jedoch den Diskurs
des Lehrers um, der wiederum Hegel umgedreht hatte. Foucault
versteht sich als Repräsentant einer Epoche, die »Hegel zu entkommen trachtet« und die sich unsicher ist, ob »unser Anrennen gegen
ihn seine List ist, hinter der er uns auflauert: unbeweglich und an-
derswo«.[35] Insofern gehört Foucault trotz seiner Distanznahme in
das Umfeld der »strukturalistischen Invasion« (Derrida). Mit dem
selbstironischen Schlusswort relativiert Foucault indes auch seinen
revolutionären Anspruch. So liegt hier eine Kulturtheorie vor, deren Reiz nicht zuletzt daraus entspringt, dass hier zwei gegenläufige
Denkweisen zusammengespannt sind, die sich ansonsten feindlich
gegenüberstehen und sich eigentlich schlecht miteinander vertra-
gen: Skepsis und revolutionärer Gestus. Es ist indes dieser Gestus,
der in den heutigen Kulturwissenschaften nach Foucault fortlebt.
Diese beiden Eckpole – Skepsis und Revolution des Denkens – tun
sich in einem eigentümlichen Schwanken der Denkbewegung kund,
das eine eindeutige Interpretation und Einordnung seiner Theorie
bis heute erschwert.

---

[34] Michel Foucault, Die Ordnung der Dinge, a.a.O., S. 54.
[35] Ders., Die Ordnung der Dinge, a.a.O., S. 50.

Kritikpunkte und Anmerkungen

▶ Foucaults linguistischer Idealismus – Kultur als formatierter und institutionalisierter, letztendlich aber sprachlicher Prozess – hat stark deterministische Züge und löst tendenziell gesellschaftliche Realität auf. Alles wird zum Diskurs, zum sprachlichen Konstruktionsprozess: der Wahnsinn, die Frau, der Orient (vgl. Judith Butlers und Edward Saids Adaptionen der Foucault'schen Diskursanalyse).

▶ Foucault übersieht die Ambivalenz und die kritische Funktion und Widerständigkeit der Sprache, die etwa in der Literatur zum Tragen kommt.

▶ Foucaults Werk beinhaltet eine radikale Kritik an Herrschaft (die Macht zur Sprache bringen), ohne eine Perspektive, sie zu überwinden, zu moderieren oder zu modifizieren.

▶ Seine Beschreibung der Macht bringt die Unterschiede zwischen totalitären, autoritären und demokratischen Gesellschaften tendenziell zum Verschwinden.

▶ Der theoretische Pessimismus und das Engagement des späten Foucault stehen in einem augenfälligen Widerspruch.

▶ Wie bei jedem Relativismus stellt sich die Frage nach Foucaults eigenem Anspruch und die Frage, inwieweit er tatsächlich den »Willen zur Wahrheit« überwindet. Anders gefragt: Worauf zielt die »sophistische« Intervention ab?

▶ Sein Werk tendiert dazu, Macht vornehmlich diskursiv zu verorten und die ›realen‹ ökonomischen und politischen Aspekte von Macht hintanzustellen.

▶ Foucault tut sich schwer, den sprachlich-symbolischen Aspekt mit den im Körperlichen verankerten kulturellen Praktiken überzeugend zu verbinden und deren Verhältnis zu bestimmen (→ Kap. 9).

▶ Foucault unterschätzt die Bedeutung unbewusster Prozesse in der kulturellen Sozialisation und überschätzt die Rolle von Repression, Kontrolle und Verbotsmechanismen (ein Kritikpunkt, den Bourdieu formuliert → Kap. 9).

▶ Die Abgrenzung von externen, internen und regulativen Ausschließungsmechanismen ist zuweilen unscharf, sie sind nicht immer klar voneinander unterschieden.

Literatur

Michel Foucault, Die Ordnung der Dinge (Vorwort), Frankfurt/Main: Suhrkamp 1974.

Ders., Die Ordnung des Diskurses, Berlin/Wien: Ullstein 1977.

Hannelore Bublitz, Foucaults Archäologie des kulturellen Unbewussten. Zum Wissensarchiv und Wissensbegehren moderner Gesellschaften, Frankfurt/Main: Campus 1999.

Gilles Deleuze, Foucault, Frankfurt/Main: Suhrkamp 1987.

Hubert L. Dreyfus, Paul Rabinow, Michel Foucault. Jenseits von Strukturalismus und Hermeneutik, Frankfurt/Main: Athenäum 1987.

Didier Eribon, Michel Foucault. Eine Biographie, Frankfurt/Main: Suhrkamp 1991.

Axel Honneth (Hrsg.), Foucault-Konferenz 2001, Frankfurt/Main: Suhrkamp 2003.

Michael Maset, Diskurs, Macht und Geschichte. Foucaults Analysetechniken und die historische Forschung, Frankfurt/Main: Campus 2002.

Paul Rabinow (Hrsg.), The Foucault Reader, New York: Pantheon 1984.

Hayden White, Auch Klio dichtet oder Die Fiktion des Faktischen. Studien zur Tropologie des historischen Diskurses, aus dem amerikanischen Englisch von Brigitte Brinkmann-Siepmann und Thomas Siepmann, Stuttgart: Klett-Cotta 1986, S. 268–302.

Kapitel 9

Pierre Bourdieu: Von den symbolischen Formen zu den symbolischen Feldern

Im Gegensatz zu Foucault und Barthes durchläuft Pierre Bourdieu eine steile und geradlinige akademische Karriere. 1964, mit nur 34 Jahren, ist der studierte Philosoph und Ethnologe bereits Professor an der *Ècole Pratique des Hautes Ètudes*, vier Jahre später, 1968, wird er zum Leiter des *Centre de Sociologique Européenne* bestellt, 1982 erfolgt die Berufung an das *Collége de France* an dem Foucault seit 1970 tätig war. Seine Hauptwerke, die hier in deutscher Übersetzung wiedergegeben werden, sind: *Die feinen Unterschiede; Homo Academicus; Die Soziologie der symbolischen Formen; Die Regeln der Kunst; Meditationen. Zur Kritik der scholastischen Vernunft.*

In der exemplarischen, empirisch unterbauten Studie *Die feinen Unterschiede* untersucht Bourdieu das kulturelle Verhalten – das, was man im deutschen Kontext auch gern als Lebensstil bezeichnet (→ Kap. 5) – unterschiedlicher sozialer Gruppen in Frankreich und entwickelt in diesem Zusammenhang auch den Begriff des symbolischen Kapitals in Analogie zum ökonomischen Kapital. Das symbolische Kapital ist das Prestige und Ansehen, das man durch den Besitz einer bestimmten exklusiven und privilegierten Kultur und Bildung erwirbt und mit dem man strategisch operiert. Bourdieu verfasst Essays zum Fernsehen und zur Figur des Intellektuellen. In den letzten Jahren seines Lebens engagiert er sich im Kampf gegen den globalisierten Kapitalismus.

Für die Fragestellungen des vorliegenden Buches ist insbesondere seine Studie *Les règles de l'art. Genèse et structure du champ litteraire* (1992, dt. 1999) von Belang, in der Bourdieu als Kultursoziologe die Entstehung und die Eigenart des literarischen Feldes beschreibt und analysiert. Mit dieser Studie befinden wir uns nunmehr auf dem Terrain eines eng umschriebenen Kulturbegriffs: Es geht darum, das literarische Feld als eines von vielen symbolischen Feldern der Gesellschaft zu sondieren. Auch hier verwischen sich die Grenzen zwischen Gesellschaft und Kultur, denn ob das Insgesamt aller symbolischen Felder nun ›Gesellschaft‹ oder ›Kultur‹ heißt, ist ziemlich sekundär. Zentrale Absicht des Buches ist es, wie Bourdieu selbst schreibt,

► »mit dem Idealismus der literarischen Hagiographie [zu] brechen«[1] und eine Analyse der modernen Literatur vorzunehmen, die sie zum einen als ein autonomes »Feld« erweist, zum anderen aber in Beziehung zu anderen Feldern setzt. (1)

► an einem kanonischen Werk der französischen Literatur seine »Wissenschaft von den Kulturprodukten«[2] vorzuführen. (2)

► den Roman selbst als eine soziokulturelle Analyse der Gesellschaft des 19. Jahrhunderts zu begreifen. Der Roman liefert Bourdieu zufolge »selbst alle erforderlichen Instrumente zu seiner eigenen soziologischen Analyse«[3], insofern wird Flaubert als Vorbildfigur angesehen, als ein Feldforscher im Medium der Literatur. Es ist nicht zuletzt die »Macht des Schreibens«, die zugleich eine Macht der »Selbstobjektivierung«[4] darstellt, die Bourdieu auch im Hinblick auf die Selbstreflexion einer Wissenschaft der Kulturprodukte interessiert. (3)

► eine Lesart des Romans vorzuführen, die sich sowohl gegen die klassische Scholastik aber auch gegen den neuen Dogmatismus des Strukturalismus und Poststrukturalismus wendet, auch wenn Bourdieu partiell an deren Ideen partizipiert. (4)

► Nicht zuletzt bildet Bourdieus Studie einen Gegenentwurf zu Sartres weiträumiger Flaubert-Studie *Der Idiot der Familie* und ist zugleich eine Abrechnung mit Sartres Konzept des totalen Intellektuellen. Teil der französischen Tradition ist es, nicht nur einen akademischen, kulturwissenschaftlichen oder soziologischen Disput, sondern auch eine gesellschaftspolitische Debatte über das Medium eines kanonischen Textes zu führen. Damit bewegt sich Bourdieu in eben jenem Feld der Kultur, das er beschreibt. Überspitzt formuliert, agiert Bourdieu selbst als Star in jenem Feld, auf dem sich Literaten und Intellektuelle bewegen und begegnen. (5)

Bourdieus Buch eröffnet mehrere Frontlinien: Zunächst sind es die Philologie und die immanenten, gesellschaftliche Bezüge igno-

---

[1] Pierre Bourdieu, Die Regeln der Kunst, Genese und Struktur des literarischen Feldes, Frankfurt/Main: Suhrkamp 1999, S. 13.
[2] Ders., Die Regeln, a.a.O., S. 21.
[3] Ders., Die Regeln, a.a.O., S. 19.
[4] Ders., Die Regeln, a.a.O., S. 54ff.

rierenden Interpretationen der traditionellen Geisteswissenschaften, die seinen Widerspruchsgeist wecken. Wenn Bourdieu in diesem Zusammenhang von einem scholastischen Denken spricht, dann meint er dies nicht nur in einem metaphorischen und polemischen Sinn, sondern erinnert an die theologischen Ursprünge der europäischen Universität und ihre Abschottung von der sozialen und kulturellen Außenwelt. Insofern ist die akademische Wissenschaft selbst ein Feld, das durch diverse systematische Sichtbeschränkungen und Verzerrungen geprägt ist, die Bourdieu mit den Kategorien von Doxa und Illusio beschreibt.

Der scholastischen Vernunft will er eine Analyse entgegenstellen, die das Werk in seinem kulturellen und gesellschaftlichen Kontext analysiert. (1) Gegen die Immanenz des klassischen geisteswissenschaftlichen Denkens entfaltet Bourdieu eine Kulturtheorie, die sich einem weiteren Kulturbegriff verdankt als jenem, wie er im engen Bereich der ›Kunst-Kultur‹ gebräuchlich ist (→ Kap. 1). Der von Bourdieu in diesem Zusammenhang verwendete Begriff *Produkt* weist darauf hin, dass Bourdieu der Literatur ihren auratischen Zauber zu entwinden sucht, indem er sie als ein Kulturprodukt unter anderen (z.B. eine Vase, einen Film, Comics etc.) bezeichnet (vgl. dazu auch Benjamin, → Kap. 6). (2) Indem sich Bourdieu von den klassischen Formen der Interpretation abwendet, insinuiert er ein Näheverhältnis zwischen dem Typus des realistischen Romans, wie ihn Flaubert verkörpert, und seiner eigenen Vorgehensweise. Das heißt, er liest Flauberts Roman *L'éducation sentimentale* als eine Kulturtheorie im Medium der Literatur. Ganz ähnlich kann man natürlich – um Beispiele aus der deutschsprachigen Literatur zu wählen – auch Musils *Mann ohne Eigenschaften*, Doderers *Strudelhofstiege*, Thomas Manns *Buddenbrooks* oder Brochs *Schlafwandler*-Trilogie begreifen. Indirekt und ohne Bezug darauf zu nehmen, verweist er damit auf die Nähe zwischen dem realistischen Roman mit seinen psychologischen und sozialkritischen Ambitionen und jenen neuen Wissenschaftsdisziplinen, die Wolf Lepenies als dritte Wissenschaftskultur[5] bezeichnet hat: die Sozialwissenschaft unter Einschluss der Psychologie. (3)

Die Abrechnung mit dem theoretischen Kontrahenten gehört zum Charakteristikum eines symbolischen Feldes, in dem es über-

---

[5] Wolf Lepenies, Die drei Kulturen. Soziologie zwischen Literatur und Wissenschaft, München: Hanser 1985, S. 49–102.

lebensnotwendig ist, sich abzugrenzen und sich dadurch zu positionieren. Hierbei geht es aber insbesondere um eine Placierung im akademischen Feld. Bourdieu hat sich in mehreren Büchern leidenschaftlich gegen den Akademismus gewandt, dem er ein strukturell falsches Bewusstsein unterstellt: Die Abgehobenheit des universitären Feldes schlägt sich in der Theoriebildung im Ausschluss an den soziokulturellen Kontext nieder. Das gilt für die traditionellen Geisteswissenschaften ebenso wie für den Strukturalismus, dem er gleichermaßen eine programmatische Entfernung von gesellschaftlichen und kulturpolitischen Fragen vorhält. (4)

Diffiziler ist die Abgrenzung von Sartre. Sie gilt zum einen einer Form von Marxismus, die Bourdieu für überholt hält, weil sie eben immer noch an geisteswissenschaftlichen Positionen festhält und den Genie-Begriff nicht hinter sich gelassen hat. Aber es geht in diesem Zwischenbereich zwischen literarischem und akademischem Feld zum anderen auch darum, die intellektuelle Führerschaft zu übernehmen, das, was Antonio Gramsci in anderem Zusammenhang als kulturelle Hegemonie (→ Kap. 12) bezeichnet hat. (5) Dieser intellektuelle Kampf innerhalb des linken Milieus wird als theoretischer wie als politischer ausgetragen; von Seiten Bourdieus markiert er den Abschied von traditionellen ›humanistischen‹ Konzepten des Marxismus, der in Frankreich unter der Ägide Sartres mit dem Existentialismus verbunden war.

Gustave Flauberts Roman *L'éducation sentimentale. Histoire d'un jeune homme* (1869) hat in der Geschichte seiner Übertragung zwei unterschiedliche Titel erhalten: *Die Erziehung der Gefühle* und *Erziehung des Herzens*. Beide Begriffe geben das französische Wort *sentimentale* nicht ganz präzise wieder. Das ›Herz‹ rückt das sehr viel weniger gefühlsbetonte französische Wort in die Nähe von pietistisch-deutscher Empfindsamkeit und Romantik, während der Ausdruck ›Gefühl‹, der im Deutschen nicht recht mit Erziehung zusammenpasst, entscheidende Momente eben jenes Sentimentalen ausspart: Bei der sentimentalen Erziehung geht es doch viel eher um Einübungen von Haltungen, um emotionale Sozialisation, keineswegs aber um jene ›natürliche‹ Authentizität, die im kulturellen Haushalt der Deutschen offenkundig eine ganz andere Rolle spielt als in jenem der Franzosen. Dass emotionale Haltungen eingeübt und geformt werden, bildet die Pointe des Buches, seine heimliche kulturwissenschaftliche Komponente.

Die Geschichte dieses zeithistorischen Romans ist schnell erzählt.[6] Es ist die Lebensgeschichte eines jungen Studenten aus der
Provinz namens Frédéric Moreau und anderer junger Männer im
vorrevolutionären Paris der 40er Jahre des 19. Jahrhunderts. Im
Zentrum des Romans stehen Moreaus Begegnungen mit drei verschiedenen Frauen: mit der romantischen Gattin des Kunsthändlers
Arnoux, mit Madame Dambreuse, der Gattin eines Fabrikanten und
Lokalpolitikers, und mit der Grisette Rosanette, deren Liebhaber er
beim Ausbruch der Revolution von 1848 wird. Wie im Panorama
des realistischen Romans üblich, verkörpern diese drei Frauen drei
verschiedene soziale Welten, die sich im symbolischen Feld der Literatur einfinden:

► Madame Arnoux versinnbildlicht die Welt ihres Mannes, die Welt
  jener neuen Kunstproduzenten und -agenten an der Schnittstelle von Kultur und Ökonomie, von Kunst und Industrie.

► Madame Dambreuse steht für die Welt ihres Gatten, eines wirt-
  schaftlichen Aufsteigers in der Ära des Bürgerkriegs, der – anders als Arnoux – nicht ökonomisch vom neuen symbolischen
  Feld von Kunst und Literatur zu profitieren trachtet, sondern der
  sich das symbolische Kapital aus politischen Gründen aneignen
  möchte (Repräsentation).

► Rosanette verkörpert die Bohème und Halbwelt, in der sich die
  literarische Welt in ihrem Bedürfnis nach Abgrenzung auf eigentümliche Weise spiegelt. Die Abhängigkeit der Lebedame von
  reichen Herren versinnbildlicht die schmerzhafte Dependenz der
  Kunst von ihren Mäzenen. Die sexuelle Ungebundenheit der
  Halbwelt korrespondiert wiederum mit dem Freiheitsanspruch
  des symbolischen Feldes Literatur, das sich als ungebunden ansieht.

Der Blick auf die Geschlechterrollen ist aufschlussreich: Offenkundig sind es die Frauen, die den Zugang zu den symbolischen Feldern
der Politik und der geschäftlichen Welt regeln. Ihnen kommt in den
Beziehungen der verschiedenen symbolischen Welten (Politik, Geschäftswelt, Kunst-Kultur) eine wichtige Rolle als Türhüterinnen
zu.

---

6 Pierre Bourdieu, Die Regeln, a.a.O., S. 70ff.

Natürlich sind die Frauen in ihrer emotionalen, intellektuellen und sexuellen Prägung überaus verschieden: romantisch die eine, neureich die andere, frivol die dritte. Aber dass Moreau Madame Arnoux verfehlt, Madame Dambreuse von sich weist und schließlich in Rosanettes Bett landet – übrigens genau zu dem Zeitpunkt, als die Revolution ausbricht –, charakterisiert recht ironisch das neu entstandene symbolische Feld des Literarischen und Künstlerischen. Es handelt sich um eine programmatisch anti-bürgerliche Welt, die vielleicht anti-politisch, aber nicht wirklich politisch ist und sein kann und immer ein wenig Halbwelt bleibt.

Der Roman schließt mit einer Retrospektive 1867, rund zwanzig Jahre nach der Haupthandlung, mit einem epischen Nachtrag der Begegnung zwischen Frédéric und Madame Arnoux sowie einem Gespräch mit seinem Jugendfreund Deslauriers, der Frédérics Verlobte – das ist die vierte weibliche Konfiguration im Roman, die unbedeutende Frau aus der Provinz – geheiratet hat. Der Roman schließt mit dem Eingeständnis und Bekenntnis des völligen, beinahe kläglichen persönlichen, beruflichen und politischen Scheiterns durch den Protagonisten, Moreau.

Der Roman ist im Bereich der sich überschneidenden Felder »Kunst und Politik« sowie »Politik und Geschäft« angesiedelt. Diese beiden Felder werden durch die Salons von Arnoux und Dambreuse und deren Gäste markiert.

Flauberts Roman ist ein Roman über die urbane Welt, die die im Entstehen begriffene Kultur der Moderne programmatisch verkörpert. Bourdieu liest den Roman deshalb mit einem historischen Stadtplan aus dem 19. Jahrhundert: Die im Roman erwähnten Stadtteile repräsentieren die verschiedenen Felder der Kultur. Es sind hier vor allem drei Topographien von Belang:

- ► die Geschäftswelt des 4. Arrondissements (Chaussée d'Antin), des Wohnsitzes der Familie Dambreuse,
- ► die Welt der arrivierten Kunst in Faubourg Montmartre (5. Arrondissment), in der Arnoux mit seiner Zeitschrift *Industrielle Kunst* residiert und wo sich auch die Wohnsitze Rosanettes befinden,
- ► das Studentenviertel des Quartier Latin (2. Arrondissement), der ursprüngliche Wohnort von Frédéric.

Ausgeschlossen bleiben im Roman der Faubourg Saint-Germain, der Wohnsitz der Großaristokratie, sowie die Wohngebiete der unteren Klassen, in denen sich die revolutionären Ereignisse von 1848 abgespielt haben. Auch das ist symptomatisch für das symbolische Feld, das Bourdieu mit Flauberts Roman als Folie beschreibt. Aristokratie und proletarische Unterschichten halten sich aus unterschiedlichen Gründen, aber gleichermaßen, von den symbolischen Feldern fern, die die moderne urbane Kultur charakterisieren. Unübersehbar ist indes auch die Absetzbewegung der autonom gewordenen Kunst vom Feld des Politischen. Der Wohnungswechsel wiederum symbolisiert die sozialen Auf- und Abstiege im Roman:

> In diesem strukturierten und hierarchisierten Raum lassen sich mithin die auf- und absteigenden sozialen Laufbahnen klar unterscheiden: von Süden nach Nordosten für die sozial aufsteigenden (Martinon und – für eine gewisse Zeit – Frédéric) von Westen nach Osten und/oder von Norden nach Süden für die absteigenden Figuren (Rosanette und Arnoux). Deslauriers' Scheitern ist daran zu erkennen, dass er den Ausgangspunkt, das Viertel der Studenten und gescheiterten Künstler, nicht verlässt.[7]

Flauberts Roman beschreibt in Bourdieus Lesart des Textes die kritische Phase der Entstehung eines neuen Feldes und die Eroberung der Autonomie vor dem Hintergrund dramatischer und gravierender politischer und ökonomischer Umwälzungen. Im Gegensatz zu den ›schöngeistigen‹ oder psychologisierenden Deutungen begreift Bourdieu die *Éducation sentimentale* als einen Roman, der die Entstehung des literarischen Feldes selbst beschreibt:

> Flaubert hat, wie bekannt, mit anderen, zumal Baudelaire, erheblich zur Konstitution des literarischen Feldes als einer gesonderten Welt mit je eigenen Gesetzen beigetragen. Den Standpunkt Flauberts, das heißt den Punkt des sozialen Raums, von dem aus sich seine Weltsicht gebildet hat, und diesen sozialen Raum selbst zu rekonstruieren bedeutet, die reale Möglichkeit zu schaffen, sich an die Ursprünge einer Welt zu versetzen, deren Funktionsweise uns so vertraut geworden ist, dass die Regelmäßigkeiten und die Regeln, denen sie gehorcht, sich uns entziehen.[8]

Es hat, wenigstens an dieser Stelle, den Anschein, als ob Bourdieu die zweidimensionale Kategorie für das genuin kulturelle Phänomen, das symbolische Feld reserviert, während der Raum dem So-

---

[7] Ders., Die Regeln, a.a.O., S. 79.
[8] Ders., Die Regeln, a.a.O., S. 84.

zialen zugeordnet ist. Aber diese Unterscheidung wird im kulturwissenschaftlichen Diskurs keineswegs systematisch durchgehalten.
Auch der Begriff des symbolischen Raumes, im Unterschied zu real
geographischen oder zu sozialen Räumen, ist durchaus gebräuchlich. In jedem Fall durchdringen sich ökonomische, soziale und kulturelle Prozesse wechselseitig.[9]

Als treibende Motive und Momente, die die Konstitution des
neuen Feldes autonomer Literatur und Kunst führen, sieht der
französische Kultursoziologe die Herrschaft des Geldes, das Entstehen riesiger Privatvermögen, die Freisetzung der Intelligenz, Phänomene wie Salon und Markt, die Bohème und die Erfindung einer
Lebenskunst, als deren »Gesetzgeber« Bourdieu Baudelaire ansieht.
Aber es verhält sich keinesfalls so, dass diese Phänomene sich linear
miteinander verbinden. Vielmehr entsteht eine gewisse Gegenläufigkeit. Die Ökonomisierung der Verhältnisse und die Ausbreitung
des Marktes führen nämlich geradewegs zur Entstehung eines symbolischen Feldes, das sich diesen gesellschaftlichen Wirkungsmäch-
ten zu entziehen trachtet: der modernen Kunst, die sich nicht nur
von feudalen Auftraggebern, sondern auch von der schnöden Abhängigkeit vom Geld befreien will. Mit dem symbolischen Feld der
Kunst entsteht gleichsam eine verkehrte ökonomische Welt, die eine Reaktionsbildung auf die ›normale‹ Welt darstellt und in der die
Regeln anderer Felder außer Kraft gesetzt werden:

> Die symbolische Revolution, mit der sich die Künstler von der bürger-
> lichen Nachfrage lösen, indem sie keinen anderen Herrn und Meister
> anerkennen wollen als ihre Kunst, bringt den Markt zum Verschwinden.
> Denn sie können im Kampf um die Kontrolle über den Sinn und die
> Funktion künstlerischer Tätigkeit über den ›Bourgeois‹ nicht triumphie-
> ren, ohne ihn zugleich als potentiellen Kunden abzuschaffen.[10]

Diese Autonomie, so räumt Bourdieu ein, ist niemals absolut, denn
sie benötigt eine materielle Basis, wie der Autor nicht nur im Hinblick

---

[9] Zur Hinwendung zum Phänomen Raum im kulturwissenschaftlichen Zu-
    sammenhang (*spatial turn*) vgl. z.B. Zygmunt Bauman, Flüchtige Moderne,
    Frankfurt/Main: Suhrkamp 2003, S. 110–153. Michel Foucault, Andere Räu-
    me, in: ders., Botschaften der Macht, Stuttgart. DVA 1999, S. 145–157; Henri
    Lefebvre, The Production of Space, Malden-MA: Blackwell 1991; Edward
    Soja, Postmodern Geographies: the Reassertion of Space in Critical Social
    Theory, London: Verso 1989, S. 118–137.
[10] Pierre Bourdieu, Die Regeln, a.a.O., S. 132.

auf Baudelaire ausführt. Denn zum Leben als autonomer Künstler bedarf es gewisser Einkünfte, wie z.b. Erbschaften, Mäzene, oder ganz allgemein Zugang zu Geldquellen. Umgekehrt aber wird in dieser verkehrten Ökonomie ein gesellschaftlicher Mehrwert sichtbar, den der Autor, wie schon erwähnt, als »symbolisches Kapital« bezeichnet und der gerade durch seine Abgrenzung von der Herrschaft des Geldes zustande kommt. Dieser wird nicht nur konstitutiv im Hinblick auf den Gegensatz von Bildungs- und Besitzbürgertum, sondern auch für die Produktion von Distinktion überhaupt, wie sie Bourdieu in *Die feinen Unterschiede. Kritik der gesellschaftlichen Urteilskraft* beschreibt. Vom symbolischen Kapital profitieren nicht nur Intellektuelle, sondern insbesondere all jene bürgerlichen Schichten, die sich die Kulturprodukte des neuen, relativ autonomen Feldes der Literatur und der modernen Künste aneignen: die vornehmen Konsumenten. Man kann also bis zu einem gewissen Grad von Austauschverhältnissen zwischen den einzelnen, relativ autonomen Feldern in einer Kultur/Gesellschaft sprechen.

Jedes dieser Felder hat seine eigenen unverkennbaren Strukturen und Elemente. In Anlehnung an Max Weber, aber auch an Cassirer (→ Kap. 3) hat Bourdieu in seiner »Wissenschaft von den Kulturprodukten« eine ganze Reihe wichtiger Schlüsselbegriffe entwickelt, die für die Kulturtheorie und die angewandte Kulturanalyse überaus wichtig und wertvoll sind. Er hat sie auch immer wieder in ganz unterschiedlichen Bereichen der Kultur angewandt.

▶ *Das Feld:* Bourdieu übernimmt diesen Begriff aus Max Webers Studie *Wirtschaft und Gesellschaft,* genauer gesagt aus dem religionssoziologischen Kapitel. Er modifiziert diese Analyse insofern, als er das Feld als »Struktur objektiver Beziehungen« konstruiert und begreift, die konkrete Formen der Interaktion konstituiert und ermöglicht, und auf eine Typenreihe (Typologie) verzichtet. In Anwendung dieser Methodik bestimmt er die Literatur als ein Feld *sui generis*:

In meinen Augen hatten die Interaktionen zwischen Autoren und Kritikern oder Autoren und Verlegern die objektiven Beziehungen zwischen den relativen Positionen der einen und der anderen innerhalb des Feldes und damit die Struktur, die über die Form ihrer Interaktion entscheidet, verdeckt.[11]

---

[11] Ders., Die Regeln, a.a.O., S. 292.

Das Feld ist ein strukturierter Mikrokosmos, der freilich nicht allein um sich selbst kreist, sondern in Dependenz und Interdependenz zu anderen Feldern steht. Wie das Zitat veranschaulicht, bleibt den Beteiligten, jedenfalls in der Unmittelbarkeit ihres Tuns, in ihren konkreten »Interaktionen«, der systematische ›objektive‹, das heißt strukturierte Charakter ihrer Beziehungen verborgen. Die symbolischen Felder, die die Interaktionen zwischen den beteiligten Akteuren mehr oder minder festlegen, stellen allesamt Sonderfälle des Möglichen mit je eigenen Gesetzen und Grenzen dar. Die Theorie der kulturellen Felder beruht Bourdieu zufolge auf der Hypothese, »dass zwischen allen Feldern strukturale und funktionale Homologien existieren«[12]. Aber sie sind nicht abbild- oder auseinander ableitbar. Dezidiert und gegen den traditionellen Marxismus, insbesondere das Basis-Überbau-Modell (→ Kap. 12) gerichtet, wendet sich Bourdieu zudem gegen die Vorstellung, das ökonomische Feld sei das einzig bestimmende oder determinierende Feld, vielmehr hält er dafür, dass dieses womöglich sogar ein »Sonderfall der allgemeinen Theorie« sei.[13]

Gleichwohl ist für ihn das *Feld der Modeschöpfung*, das im 19. Jahrhundert (etwa im Zweiten Kaiserreich) signifikant an Bedeutung gewinnt, interessant, weil es die Überlappung zwischen kulturellem, religiösem und ökonomischem Feld sichtbar macht:

So bot das Feld der Modeschöpfung – gewiss weil der ›ökonomische‹ Aspekt der Praktiken hier weniger tabuisiert ist und weil seine nicht sehr hohe kulturelle Legitimität es weniger gegen die Objektivierung schützt, die immer auch eine Form der Entweihung ist – mir unmittelbarer als irgendein anderes Universum Zugang zu einer der fundamentalsten Eigenschaften aller kulturellen Produktionsfelder: zu der im eigentlichen Sinn magischen Logik, die Produzent und Produkt als Fetisch produziert.[14]

Bourdieu bezieht sich hier indirekt auf Karl Marx' Warenanalyse, die auch in Benjamins Untersuchung der Warentempel des 19. Jahrhunderts eine so bedeutsame Rolle gespielt hat (→ Kap. 6). Hier wird die Welt der Mode als ganze der Magie des Fetischs unterworfen angesehen, sowohl im Hinblick auf den Produzenten und seinen Namen als auch hinsichtlich des Produkts.

---

12 Ders., Die Regeln, a.a.O., S. 292.
13 Ders., Die Regeln, a.a.O., S. 292.
14 Ders., Die Regeln, a.a.O., S. 291f.

Der Begriff des Feldes stellt den theoretischen Versuch dar, die schroffe Alternative zwischen Funktion und Immanenz, zwischen Funktionalismus und Strukturalismus zu überwinden. Bourdieu hat denn auch immer wieder hervorgehoben, dass es ihm um eine Modifikation sowohl des soziologischen Funktionalismus als auch des strukturalistischen Determinismus geht. Gerade die Mode macht sinnfällig, dass die einzelnen symbolischen Felder – im Gegensatz zu den mehr oder weniger geschlossenen Systemen der Systemtheorie – durchaus interdependent sind. Das symbolische Feld der Mode ist hier ein besonders illustratives Beispiel. Denn anders als das symbolische Feld der Literatur und der Kunst verweigert sich die Mode nicht einmal programmatisch der Logik des Ökonomischen oder setzt sich in schroffen Kontrast zu ihm. Interessant wäre die Frage, inwiefern das symbolische Feld der Kunst mit seinen Trends sich heutzutage nicht dem Feld der Mode angenähert hat und somit am Ende nicht doch, wie umwegig auch immer, das Ökonomische die Oberhand behält.

► *Nomos und Illusion*: Das Wort »Nomos«[15] bedeutet im Altgriechischen Gesetz, aber auch Setzung oder Satzung. Im Deutschen ist *nomos* durch das Fremdwort *autonom* vertreten, das *selbstständig* meint, das heißt nach eigenen Gesetzen und Prinzipien lebend (im Gegensatz zu heteronom). In Bourdieus Theorie bezeichnet es ein »Prinzip der Sichtung und Ordnung«, wie der Autor in seinen *Meditationen* schreibt, einem Werk, in dem er noch einmal die wichtigsten Grundgedanken seines Gesamtwerkes zusammengefasst hat. Mit Setzung (oder Satzung) ist wiederum gemeint, dass dieser Nomos keine ›Wahrheit‹, sondern eine Übereinkunft darstellt, die aber in jedem Feld den Schein von Objektivität erhält. Diese Eigentümlichkeit, wie sie jeder Setzung zugrunde liegt, nennt Bourdieu »arbiträr«: Dem Nomos liegt ein allgemeines Urteil zugrunde, das als mehr oder minder unverrückbarer Tatbestand angesehen wird.

Das Arbiträre liegt auch allen Feldern zu Grunde, noch den ›reinsten‹ wie der Welt der Kunst oder der Wissenschaft: Jedes von ihnen hat seine ›Grundnorm‹, seinen Nomos.

---

[15] Vgl. auch Carl Schmitt, Der Nomos der Erde im Völkerrecht des Jus publicorum Europaeum, Berlin: Dunckler & Humblot 1950.

Arbiträr bedeutet: »Das Gesetz ist Gesetz und nichts weiter« (Pascal).[16]

Ökonomie und Kunst folgen also einem je eigenen festgelegten Selbstverständnis, das die Regeln des Handelns, Sprechens und Verstehens weithin festlegt. So ist der Nomos auf dem modernen Feld der Kunst seit dem 19. Jahrhundert: *l'art pour l'art*, der Nomos auf dem Gebiet der Ökonomie: »Geschäft ist Geschäft.«[17] Strukturell ähnlich ist der tautologische Charakter der symbolischen Felder, der darauf hinweist, dass beide Felder mehr oder minder autonom geworden sind, das heißt nach eigenen ›Gesetzen‹ funktionieren. Bourdieu beschreibt hier ein Phänomen, das die soziologische Systemtheorie eines Niklas Luhmann[18] als Ausdifferenzierung beschreibt und als ein Charakteristikum der Moderne ansieht.

Weil die Nomoi (relativ) autonom sind, erweisen sie sich als gegenläufig und inkompatibel. Bourdieu veranschaulicht das am Vergleich zweier anderer Nomoi, jener der Jurisdiktion und jener der Wissenschaft. Nur in ersterem Fall ist es absolut unabdingbar, z.B. den Preis eines Grundstückes auf den Cent genau festzulegen.

Der jeweilige Nomos lenkt den Blickpunkt und das Selbstverständnis der in diesem Feld Agierenden. Dies bezeichnet Bourdieu – unter bewusstem Rückgriff auf die Etymologie des Wortes – als Illusio (von *ludus* = Spiel; *illusio* = im Spiel befangen sein). Das Spiel ist immer wieder, gerade in der Soziologie, zum Modell und Anschauungsmaterial für die strukturierenden Phänomene in Kultur und Gesellschaft herangezogen worden, angefangen von der Rolle, die wir spielen, bis zu den Regeln, die wir einhalten oder auch verletzen.

Das Spiel verkoppelt auf eigentümliche Art und Weise Freiwilligkeit und Zwang. Im Spiel unterwerfen wir uns aus freien Stücken einem Zwang, dem wir uns womöglich außerhalb des Spiels niemals fügen würden. Immerhin ist als Unterschied zwischen Spiel und Kultur/Gesellschaft festzuhalten, dass die ›Spiele‹ in Kultur und Gesellschaft fast niemals völlig freiwillig sind und dass sie auch nicht in jedem Fall zeitlich oder räumlich exakt beschränkt sind. Bourdieu geht es indes noch um einen anderen Aspekt, der sich durch das

---

[16] Pierre Bourdieu, Meditationen. Zur Kritik der scholastischen Vernunft, Frankfurt/Main: Suhrkamp 2001, S. 118–209, hier S. 122.

[17] Ders., Meditationen, a.a.O., S. 122.

[18] Niklas Luhmann, Beobachtungen der Moderne, Opladen: Westdeutscher Verlag 1992.

Spiel sehr gut veranschaulichen lässt: die Blindheit der Spieler, die mit der Konzentration auf ihr Spiel gepaart ist. Im Vollzug des Spiels wird dieses zur einzigen Wirklichkeit.[19]

Wie die Pascal'sche ›Ordnung‹ schließt jedes Feld somit die Akteure in seine eigenen Spielvorgaben ein, die unter dem Blickpunkt eines anderen Spiels unsichtbar oder wenigstens unbedeutend oder illusorisch werden: Pascal ist einer der Lieblingsdenker Bourdieus, nicht zuletzt deshalb, weil er bereits in aphoristischer Form den Eigendünkel z.b. jener Akteure sarkastisch kommentiert hat, die sich auf dem symbolischen Feld der Wissenschaft tummeln und ihren eigenen Nomos verabsolutieren. Pascal selbst hat diese Differenz der symbolischen Felder essayistisch prägnant gefasst:

> Die ganze Pracht der Größe hat für jene Leute keinen Glanz, die ihr Leben geistiger Suche widmen. Die Größe der Geistesmenschen ist den Königen, den Reichen und den Feldherren, allen diesen Größen des Fleisches unsichtbar. Die Größe der Weisheit [...] ist den fleischlichen und den Geistesmenschen unsichtbar. Das sind drei verschiedenartige Ordnungen.[20]

Die Pascal'schen Ordnungen entsprechen in Bourdieus Diktion den symbolischen Feldern. Sie machen sinnfällig, dass Kulturen in sich niemals homogen sind, sondern aus Sub- bzw. Parallelkulturen bestehen, die einander fremd, gleichgültig oder auch feindlich gegenüberstehen. Wenn heute die Globalisierung der kapitalistischen Ökonomie kritisiert wird, dann nicht allein wegen ihrer äußerlichen, sondern auch wegen ihrer internen Expansion: Globalisierung meint, dass der Nomos des einen ökonomischen Feldes alle anderen Nomoi überlagert, ja mehr noch, dominiert, was freilich in einem gewissen Widerspruch zur Hypothese von der Inkompatibilität autonomer symbolischer Felder steht.

► Der bekannteste Terminus aus Bourdieus Kulturanalyse ist vermutlich der *Habitus*, ein Ausdruck, der auch in der gehobenen Schriftsprache geläufig ist. Das Substantiv ist schon im Latei-

---

[19] Johan Huizinga, Homo Ludens. Vom Ursprung der Kultur im Spiel, Reinbek: Rowohlt 1956, S. 9–37; Roger Caillois, Die Spiele und die Menschen. Maske und Rausch, Frankfurt/Main/Berlin: Ullstein 1981; Ursula Baatz, Wolfgang Müller-Funk (Hrsg.), Vom Ernst des Spiels. Über Spiel und Spieltheorie, Berlin: Reimer 1993.

[20] Zit. nach Pierre Bourdieu, Meditationen, a.a.O., S. 123.

nischen gebräuchlich und leitet sich von lat. *habēre* = haben, besitzen ab. Bedeutungen sind Haltung, Stellung, Aussehen, Gestalt, Äußeres, Tracht. Der Habitus bezeichnet ein oftmals undurchschautes, von außen sichtbares Selbstverhältnis eines Menschen, eine Formung, die als selbstverständlicher Besitz angesehen wird, wie Bourdieu schreibt, nicht ohne darauf hinzuweisen, dass er den Habitus nicht im Sinne einer freien Selbstverfügbarkeit versteht:

> Der Habitus stellt, wie das Wort schon sagt, etwas Erworbenes und zugleich ein ›Haben‹ dar, das manchmal als Kapital funktionieren kann; er lässt sich auch nicht länger, wie in der idealistischen Tradition geschehen, einem transzendentalen Subjekt zusprechen.[21]

Das ›Haben‹ hat hier, wie schon das ›Machen‹ bei Marx (→ Kap. 8), eine verschobene Bedeutung: Es ist nicht Ausweis absoluter Handlungsmächtigkeit und Selbstverfügbarkeit, der eigenen Freiheit, sondern steht für einen mehr oder weniger blinden Vollzug. Dass wir bei diesem ›Machen‹ etwas befolgen, entgeht uns auf Grund des Charakters ebenjenes ›Machens‹, das uns als frei handelnde Subjekte erscheinen lässt.

Mit dem Begriff des »Habitus« versucht Bourdieu zwei aus seiner Sicht kurzschlusshaften Konzepten zu entrinnen. Der Idealismus (»die Bewusstseinsphilosophie«) lässt den Menschen als freien, vernünftigen Akteur erscheinen, demgegenüber sei die Handlungstheorie des Strukturalismus (Lévi-Strauss) »befremdlich«, weil sie ihn auf die »Rolle des Trägers einer Struktur reduziert«.[22] Den Akteur auf einem spezifischen Feld der Gesellschaft bezeichnet er als »praktischer Operator der Konstruktionen des Realen«.

In den *Meditationen* präzisiert Bourdieu noch einmal seine Position: Mit dem Habitus möchte er zwei Typen von Handlungstheorien zurückweisen: eine, die das Handeln für die mechanische Folge äußerer Ursachen« hält, und eine zweite, die er »finalistisch« nennt und in der der Agierende als frei und bewusst (als ein Subjekt »with full understanding«) angesehen wird.[23]

---

21 Ders., Die Regeln a.a.O., S. 286; ders., Meditationen, a.a.O., S. 177–182.
22 Ders., Die Regeln, a.a.O., S. 285.
23 Ders., Meditationen, a.a.O., S. 177.

Entscheidend am Habitus ist aber der Aspekt der Einverleibung, er ist keine Frage »falschen Bewusstseins«, wie es der klassische Marxismus lehrt. Der Körper ist dabei immer mit im Spiel:

> Wir lernen durch den Körper. Durch diese permanente, mehr oder weniger dramatische, aber der Affektivität, genauer gesagt dem affektiven Austausch mit der gesellschaftlichen Umgebung viel Platz einräumende Konfrontation dringt die Gesellschaftsordnung in die Körper ein.[24]

Dies erinnert, zumal nach den Arbeiten von Michel Foucault (→ Kap. 8), an den von der Disziplin der Institutionen ausgehenden Normierungsdruck. Aber Bourdieu gibt diesem Befund eine andere Dimension, wenn er vor allem an den alltäglichen Normierungsdruck erinnert, der gleichsam am Bewusstsein vorbei Spuren hinterlässt:

> Man hat sich jedoch davor zu hüten, den Druck oder die Unterdrückung zu unterschätzen, die kontinuierlich und oft unmerklich von der gewöhnlichen Ordnung der Dinge ausgehen, die Konditionierungen, die von den materiellen Lebensbedingungen, von den stummen Befehlen und von der (um mit Sartre zu sprechen) ›trägen Gewalt‹ der ökonomischen und sozialen Strukturen und den ihrer Reproduktion dienenden Mechanismen auferlegt werden.[25]

Insbesondere die Geschlechterdifferenz (vgl. Kap. 8) werde wesentlich nicht so sehr durch intellektuelle Befehle und Disziplinarmaßnahmen eingeprägt, sondern z.B. durch »eine bestimmte Weise zu gehen, zu sprechen, zu stehen, zu blicken, sich zu setzen usw.«, durch körperliche Modellierungen, die – Bourdieu erwähnt Kafkas Erzählung *In der Strafkolonie*, einen Lieblingstext der französischen Philosophie – wie Tätowierungen in die Disposition der Naturgegebenheiten eingebrannt sind. Ein Mann oder eine Frau zu sein, bedeutet nicht nur einen mentalen bewusstseinsmäßigen Unterschied, sondern auch eine Differenz der Haltung, der Gestik, der Selbstinszenierung, die durch implizite Normierung vonstatten geht. Ort der Habitualisierung ist nicht zuletzt die Familie, wobei Bourdieu auch explizit auf Sigmund Freud (→ Kap. 2) Bezug nimmt. Selbstredend sind auch Schule und Medien solche kulturellen und gesellschaftlichen Einrichtungen, in denen sich die Formung des Menschen

---

24 Ders., Meditationen, a.a.O., S. 181.
25 Ders., Meditationen, a.a.O., S. 181.

vollzieht. Über die Konditionierung der mentalen Konzepte geht es dabei auch immer um eine körperliche ›Zurichtung‹, die man unter dem Aspekt der Zivilisierung, aber auch dem der Unterwerfung betrachten kann.

Feld, Habitus, Nomos und Illusio bilden in Bourdieus Konzept *eine* integrale Einheit. Bourdieu liefert eine aktuelle Version des Marx'schen Diktums (→ Kap. 8, 12), wonach die Menschen Geschichte machen, aber nicht aus freien Stücken, sondern aus Bedingungen, die sie nicht selbst geschaffen haben und denen sie unterliegen. Zugleich bestätigt er indes auch jene kulturelle Innenlenkung, wie sie Freud beschrieben hat. Die ›praktische‹ Vernunft gehorcht unvernünftigen Gegebenheiten, die durch die vier Begriffe von Feld, Habitus, Nomos und Illusio beschrieben sind. Der Habitus bildet den Schlussstein eines theoretischen Ansatzes, in dem Aspekte finalistischer und strukturalistischer Denkmuster miteinander versöhnt werden. *Wir* selbst sind es, die diese Konditionierung, scheinbar aus freien Stücken, einüben, aber wir folgen dabei vorgegebenen kulturellen Strukturen und Strategien. Mitglied einer menschlichen Kultur zu sein, bedeutet dieser pessimistischen Botschaft zufolge, an einem Spiel teilzunehmen, in dessen Zentrum Selbstunterwerfung und Selbstbeherrschung steht. Anders als es die finalistische Handlungstheorie nahe legt, bleiben die inneren Motive unseres Handelns verschattet und verdeckt, sie sind nicht transparent, sondern bleiben opak. Kulturelle Sozialisation ist aber nicht, jedenfalls nicht zwangsläufig, das Ergebnis von Repression und Unterdrückung, wie es Michel Foucault in seinen berühmten Studien über das Gefängnis und den Wahnsinn nahe legt. Insofern ist der Verweis auf Kafkas Erzählung *In der Strafkolonie*, in der ja der (Selbst-)Unterdrückungsmechanismus offen zutage tritt, missverständlich. Gleichwohl kann man Kafkas Text als eine narrative Matrix dafür verstehen, wie Kulturtheoretiker heutzutage – in gewiss verschiedenen Varianten – das Verhältnis von Kultur und Individuum beschreiben.

► Der letzte wichtige Begriff in Bourdieus methodischem Werkzeugkasten heißt *Doxa*. Das griechische Wort, mit dem Dogma verwandt, bedeutet eigentlich Meinung und Glauben; es bezieht auf den in einem symbolischen Feld für selbstverständlich gehaltenen Corpus von Lehrsätzen (vgl. Foucault → Kap. 8). Der Terminus *Dogma* liefert einen guten Hinweis; denn mit dem Dogma verbinden wir zumeist jenes systematische Geflecht von Lehrsätzen, wie sie die christliche Scholastik seit der Spätantike ausgebildet hat und wie es für das Selbstverständnis nicht nur der katholischen Kirche bis heute bestimmend ist. Mit Blick auf andere Religionen lässt sich füglich behaupten, dass nur das westliche Christentum eine solch dichte rationale Selbstbegründung seiner selbst geleistet hat. Immer wieder weist Bourdieu kritisch darauf hin, dass die Universität und die Wissenschaften aus dieser scholastischen Vernunft entstanden sind. Problematisch sind dabei ihre radikale Selbstbezüglichkeit und die Ausschlussmechanismen, die die scholastische Vernunft produziert. Aus dieser Tradition und Erbschaft erklärt sich Bourdieu auch die Unduldsamkeit und die Abgeschlossenheit der akademischen Gelehrtenkultur.

Mit der Doxa fokussiert Bourdieu Phänomene, die auch in Foucaults Version der Diskursanalyse anzutreffen sind. Denn Foucault bezieht sich in seinen ›klassischen‹ Werken dezidiert auf die stabilen diskursiven Elemente, die den jeweiligen wissenschaftlichen Diskurs in einer Epoche bestimmen, wer wie wo worüber sprechen kann und darf (→ Kap. 8). Das Phänomen der unhinterfragten Doxa erklärt auch, warum gerade das wissenschaftliche Denken ein so starkes Beharrungsvermögen in sich trägt und gegen Veränderungen einigermaßen resistent ist, wie Wissenschaftstheoretiker wie Paul Feyerabend, Thomas S. Kuhn oder Ludwik Fleck (→ Kap. 8) gezeigt haben.

Dogma kann man indes auch ganz neutral als den rationalen Kern eines symbolischen Feldes ansehen, das sich mittels dessen begründet und selbst darstellt. Der englische Philosoph Alfred North Whitehead hat den Terminus *Dogma* in diesem Sinn verstanden, und in der rationalen Dogmatik des Christentums einen wesentlichen Vorteil gesehen. Das Dogma bedeutet Whitehead zufolge eine positive Sinnstiftung, ›Rationalisierung‹ der Welt.[26]

Die Bourdieu'sche Doxa ist, so könnte man nach dieser Seite hin sagen, die Explikation und Begründung des Nomos, der rationale und diskursive Aspekt in einem symbolischen Feld. Bourdieu möchte die Doxai, wie sie auf den Feldern der Literatur, der Kunst und der Philosophie obwalten, kritisch beleuchten und hinterfra-

---

[26] Alfred North Whitehead, Wie entsteht Religion? [1926], Frankfurt/Main: Suhrkamp 1990, S. 93–99.

gen. Insofern lässt sich sein Werk in Analogie zu Kant als die Kritik einer Vernunft bestimmen, die sich gerade dadurch konstituiert hat, dass sie die gesellschaftlichen Bedingungen ihrer Möglichkeit aus ihrem Verstehenshorizont ausschließt. Aus der Perspektive Bourdieus ist die Doxa der akademisch-scholastischen Vernunft jenes Moment von »Objektivierung«, das der Analyse der Kultur als des Ensembles symbolischer Felder im Allgemeinen und dem symbolischen Feld der Wissenschaften im Besonderen entscheidende Hindernisse in den Weg stellt. Als zentrales Hindernis sieht Bourdieu die Selbst-Auratisierung und Glorifizierung des eigenen Tuns bzw. des jeweiligen Gegenstandes:

> [W]eil sie im Schutz all derer gedeihen, die oft schon seit ihrer frühen Jugend dazu erzogen wurden, die sakramentalen Riten der kulturellen Andachtsübungen zu absolvieren [...].[27]

Bourdieu spricht in diesem Zusammenhang von einem Glauben, der den Kulturgegenständen und dem legitimen Umgang mit ihnen gemeinhin entgegengebracht wird. Diesen Glauben bezeichnet Bourdieu als Doxa, als Glauben, Ansicht, Meinung, als unhinterfragbare symbolische Form des Denkens (→ Kap. 3) in einem spezifischen Feld. Im Fall des Feldes der Künste verweist Bourdieu damit aber auch auf ein auffälliges Phänomen, den sakralen Charakter *aller* modernen Kulturprodukte. In der Hochkultur tritt das kulturell Sakrale im Glauben an einen gottähnlichen Schöpfer (Genius), in der Lehre von der »Prädestination« (Sartre) und in der Vorstellung des autonomen Schöpfers zutage: »Gott ist tot, aber der ungeschaffene Schöpfer hat seinen Platz eingenommen.« Dieser Doxa auf dem Feld der Literatur steht Bourdieus Habitus so feindlich gegenüber wie die biblische Genesis der Evolutionstheorie. Aus dieser Doxa leitet Bourdieu sowohl die »Hybris des absoluten Denkens«, das Konzept des totalen Intellektuellen, wie es in Frankreich Sartre verfochten hat, als auch jenes Prestige (»symbolisches Kapital«) ab, das auf dem klassisch-modernen sakralen Feld der Kunst erworben werden kann.[28]

Bourdieu würde Benjamins Diagnose des Auraverlusts im Zeitalter von Film und Photographie nicht zustimmen, so sehr ihm auch die Entauaratisierung von Kunst, Wissenschaft und Denken ein An-

---

27 Pierre Bourdieu, Die Regeln, a.a.O., S. 295.
28 Ders., Die Regeln, a.a.O., S. 333–353.

liegen ist. Er geht davon aus, dass diese symbolischen Felder noch immer maßgeblich von dogmatischen Festlegungen geprägt sind, die diese Bereiche von der übrigen Gesellschaft abschirmen und sich symbolisch gerade dadurch aufladen. Die Doxa ist so besehen kein individueller Irrtum, kein mentaler Defekt, sondern ein systematisch falsches Bewusstsein und es bleibt die Frage, wessen Blick es ist, der diese blinden Flecken der jeweiligen Doxai aufspürt und erkennt. Allem Anschein nach einer von außerhalb, der soziologisch und zugleich kulturwissenschaftlich ist.

Was Bourdieu theoretisch vorschlägt, ist ein ›dritter Weg‹, der sich zwischen Cassirers Philosophie der symbolischen Formen (→ Kap. 3) und dem Strukturalismus (→ Kap. 8) bewegt. In seiner eigenen Wissenschaft von den Kulturprodukten integriert der französische Kultur- und Gesellschaftstheoretiker beide Positionen und setzt sich zugleich von ihnen ab. Sein Konzept der symbolischen Felder korrespondiert ganz zweifelsohne mit Cassirers Ideen, wie dieser sie schon in den 20er Jahren entwickelt hat und gibt ihm dadurch, dass er die Eigenlogik der Institution sowie die Körperlichkeit des Menschen ins Spiel bringt, eine materiale Basis. Bourdieu ist ein kultureller Materialist, der Cassirer vom »Kopf auf die Füße« (Marx, vgl. → Kap. 12) stellt. Dieser Materialismus ist aber nicht, wie der klassische von Marx, ein ökonomischer, sondern – wie gesagt – ein kultureller. Die Bedingungen, denen der Mensch unterworfen ist, sind nicht ausschließlich ökonomische (obschon Bourdieu von der elementaren Bedeutung der ökonomischen Faktoren überzeugt ist), sondern eben auch kulturelle.

Der Wert der bewusstseinsphilosophisch orientierten Philosophie der symbolischen Formen steht für Bourdieu völlig außer Zweifel. Bei allem Respekt für Cassirer und Warburg (→ Kap. 3) sind deren Konzepte doch zweifelsohne der »scholastischen Vernunft« zuzuordnen. Aber auch der von Lévi-Strauss und anderen entwickelte Strukturalismus erscheint aus Bourdieus Sicht theoretisch defizitär. Die Dekonstruktion der klassisch-modernen Doxa des Literaturbetriebes, des Glaubens an die Immanenz des Kunstwerks durch den Strukturalismus wird zwar positiv gewürdigt, Bourdieu moniert aber, dass etwa Foucault selbst von der Autonomie der jeweiligen Systeme und *epistemai* (Wissensformen) ausgeht und so ihren Bezug zu Gesellschaft und Geschichte abschneidet. Der Strukturalismus – so lautet der schneidende Befund Bourdieus – hat überdies keine Ahnung von dem, was Handlung (auch Sprachhandlung) ist. Er sieht den Menschen als eine Puppe, die sich an den Fäden eines festgelegten Diskurses entlang bewegt (→ Kap. 8 und 13).

Mit dem Begriff des Feldes möchte er diese Einseitigkeit des Strukturalismus wie auch der Philosophie der symbolischen Formen (und idealistischer Handlungstheorien) überwinden. Die jeweiligen Felder sind relativ autonom und stets aufeinander bezogen. Ihre Dynamik ergibt sich aus den Gegensätzen von Bruch und Kontinuität, von Häresie und Orthodoxie.

Kritikpunkte und Anmerkungen

► Konstruktivismusproblem (1): Wer konstruiert wen?
► Konstruktivismusproblem (2): Wie konstruiert ist gesellschaftliche Wirklichkeit?
► Bourdieus Modell kann nur sehr schwer gesellschaftliche Veränderung erklären.
► Bourdieus Kulturtheorie ist trotz ihrer Kritik am Strukturalismus deterministisch, sie verstärkt diesen noch, wenn unsere Befindlichkeit als das Ergebnis eines freiwillig-unfreiwilligen ›Körpertrainings‹ erscheint.
► Bourdieus Modell bestimmt das Verhältnis der einzelnen Felder sehr unspezifisch.
► Der Ort der Macht bleibt unklar. Bildet sie ein eigenes symbolisches Feld? Ist sie in alle Felder eingeschrieben? Unterscheiden sich die Felder im Hinblick auf ihre Mächtigkeit?
► Die symbolischen Felder sind in sich zu homogen und abgeschlossen gedacht.

Literatur

Pierre Bourdieu, Die Regeln der Kunst. Genese und Struktur des literarischen Feldes, Frankfurt/Main: Suhrkamp 1999, S. 9–79; S. 83–140; S. 283–339.

Ders., Meditationen. Zur Kritik der scholastischen Vernunft, Frankfurt/Main: Suhrkamp 2001, S. 118–209.

Rainer Diaz-Bone, Kulturwelt, Diskurs und Lebensstil. Eine diskurstheoretische Erweiterung der Bourdieuschen Distinktionstheorie, Opladen: Leske + Budrich 2002.

Richard Harker (Hrsg.), An Introduction to the Work of Pierre Bourdieu, Basingstoke: Macmillan 1990.

Verena Holler, Felder der Literatur. Eine literatursoziologische Studie am Beispiel von Robert Menasse, Frankfurt/Main u.a.: Peter Lang 2003.

Richard Jenkins, Pierre Bourdieu, London: Routledge 2002.

Ingo Mört (Hrsg.), Das symbolische Kapital der Lebensstile. Zur Kultursoziologie der Moderne nach Pierre Bourdieu, Frankfurt/Main: Campus 1994.

Christian Papilloud, Bourdieu lesen. Einführung in eine Soziologie des Unterschieds, Bielefeld: Transcript 2003.

Derek Robbins, Bourdieu and Culture, London: Sage 2000.

Markus Schwingel, Pierre Bourdieu zur Einführung, (5. verb. Aufl.), Hamburg: Junius 2005.

Richard Shusterman (Hrsg.), Bourdieu. A Critical Reader, Oxford: Blackwell 1999.

Kapitel 10

Clifford Geertz: *Dichte Beschreibung*

Die Rolle der Ethnologie in den Kulturwissenschaften und in der Kulturanthropologie lässt sich nicht hoch genug einschätzen. Das Wandern von Diskursbegründern von einer Disziplin zur anderen ist insbesondere in der 2. Hälfte des 20. Jahrhunderts eigentümlich und charakteristisch für die theoretischen Diskurse geworden, die auf das Makrophänomen Bezug nehmen. Das gilt für Sigmund Freud (→ Kap. 2), Ferdinand de Saussure, aber auch für Georg Simmel (→ Kap. 5) und den Ethnologen Clifford Geertz, der mittlerweile außerhalb seiner Stammdisziplin mehr Prestige besitzt als innerhalb.

Kulturwissenschaften sind ein Fächer übergreifendes Feld mit den verschiedensten Fokussierungsmöglichkeiten. Jede human- oder auch sozialwissenschaftliche Einzeldisziplin besitzt dabei ihren ganz eigenen Anteil an diesem polydisziplinären Unternehmen: Die Psychoanalyse liefert ein neues Verständnis von Kultur und Individuum, die Philosophie eine theoretische Grundlegung, die Soziologie überbrückt die Kluft zwischen Kultur und Gesellschaft, die Linguistik entwickelt eine Theorie des Zeichens, die Literaturtheorie arbeitet einen Begriff von Text und Medium heraus, die Wissenschaftsgeschichte vermittelt ein Verständnis dessen, was Diskurse sind, die Essayistik bietet eine Form von Diagnose und Hinterfragung.

Was aber steuert die Ethnologie zur Analyse kultureller Phänomene bei? Zunächst einmal die Idee des fremden Blicks. Zur jeweiligen Partikularkultur gehört eine gewissermaßen selbstverständliche Blindheit. Dass Kulturen naturalistisch missverstanden werden, hängt ganz offenkundig damit zusammen, dass deren Angehörige ihre Regeln, Rituale, Lebenspraktiken und Werte für selbstverständlich und gegeben halten. Erst im Erstaunen über das Befremdliche anderer Kulturen und über den irritierten Blick der fremden Besucher unserer Kultur tritt das ganz Spezifische und Unselbstverständliche unserer eigenen kulturellen Befindlichkeit zutage, relativiert sich Kultur im Bezug auf eine jeweils andere. Kulturwissenschaft ist Ethnologie in eigener Sache, stellt eine Verfremdung unserer eigenen kulturellen Befindlichkeiten dar. Es ist kein Zufall, dass die Anfänge der modernen Kulturwissenschaften, die wir zumeist mit den Namen von Vico und Herder (→ Kap. 4) verbinden, in das 17. und 18. Jahrhundert, in die Epoche des frühen Kolonialismus und der sich daraus ergebenden (höchst einseitigen) Kulturbeziehungen fallen. Aber damit rückt die Ethnologie in ihrer Methodologie mehr und mehr ins Zentrum kulturwissenschaftlicher Interessen. Gerade diese hat Geertz einigermaßen gründlich in Frage gestellt. Das gilt vor allem für das Selbstverständnis des Ethnologen als eines teilnehmenden Beobachters, der durch gezieltes Fragen und entsprechende Intervention die symbolische Innenarchitektur der betreffenden Kultur freilegt. Gleichzeitig wird die Ethnologie mehr und mehr zu einer historischen (oder zu einer modernen Sozial-)Wissenschaft, nicht nur, weil die rezenten, ›vormodernen‹ Gesellschaften sich im Gefolge einer globalen Modernisierung mehr und mehr verändert oder gänzlich aufgelöst haben, sondern weil die vermeintlich objektiven Befunde der klassischen Völkerkunde selbst Teil der Konstruktion des Fremden sind, die für die westliche Kultur so bezeichnend ist. Stets ist das Fremde – der Orient,[1] die Exotik rezenter außereuropäischer Kulturen – integraler Bestandteil des eigenen symbolischen Haushalts (→ Kap. 8). Weit davon entfernt, objektive Beschreibungen zu liefern, sind die ethnographischen Texte selbst Teil der interkulturellen Kommunikation mit all ihren Missverständnissen, Projektionen und Machtasymmetrien. Sie sagen über die Befindlichkeit der teilnehmenden Beobachter mindestens ebenso viel aus wie über die befragten ›Subjekte/Objekte‹.

Während also die Kulturwissenschaften, oftmals in Abgrenzung von poststrukturalistischen Obsessionen der Selbstreferenz, aus der Welt als Text auszubrechen trachten, hat die Ethnologie im Stil Geertz' eine umgekehrte Richtung eingeschlagen. In ihrer Kritik am Szientismus der traditionellen und zünftigen Ethnologie begreift sie den Ethnologen nicht so sehr als quasi behavioristischen Beobachter, sondern als einen Textproduzenten, der durch seine Berichte fremde Kulturen erfindet. In gewisser Weise war schon im Strukturalismus von Lévi-Strauss eine solche Wende von der Beob-

---

[1] Vgl. John M. MacKenzie, Orientalism. History, Theory and the Arts, Manchester: MUP 1995.

achtung zur Sprache vorgegeben. Denn was der strukturalistische Ethnologe zu analysieren hat, ist die Taxonomie ihrer zumeist oral und piktographisch formatierten Mythen. Aber Lévi-Strauss war wie der französische Strukturalismus der 1960er Jahre der Ansicht, mit dem von ihm entwickelten Formalismus über eine ›objektive‹ Grundlage, ja ein fast naturwissenschaftliches Instrumentarium der Kulturanalyse zu verfügen. Es ist eben dieser Objektivismus, sowohl des Strukturalismus wie auch des Behaviorismus, den Geertz überwinden möchte. Geertz' Theorie, die Kultur als Text beschreibt, ist eine hermeneutische Theorie, die indes Einsichten der Semiotik und des Strukturalismus integriert. Sie geht davon aus, dass wir dem inter- und intrakulturellen Prozess nicht wirklich entkommen können und dass es kein *tertium comparationis eo ipso*, keine neutrale Vergleichsebene also, gibt und geben kann. Sie überträgt die hermeneutische Einsicht in die Zirkularität des Verstehensprozesses auf die interkulturelle Konstellation. Zugleich hat Geertz' Konzept unverkennbar auch einen konstruktivistischen Aspekt, geht es doch davon aus, dass die fremde Kultur immer nur als ethnographischer Text, niemals als ein datengestützter Report vorhanden ist.

Im Zentrum dieses methodischen Neu-Einsatzes steht das Konzept der »dichten Beschreibung« und, damit verbunden, ein verknappter Kulturbegriff (→ Kap. 1). Es gilt für Geertz, holistische Konzepte, wie sie zum Beispiel E.B. Tylor im Feld von Ethnologie und Kulturanthropologie entwickelt hat, zu überwinden. Die Vorstellung, wonach Kultur ein »hochkomplexes Ganzes« sei, ist einerseits zu unspezifisch, andererseits zu umfangreich. Den aufgeblasenen Kulturbegriff hält Geertz analytisch für zu schwammig. Er schlägt einen anderen vor, der Semiotik mit symbolischem Interaktionismus verbindet:

> Der Kulturbegriff, den ich vertrete [...], ist wesentlich ein semiotischer. Ich meine mit Max Weber, dass der Mensch ein Wesen ist, das in selbstgesponnene Bedeutungsgewebe verstrickt ist, wobei ich Kultur als Gewebe ansehe. Ihre Untersuchung ist daher keine experimentelle Wissenschaft, die nach Gesetzen sucht, sondern eine interpretierende, die nach Bedeutungen sucht.[2]

---

2 Clifford Geertz, Dichte Bescheibung. Beiträge zum Verstehen kultureller Systeme, Frankfurt/Main: Suhrkamp 1983, S. 9.

Etymologisch heißt *Text* das *Gewebte*. Zwischen Weben und Schreiben wird eine Analogie hergestellt. Durch das Schreiben wird gleichsam die Kultur zusammengewebt Mit Barthes ließe sich nämlich sagen, dass auch die Leserschaft an diesem Prozess beteiligt ist. Durch diese Analogie wird das Schreiben selbst zu einer kulturellen Praktik, zu einer Praktik der Selbst- oder Fremdbeschreibung einer Kultur, die erst durch den Akt des Schreibens entsteht. Mit dieser Definition von Kultur verabschiedet sich Geertz von der Vorstellung einer quasi-naturwissenschaftlichen ›Beobachtungswissenschaft‹. Dabei handelt es sich, wie gesagt, um eine gewisse Umkehrbewegung: Während sich viele Geisteswissenschaften im Rahmen der kulturellen Wende an der Ethnologie orientieren, wird hier die Ethnologie quasi zu einer hermeneutisch orientierten Textwissenschaft.

Zentraler Terminus im Denken von Clifford Geertz ist die »dichte Beschreibung«. Sie stammt von dem englischen Philosophen Gilbert Ryle. Das Denkmodell wird zumeist an folgendem Beispiel illustriert: In einer vorgegebenen Situation bewegen zwei Knaben blitzschnell das rechte Augenlid. Im Falle des Buben A ist das Blinzeln unwillkürlich (»Zucken«), es ist ein unwillkürlicher ›natürlicher‹ Reflex; im Falle des Buben B ist es hingegen ein heimliches, körpersprachliches Zeichen an seinen Freund (»Zwinkern«).

Das Problem, das sich nun theoretisch stellt, ist, wie man das absichtslose nervöse Zucken vom intentionalen, bedeutungsvollen Zwinkern unterscheiden soll. Die Augenbewegungen scheinen identisch zu sein, der Unterschied kann von außen nicht gesehen werden. So suggeriert es wenigstens das Gedankenexperiment. Man könnte einwenden, dass dies womöglich gar nicht der Fall ist, dass nämlich der Zwinkernde einen ganz anderen Gesichtsausdruck mit seinem Zwinkern verbindet, während der andere vielleicht peinlich berührt aussieht, weil er sich für seine Reaktion schämt – was wiederum davon abhängt, wie negativ das unwillkürliche Zucken und wie positiv das augenscheinliche Zwinkern beurteilt wird. Aber, so ließe sich dagegen halten, es handelt sich ja nur um ein illustratives Beispiel für ein schwerwiegendes theoretisches Problem und da kommt es nun nicht so sehr darauf an, wie exakt das Beispiel zutrifft.

Der Unterschied bleibt gravierend, denn im Fall 2 handelt es sich um einen semiotischen Akt, der der Denotation und Konnotation unterliegt, der eine kommunikative Struktur beinhaltet und eine bestimmte Dynamik der Verständigung auslöst:

► Der Zwinkerer wendet sich an jemanden, und zwar intentional.
► Er richtet sich an jemand Bestimmten (und nur an diesen).
► Es geht um die Übermittlung einer Nachricht.
► Diese Vermittlung geschieht nach einem festgelegten Code.
► Die anderen Beteiligten sind nicht eingeweiht.

Das Modell lässt sich ausweiten, etwa wenn man einen Buben C einführt, der das Augenlid bewegt, um den Buben A zu parodieren. In dem, was Geertz in Anschluss an Ryle als »dichte Beschreibung« bezeichnet, ist gleichsam ein semiotischer Blick (→ Kap. 7) im Spiel, der die Bedeutung von ganz alltäglichen Kulturen zu erschließen trachtet. Er hat große Ähnlichkeit mit der wissenschaftlichen und nichtwissenschaftlichen Interpretation der fiktionalen Literatur und ihrer Rezeption. In der fiktionalen Literatur dürfte auch das Zucken des Buben A eine Bedeutung haben, indem es ihn symbolisch markiert. Der Leser eines fiktionalen Texts geht davon aus, dass hier alles (s)einen Sinn hat, auch wenn sich ihm ähnlich wie bei der Betrachtung eines Bildes nicht alle symbolischen Sinnebenen erschließen. Solche Textsignale sind zum Beispiel auch Namen (wenn jemand Diotima oder Leverkühn heißt) oder die Namenlosigkeit von Protagonisten, die Haar- und Augenfarbe, die in einer jeden Kultur unterschiedliche Konnotationen haben. Geertz legt den Unterschied zwischen der dünnen und der dichten Beschreibung ganz auf die Ebene der Differenz zwischen Beobachtung und Interpretation: Bei der *dünnen* Beschreibung geht es um die pure Beobachtung, was der »Probende« tut. In unserem Beispiel bewegt er das Augenlid. Auf dieser Ebene ist nicht zu entscheiden, ob er zuckt oder zwinkert oder ob er das Zucken oder vielleicht auch das Zwinkern – parodistisch oder nicht – erwidert. Kulturell gelenkt dürfte auch diese Beobachtung sein, denn dass jemand es wahrnimmt, bedeutet, dass er oder sie diese Beobachtung für relevant hält.

Erst in der *dichten* Beschreibung wird die Kultur gleichsam als ein Text verstanden; angemessen mit einem Text umgehen, heißt ihn zu verstehen und ihn im Rahmen einer »geschichteten Hierarchie bedeutungsvoller Strukturen« zu interpretieren. Erst auf dieser Ebene wird die binäre Opposition von Zwinkern und Zucken oder von Parodie und geprobter Parodie relevant.[3]

---

[3] Ders., Dichte Beschreibung, a.a.O., S. 9–12.

Sein zweites Beispiel entnimmt Geertz in seinem programmatischen Aufsatz aus dem eigenen Forschungsgebiet, das neben Indonesien die Region des Maghreb ist. Es stammt aus dem Bereich der Kolonialgeschichte. Im Zentrum steht der Zusammenprall zweier kultureller Systeme. Dem autochthonen *mezrag*-System im damaligen französischen Kolonialgebiet, im heutigen Marokko, stand um 1900 das französisch-westliche Kolonialsystem gegenüber. Betrachten wir zunächst einmal stichpunktartig die Akteure und den Verlauf der Handlung, die durch einen ethnographischen Text festgehalten sind:

► Es gibt einen Einheimischen, von dem der Ethnologe und Tagebuchschreiber die entsprechenden Informationen bezieht. Es handelt sich also um eine Geschichte mit zwei Erzählern, dem autochthonen Binnenerzähler und dem fremden ethnologischen Erzähler. Der Binnenerzähler ist gleichsam der Gewährsmann und Dolmetscher, der das Geschehen schildert und in einen ganz bestimmten kulturellen Horizont stellt.

► Ausgangspunkt des Geschehens ist eine ganz bestimmte politische Pattstellung, die zugleich eine kulturelle ist. Die französische Kolonialmacht hat in den abgelegenen Bergen des Gebietes der Marmuscha Forts errichtet, ist aber nicht imstande, das Territorium wirklich zu kontrollieren, und zwar weder den realen noch den symbolischen Raum, so dass das alte vorkapitalistische und heimische Handelspakt-System der Berber, *mezra*, nach wie vor in Kraft ist.

► Dann gibt es noch eine dritte kulturelle Konfiguration in Gestalt eines Juden namens Cohen, Er gehört weder der Kultur der Berber noch jener der westlichen Kolonialmacht an. Er kennt die Sprache der Berber und lebt dort, ist aber kein Repräsentant des Kolonialregimes. Er trifft auf zwei andere Juden, die mit einem der Stämme in den Bergen Handel trieben. Plünderer versuchen, in Cohens Unterkunft einzubrechen, werden aber von dem geistesgegenwärtigen Besucher daran gehindert. Cohen schießt eine Gewehrsalve ab und alarmiert dadurch die französische Besatzungsmacht.

► Die Plünderer kehren – verkleidet – zurück. Die beiden ortsunkundigen Juden werden dabei getötet. Die Plünderer stehlen die Waren Cohens, dem es jedoch gelingt zu entfliehen.

► Der jüdische Kaufmann wird beim Ortskommandanten vorstellig und fordert gemäß des *mezrag*-Systems sein »ar«, d.h. den vierfachen oder fünffachen Wert des Gestohlenen. Da die Räuber einem Stamm angehören, der von der französischen Kolonialmacht noch nicht unterworfen wurde, verlangt Cohen die Erlaubnis, den erlittenen Schaden zusammen mit dem Scheich eines befreundeten Stammes auf die beschriebene Weise zu kompensieren. Was der Kolonialoffizier *notabene* ablehnt.

► Die beiden Stämme, die Plünderer und der mit Cohen verbündete Stamm, handeln nach einem fingierten Schafraub von Seiten Cohens und seiner Freunde einen *ar* aus (500 Schafe).

► Die Franzosen, die ihm die Geschichte nicht abnehmen, stecken Cohen ins Gefängnis und nehmen ihm die Schafe weg.

► Die Beschwerde Cohens bei dem Oberst, der für das gesamte Gebiet zuständig ist, bleibt erfolglos.[4]

Geertz beginnt nun mit seiner Lesart der »unbearbeiteten und flaschenpostartigen Passage«.[5] Erzählte Zeit ist 1912, Ort ist das Hochland von Zentralmarokko, die Erzählzeit 1968, das Tagebuch des Autors. Die Geschichte, die Geertz im Rahmen des Aufsatzes noch einmal erzählt, ist für ihn ein Indiz für seine These vom hermeneutischen Primat. Ausdrücklich und im Unterschied zu (post-)strukturalistischen Theorien (→ Kap. 7) verwirft Geertz den Terminus des Codes, da es sich bei der dichten Beschreibung nicht um einen Vorgang technischen Dechiffrierens handle, sondern eher um die Arbeit eines Literaturwissenschaftlers, der sich mit Mehrdeutigkeit zu beschäftigen hat. Decodieren ist für Geertz offenkundig, im Unterschied etwa zu Stuart Hall (→ Kap. 12) oder zu Roland Barthes (→ Kap. 7), auf eine Form von eindeutiger Bedeutungsübertragung beschränkt. Für die Metainterpretation der Geschichte, die Geertz vornimmt, sind vor allem drei Momente von Bedeutung:

► Die Unterscheidung dreier ungleicher Interpretationsrahmen (jüdisch, berberisch, französisch).

► Die Geschichte eines systematischen Missverständnisses, in das Machtkorrelationen eingeschrieben sind.

---

4 Ders., Dichte Beschreibung, a.a.O., S. 12–14.
5 Ders., Dichte Beschreibung, a.a.O., S. 14.

► Das Ergebnis ethnologischen Tuns ist ein Text mit einer ganz spezifischen Form, der fremdartig, verblasst und unvollständig bleibt und somit selbst der Interpretation unterliegt.

Ganz offenkundig hängt die Lesart der Geschichte vom kulturellen Kontext ab. Dabei wird die Situation von den Beteiligten unterschiedlich wahrgenommen. Aber diese Interpretation ist auch an Konflikte um Macht geknüpft. Ganz augenscheinlich geht es der französischen Kolonialmacht darum, ihre reale und symbolische Ordnung in dem betreffenden Territorium durchzusetzen. Umgekehrt wehren sich die beiden Berberstämme auf je unterschiedliche Weise, setzen Zeichen dagegen. Der jüdische Geschäftsmann gerät symbolisch zwischen die Fronten, indem er die politischen und kulturellen Realitäten der Einheimischen, nicht der Kolonialherrn anerkennt. Diese Anerkennung der Realitäten – in dem betreffenden Gebieten gelten noch die Gesetze der Berber – führt zum Konflikt mit der Kolonialmacht und zur Sanktion durch diese, die sich für ihre Machtlosigkeit an dem Juden schadlos hält.

Dieses Missverständnis ist nicht aufzulösen. Es geht in diesem wie auch in anderen Konflikten zwischen Kulturen niemals um die Möglichkeit einer objektiven Bestandsaufnahme im Sinne einer Beobachtung, was geschehen ist. Vielmehr ist die gegebene Situation symbolisch mehrfach konstruiert.

Und schließlich ist das Geschehen narrativ (→ Kap. 13) formatiert, das heißt aber auch, dass die Ereignisse, die Geertz noch einmal erzählt, in Form eines Textes, eines Tagebuches, einer Nacherzählung, eines Kommentars, vorliegen. Dieser Text ist wiederum Ausgangspunkt für neuerliche Auslegungen, Kommentare und Verstehensprozesse. Die Folge davon ist Intertextualität. Aber damit wird die Beschäftigung mit (fremder) Kultur zu einem prinzipiell unabschließbaren Prozess. In der interkulturellen Situation tritt dieses unendliche Bedürfnis nach Verständigung nur besonders dramatisch in den Vordergrund, wie die kulturelle Begegnung überhaupt die Kulturen und ihre Eigenarten und Differenzen in sichtbares Licht setzen. Ethnographie wird hier als eine Quasi-Literaturwissenschaft verstanden, die sich der Methode der dichten Beschreibung bedient. Kultur ist öffentlich, genauso wie ein parodiertes Zwinkern oder ein fingierter Schafraub, dokumentiert in Texten und Dokumenten.

Kritisch setzt sich Geertz mit traditionellen Konzepten in der Ethnologie auseinander:

► Kultur als geschlossene ›überorganische‹ Realität mit eigenen Kräften und Absichten,
► Kultur als rigide Matrix von Verhaltensäußerungen,
► Kultur »in den Köpfen und Herzen der Menschen« (Ward Goodenough): »Die Kultur einer Gesellschaft besteht in dem, was man wissen oder glauben muß, um in einer von den Mitgliedern dieser Gesellschaft akzeptierten Weise zu funktionieren« – Kultur als Funktionalismus.[6]

Um sich kritisch von organischen, verhaltenstheoretischen und funktionalistischen Kulturkonzepten abzugrenzen, führt Geertz seinem Lesepublikum ein drittes Beispiel vor, das interessanterweise aus der Musik stammt, einem Themenbereich, der in kulturtheoretischen Abhandlungen meist zu kurz kommt. Niemand käme auf die Idee,

► das Quartett mit der Partitur gleichzusetzen,
► es mit der Fähigkeit und dem Wissen es zu spielen gleichzusetzen,
► es mit dem Verständnis der Aufführenden und der Hörer gleichzusetzen,
► es mit einer bestimmten Aufführung oder mit irgendeiner mysteriösen Entität gleichzusetzen.

Die Definition, die Geertz an dieser Stelle von Kultur gibt, ist zunächst einmal negativ. Überträgt man das, was Geertz von Beethovens Quartett sagt, auf die Kultur, dann ergibt sich, dass Kultur kein einmaliges Ereignis sein kann, mehr ist als ein Textbuch und nicht im Vermögen der Beteiligten – der Musiker und des Publikums – aufgeht. Daran knüpft Geertz eine weitere Definition von Kultur, die stellvertretend an der Kunst der Musik vorgeführt wird und in der der Textualismus Geertz' durchaus eingeschränkt wird:

> Daß jedoch ein Beethoven-Quartett ein zeitlich verlaufendes tonales Gebilde, eine kohärente Abfolge geformter Laute, mit einem Wort Musik ist und nicht irgend jemandes Wissen oder Glauben (einschließlich der Frage, wie es zu spielen sei), ist eine Aussage, der die meisten Leute nach einigem Nachdenken wahrscheinlich zustimmen werden.[7]

6 Ders., Dichte Beschreibung, a.a.O., S. 17.
7 Ders., Dichte Beschreibung, a.a.O., S. 18.

Offenkundig spielt das, was man heute den performativen Aspekt der Kunst nennt, eine maßgebliche Rolle: Es geht darum, dass in einer zeitlichen Abfolge Musik ertönt und dass dieses Artefakt als ›kohärent‹, als eine kohärente Entität vor uns tritt. Es geht also nicht, um Saussure zu bemühen, um die *langue*, sondern um die *parole* (→ Kap. 7 und 12), nicht um das System der Sprache, sondern um deren alltägliche Realität als gesprochene Sprache. Aber damit wird ein wichtiges Merkmal von Kultur ganz offenkundig: ihre Öffentlichkeit.

> Kultur ist deshalb öffentlich, weil Bedeutung etwas Öffentliches ist. Man kann nicht zwinkern (oder jemanden parodieren) ohne zu wissen, was man unter Zwinkern versteht oder wie man – physisch – das Augenlid bewegt, und man kann keine Schafe stehlen (oder so tun, als ob man sie stehlen wollte), wenn man nicht weiß, was ein Schafsdiebstahl ist.[8]

Geertz verweist auf die Einwände Husserls und Wittgensteins gegen private Bedeutungstheorien. Sprache setzt ihrem ganzen Wesen nach immer öffentliche Bedeutung voraus. Das sprachliche Zeichen ist stets ternär und bezieht die jeweilige Relation mit ein. Das bedeutet aber auch, dass Kultur prinzipiell sprachlich unterlegt ist. Eine sprachlose Kultur markiert einen Grenze, weil in ihr die Öffentlichkeit, und das heißt auch eine gewisse Verbindlichkeit, verloren ginge. So sind Kultur und Sprache bei Geertz aneinander gepflockt. Kultur besteht zwar aus »sozial festgelegten Bedeutungsstrukturen«, das bedeutet aber nicht, dass Kultur ein psychologisches, mentales oder kognitives Phänomen ist.[9]

> Kultur ist keine Instanz, der gesellschaftliche Ereignisse, Verhaltensweisen, Institutionen oder Prozesse kausal zugeordnet werden können. Sie ist ein Kontext, ein Rahmen, in dem sie verständlich – nämlich dicht – beschreibbar sind.[10]

Ziel der Ethnologie als Kulturwissenschaft und als Theorie von Interkulturalität ist die Erweiterung des menschlichen Diskursuniversums. Damit hält Geertz an einem universalistischen Konzept fest. Ausdrücklich kritisiert er in diesem Zusammenhang den Exotismus, etwa an seinem marokkanischen Beispiel: Der Berber zu Pferd, der

---

[8] Ders., Dichte Beschreibung, a.a.O., S. 18.
[9] Ders., Dichte Beschreibung, a.a.O., S. 19.
[10] Ders., Dichte Beschreibung, a.a.O., S. 21.

jüdische Händler, die französischen Legionäre verstellen in einer stereotypisierten Sicht den kulturellen Blick. Deren wechselseitig wahrgenommene und erzählte exotische Fremdheit blockiert gleichsam die Interpretation einer mehrfach symbolischen Texturierung. Wir lassen uns von dem fremden Aussehen täuschen und übersehen jene Mechanismen ›hinter‹ den bunten Kostümen. Im Gegensatz zu vielen kulturwissenschaftlichen und kulturphilosophischen Theorien geht Geertz davon aus, dass es keine ganz anderen Kulturen gibt, sondern dass alle Kulturen eine Bandbreite des kulturell Möglichen darstellen. Was sie symbolisch verarbeiten, bezeichnet Geertz als »die großen Worte«, die es überall, zu allen Zeiten und an allen Orten gibt. Ausdrücklich hebt der amerikanische Theoretiker hervor, dass die Kultur der Anderen erreichbar ist, und zwar genau in ihrem Alltag:

> Das Verstehen der Kultur eines Volkes führt dazu, seine Normalität zu enthüllen, ohne dass seine Besonderheit dabei zu kurz käme. […] in den Kontext ihrer Alltäglichkeiten gestellt, schwindet ihre Unverständlichkeit.[11]

Der Blick auf das Gewöhnliche an fremden Orten zeigt nicht die »Willkür menschlichen Verhaltens«, sondern die Variationsbreite von »Lebensmustern«. Diese sind wie die dahinterliegenden Motive einigermaßen konstant: »Macht, Veränderung, Glaube, Unterdrückung, Arbeit, Leidenschaft, Autorität, Schönheit, Gewalt, Liebe, Prestige, jene großen Worte, die uns Angst machen.«[12]

Ethnologische Texte sind Interpretationen zweiter und dritter Ordnung. Im Gegensatz dazu war die Interpretation des Informanten eine Interpretation erster Ordnung. Ethnologische Texte sind Konstruktionen, Dichtungen mit einem bestimmten Plot. So wie Hayden White im Gefolge der Narratologie (→ Kap. 13) in einem Akt formaler Reflexion die ›Prosa‹ der Geschichtswissenschaft und der Geschichtsphilosophie als quasi-literarische Texte interpretiert und analysiert,[13] so nähert sich auch Geertz klassischen Texten seiner Disziplin, der Ethnographie. Dabei beruft er sich ausdrücklich auf die Theorie von Paul Ricœur (→ Kap. 13). Damit wird die alte Un-

---

[11] Ders., Dichte Beschreibung, a.a.O., S. 21.

[12] Ders., Dichte Beschreibung, a.a.O., S. 21 u. 30.

[13] Hayden White, Auch Klio dichtet oder Die Fiktion des Faktischen. Studien zur Tropologie des historischen Diskurses, Stuttgart: Klett-Cotta 1986.

terscheidung zwischen historischen und philologischen Disziplinen obsolet. Die Geschichte vom jüdischen Händler, den Berbern und den Kolonialherren wird aus der Perspektive der Akteure erzählt. In ihrer Konstruktionsweise hingegen unterscheidet sie sich nicht prinzipiell von einem Roman wie *Madame Bovary* (oder *Effi Briest*). Sie beinhaltet »imaginative Vorgänge«. Der Unterschied besteht allein darin, dass der Roman Signale enthält, dass die Ereignisse so nicht stattgefunden haben (ihre unverwechselbare Einmaligkeit bleibt auf die Welt im Roman beschränkt), während der ethnographische Text sie als wirklich unterstellt. Aber ethnographische Texte sind Konstrukte, sie haben fiktive Erzählperspektiven und verschiedene Genres und mediale Formate (Buch, Artikel, Vorlesung, Ausstellung, Film, Fernsehdokumentation).

Das hat Konsequenzen sowohl für die Produzenten wie die Rezipienten solcher Texte: Die Form ethnographischer, aber auch anderer kulturwissenschaftlicher Texte kann kritisch hinterfragt werden. Warum erzählen Ethnographie und Geschichte auf eine so traditionelle Art und Weise? Suggeriert das nicht geradezu eine schwer zu widerlegende Objektivität? Man stelle sich nur einmal eine Historiographie und eine Ethnographie vor, die sich die ästhetischen Techniken der Moderne (z.B. Perspektivismus, Montage, offener Schluss, Polyphonie der Stimmen im Sinne der Theorie von Michail Bachtin) zueigen machen würden, wie das die deutsche Kulturwissenschaftlerin Bachmann-Medick im Gefolge der Geertz'schen Kulturtheorie vorgeschlagen hat.[14] Was Geertz mit seiner Bezugnahme auf die Textlichkeit also impliziert, ist, dass die neuen kulturwissenschaftlich mutierten Disziplinen das Thema der Form ernst zu nehmen haben, auch wenn sie sich nicht mit genuin literarischen Themen und Texten beschäftigen.

Geertz diskutiert und relativiert die Vorstellung von der Kultur als einem symbolischen System. Er sieht in einer solchen Konzeption zwar einen enormen Fortschritt gegenüber konventionellen, vorsemiotischen Konzepten, aber er insistiert, wie schon das Beispiel von Beethoven Musikstück zeigt, auf dem praktischen Aspekt. Diesen bezeichnet er mit Wittgenstein als »Gebrauch« oder auch als »praktisches Leben«: Handel treiben, die eigene Ehre verteidigen,

---

[14] Doris Bachmann-Medick, James Clifford, Die anthropologische Wende in der Literaturwissenschaft, Frankfurt/Main: Fischer 1996.

Überlegenheit untermauern (sozialer Diskurs). Aber damit wird auch deutlich, dass sein Konzept die Idee von der Kultur als Text übersteigt.[15]

Ein weiterer wichtiger Aspekt ist die Kohärenz, der Zusammenhang und die innere Logik kulturellen Geschehens. Kultur bedarf einer gewissen Kohärenz; ansonsten würden wir sie nicht als ein stabiles System begreifen. Diese Kohärenz ist indes relativ und oft nicht eindeutig. Die Abfolge des Handelns ist nicht determiniert.

So war auch, um noch einmal zu den Ereignissen in den marokkanischen Bergen zurückzukehren, das Handeln keines der Beteiligten völlig festgelegt. Das heißt, jeder von ihnen hätte sich auch für eine andere Handlungsweise entscheiden können:

► Cohen, als Vertreter einer Minorität, hätte angesichts der Problematik seines Anspruches darauf verzichten können, ihn durchzusetzen.
► Der Scheich des befreundeten Stammes hätte ihn aus ähnlichen Gründen ablehnen können.
► Der feindliche Stamm hätte sich dem Kompromiss widersetzen können.
► Das französische Kolonialregime hätte Cohen erlauben können, die Schafe zu behalten (usw.).[16]

Diese Kohärenz wird nicht zuletzt durch die textliche Formatierung hergestellt. Ethnographische Texte sind, wie Geertz unter Bezugnahme auf den französischen Hermeneutiker Paul Ricœur (→ Kap. 13) meint, »Niederschriften« von (kulturellen) Handlungen. Sie sind keine Nachbildung eines ohne Vertextlichung bereits Vorhandenen. Das Schreiben hält etwas fest, was ansonsten flüchtig ist. Der Autor, in diesem Fall der Ethnologe, macht aus einem flüchtigen Ereignis, das nur im Augenblick seines Stattfindens existiert, einen Bericht, der in der Niederschrift als kohärentes Geschehen existiert. Nicht das Ereignis des Sprechens als solches, sondern das beim »Sprechen Gesagte« ist für das Ziel des Diskurses maßgeblich. Es ist die Bedeutung des Sprechereignisses, nicht das Ereignis als Ereignis. Es ist der der ethnographische Text, der die kulturelle ›Wirklichkeit‹ konstituiert. Geertz geht nicht so weit zu behaupten, dass es nur

---

15   Clifford Geertz, Dichte Beschreibung, a.a.O., S. 25.
16   Ders., Dichte Beschreibung, a.a.O., S. 26.

eine textliche Welt gibt; es gibt ein faktisches Draußen, aber zum Ereignis im vollen Sinn des Wortes wird es nur durch das Medium des sprachlichen Textes (oder auch anderer Medien wie Film, Ausstellung und Katalog etc.):

> Was damit aber offenbar ziemlich problematisch wird, ist die Auffassung, die ethnologische Analyse bestehe in der begrifflichen Verarbeitung entdeckter Tatsachen oder sei die gedankliche Rekonstruktion bloßer Realität.[17]

Wie alle Textsorten, so verfügt auch die traditionelle ethnographische über eine spezifische Matrix mit einer bestimmten Struktur. Geertz hebt vier Merkmale ethnographischer Beschreibung hervor:

► Sie ist deutend.
► Was sie deutet, ist der Ablauf des sozialen Diskurses.
► Sie ist eine mnemotechnische Dokumentation.
► Ethnographische Texte sind mikroskopisch.

Im Unterschied zu literarischen Texten, die zumeist eine implizite Deutung der Geschehnisse enthalten und ihre Leserschaft zur Interpretation einladen, enthält der ethnographische Bericht selbst seine eigene explizite Deutung. Diese Deutung bezieht sich auf die soziale Dynamik des Geschehens. Die Eigenarten der beteiligten Personen, einer Gruppe, eines Stammes oder eines Volkes kommen nur insoweit ins Spiel, als sie für den dynamischen Ablauf der Ereignisse relevant sind. Die Ethnologie befindet sich dieser Auffassung zufolge an der Schnittstelle zwischen Human- und Sozialwissenschaften, zwischen ›Kultur‹ und ›Gesellschaft‹.

Das Deuten hat aber auch noch einen anderen wichtigen Aspekt. In der »Niederschrift« werden die Ereignisse in ihrer Stringenz – und die Herstellung dieser Stringenz ist selbst schon ein wesentliches Stück der Deutung – festgehalten. Das Deuten besteht vornehmlich darin, dass es das Gesagte dem vergänglichen Augenblick entreißt. Der *kula*-Ringtausch ist verschwunden, aber das Buch *Die Argonauten des westlichen Pazifik* ist geblieben. Das bedeutet aber auch, dass die Ethnologie, die ja nicht zuletzt einen Bestand, ein Archiv von vertextlichten Diskursen darstellt, eine Wissenschaft mit einer historischen Dimension geworden ist.

---

[17] Ders., Dichte Beschreibung, a.a.O., S. 30.

Üblicherweise sind ethnographische Texte kleinteilig. Sie beziehen sich zumeist auf einen bestimmten soziokulturellen Aspekt einer ethnischen Entität. Das verleiht ihnen ihre Plastizität, aber auch den suggestiven Gestus, eine kleine Welt empirisch genau zu präsentieren. Dabei wird unterschlagen, dass diese »Niederschriften« keine photographischen Abbildungen, sondern eben im höchsten Grad komponierte Gebilde, »dichte Beschreibungen« sind.

In diesem Zusammenhang übt der Autor Kritik an zwei in der klassischen Ethnologie weit verbreiteten Konzepten, am mikroskopischen Modell sowie am ›natürlichen‹ Modell. Das erste nennt Geertz die Welt im Sandkorn. Wird im ersten der plastisch geschilderte soziokulturelle Ausschnitt zum Bild für das Ganze: »Jonesville ist die USA«, so erscheint im zweiten die ethnographisch dargestellte kleine Welt als Gegenstück zur eigenen großen. Geertz spricht in diesem Zusammenhang vom »fernen Gestade des Möglichen« und er erwähnt die Osterinseln und die Trobriander, zwei außereuropäische Lieblingskulturen der westlichen Ethnographie. Im ›natürlichen‹ Modell wird der Mikrokosmos zum Testfall oder zum Laboratorium der Menschheit.[18]

Was Geertz vorschwebt, könnte man als ein Plädoyer für eine Semiotik mit einem dialogischen Aspekt bezeichnen. An diesem Punkt nähert sich Geertz der niederländischen Kulturanalytikerin Mieke Bal (→ Kap. 1 und 12), die auch davon ausgeht, dass Kulturwissenschaften – im Unterschied etwa zum klassischen Strukturalismus – über keinen fixierten ›Gegenstand‹ – Diskurse, Texte usw. – verfügen. Ihre Besonderheit liegt vielmehr in ihrer Intersubjektivität, die mittels ihrer kulturellen Produkte und Artefakte mit uns in einen wie auch immer vermittelten Dialog eintritt. Bal spricht in diesem Zusammenhang von einer »Kohabitation der theoretischen Reflexion und des Lesens, bei der das thematisierte ›Objekt‹ zum Subjekt wird und an der Konstruktion theoretischer Anschauungen mitwirkt«.[19] Das ist gerade im Hinblick auf die historische Ethnologie bedeutsam, die nicht zuletzt die koloniale Konstellation Asymmetrie in der Gestalt der stummen, ergebenen ›Eingeborenen‹, die befragt werden, und den strukturell überheblichen und beredten Forschern,

---

18 Ders., Dichte Beschreibung, a.a.O., S. 31.
19 Mieke Bal, Kulturanalyse, Frankfurt/Main: Suhrkamp 2002, S. 43; vgl. auch S. 16.

die die Fragen stellen, reproduziert hat. Dieses einseitige Modell hat zu erheblichen Verzerrungen geführt. Es schuf einen aus der westlichen Kultur entstandenen Erwartungshorizont, in den die fremde Kultur eingebettet wurde. Das Fremde, so könnte man behaupten, ist immer Bestandteil der eigenen Kultur. Plakativ gesprochen tritt an die Stelle des Fragebogens das Gespräch:

> Der Angelpunkt des semiotischen Ansatzes liegt [...] darin, dass er uns einen Zugang zur Gedankenwelt der von uns untersuchten Subjekte erschließt, so daß wir in einem weiteren Sinn des Wortes ein Gespräch mit ihnen führen können.[20]

Ein solches Gespräch, das seinen Niederschlag auch in der formalen Komposition der »Niederschrift« findet, darf aber nicht mit anderen Textsorten verwechselt werden. Das Kernstück einer semiotischen Kulturtheorie und Kulturanthropologie bleibt nach wie vor Reflexion und Selbsthinterfragung. Ganz ausdrücklich grenzt Geertz sie von normativen und therapeutischen Konzepten ab.

> Bei der Untersuchung von Kulturen sind die Signifikanten keine Symptome, sondern symbolische Handlungen und das Ziel ist nicht Therapie, sondern die Erforschung des sozialen Diskurses.[21]

Wie T.S. Eliot (→ Kap. 1) hebt auch Geertz die zentrale, unhintergehbare Bedeutung der religiösen Praktiken und Vorstellungen für den kulturellen Gesamtkomplex hervor. In gewisser Weise bilden sie das Zentrum des jeweiligen symbolischen Raumes. Sie verleihen dem Ethos einer Gruppe intellektuelle Glaubwürdigkeit, »indem sie es als Ausdruck einer Lebensform darstellen, die vollkommen jenen tatsächlichen Gegebenheiten entspricht, wie sie die Weltauffassung beschreibt«. Religion ist

1) ein Symbolsystem, das darauf abzielt,
2) starke, umfassende und dauerhafte Stimmungen in den Menschen zu schaffen,
3) indem es Vorstellungen einer allgemeinen Seinsordnung formuliert und
4) diese Vorstellungen mit einer solchen Aura der Faktizität umgibt, dass

---

[20] Clifford Geertz, Dichte Beschreibung, a.a.O., S. 35.
[21] Ders., Dichte Beschreibung, a.a.O., S. 37.

5) die Stimmungen und Motivationen völlig der Wirklichkeit zu entsprechen scheinen.[22]

Geertz diskutiert analog zu diesen fünf Aspekten von Religion Begriffe wie Symbol, Motivation und Stimmung, Ordnung, Feier und Fest sowie verschiedene besondere Innenzustände.

1) Gegenüber einer weit verbreiteten Konzeption von *Symbol* und Symbolismus, in der
2) diese als etwas begriffen werden, das auf ein anderes verweist, oder als explizit vereinbarte Zeichen, bezeichnet Geertz alle Gegenstände und Handlungen, die Ausdrucksmittel einer Vorstellung sind und die es gestatten, Objektivierungen von sozialen und psychologischen Erfahrungen vorzunehmen, als Symbole. Symbole und Mythen, so ließe sich sagen, sind zentrale kulturelle Bearbeitungsformen.
3) Unter *Motivation* wird die Neigung verstanden, gewisse Arten von Handlungen zu begehen; die *Stimmung* erscheint dabei als eine unbestimmte Disposition eines Subjekts.
4) Das *Chaos* ist der negative Horizont zur symbolischen Ordnung, wie sie durch die Religion gestiftet wird. Es ist Gegenwelt und Grenzdimension. Das Chaos ist eine negative Erfahrung der Grenze der Interpretation angesichts des Aufruhrs der Ereignisse. Zugleich handelt es sich um eine Grenze der Leidensfähigkeit und der ethischen Sicherheit. Das Chaos wird als der symbolische Super-Gau imaginiert.
5) *Rituale, Feste* und kulturelle Veranstaltungen schaffen der Aura *Faktizität*. Sie machen Religion erlebbar und sinnlich.
6) Die *Innenzustände* einer Kultur beziehen sich auf außerordentliche Erfahrungen wie sie durch Mystik, Trance und Ekstase vermittelt werden. Sie verschaffen dem Mitglied einer Gemeinschaft ein ganz spezifisches Selbstgefühl, das ihn an die gemeinsame Religion bindet, und zwar auf eine ganz spezifische und persönliche Weise.

Geertz' Kultur- und Religionsbegriff ist so weit gefasst, dass sich mit seiner Hilfe sowohl Kulte rezenter außereuropäischer Ethnien als auch die religiöse Verfassung in westlichen hypermodernen Gesell-

---

[22] Ders., Dichte Beschreibung, a.a.O., S. 48.

schaften beschreiben lassen. Die Anziehungskraft performativer Ereignisse ist – vom Popkonzert bis zum katholischen Weltjugendtag – unübersehbar, ebenso das Prestige subjektiver ›spiritueller‹ Selbstversicherung mit Hilfe vor allem außereuropäischer Meditations- und Trancepraktiken.

Für alle Kulturen gilt, dass sie zwischen zwei extremen Symbolsystemen hin und her pendeln: jenem außerordentlichen, symbolisch ›prallen‹, wie es die Religion darstellt, und jenem alltäglichen, flachen System des *common sense*. Zwischen diesen Symbolsystemen finden sich zum Beispiel Kunst und Wissenschaft.

Solche und ähnliche Ausdifferenzierungen sind uns bereits bei Bourdieu (→ Kap. 9) und Cassirer (→ Kap. 3) begegnet. Neu ist hingegen, dass Geertz den *common sense* – den ganzen unsystematischen Wust an Vorurteilen, feststehenden Wertungen, fixierten und normierten Beobachtungsweisen – als ein eigenes kulturelles System beschreibt und kritisiert. Im *common sense* erscheint die eigene Lebensform als praktisch, selbstverständlich. Sie bedarf keiner systematischen Methode oder gar einer Reflexion. Die Welt erscheint dem Menschen in diesen symbolischen Alltagsbeständen prinzipiell zugänglich, sie wird gleichsam natürlich, zu einer Art zweiten Natur:

> Die Welt ist das, was der aufmerksam schauende, unkomplizierte Mensch über sie denkt. Nüchternheit, nicht Spitzfindigkeit, Realismus und nicht Phantasie sind die Schlüssel zur Weisheit.[23]

Kultur produziert Unbewusstheit und Selbstverständlichkeit oder – um einen Terminus aus Musils *Mann ohne Eigenschaften* zu entlehnen – einen jeweils spezifischen Realitätssinn. Ein zentraler Mechanismus der Kultur ist es, sich selbst zum Verschwinden zu bringen, jenes Element vor allem, das Musil als »Möglichkeitssinn«[24] bezeichnet. Es könnte auch anders sein. Eine Funktion der Ethnologie ist es, diese selbstgefälligen Gewissheiten, die nicht zuletzt in einem ausgeprägten Ethnozentrismus ihren Niederschlag finden, kritisch zu hinterfragen.

---

23   Ders., Dichte Beschreibung, a.a.O., S. 282.
24   Robert Musil, Der Mann ohne Eigenschaften, Gesammelte Werke, Bd. 1, Reinbek: Rowohlt 1979, S. 16–18.

Kritikpunkte und Anmerkungen

▶ Eine Kritik an Geertz' Konzept müsste wohl bei seiner mehrdeutigen Verwendung der Formel von der Kultur als Text ansetzen. Zum einen ist Kultur Text, weil sich die Ethnologie als ein unendlicher Text erweist, der das soziale Geschehen nicht beschreibt oder abbildet, sondern in seiner Niederschrift Kultur erst hervorbringt. Dies ist, wenn man so will, der konstruktivistische Aspekt seines Ansatzes. Zum anderen aber suggeriert Geertz zumindest am Anfang des Buches die Vorstellung, dass der Ethnologe die fremde Kultur wie einen schon vorhandenen Text – man denke an das Beispiel vom Zwinkern und Zucken – liest bzw. decodiert. Das Beispiel der Musik zeigt aber deutlich, dass es Artefakte in der Kultur gibt, die eben keine Texte sind. Dieser interne Widerspruch findet seinen Ausdruck in den einander widersprechenden Termini *dichte Beschreibung* und *Niederschrift*.

▶ In seiner Kritik an einem Kulturbegriff, der Kultur als Insgesamt symbolischer Formen begreift, wird aber deutlich, dass Geertz seinen eigenen Ansatz von der Kultur als Text nicht durchhalten kann. Wie die Beispiele von Beethovens Musikstück oder die Analyse der Elemente der Religion zeigen, stellt es eine enorme Herausforderung für jede Kulturanalyse dar, die symbolischen Formen und die symbolischen Praktiken aufeinander zu beziehen. Wenn Geertz gegen die Gleichsetzung von Kultur und Partitur angeht, dann richtet sich dieser Vergleich *ex negativo* auch gegen die eigene Gleichsetzung von Kultur und Text. Ganz offenkundig geht es Geertz nämlich, im Anschluss an Wittgenstein, darum, dass Kultur immer auch performativ ist. Weder sind die Formen ein ideologischer Überbau, noch sind die Praktiken bloße Einübungen von symbolischen Systemen. Vermutlich könnte dies gelingen, wenn man auf die spezifische Qualität von Texten abhebt, die für die Konstruktion von Kultur so entscheidend ist: die Narrativität (→ Kap. 13).

▶ Im Gegensatz zu vielen strukturalen Analysen ist Geertz' Ansatz nicht deterministisch. Er rechnet mit der Handlungsfreiheit der Menschen. Das Systematische ist immer Konstruktion, »Niederschrift«. Etwas unterbelichtet scheint der interkulturelle Aspekt zu sein. Zwar schildert das Fallbeispiel aus Marokko die Gegenläufigkeit unterschiedlicher ethnisch markierter Symbolsysteme, aber Geertz lässt z.B. die kulturelle Zugehörigkeit des ethnographischen Autors vollständig außer Acht, die in jeden ethnographischen Text automatisch mit eingeschrieben ist.

▶ Geertz möchte therapeutische und normative Intentionen aus seiner kulturwissenschaftlichen Semiotik verbannen, aber vermutlich impliziert sein dialogischer Ansatz nicht nur ein epistemologisches Modell, sondern auch eine normative Prämisse. Es ist zwar sinnvoll, therapeutische und normative Prämissen aus der ethnographischen »Niederschrift« auszuschließen, aber das interkulturelle Gespräch bedeutet *eo ipso* die Möglichkeit der Veränderung subjektiver Befindlichkeit (›Therapie‹) wie auch die wechselseitige Anerkennung des Anderen in einem ethischen Akt. Oder anders ausgedrückt: Kulturwissenschaften sind ›politisch‹, weil die Beschreibung Teil der beschriebenen kulturellen Konstellation ist.

▶ Geertz neigt – begreiflicherweise – dazu, den *common sense* negativ zu besetzen. Die kritische, normative Sichtweise könnte dabei den Blick auf das Phänomen verstellen. Es gehört wohl zu allen Kulturen, kulturelle Muster, Praktiken zu automatisieren und unbewusst zu machen. Die Produktion von kultureller Selbstverständlichkeit an sich ist noch kein Indiz für den Mangel einer Kultur, sondern beschreibt eine wesentliche ›entlastende‹ Funktion. Dünne und flache Symbolbildung finden sich überdies in allen symbolischen Systemen bzw. Feldern und sie hängen mit jenen Phänomenen zusammen, die Bourdieu mit Begriffen wie *Doxa* und *Illusio* beschrieben hat (→ Kap. 9). Vielleicht kann man den *common sense* als eigenes System beschreiben; viel wahrscheinlicher ist es jedoch, wie Bourdieus Theorie der symbolischen Felder nahe legt, ein Moment, das in jedem System vorkommt. Kultur ist geradezu dadurch charakterisiert, dass sie derartige Selbstverständlichkeiten erzeugt, nicht selten idiotische.

Literatur

Clifford Geertz, Dichte Beschreibung. Beiträge zum Verstehen kultureller Systeme, Frankfurt/Main: Suhrkamp 1982.

Ders., Welt in Stücken. Kultur und Politik am Ende des 20. Jahrhunderts, Wien: Passagen 1996.

Gerhard Fröhlich (Hrsg.), Symbolische Anthropologie der Moderne, Frankfurt/Main: Campus 1998.

Fred Inglis, Clifford Geertz. Culture, Customs and Ethics, Cambridge: Polity Press 2000.

Kapitel 11

Opfer, Mimesis und verborgene Gewalt: Von der Literaturwissenschaft zur Kulturtheorie René Girards

»Religionen und Kulturen verbergen ihre Gewalttaten, um sich zu gründen und zu perpetuieren.«[1] Mit dieser düsteren und provokativen These hat sich der 1923 in Avignon geborene und in den Vereinigten Staaten lehrende Literaturwissenschaftler und Kulturtheoretiker René Girard einen Namen in der kulturwissenschaftlichen Debatte gemacht. 1972 legte er mit seinem Buch *La violence et le sacré* (*Das Heilige und die Gewalt*) eine bestürzende Analyse über den Zusammenhang des Sakralen mit der Gewalt vor. Unter Rückgriff auf ethnologisches Material und literarische Quellen – hier nicht zuletzt die antike Tragödie – stellte Girard eine Theorie der Kultur vor, die diese auf den Kult der Gewalt zurückführt. Im Zentrum jedweder Kultur lauert das Opfer, die von der betreffenden Sozietät legitimierte Gewalt. Das Opfer ist das Indiz dafür, dass die Gewalt eine enorme Herausforderung für jede Kultur darstellt.

Girard hat keine konsistente und explizite Methodologie der Kulturanalyse entwickelt, aber er hat dem kulturwissenschaftlichen Diskurs ein Thema vorgegeben, das – wie die Debatte über Gewalt und (Neue) Medien zeigt – unhintergehbar ist.[2] Gerade die marktkapitalistischen Zivilgesellschaften der Hypermoderne sind besessen von der Idee der Gewalt. Die Einschätzungen, warum das so ist, gehen dabei weit auseinander. Kompensation, Sehnsucht nach Realität, die Faszination des Bösen, die Simplizität der gewalttätigen Lösung oder der heilsame Schrecken, all das sind heute gängige Erklärungsversuche. Im Gefolge von Girards Analyse der Gewalt würde man am ehesten davon ausgehen, dass sie eine Ersatzhandlung, ein stellvertretendes, medial inszeniertes Opfer darstellt, um den Ausbruch kollektiver Gewalt zu unterbinden. Die Gewalt-

---

[1] René Girard, Der Sündenbock, Zürich: Benziger 1988, S. 139.
[2] Vgl. exemplarisch dazu: Kristin Platt (Hrsg.), Reden von Gewalt. Genozid und Gedächtnis, München: Fink 2002.

obsession in nahezu allen Gebieten von Kunst und Medien – auf dem Theater, in den »Straßenfegern« der Filmindustrie, in TV-Serien und in den virtuellen Schlächtereien des *Cyber Space* – sind ein Indiz dafür, dass die westlichen Kulturen unserer Tage ein Problem mit der Gewalt haben, mit jener Gewalt, die so fiktiv wie wirklich ist. Die Balkankriege nach 1989 haben uns gezeigt, wie zerbrechlich soziokulturelle Gebilde sind und wie sie buchstäblich vom Ausbruch der Gewalt hinweggefegt werden.

Am Ende seines ersten großen Buches zu dem Thema schreibt Girard nicht ohne prophetisches Pathos:

> Die wesenhafte Gewalt kommt in spektakulärer Weise wieder auf uns zu, und zwar nicht nur auf der Ebene der Geschichte, sondern auf der Ebene des Wissens. Und zum ersten Mal bringt uns deshalb diese Krise dazu, jenes Tabu zu verletzen, das letztlich weder Heraklit noch Euripides verletzt haben. Sie bringt uns dazu, die Rolle der Gewalt in den menschlichen Gesellschaften im vollen Lichte der Vernunft offenkundig zu machen.[3]

Das Opfer gehört zu den dunkelsten Kapiteln jedweder Kultur und ihrer Geschichte. Sein Vorkommen scheint einigermaßen verlässlich, so wie andere Grundelemente auch: Mythos, Symbol, Ritual. Mit letzterem Phänomen der Kultur ist es eng verknüpft, ist doch das Opfer integraler Bestandteil des Rituals und hat nur dort seinen gebührenden und privilegierten Platz. Außerhalb des durch das Ritual bezeichneten realen wie symbolischen Raumes – das Ritual bringt beide zur Deckung – pervertiert das Opfer tendenziell zum schimpflichen Mord. Das Opfer ist ein geheiligter Mord, an Tier und Mensch, an Freund und Feind. Bezeichnenderweise verknüpft die deutsche Sprache zwei Aspekte umstandslos durch das gleiche Wort. Im Deutschen meint »Opfer« den Akt, die Opferhandlung sowie – das zeigt sich auch an der säkularen Ausweitung des Opferbegriffs (Verkehrsopfer, Opfer einer Katastrophe, Kriegsopfer) – die Person, die im Akt der Opferung zum Objekt wird. Demgegenüber unterscheidet das Französische durchaus die beiden Aspekte, den Akt (*sacrifice*) und das Objekt (*victime*).

Die Ethnologie (wie Evans-Pritchard, Lienhardt, Mauss) hat sich bereits sehr früh mit dem Opfer in rezenten außereuropäischen Gesellschaften beschäftigt und in ihm eine Ersatzhandlung gesehen.

---

[3] René Girard, Das Heilige und die Gewalt, Zürich: Benziger 1987, S. 475.

Schon Joseph de Maistre, der Vordenker der Konservativen Revolution, hat in seiner Schrift *Eclairessement sur les sacrifices* den Mechanismus des Ritualopfers auf das Phänomen der Stellvertretung zurückgeführt. Sie ist uns auch aus der Geschichte des Sündenbocks geläufig: Wenn in einer Gemeinschaft Streit ausbricht, dann ist es ein probates Mittel, einen Schuldigen, einen Sündenbock für diese Krise zu suchen, den man ausschließen oder töten kann, damit Frieden einkehrt.

Auch ohne äußere Gefahr sind Gesellschaften von Gewalt bedroht. Was diese so gefährlich macht, ist der Umstand, dass sie Kettenreaktionen auslöst. Die Gewalt wird erwidert, es entsteht ein *Teufelskreis* der Gewalt. Zunächst erscheint ihre Attraktivität ja darin, dass sie eine scheinbare Lösung herbeiführt. Das Hindernis, das sich mir in den Weg stellt, wird beseitigt. Aber damit wird die nächste Gewalttat – man kennt das auch aus dem klassischen Kultfilm der Gewalt, dem Western – in Gang gesetzt.

Die Logik der Gewalt kann man Girard zufolge nur dann verstehen, wenn man eine andere menschliche Disposition in Rechnung stellt, das mimetische Begehren. Üblicherweise wird Mimesis im abendländischen Kontext als eine ästhetische Kategorie verstanden, im Sinn der Nachahmung der Wirklichkeit durch die Kunst und die Literatur, die durch zwei unterschiedliche kulturelle Traditionen – die biblische und die homerische Erzählweise – präsent ist (→ Kap. 13).[4] Die klassische Ästhetik versteht Kunst als eine Verdopplung der Welt und nimmt eine ästhetische Norm in ihr wahr, die Landschaft, den menschlichen Körper, das Gesicht eines Menschen möglichst naturgetreu nachzubilden. Bei Girard ist das mimetische Begehren aber eine Form sozialen und kulturellen Handelns, wie man es von Kindern kennt, die Erwachsene spielen und dabei ihre Eltern nachahmen. Das mimetische Begehren besitzt die Struktur des *Ich auch*. Im Hinblick auf die Gewalt führt das mimetische Verhalten zu deren beliebiger Reproduktion.

Das Phänomen, das diese spiralförmige Reproduktion der Gewalt sinnfällig macht, nennt Girard Rache. Ihre archaischste Form, die Blutrache, war z.B. bis weit ins 19. Jahrhundert hinein faktisch geltendes Recht in Sizilien und auf der südlichen Peloponnes. Warum

---

[4] Erich Auerbach, Mimesis. Dargestellte Wirklichkeit in der abendländischen Welt, Tübingen: Francke [10]2001 [Bern 1946], S. 515–518.

stellt die Blutrache dort, wo sie wütet, eine unerträgliche Bedrohung dar? Die einzig befriedigende Rache angesichts des vergossenen Blutes besteht darin, das Blut des Täters fließen zu lassen. Es gibt keinen eindeutigen Unterschied zwischen dem Akt, der die Rache bestraft, und der Rache selbst. Rache ist Vergeltung und ruft nach Vergeltungsmaßnahmen. Das durch Rache geahndete Verbrechen versteht sich selbst nur äußerst selten als ursprüngliches Verbrechen; es will bereits Rache für ein früheres Verbrechen sein.

Mit bloßem Pazifismus ist es, so Girard, nicht getan. Denn gerade die Abscheu, den der Mord auslöst, drängt zur Gegenhandlung. Die Menschen müssen am Töten gehindert werden, nötigenfalls mit Gewalt. Girard spitzt diesen Sachverhalt zu, wenn er meint, dass zur Beendigung der Rache – und das bedeutet auf der globalen Ebene, dem Krieg ein Ende zu setzen – die pazifistische Grunddisposition, die Menschen von der Verabscheuungswürdigkeit der Gewalt überzeugen möchte, keinesfalls ausreicht. Gerade weil die Menschen von der Grässlichkeit der Gewalt überzeugt sind, »machen sie es sich zur Pflicht, Gewalt zu rächen«.[5]

Rezente, vorstaatliche Gesellschaften sind also vom Ausbruch der Gewalt bedroht, die sie wie ein Naturereignis erfahren. Üblicherweise wird der Mythos, die mit den Opfergesellschaften verbundene symbolische Form, dadurch charakterisiert, dass er die Grenze von Kultur und Natur aufhebt: Das Kulturelle erscheint als Natur, die Natur als Reflex des soziokulturellen Geschehens (→ Kap. 7). Girard stellt die These auf, dass die rezenten Gesellschaften, die sich nicht selten durch Mythen darstellen, die lange Dauer suggerieren, extrem fragil sind. Sie müssen kulturelle Methoden finden, diese für den sozialen Zusammenhalt gefährliche Gewalt im Zaum zu halten.

Im großen kulturgeschichtlichen Bogen unterscheidet Girard drei Möglichkeiten:

► Das Opfer als Präventivmaßnahme, die auf opfergebundene Abführung der Racheimpulse in einer Gemeinschaft abzielt.
► Dosierung und Erschwerung der Rache durch gütliche Einigung (Zweikampf, Kompensation).
► Das Gerichtswesen, das »wiederherstellende« Wirkungen zeitigt.

---

[5] René Girard, Das Heilige, a.a.O., S. 29.

Während Girard auf die Kulturtechnik des Aushandelns und des Kompromisses nicht weiter eingeht, wie sie Clifford Geertz am Beispiel der marokkanischen Berber analysiert hat (→ Kap. 10), behandelt er die beiden anderen Formen der Zähmung der Gewalt ausführlich.

Das Gerichtswesen kann seine Herkunft aus der Rache nicht verleugnen, aber es hebt deren Logik auf. Sie beseitigt die Rache nicht, wenigstens nicht vollständig, aber sie begrenzt sie zeitlich und institutionell. Es darf nur eine Vergeltungsmaßnahme geben; damit ist sie zeitlich begrenzt und sie wird von einer unabhängigen und »kompetenten Instanz«[6] vorgenommen. Während die Vergeltung einer Gewalttat durch die Rache eine private Maßnahme darstellt, ist der Spruch des Gerichtes öffentlich. Solange das Gerichtswesen als gerecht anerkannt wird, bedeutet die öffentliche Bestrafung das Ende der Gewalt. Das Gerichtswesen repräsentiert also eine *wiederherstellende* Gewalt. In gewisser Weise verdankt sich die Wirksamkeit des Gerichtes dem Umstand, dass es dem Rachebedürfnis Rechnung trägt, aber die negative Seite der Rache, die Perpetuierung von Gewalt, unterbindet. Dass z.B. in den Vereinigten Staaten von Amerika die Angehörigen eines Ermordeten der Exekution seines Mörders beiwohnen dürfen, wäre im Sinn der These Girards, wie übrigens die Todesstrafe als solche, eine Bestätigung, dass das Gerichtswesen historisch betrachtet nur eine sublime und rationalisierte Form von Rache darstellt. Mit dem Gerichtswesen wird eine Form begrenzter und zeitlich befristeter Rache entwickelt, die den Menschen von der fürchterlichen Pflicht zur Rache entlastet – liberale Jurisdiktion und Politik wird eine solche Ableitung der Strafe aus der Rache womöglich vehement bestreiten.

Über ein solches Mittel verfügen vorstaatliche Gesellschaften nicht. Sie greifen daher zu *vorbeugenden* Maßnahmen, und eine solche ist – eben – das Opfer. Auf dramatische soziale Krisen reagieren solche Gesellschaften mit der Logik des Opfers. Kulturell funktioniert das Opfer wie eine Art symbolischer und realer Impfung. Es wird ein bisschen Gewalt, auch gegen – im modernen Sinn – Unschuldige angewendet, um deren die Gemeinschaft bedrohenden kollektiven Ausbruch zu verhindern. Wie das Gerichtswesen, aber unter umgekehrten Vorzeichen, folgt das Opfer der Logik, dass man, wenn man Gewalt verhindern will, Gewalt ausüben muss.

---

6   Ders., Das Heilige, a.a.O., S. 29.

Das Opfer setzt eine Denkform voraus, die Girard – man könnte sagen in loser Anknüpfung an Marx – als *Verkennung* bezeichnet und beschreibt. Die Gewalt, die die Menschen ausüben, erscheint ihnen in rezenten Gesellschaften nicht als ein von ihnen ausgehendes Vermögen, sondern als eine fremde, transzendente Macht, eine »wesenhafte Gewalt«. »Die Gewalt des Menschen«, schreibt Girard an anderer Stelle, »wird immer als ihm äußerlich gesetzt.«[7] Deshalb verschmilzt sie mit dem Heiligen, in dessen Kern sie sich befindet. Girard weitet diesen Befund anthropologisch aus, wenn er meint:

> Die Menschen können sich ihrer eigenen, unsinnigen, nackten Gewalt nicht stellen, ohne Gefahr zu laufen, sich ihr hinzugeben; zumindest teilweise haben sie sie immer verkannt, und von dieser Verkennung könnte sehr wohl die Möglichkeit eigentlich humaner Gesellschaften abhängen.[8]

Dieser göttlichen Gewalt gegenüber nehmen die Menschen einer Opfergesellschaft eine bestimmte Haltung ein. Das Opfer ist also nicht so sehr ein symbolischer Tausch, der die Anwesenheit der Götter inszeniert, vielmehr wird das Gewaltpotenzial als eine entäußerte, naturale Macht angesehen, die wie eine Naturkatastrophe – Blitz, Donner, Überschwemmung, Trockenheit, Sturm, Feuer – eine Sozietät heimsucht. Die Gewalt erscheint ihnen in einer völlig von menschlichen Figuren gereinigten Form, in der Gestalt des Heiligen.[9] »Es ist die Gewalt, die Herz und Seele des Heiligen ausmacht.«[10] Das Religiöse versucht also, die Gewalt, die über den Menschen hereinbricht, zu besänftigen und deren Entfesselung zu verhindern. Im Alltag wie in der Form des Rituals zielt es auf Gewaltlosigkeit ab, ist aber über Gewalt vermittelt. Um seine Wirksamkeit nicht zu verlieren, bedarf das Opfer eines kollektiven Einverständnisses, in das – im Fall des Menschenopfers – das geopferte Wesen eingeschlossen ist. Es vollzieht sich im Geist »einer *pietas*, die alle Aspekte des religiösen Lebens durchdringt«. Das gibt der Opferhandlung ihren unauflöslichen Doppelcharakter: Sie ist schuldiges Handeln und zugleich heiliger Akt, als Gewalt so legitim wie illegitim. Das setzt aber voraus, dass das Opfer ein kollektiver Akt ist, der sich in symbolischem Einverständnis des Kollektivs vollzieht. Es ist das

---

7   Ders., Das Heilige, a.a.O., S. 125.
8   Ders., Das Heilige, a.a.O., S. 125.
9   Ders., Das Heilige, a.a.O., S. 49.
10 Ders., Das Heilige, a.a.O., S. 51.

Kollektiv, das den heiligen Mord an Tier oder Mensch sanktioniert. Diese Logik lässt sich bis zum heutigen Tag festmachen. Von seiner strukturellen Logik her besehen, beruht der Nationalismus auf der Logik des Opfers, des eigenen wie des fremden, das im Namen der nationalen Gemeinschaft durchgeführt wird. Ob man den Holocaust, das Brandopfer, das heißt die Vernichtung des europäischen Judentums durch den Nationalsozialismus, im Sinn einer Opferlogik deuten kann, ist, schon aus dem Blickwinkel der Mörder (von jenem der Opfer ganz zu schweigen) – *horribile dictu* – ambivalent. Ganz offenkundig waren die Juden der Sündenbock jener nationalistischen, in ihrer neoheidnischen Opferreligion befangenen Deutschen, aber letztendlich scheute sich das Regime doch, die kollektive Vernichtung der europäischen Juden, die so genannte »Endlösung«, ins volle Rampenlicht der Öffentlichkeit zu stellen, um sich die Heiligkeit des Opfers von der deutschen Volksgemeinschaft bestätigen zu lassen. In der Geschichte des europäischen Antisemitismus hat es indes vieler solcher Opfer und Sündenböcke gegeben. Der jüdischdeutsche Romancier Lion Feuchtwanger hat in seinem Roman *Jud Süss* die Geschichte eines solchen sanktionierten kollektiven Mordes analysiert: Die Hinrichtung des Juden versöhnt im Württemberg des 18. Jahrhunderts Volk und Herrschaft.[11]

Funktional betrachtet, ist das Opfer keineswegs illusorisch, sondern durchaus wirkungsvoll. Der opferkultischen Katharsis kann es durchaus gelingen, die chaotische Verbreitung der Gewalt zu unterbinden und die »Ansteckung« einzudämmen. Girard verwendet die Metaphern aus dem Bereich der Medizin und der Krankheit ganz bewusst, um deutlich zu machen, dass ihr strukturell ein ähnliches Denken zugrunde liegt: Isolation, Quarantäne. Hier wird schon eine Dimension des Opfers sichtbar: die Gestalt des bedrohlichen Fremden, der die Gewalt eingeschleust hat und deshalb vernichtet werden muss. Es ist also nicht nur das wertvolle Eigene – das Beispiel wäre die unterbundene Opferung des Isaak – sondern gerade das Fremde, das in den magischen Bann des Opfergedanken gerät. Indes unterliegen diese beiden Typen des Opfers, Opferung des eigenen bzw. Opferung des Fremden, des Sündenbocks, einer jeweils unterschiedlichen Logik. Im ersten Fall umschließt das Einverständnis

---

[11] Lion Feuchtwanger, Jud Süss, Berlin: Aufbau 1991, auch: Frankfurt/Main: Fischer 1995.

alle Beteiligten, auch der Opfer und ihrer Angehörigen, im zweiten Fall lediglich das der heimischen Opfergemeinschaft, nicht der geopferten Fremden.

Das Opfer nimmt »die gegenseitige Gewalt mit in den Tod«. Das Opfer ist ein Akt, der die zerstrittenen Parteien versöhnt und sie durch ein symbolisches Band, auch der Schuld – dem Mord an einem Unschuldigen – verbindet. Das Opfer basiert so besehen auf einem Blutsvertrag, der freilich nur unter der Voraussetzung der Gegenwärtigkeit des Heiligen möglich ist. Wo die Aura des Heiligen nicht mehr vorhanden ist, wird das Opfer zur ganz gewöhnlichen und gemeinen Bluttat.

Kernstück der Analyse von Girards erstem und wichtigstem Buch *Das Heilige und die Gewalt* ist seine Interpretation der diversen Ödipus-Tragödien. Der zum Kulturanthropologen mutierte Literaturwissenschaftler liest sie als Krise des Opferkultes. Diese wird als »eine Generaloffensive der Gewalt gegen die Menschheit« wahrgenommen. Ihre Symptome zeigen sich in Phänomenen wie Zwillingen, feindlichen Brüdern, Inzest und Vatermord. Es ist die Geschichte einer symbolischen Ordnung, die durch kollektive Gewalt bedroht ist und über keinen effizienten Lenkungsmechanismus mehr verfügt, wie ihn Girard für die vormodernen Gesellschaften als gegeben annimmt.[12]

Ausführlich untersucht Girard die augenfällige Häufung von verwandtschaftlichen und inzestuösen Beziehungen im Ödipus-Mythos. Diese nahe Verwandtschaft aller mit allen hat, so Girards Interpretation, hier keine »spezifische« Bedeutung mehr, sondern »symbolisiert die Auflösung der familiären Unterschiede« und der damit verbundenen symbolischen Ordnung. Sie führt zu einer »konfliktuellen Symmetrie« zwischen prinzipiell Gleichen. »Die Tragödie sucht hinter den mythischen Themen die gewalttätige Entdifferenzierung«, die im Mythos auf versteckte Weise repräsentiert wird. Was die Tragödie als Symmetrie offenbart, das verschleiert der Mythos als Maskenspiel der Differenz.[13]

Diese These Girards stellt, auch mit Blick auf heute, eine ungeheure Provokation dar. Gemeinhin wird nämlich, gerade in den angelsächsischen, aber auch in den deutschsprachigen Kulturwis-

---

12 René Girard, Das Heilige, a.a.O., S. 91.
13 Ders., Das Heilige, a.a.O., S. 96.

senschaften, der Ausbruch von Gewalt mit der Differenz in Zusammenhang gebracht. Rassismus ist eine Politik der Produktion von Identität und Differenz, die Gewalt ermöglicht, die das Schuldgefühl im Hinblick auf Erniedrigung, Demütigung, Unterwerfung, Ausbeutung und Krieg ermäßigt, wenn nicht neutralisiert.

Girard geht hingegen davon aus, dass es die Entdifferenzierung, der Verlust von Differenz also, ist, der zum kollektiven Ausbruch führt. Dabei stehen sich feindliche Brüder gegenüber. Konsequenterweise hat Girard den 11. September nicht als Kampf der Kulturen, als einen im Namen von Differenzen ausgeführten Gewaltakt interpretiert, sondern im Sinn seiner Entdifferenzierungsthese. Nicht die Verschiedenheit, sondern die innere Verwandtschaft zwischen christlich-westlicher und islamischer Welt ist es also, die den Ausbruch von Gewalt (Terroranschlag) und Gegengewalt (Afghanistan- und Irak-Krieg) ausgelöst hat. Das mimetische Begehren, all die Dinge zu haben, die der Westen hat, einschließlich jenes doppeltürmigen ›phallischen‹ Palastes des Kapitals, wird zum Ausgangspunkt eines Konfliktes, der unter den Bedingungen globaler Entdifferenzierung stattfindet. Die Unerbittlichkeit des Konfliktes ergibt sich in dieser Deutung aus der »familiären Verwandtschaft« der Kulturen, nicht aus deren prinzipieller, unüberbrückbarer Differenz. Die Feindbilder wären demgegenüber bis zu einem gewissen Grad mythische Verkennungen; das gilt – wenn man der Perspektive Girards folgt – historisch nicht zuletzt für den nationalsozialistischen Antisemitismus, der sich im Kampf um die Weltherrschaft gegen das Judentum wähnte.

Doch kehren wir zu den tragischen Formatierungen des Ödipus-Stoffes zurück Ausdrücklich widersetzt sich der Autor der psychologisierenden Interpretation, wonach Sophokles einen individualisierten Ödipus geschaffen habe. Der Zorn, der angeblich nur ihn auszeichnet, ist ein unterschwelliger kollektiver, der über dem ganzen Geschehen waltet. Ödipus hat kein Monopol auf den Zorn, ihm geht ein ursprünglicher Zorn voraus, der zugleich ein Vorbote der eskalierenden Gewalt ist, so wie die Pest das kommende Unheil ankündigt. Jeder der Beteiligten, Teiresias, der Seher, Kreon, der das unheilvolle Orakel aus Delphi bringt, und Ödipus selbst hält sich auf seine je eigene Weise für fähig, der Gewalt Herr zu werden. Aber nach und nach werden die vermeintlichen Akteure von dieser überwältigt und geraten in ein Spiel, in dem gewalttätige Reziprozität herrscht. Kündigt sich schon in der Familienaufstellung die Krise der Kultur an, die sich als eine Auflösung von Differenzen und damit von Ordnung darstellt, so macht die Gewalt, in deren Sog sie geraten, sie alle zu Gleichen, Ödipus, den Fremden, Kreon, der nicht König ist und sich auf die Autorität des Orakels stützen kann, und Teiresias, der scheinbar das Rätsel löst, indem er die Ursache für die Krise der symbolischen Ordnung benennt.

Der Kampf beginnt mit der Aufklärung des Mordes. Gerade weil, wie Girard zuvor betont hatte, alle Beteiligten die Gewalttat abscheulich finden, fordern sie Aufklärung, Vergeltung und Sühne. Es muss ein Schuldiger gefunden werden. Schließlich wird Ödipus, der den Seher der Mithilfe beschuldigt hatte, zum »alleinigen Schuldigen für die Krise des Opferkults«. In Girards Interpretation blitzt die Möglichkeit auf, dass diese Zuschreibung so ominös ist wie alle Zuschreibungen des Sündenbocks, die wir bis heute aus dem politischen Leben kennen. Vielleicht eignet sich Ödipus deshalb als der alleinige Schuldige, weil er ein König aus der Fremde ist. In der wechselseitigen Beschuldigung zwischen Ödipus und Teiresias (bzw. Ödipus und Kreon) ist die Rivalität der feindlichen Brüder Eteokles und Polyneikes antizipiert.

Girard unterscheidet die mythische von der tragischen Lesart der Erzählung. Man kann nicht »in der tragischen Symmetrie verharren, ohne den grundlegenden Gegebenheiten des Mythos zu widersprechen«.[14] Der Mythos löst das Problem der Differenz, das er selbst nicht »ausdrücklich« »stellt«, auf eine brutale und formale Art: Vatermord und Inzest. Im Mythos geht es nicht um »Identität« und »Reziprozität«. Hier obwaltet die Differenz: Ödipus ist die monströse Ausnahmefigur. Oder anders gesagt: Der Mythos ist jener Diskurs des Heiligen, der den Sündenbockmechanismus einrasten lässt.

Ganz anders die tragische Lesart des Sophokles, die schon, wenigstens im Ansatz, eine Art enthüllende Arbeit am Mythos darstellt. Die Tragödie verwandelt die mythische Geschichte von Königs- und Vatermord und Inzest in einen »Austausch« »tragischer Verfluchungen«.[15] So besehen, ist die Schuldfrage unentscheidbar; deshalb ist es der Mythos, der eine Entscheidung herbeiführt. Gegen

---

[14] Ders., Das Heilige, a.a.O., S. 110.
[15] Ders., Das Heilige, a.a.O., S. 111.

die mythische Verkennung und wohl auch gegen die Intention des Stückes lässt sich jedoch vermuten, dass der Triumph des Mythos, der als eine heilige Wahrheit erscheint, nichts anderes darstellt als den »getarnten Sieg einer Partei über die andere«, den »Triumph einer polemischen Lesart über eine andere«. Die Version von Kreon und Teiresias wird von der Gemeinschaft übernommen. Was uns also die Tragödie murmelnd mitteilt, ist, wie eine Kultur einen Sündenbock konstruiert. Weil der Mythos die symbolische Präsentation des Sündenbockmechanismus repräsentiert, muss kritisches Denken über die Arbeit am Mythos dessen funktionale Verkennung der Gewalt freilegen.

In der mythischen Lesart sind Inzest und Vatermord Indizien für das Monströse und Bedrohliche jener Figur, die zum Sündenbock wird. Der Mythos ist jene symbolische Form, die die Krise der Ordnung verschleiert, nicht zuletzt dadurch, dass sie sie personalisiert. Zwar kommen auch in ihr bereits Reziprozität und Identität zum Vorschein. Aber die extreme Weise, in der sie dargestellt werden, löst Entsetzen aus und macht sie zur ausschließlichen Angelegenheit einer Person.

In der tragischen Lesart hingegen sind sie ein Indiz für die Krise einer symbolischen Ordnung, die in Auflösung begriffen ist. Hier werden die verschiedenen Epidemien zu Symbolen für die Krise des Opferkultes. Die Pest, Botin kommenden Unheils, legt das städtische Gemeinwesen lahm, und zwar real ihren gesellschaftlichen Zusammenhalt, aber auch ihre symbolische Ordnung. Sie löst alle Unterschiede auf und macht die Menschen alle zu Gleichen, nämlich zu Menschen, die von Tod und Untergang bedroht sind. In seiner Novelle *Das Erdbeben in Chili* hat Heinrich von Kleist diese Ausnahmesituation eindringlich geschildert. Es ist hier das Erdbeben, das die Spielregeln einer klerikalen Gesellschaft außer Kraft setzt und damit Liebe und Leben eines ungleichen Paares rettet. Als sich die Gesellschaft wiederherzustellen beginnt, wird der junge Mann, der Störenfried, das Opfer eines kollektiven Massakers. So beginnt die Restitution der symbolischen Ordnung mit einem Gewaltakt, der die unerbittlichen Gesetze der Ordnung abermals bestätigt und bekräftigt.

Nicht zuletzt die Sinnfrage – das mythische Denken, das die Kontingenz abweist, bedeutet eine unendliche Sehnsucht nach Sinn –, die Frage der »wahren« Ursache für die Katastrophe, löst den von

Girard beschriebenen Gewaltmechanismus aus. Ansteckung und wechselweise Gewalt rücken in ein analoges Verhältnis. Die Ausbreitung der Seuche korrespondiert mit dem zunehmenden Widerstreit zwischen den drei feindlichen Antagonisten Teiresias, Ödipus und Kreon, die sich nicht versöhnen können. Pest, Vatermord und Inzest symbolisieren so die Krise des Opferkultes, in der Ausgleich und rituelle Ersatzhandlungen zunächst nicht mehr möglich scheinen.

In der Pest spiegelt sich der kollektive Charakter des Unheils, die allgemeine Ansteckung potenziell aller. Gewalt und Unterschiedslosigkeit sind eliminiert. In Vatermord und Inzest verdichten sich Gewalt und Unterschiedslosigkeit in einem einzigen Individuum. Was eliminiert wird, ist die »gemeinschaftliche Dimension«.

Im mythischen Wettstreit um die Frage *Wer hat angefangen* obsiegen Teiresias und Kreon. Im Kampf um die reziproke Schuldzuweisung unterliegt Ödipus seinen Widersachern. Sinn der ganzen Nachforschungen war die Jagd nach dem Sündenbock. Die Mythenbildung gestattet die »Verschiebung« der gewalttätigen Auflösung von Differenzen. Sie fokussiert das Geschehen auf die monströse Person des Ödipus. »Diese Figur wird zum Ablageplatz aller bösen Mächte, die die Thebaner belagern.«

Die Eskalation der Gewalt und der Konflikt der Mächtigen wird als »ungeheuerliche Übertretung« eines einzigen Menschen sichtbar; er ist nicht im modernen Sinn schuldig, aber für das Unglück der Stadt verantwortlich. Der König aus der Fremde wird so zum geeigneten Sündenbock, der selbst noch für den Ausbruch der Pest zur Rechenschaft gezogen werden kann. Der polemische Charakter der Tragödie wird durch die »Wahrheit des Mythos« eliminiert. Diese Wahrheit ist eine, die durch »Einmütigkeit« zustande kommt. In dieser »Einmütigkeit«, im Kampf der »symmetrischen und gegenläufigen Anklagen« kreuzen sich soziale Mechanismen mit symbolischen. Der Kampf aller gegen alle wird durch die mythische Übereinkunft überwunden. Der Sündenbock stiftet Frieden, einen Frieden, der zugleich eine »gewalttätige Einmütigkeit« darstellt. Sozialpsychologisch betrachtet, wird der Groll aller gegen alle auf ein einziges Individuum übertragen, auf das sich nun ungestraft und ohne Risiko alle Hassgefühle beziehen lassen.[16] Im Sündenbock ha-

---

[16] Ders., Das Heilige, a.a.O., S. 118ff.

ben sie ein probates Mittel gefunden, sich der eskalierenden, die Gemeinschaft bedrohenden Gewalt zu entledigen. In seiner Novelle *Die schwarze Spinne* hat der Schweizer Schriftsteller Jeremias Gotthelf diesen Sündenbockmechanismus mit freilich eher affirmativer Tendenz beschrieben. Hier ist es die Frau aus der Fremde, der die Schuld für die im Tal ausbrechende Pest in die Schuhe geschoben wird. In der magischen Logik, die die Novelle unnachahmlich genau – darin und nicht in den sentenziösen Kommentaren liegt die literarische Qualität dieses Textes – beschreibt, muss die Fremde beseitigt werden, um die Bedrohung von der Gesellschaft abzuwenden. Weil auch hier die Gewalt kollektiv erfolgt, neutralisiert sie jeden Skrupel; ja mehr noch, sie macht die Tötung des Opfers zur ethischen Pflicht.

Auch in den »Moskauer Prozessen«, die Stalin gegen seine ›linken‹ und ›rechten‹ Kontrahenten Sinowjew, Kamenew, Bucharin führte, hat die Opferlogik eine nicht unbeträchtliche Rolle gespielt. Das Urteil, dass sie an der Gefährdung und am Stillstand durch ihren ›Verrat‹ schuld seien, ist gültig, weil es ein kollektives Urteil ist. Ihr Verrat ist an einem entscheidenden Punkt kein subjektiver, sondern ein objektiver. Um den Fortbestand der neuen Kultur sicher zu stellen, bedarf es eines Opfers, ihrer Opferung, die sich durch die physisch und psychisch erpressten Schuldbekenntnisse bekräftigt. So war auch die moderne Sowjetkultur, die sich als Erbin der französischen Aufklärung und der ihr nachfolgenden Revolution begriff, zutiefst im Mythischen befangen. In der Gewalt an den Weggefährten der Revolution reproduziert sich die Gründungsgewalt des Sowjetstaates.[17]

Im zweiten Teil seiner Untersuchung wendet sich Girard nun der zweiten Ödipus-Tragödie Sophokles' zu: *Ödipus auf Kolonos*. Es handelt sich um die handlungsarme Geschichte des exilierten Sündenbock-Königs, der sich zudem selbst geblendet hat. Girard konzentriert sich auf die erstaunliche Tatsache, dass sich die Figur wandelt: Aus dem monströsen Vater- und Mutterschänder, so das kollektive Bild der Gemeinschaft von Theben, wird ein geläuterter und bußfertiger Mensch, der seine Rolle annimmt. Sein Leichnam wird zu einem »Talisman«, um den sich Theben und Kolonos streiten. We-

---

[17] Maurice Merleau-Ponty, Humanismus und Terror, Frankfurt/Main: Suhrkamp 1966; Arthur Köstler, Sonnenfinsternis, Stuttgart: Behrendt 1948; Theo Pirker (Hrsg.), Die Moskauer Schauprozesse 1936–1938, München: dtv 1963.

nigstens in diesem Stück wird der Eindruck erweckt, dass die Gewalt gegen Ödipus sich von allen anderen dadurch unterscheidet, dass sie den Teufelskreis der Gewalt durchbricht. Der »glückliche Ausgang« wird diesem Opfer zugesprochen, »weil es die Wiederherstellung der Ordnung und des Friedens zum Ziel hatte«.[18]

Daran knüpft Girard einige Überlegungen zum Helden, der als Verursacher von Gewalt und Chaos als bösartig erscheint, aber dann zu einer positiven Erlöserfigur mutiert, wenn er – wiederum durch Gewalt – »ausgestoßen« ist. Unter Bezugnahme auf Freuds Werk *Totem und Tabu* (→ Kap. 2) spricht Girard ausdrücklich davon, dass der Mythos die Gründungsgewalt einer Gesellschaft freilegt und sie sogleich verdeckt. Ödipus wird von Girard als das letzte Opfer (und als der letzte Held) angesehen, als eine Figur, die über die Macht verfügt, die Reziprozität der Gewalt zum Stillstand zu bringen. Im Gegensatz zum klassischen Opfer, das eine Präventivmaßnahme darstellt, ist das versöhnende Opfer eine nachträgliche Reaktions-bildung auf eine Opferkrise, die zugleich einen Mangel an symbo-lischem Sinn darstellt. Von dort ist es nur ein kleiner Schritt – und Girard hat ihn in späteren Büchern getan – Christus als eine Figur zu verstehen, in der sich die Paradoxie des versöhnenden Opfers fortsetzt und in neuer Radikalität ausformt.

Es muss daran erinnert werden, dass die Transformation des Ödipus ja eigentlich schon in dem Moment beginnt, da er die ihm zugeschriebene und zunächst aufgezwungene Rolle freiwillig an-nimmt, und zwar durch den aktiven Akt der ihn entmächtigenden, kastrierenden Selbstblendung. In späteren Versionen des Themas wird Girard die christliche Inversion des Opfers betonen: Über die Selbstinterpretation des Christentums hinaus, das mit dem gött-lichen Opfer alle menschliche Schuld getilgt worden ist, wird im Bild des geopferten Gottes- und Menschensohnes das Opfer gleichsam karikiert und parodiert. Denn im Mythos, jener verschwiegenen Rechtfertigung der Figur des Opfers, wird im Namen des Heiligen einem schrecklichen und übermächtigen Gott geopfert; hier aber dreht Gott den Spieß um und opfert seinen eigenen Sohn.

Die Affirmation des Christentums beim späteren Girard erfolgt zunächst keineswegs aus einer religiösen, sondern sehr viel eher aus einer kritischen Außenperspektive; weil das Christentum Licht in

---

[18] René Girard, Das Heilige, a.a.O., S. 130.

die – irrwitzige – Strukturlogik des Opfers bringt, besteht die Möglichkeit einer Überwindung der Verkennung der Gewalt, ohne dass die Menschheit dieser weiterhin hilflos ausgeliefert bleibt. Was am Christentum besticht, wäre also dessen entmythologisierende Tendenz. Diese spätere Position Girards kann als Weiterentwicklung wie als Revision des *opus magnum* gelesen werden, in dem unverkennbar ein tragischer und düsterer Plot dominant ist. Fairerweise muss man sagen, dass Girard nicht von der historischen Wirklichkeit des gewordenen Christentums, sondern von dessen religiösem Selbstanspruch ausgeht.

Kritikpunkte und Anmerkungen

- ▶ Girards Theorie ist, wie der Autor selbst einräumt, hoch spekulativ. Sie hat keine empirische Basis, sondern stützt sich auf eine bestimmte Lesart von Mythen, Tragödien und religiösen Texten.
- ▶ Die Methodologie gerade im Bereich der Textanalyse bleibt ungeklärt. Sein »Unternehmen« grenzt sich programmatisch von Ethnologie, Psychoanalyse und Literaturwissenschaft ab, auch wenn es diesen Disziplinen wichtige Impulse verdankt.
- ▶ Girard rezipiert sehr unkritisch klassische ethnologische Literatur, die heute selbst unter dem Verdacht steht, Fremdheit erzeugt zu haben.
- ▶ Damit hängt auch zusammen, dass Girard binär zwischen »primitiven« und »modernen« Gesellschaften unterscheidet. Der Autor schwankt eigentümlich zwischen dem damit verbundenen linearen Entwicklungsnarrativ und der These, dass auch die moderne Gesellschaft immer noch von Mythen und Ritualen besessen ist und Gewalt ähnlich verkennt wie die »primitiven« Kulturen.
- ▶ Girards Opferbegriff bleibt unbestimmt und wird nicht hinreichend ausdifferenziert. Das ist aber im Hinblick auf jene Formen von Opfer, die nicht mehr streng ritualisiert sind, von Belang.
- ▶ Die Reduzierung des Gerichtswesens auf eine sublime Form der Rache ist unzureichend. Es ist ja nicht zufällig mit dem Gewaltmonopol verbunden, das die Ausübung von Gewalt im Regelfall unterbindet. Der Formalismus der Gesetze ist nicht einfach ein Umbau des Opferrituals.
- ▶ Girards Konzept der anscheinend unaufhebbaren »Verkennung« ist höchst paradox. Sie setzt stets einen privilegierten Beobachter voraus, der die Verkennung (als einziger) durchschaut. Unterliegt auch die staatliche Gesellschaft in gleicher Weise dieser Verkennung?

▶ Zwischen dem Konzept des versöhnenden Opfers, das der Gewalt ein Ende setzt, und der historischen Realität besteht ein augenfälliger Widerspruch, der sich gerade im Fall des Christentums als Differenz von Botschaft und kultureller Wirklichkeit deuten lässt (Hexen- und Ketzerverbrennungen, Kreuzzüge etc.).

▶ Es bleibt fraglich, ob Gewalt *allein* den Kern des Heiligen und des mit ihm verbündeten Mythos bildet. Es gibt überzeugendes Material für den Tatbestand, dass auch Erotik und Sexualität in einem Naheverhältnis zum Heiligen stehen.

▶ Offen ist auch, ob alle Gewalt wirklich nur aus dem Phänomen der Entdifferenzierung erklärt werden kann und ob nicht kulturelle Verhaltensdispositionen wie Rassismus und Sexismus sich nicht doch der unerbittlichen Setzung einer Differenz verdanken, hinter der sich keine doppelgängerische Struktur verbirgt.

Literatur

René Girard, Das Heilige und die Gewalt, Zürich: Benziger 1987; Frankfurt/Main: Fischer 1992.
Ders., Der Sündenbock, Zürich: Benziger 1988.

Bernhard Dieckmann (Hrsg.), Das Opfer – aktuelle Kontroversen, Münster: Lit 2001.
Paul Dumouchel, Jean Pierre Dupuy, Die Hölle der Dinge. René Girard und die Logik der Ökonomie, Münster: Lit 1999.
François Lagarde, René Girard ou la Christianisation des Sciences Humaines, New York: Peter Lang 1994.
Wolfgang Palaver, René Girards mimetische Theorie, Münster: Lit 2003.

Kapitel 12

Cultural Studies als offenes Theorieprojekt: Stuart Hall

Von den »Kulturstudien«, den *Cultural Studies*, der Kulturforschung in Großbritannien, wird gerne behauptet, dass sie keine eigene Theorie hervorgebracht hätten. Das wird zuweilen im Kontext des Diskurses, den die *Cultural Studies* im angelsächsischen Raum etabliert haben, durchaus als Vorteil angesehen, im Sinn einer entschiedenen Offenheit und eines experimentellen Vorgehens. Anders als die Kulturwissenschaft(en) impliziert der Begriff *studies* (Studien) im Englischen übrigens keine umfassende akademische Disziplin im klassischen Sinn (wie Geschichte oder Soziologie), sondern ein (neues) Themen- und Forschungsfeld. Von daher gibt es analog zu den Kulturstudien Geschlechterforschung (*Gender Studies*), postkoloniale Studien (*Postcolonial Studies*), Medienforschung (*Media Studies*) oder Studien im Umfeld von Homosexualität (*Queer Studies*), Themenfelder, die in den 1990er Jahren exemplarisch in umfassenden Sammelbänden behandelt wurden.

Dass es keine konsistente verbindliche Theorie in den *Cultural Studies* gibt, bedeutet natürlich nicht,[1] dass es nicht einen gemeinsamen Fundus an Selbstverständlichkeiten, Prämissen und Prioritäten, sozusagen theoretische Prägungen in diesem bis heute expandierenden Forschungs- und Studienbereich gibt. Um sich eine Vorstellung von der theoretischen Reichweite dieses vielleicht erfolgreichsten Alternativprojekts im akademischen Kontext zu machen, erscheint es noch immer am adäquatesten, die wechselvolle Geschichte dieser Theoriebewegung zu beschreiben, wie dies Stuart Hall in seinem Aufsatz *Cultural Studies and its Theoretical Legacies* (Zu deutsch: *Die theoretischen Grundlagen der Kulturstudien*)[2] unternommen hat. Der

---

[1] Iain Chambers, Migration Kultur Identität, Tübingen: Stauffenburg 1996. Bei Chambers wird die Reise zur Metapher für eine nicht festgelegte Methodologie der angelsächsischen Kulturstudien: »[W]ir verlieren die Sicherheit des Ausgangspunkts.« (S. 12).

[2] Eine deutsche, freilich mit dem Original nicht ganz identische, um den Diskussionsteil verkürzte Version des Textes findet sich unter dem Titel *Das theo-*

Aufsatz geht auf eine programmatische Konferenz *Cultural Studies Now and in the Future* (*Kulturstudien – heute und morgen*) zurück, die im April 1990 an der Universität von Illinois at Urbana Champaign stattgefunden hat.

Hall stellt insofern eine Schlüsselfigur der Bewegung dar, als er gleichsam am Kreuzungspunkt zwischen den Gründungsvätern (Richard Hoggart, Richard Johnson, E.P. Thompson and Raymond Williams) und der nachfolgenden Generation steht.[3] Darüber hinaus repräsentiert Hall, schon auf Grund seiner jamaikanischen Herkunft, Problemfelder, die erst in der zweiten Etappe dieser kritisch-theoretischen Kulturbewegung richtig zum Tragen gekommen sind: das Problem des Rassismus und, damit zusammenhängend, das der postkolonialen Dispositionen. Der Text lässt die Geschichte der (britischen) *Cultural Studies* Revue passieren und nimmt eine theoretische Standortbestimmung vor, die bis heute maßgeblich geblieben ist. Dabei geht es, wie Hall schon im ersten Satz betont, um »a moment of self-reflection on cultural studies as a practice«,[4] d.h. um die Bedeutung der Selbstreflexion von *Cultural Studies* als einer Praxis. Was kritisch hinterfragt werden soll, ist also nicht bloß die eigene Theoriebildung; vielmehr wird die kulturkritische Tätigkeit selbst als eine (kulturelle) Praxis verstanden, als eine Form von Intervention, die von vornherein als widerständig angesehen wird, weshalb Hall, unter Berufung auf Lidia Curti, die Zentralität und Marginalität derer hervorhebt, die auf diesem Theoriefeld agieren.

Es gibt eine, besser mehrere Geschichten der *Cultural Studies*. Diese haben keinen Meisterdiskurs oder Metadiskurs hervorgebracht, wie Hall ironisch anmerkt. In gewisser Weise würde ein solcher Meisterdiskurs, wie schon der Terminus nahe legt, dem subversiven Anliegen widersprechen. Der Diskurs, den die britischen Kulturstudien bevorzugen, ist »dirty«, d.h. er ist unrein, vermischt und auch ein

---

retische Vermächtnis der Cultural Studies in: Stuart Hall, Cultural Studies. Ein politisches Theorieprojekt, Ausgewählte Schriften 3, Berlin: Argument-Verlag, S. 34–51. Der Aufsatz wird entweder in dieser Version ggf. auch in der englischen Fassung (s. Anm. 4) zitiert.

[3] Christina Lutter, Markus Reisenleitner, Cultural Studies. Eine Einführung (3. Aufl.), Wien: Turia & Kant 2001. Ich danke Christina Lutter für Ratschläge und Anregungen zu diesem Kapitel.

[4] Stuart Hall, Cultural Studies and its Theoretical Legacies, in: Lawrence Grossberg, Cary Nelson, Paula Treichler (Hrsg.), Cultural Studies, London: Routledge 1992, S. 277.

wenig spielerisch.[5] In der deutschen Version des Textes liest sich das folgendermaßen:

> Ich beziehe mich […] auf das ›Schmutzige‹, auf das Schmutzige des se-miotischen Spiels, wenn ich das so ausdrücken darf. Ich versuche, das Projekt *Cultural Studies* aus der sauberen Luft der Bedeutungen, der Tex-tualität, der Theorie, in die gemeine Unterwelt zurückzubringen.[6]

Interessant ist vielleicht das in diesem Diskurs häufige Verfahren, ei-nen negativ besetzten Begriff positiv umzupolen. Im eigenen Jargon ließe sich auch sagen, dass dieser hybrid[7] ist. Er impliziert zudem ein semiotisches Spiel, das gerade deswegen riskant und ungeschützt ist. Er ist nicht zuletzt durch das charakterisiert, was Hall als »world-liness«, als Sinn für die Welt oder Weltsinnigkeit,[8] bezeichnet. Die *Cultural Studies* verfügen zwar nicht über eine verbindliche Metho-de, wohl aber über einen gemeinsamen *Denkstil*.

Dass dieses Anliegen ein eminent politisches ist, darüber lässt Hall, der auch eine Schlüsselfigur der Neuen Linken in Großbritan-nien war, keinen Zweifel. Deshalb nehmen Halls Überlegungen von der Marx'schen und marxistischen Theorie ihren Ausgangspunkt.

Dass der Anstoß zu den *Cultural Studies* nicht primär aus dem aka-demischen Milieu stammt, sondern von den politischen Diskursen in der Gesellschaft in die Universitäten hineingetragen wurde, steht dabei im Mittelpunkt der Überlegung. Die Geburtsstunde der Neuen Linken in Großbritannien legt Hall bezeichnenderweise auf das Jahr 1956, auf das Jahr des Aufstands in Budapest gegen das Sowjetre-gime. Die Neue Linke kam zum Marxismus durch die Hintertür: Sie konstituierte sich durch den Protest gegen die sowjetischen Panzer. Zwischen der Neuen Linken und den *Cultural Studies* besteht also ein beinahe analoger und unaufkündbarer Zusammenhang: So wie die Neue Linke, wenigstens in Großbritannien, Abschied vom histo-rischen Projekt des Sowjetkommunismus nahm, so verabschiedeten die *Cultural Studies* die orthodoxe marxistische Theorie.

---

[5] Ders., Theoretical Legacies, a.a.O., S. 278.

[6] Ders., Cultural Studies, a.a.O., S. 37.

[7] Zum Begriff des Hybriden vgl. Elisabeth Bronfen, Benjamin Marius, Therese Steffen (Hrsg.), Hybride Kulturen. Beiträge zur anglo-amerikanischen Multi-kulturalismusdebatte, Tübingen: Stauffenburg 1997.

[8] Stuart Hall, Theoretical Legacies, a.a.O., S. 278; vgl. ders., Cultural Studies, a.a.O., S. 38.

In dieser Engführung von politischem Engagement und innovativer Kulturforschung kristallisiert sich ein Bündel von Fragestellungen heraus, die zum einen an den alten Fokus marxistischer Theorie anknüpfen und ihn zugleich hinter sich lassen. Hall nennt in diesem Zusammenhang:

- ► die Macht und die globalen und epochalen Kapazitäten des Kapitals,
- ► die (alte und neue) Klassenfrage,
- ► den komplexen Zusammenhang von Macht, Kultur und Ausbeutung,
- ► die Möglichkeit einer allgemeinen Theorie, die auf kritische Weise verschiedene Bereiche des Lebens, Politik und Theorie, Theorie und Praxis sowie ökonomische, politische und ideologische Fragen miteinander verbindet,
- ► den Begriff des kritischen Wissens und dessen Produktion als Praxis.

Als die gemeinsame Devise dieser Version einer kritischen Theorie gibt Hall die Losung aus: sich mit dem Marxismus beschäftigen und gegen ihn arbeiten; mit dem Marxismus arbeiten und ihn zugleich weiterentwickeln. Hall verwendet dabei die biblische Metapher des Kämpfens und Ringens mit den Engeln und beschreibt die Paradoxie dieser Auseinandersetzung:

> These important, central questions are what one meant by working within shouting distance of Marxism, working on Marxism, working against Marxism, working with it, working to try to develop Marxism.[9]

Das genuine Forschungsfeld der *Cultural Studies*, die Kultur in einem allgemeineren Sinn (→ Kap. 1), ist genau jener Bereich, in dem die marxistische Theorie am augenfälligsten versagt hat. Sie hat kein anspruchsvolles Konzept von Kultur hervorgebracht, das Ausgangspunkt einer avancierten Analyse der modernen Kultur sein könnte. Schon die Begründer der Theorie, Marx und Engels, haben keinen substanziellen Beitrag zur Ausarbeitung eines kritischen Kulturbegriffs geleistet und in wesentlichen Punkten den bürgerlichen Kulturbegriff des 19. Jahrhunderts übernommen. Im Blickpunkt steht dabei – neben der Einleitung zu Marx' Entwurf *Grundrisse der Kritik*

---

[9] Ders., Theoretical Legacies, a.a.O., S. 279; vgl. ders., Cultural Studies, a.a.O., S. 38f.

der politischen Ökonomie (1857/58), einem Vorläufer des dreibändigen *Kapital*[10] – die 1859 veröffentlichte Schrift *Zur Kritik der politischen Ökonomie*, in der es programmatisch heißt:

> In der gesellschaftlichen Produktion ihres Lebens gehen die Menschen bestimmte, notwendige Verhältnisse ein, Produktionsverhältnisse, die einer bestimmten Entwicklungsstufe entsprechen. Die Gesamtheit dieser Produktionsverhältnisse bilden die ökonomische Struktur der Gesellschaft, die reale Basis, worauf sich ein juristischer und politischer Überbau erhebt, und welcher bestimmte gesellschaftliche Bewusstseinsformen entsprechen. Die Produktionsweise des materiellen Lebens bedingt den sozialen, politischen und geistigen Lebensprozess überhaupt. Es ist nicht das Bewusstsein der Menschen, das ihr Sein, sondern umgekehrt ihr gesellschaftliches Sein, das ihr Bewusstsein bestimmt.

Marx beschreibt in diesem Sinn auch gesellschaftliche Veränderungen:

> Mit der Veränderung der ökonomischen Grundlage wälzt sich der ganze ungeheure Überbau langsamer oder rascher um. In der Bedeutung solcher Umwälzungen muss man stets unterscheiden zwischen der materiellen, naturwissenschaftlich (!) treu zu konstatierenden Umwälzung in den ökonomischen Produktionsbedingungen und den juristischen, politischen, künstlerischen oder philosophischen, kurz, ideologischen Formen, worin sich die Menschen dieses Konflikts bewusst werden und ihn ausfechten. Sowenig man das, was ein Individuum ist, nach dem beurteilt, was es sich dünkt, ebenso wenig kann man eine solche Umwälzungsepoche aus ihrem Bewusstsein beurteilen, sondern muss vielmehr das Bewusstsein aus den Widersprüchen des materiellen Lebens, aus dem vorhandenen Konflikt zwischen gesellschaftlichen Produktivkräften und Produktionsverhältnissen erklären. Eine Gesellschaftsformation geht nie unter, bevor alle Produktivkräfte entwickelt sind, für die sie weit genug ist, und neue höhere Produktionsverhältnisse treten nie an die Stelle, bevor die materiellen Existenzbedingungen derselben im Schoß der alten Gesellschaft selbst ausgebrütet worden sind.[11]

Kultur scheint hier nicht ausdrücklich auf, aber man könnte das, was Marx dem Überbau zuordnet, was also nicht der Produktionsökonomie zuzuschreiben ist, im Sinn eines umfassenden Begriffs

---

10 Karl Marx, Grundrisse der Kritik der politischen Ökonomie, Frankfurt/Main: EVA o.J. (Nachdr. der Ausg., Moskau 1939–1941), S. 5–31.
11 Karl Marx, Friedrich Engels, Kritik der politischen Ökonomie, Berlin: Dietz 1972, S. 15f.

von Kultur verstehen. Kultur wäre in dieser negativen Definition alles, was nicht der ökonomischen Notwendigkeit entspringt. Hall begründet seine Revision der marxistischen Gesellschaftstheorie nicht zuletzt vor dem Hintergrund der kolonialen Erfahrung:

> Von Anfang an gab es je schon [...] das laute Schweigen des Marxismus, die großen Lücken – die Dinge, über die Marx nicht sprach oder die er nicht zu verstehen schien und die unsere bevorzugten Untersuchungsobjekte waren: Kultur, Ideologie, Sprache, das Symbolische. Es gab [...] immer schon die Dinge, die den Marxismus als Denkform, als eine kritische Praxis eingeschränkt hatten – seine Orthodoxie, sein doktrinärer Charakter, sein Determinismus, sein Reduktionismus, seine ehernen historischen Gesetzmäßigkeiten, sein Status als Metaerzählung[12]

Die Vorstellungen der marxistischen Theorie von Ideologie, Sprache und vom Symbolischen sind aus der Perspektive der *Cultural Studies* offenkundig inadäquat. Das bezieht sich sowohl auf die einseitige, niemals reziprok, d.h. wechselseitig gedachte Beziehung zwischen Ökonomie und dem kulturellen Gesamtkomplex (Ideologie, Sprache, Symbolismus) wie auch auf das Konzept des »falschen Bewusstseins«, das Marx aus dem Fetischcharakter der Ware (→ Kap. 5, 6) abgeleitet hatte.

Hall benennt, übrigens ganz ähnlich wie der französisch-griechische Kulturtheoretiker Cornelius Castoriadis[13] und wie so viele andere linke Kritiker des Marxismus, folgende Punkte:

► seinen deterministischen Zug der marxistischen Theorie (vorgegebener Gang der Geschichte von Kapitalismus zum Sozialismus, Fortschritt);
► seinen dogmatischen Charakter (absoluter Wahrheitsanspruch der eigenen Theorie, die von daher keine kritische Theorie sein kann, da diese das Prinzip der Kritik auf sich selbst anwendet);

---

12 Stuart Hall, Cultural Studies, a.a.O., S. 35; vgl. ders., Theoretical Legacies, a.a.O., S. 279: »From the beginning [...] there were always-already [...] the resounding silences, the great evasions of Marxism – the things that Marx did not talk about or seem to understand which were our privileged object of study: culture, ideology, language, the symbolic. There were always-already, instead, the things which had imprisoned Marxism as a mode of thought, as an activity of critical practice – its orthodoxy, its doctrinal character, its determinism, its reductionism, its immutable law of history, its status as a metanarrative[.]«
13 Cornelius Castoriadis, Gesellschaft als imaginäre Institution. Entwurf einer politischen Philosophie, Frankfurt/Main: Suhrkamp 1984, S. 19–120.

► seinen Reduktionismus und Produktionsfetischismus (alles wird aus dem Gegensatz von Produktivkräften und Produktionsverhältnissen erklärt);

► seinen Objektivismus (»die Gesetze der Geschichte«, »Bewegungsgesetze« des Kapitals);

► seinen Ökonomismus (prinzipiell ist alles durch die Funktionsweise der kapitalistischen Ökonomie vorgegeben).

Es ist gut ersichtlich und nachvollziehbar, dass diese Kritikpunkte einander bedingen: so z.B. Objektivismus und Dogmatismus, Reduktionismus und Ökonomismus. Der Marxismus huldigt einem objektivistischen, wissenschaftsgläubigen, an den Naturwissenschaften des 19. Jahrhunderts orientierten statischen Wahrheitsbegriff. In ihm wird alles an den Rand gedrängt, was offenkundig nicht ökonomisch berechenbar ist, und dazu gehören etwa das Oszillieren und die dramatischen Wandlungen der modernen Kultur, der Künste wie der Lebenskultur. Hall spitzt deshalb seine Kritik an der marxistischen Theorie im Hinblick auf das Phänomen »Kultur« zu:

► Kritik am Basis-Überbau-Modell (wonach es eine ökonomische Basis gibt, die die Formen des Überbaus, das heißt auch der Kultur, festlegt. Der so genannte Überbau hat letztlich keine autonome Beweglichkeit),

► Kritik am Konzept des »falschen« Bewusstseins (an dem generellen Konzept, dass das herrschende Bewusstsein stets das Bewusstsein der Herrschenden sei),

► Kritik am Eurozentrismus,

► fehlende kritische Perspektive und Sensibilität im Hinblick auf den Kolonialismus.

Hall streicht damit all jene Punkte heraus, die die *Cultural Studies*, weit über ihr Entstehungsgebiet hinaus, bis heute attraktiv und prominent machen: dass sie sich von überkommenen politischen und theoretischen Konzepten, wie sie der traditionelle Marxismus repräsentierte, verabschiedet haben, ohne indes die kritischen Intentionen, die mit diesem verbunden waren, zu annullieren. Insofern repräsentiert sich das offene Projekt der britisch-angelsächsischen Kulturforschung als ein kritisches Ferment innerhalb der demokratischen Zivilgesellschaft. Es konzentriert sich auf bis dahin vernachlässigte Ausformungen der Kultur: auf den Bereich der Medien, auf die postkolonialen Einwandererkulturen, auf die globalen Aspekte einer kapitalistisch gelenkten Kultur. Wenigstens ihrem Anspruch nach sind und waren die *Cultural Studies* auch eine symbolische Reaktionsbildung auf das, was man heute vereinfacht als Globalisierung bezeichnet. Dabei ist von Bedeutung, dass Hall selbst aus einer Gesellschaft kam, deren dünne »Decke« von kapitalistischer Gesellschaft, Ökonomie und Kultur eine Folge von Eroberung und Kolonisation war. Insofern verkörpert Hall, wie kaum ein anderer, den Zusammenhang zwischen *Cultural Studies* und Postkolonialismus-Forschung.

Hall spricht in diesem Zusammenhang, wohl im Einklang mit marxistischen Traditionen und im Anschluss an Louis Althusser (und Etienne Balibar)[14], dessen anti-hegelianische und strukturalistische Lesart des Marx'schen *Kapitals* in den 70er Jahren für Furore in der intellektuellen Szene sorgte, von einer theoretischen Praxis. Der Terminus ist doppeldeutig: er meint natürlich eine intelligente Form politischer Praxis, die eben von theoretischer Reflexion durchtränkt ist; aber viel entscheidender ist die Vorstellung, dass Theorie selbst eine Praxis, nämlich eine politische und eine kulturelle Praxis darstellt.

Hall beschreibt die Geschichte der *Cultural-Studies*-Bewegung als eine diskontinuierliche Geschichte. Anfänglich waren diese beinahe programmatisch anti-theoretisch und – wie die Bücher von Hoggart und Thompson zeigen – eher empirisch orientiert. Nach einigen Jahren der Arbeit im postgradualen *Centre for Contemporary Cultural Studies* an der Universität Birmingham, beschloss die Gruppe ganz unbritisch, so Hall im Rückblick, in die Theorie »einzutauchen« und sich im gesamten Umkreis der europäischen Gedankenwelt – dazu gehörte auch der deutsche Idealismus und die Soziologie Max Webers – umzusehen. Wir wollten, schreibt Hall, im simplen Einklang mit dem Zeitgeist Marxisten sein.

Dabei stießen Hall und seine Gruppe – wie schon erwähnt – auf Theoretiker wie Louis Althusser, der die Marx'sche Theorie sozusagen strukturalistisch umschrieb (so wie das Lacan mit Freud getan hatte[15]) und sie von ihrer theoretischen Herkunft aus dem Hegel'schen Idealismus abschnitt. Barthes (→ Kap. 7), Foucault

---

[14] Louis Althusser, Etienne Balibar, Das Kapital lesen, Reinbek: Rowohlt 1972.
[15] Samuel Weber, Rückkehr zu Freud. Die Ent-stellung der Psychoanalyse, Frankfurt/Main: Ullstein 1978, S. 37ff.

(→ Kap. 8) und Althusser (und am Rande auch die Frankfurter Schule → Kap. 6) sind bis zum heutigen Tag wichtige theoretische Bezugspunkte geblieben; Foucault wegen seines Machtbegriffs, der es gestattet, Diskursmacht und politische Macht aufeinander zu beziehen (→ Kap. 8), Barthes wegen seiner *Mythologies* (Mythen des Alltags → Kap. 7), wo zum ersten Mal eine semiotische Sichtung der modernen Alltagskultur in ihrer ganzen Spannweite vorgenommen wurde, und Althusser wegen seines Ideologiekonzepts, das das objektivistische »falsche« Bewusstsein zugunsten eines antagonistischen Gegeneinanders im Kampf der Meinungen und Bedeutungen überwindet. Auf der anderen Seite konnten sich Hall und seine Freunde nicht wirklich mit der »super-strukturalistischen Fehlübersetzung«[16] des Marx'schen *Kapitals* anfreunden, aus der das Subjekt und seine konkrete Erfahrung getilgt worden waren. Überhaupt lässt sich sagen, dass die *Cultural Studies* wichtige Impulse des französischen Strukturalismus und Poststrukturalismus aufgenommen, sich diesen Strömungen aber an jenem Punkt widersetzt haben, wo die konkrete Erfahrung der Menschen in einer gegebenen Kultur vollständig aufgelöst wird.

Heimlicher Pate, wenn nicht Gründungsvater der britischen *Cultural Studies* ist ein Italiener: Antonio Gramsci, der Begründer der Kommunistischen Partei Italiens, der die überwiegende Zeit seines Lebens in den Gefängnissen des Faschismus verbracht hat. Sein Hauptwerk *Quaderni del Carcere (Gefängnishefte)*[17] verweist im Titel auf die besondere Entstehungsgeschichte von Gramscis Denken. Abgeschirmt vom politischen Geschehen seiner Zeit und praktisch kaum in die Praxis kommunistischer Politik involviert, entfaltete Gramsci vor dem Hintergrund des Triumphes der faschistischen Diktaturen eine durchaus eigenständige Version eines Denkens mit und nach Marx. Gewiss hat seine Rolle als politisches Opfer des Faschismus sowie der Umstand, dass er nicht für die stalinistische Transformation des Kommunismus verantwortlich gemacht werden konnte, zu seiner bleibenden intellektuellen Reputation mit beigetragen. Dass Gramsci wenn auch indirekt dazu beigetragen hat, dass die größte Kommunistische Partei Westeuropas schon relativ früh eine etwas offenere Linie verfolgte und sich, lange vor 1989, vom

---

[16] Stuart Hall, Theoretical Legacies, a.a.O., S. 280ff.

[17] Antonio Gramsci, Gefängnishefte. Kritische Gesamtausgabe, hrsg. v. Klaus Bochmann u. Wolfgang Fritz Haug, Berlin: Argument 1991–2002.

Sowjetkommunismus verabschiedete, hat zu seiner Popularität in der Neuen Linken mit beigetragen. Wie Rosa Luxemburg verkörpert er den Typus des unbescholtenen Revolutionärs, mit dem man sich auch noch nach 1956/68 identifizieren konnte. Aber seine theoretische Leistung und Bedeutung reicht doch weit darüber hinaus, was Hall auch eigens hervorhebt. Für ihn ist Gramsci nicht nur ein heterodoxer, von der offiziellen Lehrmeinung abweichender Marxist, sondern zugleich der erste Post-Marxist. Hall erwähnt in diesem Zusammenhang den enormen Beitrag Gramscis zu einem umfassenderen Konzept von Kultur, in das auch die traditionelle Volkskultur einbezogen ist, er erwähnt Gramscis Sensorium für das moderne Alltagsleben, das den meisten liberalen und marxistischen Akademikern fehlte, er erwähnt seine Idee des Mutmaßlichen und betont dessen Insistieren auf der Bedeutung der historischen Besonderheiten. Von zentraler Bedeutung für Hall ist aber Gramscis »Metapher« der »kulturellen Hegemonie« und sein Konzept des »organischen Intellektuellen«.[18]

Gramsci gehört zu jener bemerkenswerten raren Spezies von linken Theoretikern, die schonungslos nach den Ursachen für die schweren Niederlagen der Linken nach 1918 und den Sieg der antidemokratischen Rechten in den 1920er und 30er Jahren fragen. Bis zum heutigen Tage sind derlei Fragen verpönt; sie wurden von den katastrophalen und monströsen Auswirkungen, die diese Niederlagen nach sich gezogen haben, verschattet. Ein zentraler Punkt in Gramscis Argumentation bildet dabei die von der marxistischen Linken unterschätzte Kultur, die eben mehr ist als der fraglos wichtige bürgerliche Kunstbetrieb. Offenkundig war es der Linken in den entscheidenden bürgerkriegsähnlichen Auseinandersetzungen der 1920er und 30er Jahre – man denke beispielsweise an Deutschland, Italien, Österreich, Spanien und Ungarn – nicht gelungen, ihre kulturellen Leitbilder offensiv zu formulieren und durchzusetzen, während Bewegungen wie der italienische Faschismus mit Erfolg die traditionelle volkstümliche Kultur für sich zu instrumentalisieren verstanden. Die Linke hat, so ließe sich extrapolieren, nicht nur politische Schlachten verloren, sondern auch etliche Kämpfe um Bedeutung. Worum es einer linken Bewegung gehen muss, ist kulturelle Hegemonie zu erlagen, tonangebend zu sein in der The-

---

[18] Stuart Hall, Theoretical Legacies, a.a.O., S. 278.

menvorgabe, Meinungsführerschaft in den jeweiligen Diskursen, Repräsentation zu haben. Das Wort »Kulturkampf« ist zumeist negativ besetzt und hat einen üblen Beigeschmack, erweckt es doch Assoziationen an Repression – in Deutschland erinnert es an Bismarcks Kampf gegen die Zentrumspartei und den politischen Katholizismus. Aber Kulturkampf als Streit um Bedeutung gehört zum Alltag von entwickelten zivilen und demokratisch organisierten Gesellschaften, in denen, wenigstens programmatisch, nicht mehr die Macht der schieren Tradition ausschlaggebend sein soll; was gelten soll, was ›bedeutend‹ ist, muss ausgehandelt werden: in den Medien, in Schulen und Universitäten, in den symbolischen Feldern der Künste.

Der organische Intellektuelle, Gramscis Konfiguration des kritischen Intellektuellen, der mit einer gesellschaftlichen Bewegung verbunden ist, spielt bei der Erlangung kultureller Hegemonie eine zentrale Rolle. Denn die *Cultural Studies* haben sich niemals nur als ein rein akademisches Projekt verstanden, das kulturelle Hegemonie lediglich beschreibt, sondern sie im Gegenteil selbst zu erlangen trachtet. Wie Hall treffend bemerkt, war die Erzeugung des organischen Intellektuellen Ziel der institutionellen Praxis der *Cultural Studies*. Das Wort »organisch« klingt im deutschsprachigen Kontext etwas sonderbar und anstößig, es hat die Konnotation von heiler Natur und klingt im prekären Einvernehmen mit antimodernistischen Bewegungen des 20. Jahrhunderts anti-urban. Das »Organische« des kritischen Intellektuellen stellt in Gramscis Diktion seine Verbindung mit relevanten historischen Bewegungen und Traditionslinien dar, deren »Organ« er in gewisser Weise ist. Dass diese organische Beziehung gescheitert ist, räumt Hall in seinem Aufsatz selbst freimütig ein. Es war die Crux des Konzepts des organischen Intellektuellen, dass es Intellektuelle mit einer sich herausbildenden Bewegung in Einklang bringen wollte. Aber die akademischen Intellektuellen der *Cultural Studies*-Bewegung konnten nicht, wie Hall schreibt, eine solch breite historische Bewegung ausmachen. In dieser Situation blieben nur der Pessimismus des Intellekts und der Optimismus des Willens. Worum es geht, ist die Arbeit an zwei Fronten und zu zweierlei Zeiten. Zum einen gilt es, eine Form von intellektueller Arbeit fortzusetzen, die sich, im Gegensatz zum Selbstverständnis des traditionellen Intellektuellen, nicht auf die pure Erkenntnis beschränkt, sondern sich als Praxis im Feld von Kultur und Politik versteht. Zum

anderen aber muss der kritische Intellektuelle die Verantwortung
für die Vermittlung von Theorie und politischer Praxis tragen.

Der Diskurs der britischen Kulturforschung ist selbst – beinahe
der eigenen Programmatik folgend – durch Diskontinuitäten, Über-
raschungen und Einbrüche gekennzeichnet. Hall beschreibt zwei
solcher »Einbrüche« in das Diskursfeld der *Cultural Studies*. Aufschlussreich ist dabei die Tatsache, dass beide dieser Einbrüche, wie
die Metapher nahe legt, von außen erfolgten. Während die Bewegung nach organischen Außenverankerungen Ausschau hielt, wurde sie von der Realität außerhalb des Campus eingeholt. Es waren
Studierende, die ihre Themen einbrachten, das Problem des Feminismus und des Rassismus. Gewissermaßen waren es historische
Bewegungen von außen, die eine zentrale kulturelle Bedeutung in
sich tragen, die aber politisch marginal geblieben sind.

Sehr anschaulich beschreibt Hall die konfliktträchtige Beziehung zwischen dem frühen Feminismus und dem von Männern do-
minierten Zentrum in Birmingham. In gewisser Weise wurden die
Cultural Studies von ihrem eigenen Paradigma ereilt, dem Kampf um
Bedeutungen. Während die männlichen Dozenten den weiblichen
Studierenden Stipendien und Karrieren anboten, bestanden diese auf
neuen Themen, die sie im Zentrum und im Diskurs der britischen Kulturforschung durchzusetzen trachteten. Mit Erfolg. Als Folge der Alli-
anz von Feminismus und *Cultural Studies* nennt Hall folgende Punkte:

► das Thema Geschlecht und Sexualität provoziert die Frage, inwieweit das Persönliche immer schon politisch ist;
► die Ausweitung des Begriffs von Macht, der bisher vornehmlich
   im Hinblick auf die öffentliche Sphäre diskutiert worden war;
► die zentrale Bedeutung von Geschlecht und Sexualität für das
   Verständnis von Macht überhaupt;
► die Frage nach dem »gefährlichen Areal« des Subjekts und des
   Subjektiven, die nun wieder ins Zentrum der theoretischen Praxis rückt;
► die neuerliche Öffnung der geschlossenen Grenze zwischen sozialer Theorie und der Psychoanalyse (→ Kap. 2) als einer Theorie
   des Unbewussten.

Auch das zunehmende Problem des Rassismus in einer bis dahin als
»weiß« wahrgenommenen Gesellschaft, das in den 70er und 80er
Jahren in England auch politisch virulent geworden war, markiert

einen Wendepunkt im Diskurs der britischen Kulturtheorie. Der Begriff *Rasse* hat im Deutschen einen üblen Beigeschmack, wird aber im englischen und französischen Sprachraum ganz unvoreingenommen verwendet und hat offenkundig auch mit der *sichtbaren* Differenz der Hautfarbe, nicht bloß mit Differenzen wie Sprache (die dort eine eher untergeordnete Rolle spielt), Religion und anderen symbolischen Formen zu tun. Hall, der selbst aus Jamaika stammt, steht von seiner persönlichen und intellektuellen Erfahrung aus für eben diese Weitung des Forschungsfeldes, das sich nicht nur auf den kulturellen Wandel der englischen Arbeiterkultur, den Aufstieg der Popular- und der Medienkultur bezieht, sondern von vornherein die ›fremden‹ kulturellen Traditionen mit einbezieht. Damit eng verbunden ist das Thema des Postkolonialismus: Es meint viererlei:

▶ die politische, ökonomische und kulturelle Situation nach dem Zeitalter des klassischen Kolonialismus und der politischen Unabhängigkeit der (britischen) Kolonien,
▶ Das Fortbestehen politischer, ökonomischer und kultureller Asymmetrien,
▶ die bleibenden, irreversiblen Veränderungen im ›Mutterland‹ und in den Kolonien durch den Kolonialismus,
▶ Erinnerung an die Verbrechen und das Unrecht der Kolonialgeschichte.

Es gibt viele solcher Nachwirkungen: Die Migrantenströme und der damit verbundene Kulturtransfer aus den ehemaligen Kolonien gehören ebenso dazu wie die Übernahme von Sprache, Institutionen und Lebensstilen aus den imperialen Metropolen. Ähnliche Phänomene lassen sich auch im innereuropäischen Kontext feststellen. Mittlerweile finden sich Fragestellungen der Postkolonialismus-Forschung auch im Kontext der kulturwissenschaftlichen Erforschung etwa der Habsburger Monarchie aber auch in anderen europäischen Räumen (Russland, Osmanisches Reich, Skandinavien und Baltikum, Mittelmeer-Inseln).[19] Sie untersuchen die kulturellen Asymmetrien zwischen den Völkern im Zentrum Europas und ihre historischen Nachwirkungen.

Cultural Studies bedeuten stets eine Verquickung von Analyse und Engagement. Im Fall des Rassismus geht es also um das theoretisch

---

[19] Wolfgang Müller-Funk, Birgit Wagner (Hrsg.), Eigene und andere Fremde, Wien: Turia & Kant 2005.

wie praktisch prekäre Problem der ›Rasse‹, um Widerstand gegen den Rassismus, um die Kritik an jedweder Art von Rassenpolitik und kritische Fragen der Kulturpolitik, um die Frage von Einbeziehung oder Ausgrenzung fremder Partialkulturen.

Ergebnis dieser »Einbrüche« von außen ist die Weitung der Themenfelder. Zu ihnen gehören neben der klassischen Trias von Klasse, Geschlecht/Sexualität, ›Rasse‹/Postkolonialismus die Neuen Medien, Fragen der Urbanistik sowie der Konsumismus in der hypermodernen Gesellschaft. *Cultural Studies* bestimmt Hall in seinem Aufsatz als einen Diskurs in Bewegung. Und als ein solches dynamisches Moment in dessen Geschichte gilt die linguistische Wende (→ Kap. 7). Hall erwähnt in diesem Zusammenhang:

- ► Die Bedeutung der Sprache, der sprachlichen Zeichen und der Metapher.
- ► Die Ausbreitung von Begriffen wie Text und Textualität, die beide als Quelle von Bedeutung verstanden werden.
- ► Die Anerkennung der Heterogenität und Multiplizität von Bedeutungen als eine Seite von Macht und Regulierung (Es gibt verschiedene, affirmative und subversive, Möglichkeiten der »Decodierung«).
- ► Die Entdeckung des Symbolischen als Quelle von Identität.
- ► Das Problem der Repräsentation (Welche Gruppe ist in welcher Weise und an welchem Ort der Kultur öffentlich ›bedeutsam‹ präsent).

Man sieht an dieser Stelle, dass die postmarxistische Kulturforschung in England ein offener Diskurs ist, der immer wieder neue Themen und Theorien auf- bzw. einsaugt. Hall bestimmt sie als ein Feld des *displacements,* der Verschiebung, Verdrängung und Versetzung. Es widersetzt sich an entscheidender Stelle Fixierungen wie dem Poststrukturalismus, weil dieser das Feld festlegt und akademisiert und damit von seiner »organischen« Beziehung zum Politischen abschneidet. Die theoretischen Praktiker dieser – im wahrsten Sinn des Wortes – Bewegung wissen, dass sie sich auf einem Feld befinden, das sie gerade beschreiben und dadurch auch mit verändern, auf einem Feld, das beständig seine Richtung ändert. Es ähnelt mehr einem Zeitfloß als einem territorialen Feld; es stellt einen unendlichen Prozess dar.

In seinem Rück- und Vorausblick thematisiert Hall Gefahren und Widersprüche. Die Beweglichkeit der Theorie steht in einem unübersehbaren Widerspruch nicht nur zu einem gewissen notwendigen Grad von Institutionalisierung, sondern auch zur Notwendigkeit, sich politisch zu positionieren. So sieht sich das unabschließbare Projekt genötigt *»arbitrary closures«*,[20] das heißt willkürliche Schließungen, vorzunehmen, um aktionsfähig zu bleiben. Umgekehrt droht die erfolgreiche Institutionalisierung der *Cultural Studies* in den Vereinigten Staaten den kritisch-politischen Impetus postmarxistischer Kulturforschung zu untergraben. Der Poststrukturalismus ist für Hall hingegen, wenigstens in letzter Konsequenz, Ausdruck einer problematischen, entpolitisierenden Entwicklung in der westlichen Welt. In ihr verkommt die subversive Kulturforschung zur akademischen Disziplin.

Hall bestreitet nicht die Bedeutung von Sprache und Präsentation, aber er stellt in Abrede, dass sie allein die Quelle von Macht und Politik seien (vgl. die Kritik an Foucault → Kap. 8).

Er glaube nicht, schreibt Hall, dass die Fragen der Macht und des Politischen ausschließlich Probleme von Sprache und Repräsentation seien. Die Welt ist kein bloßer Text. Weder Textualismus noch Ökonomismus liefern aus Halls Perspektive befriedigende Antworten auf die Frage nach dem Ort der politischen Macht; aber dass es ökonomische und politische Macht gibt, noch ehe sie zur Sprache oder auf die mediale Bühne gebracht wird, steht für ihn außer Frage. Entgegen aller methodisch berechtigten Kritik am Basis-Überbau-Modell könnte es sein, dass Marx mit seinem »Ökonomismus« gegenüber all seinen Kritikern insofern Recht behält, als sich die Macht der kapitalistischen Ökonomie mit jeder weiteren Modernisierung verstärkt: Nichts anderes bedeutet Globalisierung als Vertiefung und Erweiterung der Logik des ökonomischen Kalküls.

Kritikpunkte und Anmerkungen

► Zumindest aus der Perspektive der klassischen Definition von Wissenschaft bleibt die postmarxistische Synthese von Theorie und Praxis im Sinne des Ideals wissenschaftlicher Unabhängigkeit und Autonomie problematisch, auch wenn man das klassische Objektivitätsideal aufgibt. Letztendlich geht es um die Frage, ob es, analog zur Politik, ›linke‹ und ›rechte‹ Wissenschaft und die dazugehörige Gefolgschaft gibt bzw. geben soll.

---

[20] Stuart Hall, Theoretical Legacies, a.a.O., S. 278.

► Theoretisch bleibt die Frage, inwiefern programmatische theoretische Inkonsistenz und Vagheit dem wissenschaftlichen Anspruch von Rationalität genügen kann und ob dies nicht systematische Kulturanalyse unmöglich macht. Eine solche bedürfte, wie Mieke Bal meint, auch gewisser Verifikations- und Falsifikationsmechanismen.

► Die zweifelsohne in den *Cultural Studies* gegebene Transdisziplinarität ist methodisch nicht begründet und gefährdet dadurch wissenschaftspolitisch die Durchsetzung fachübergreifenden Arbeitens.[21]

► Auf Grund ihrer einseitigen Präferenz für die modernen Popularkulturen setzt die britische Kulturforschung die »destruktive Kluft« (Mieke Bal) zwischen *les anciens* und *les modernes*, zwischen Hoch- und Popularkultur.[22]

► Das Konzept des organischen Intellektuellen ist, wie Hall selbst einräumt, auf Grund der historischen Entwicklungen offenkundig überholt.

► Die *Cultural Studies* fokussieren vornehmlich jene Phänomene, die vordergründig politisch sind.

► Es bleibt – und das hängt mit der fehlenden Perspektive der Linken in der Ära der Hypermoderne zusammen – offen, welche politischen und ethischen Ziele hinter den formulierten Erkenntnisinteressen stehen und welche Momente des klassischen Marxismus etwa noch als bestimmend angesehen werden.

Literatur

Stuart Hall, Cultural Studies and Theoretical Legacies, in: Lawrence Grossberg, Cary Nelson, Paula Treichler (Hrsg.), Cultural Studies, London: Routledge 1992, S. 277–294.

Stuart Hall, Cultural Studies. Ein politisches Theorieprojekt. Ausgewählte Schriften 3, Berlin: Argument-Verlag 2000, S. 34–51.

Roger Bromley, Udo Göttlich, Carsten Winter (Hrsg.), Cultural Studies. Grundlagentexte zur Einführung, Lüneburg: zu Klampen 1999.

Christina Lutter, Markus Reisenleitner, Cultural Studies. Eine Einführung, Wien: Löcker 2001ff.

David Morley, Kuan-Hsing Chen (Hrsg.), Stuart Hall. Critical Dialogues in Cultural Studies, London: Routledge 2001.

Chris Rojek, Stuart Hall, Cambridge: Polity 2003.

Paula A. Treichler, Cultural Studies, London, New York: Routledge 1992, S. 277–294.

---

[21] Mieke Bal, Kulturanalyse, a.a.O., S. 7–27.

[22] Dies., Kulturanalyse, a.a.O., S. 7–27.

Kapitel 13

Zur Narrativität von Kulturen:
Paul Ricœurs *Zeit und Erzählung*

Die Theorie des Narrativen, die Kulturen als Ensembles von Erzählgemeinschaften begreift, hat viele Eingänge und Diskursbegründer. Rückblickend lässt sich sagen, dass es der griechische Philosoph Aristoteles war, der sich als erster gründlich mit dem Phänomen der Erzählung befasst hat. Aristoteles spricht in seiner Poetik, die mehr eine normative Handlungsanweisung als eine ästhetische Theorie im modernen Sinn darstellt, vom Mythos, aber er verwendet dieses Wort, wenigstens aus heutigem Blickwinkel, in einem durchaus formalen und neutralen, nicht kulturell aufgeladenen Sinn. Der Mythos, der aus nachträglicher Sicht als eine vormoderne Erzählweise und -konstruktion erscheint, ist jene Erzählform, die den griechischen Dichtern als Form wie als Inhalt selbstverständlich zur Verfügung stand. Heute wird man sagen können, dass der Mythos eine Erzählform unter vielen ist und dass nicht alle Narrative zwangsläufig mythisch sind. Mit heutigem medien- und kulturwissenschaftlich geschultem Blick betrachtet ist an Aristoteles nicht zuletzt bemerkenswert, dass er die Erzählung nicht auf eine bestimmte epische Gattung beschränkt, sondern sie als Grundlage der Dichtkunst überhaupt ansieht. Modern vor der Zeit ist auch, dass Aristoteles, der offenkundig das antike Drama als Krönung der Dichtung ansah, auch Musik, Charaktere, Sprache, Erkenntnisfähigkeit, Inszenierung und Melodik in seine Analyse des Narrativen mit einbezogen hat.

Insgesamt hat Aristoteles sechs Funktionen der Erzählung (Fabel) unterschieden:

- ► Fabel
- ► Charakter
- ► Rede
- ► Absicht
- ► Szenerie
- ► Musik

Der Erzählbegriff des Aristoteles sprengt die Grenze der künstlerischen Genres und der Medien und schließt auch den Aspekt dessen, was man heute mit Inszenierung und Repräsentation bezeichnet, mit ein. In gewisser Weise hat bei Aristoteles auch das Publikum Berücksichtigung gefunden, denn seine These von der kathartischen Funktion des tragischen Narrativs setzt die Kategorie des Zuschauers voraus, der in einer unauflöslichen Kombination von Nähe und Ferne das Geschehen auf der Bühne verfolgt. Auf Aristoteles geht auch die Definition des Mythos (der Erzählung) als einer Nachahmung von Handlung zurück.

Im 20. Jahrhundert war es vor allem die Literaturwissenschaft, die – zunächst im Bereich des Epischen – Erzähltheorien entwickelt und bestimmte Typen von Erzählformen und -weisen unterschieden hat.[1] Dabei geht es um Phänomene wie die Stimme und die Perspektive: in welcher Weise erzählt wird, ob der Erzähler eine Person der Handlung ist, über welche Informationen er in Bezug auf die Akteure und deren Innenleben verfügt, ob er sich z.B. mit der Sichtweise einer bestimmten Person identifiziert oder ob er sich sachlich distanziert verhält. Diese Form der Literaturtheorie lässt sich auch als eine Rhetorik des Narrativen begreifen; sie beschreibt nicht zuletzt, wie die unterschiedlichen Erzählstrategien den Leser konstruieren und beeinflussen.

Ein anderer Typus von Erzähltheorie ist im Gefolge von Formalismus, Strukturalismus und Poststrukturalismus entstanden. Dabei geht es um eine strenge Formalisierung von Erzähltypen. So hat der Märchenforscher Vladimir Propp eine Morphologie des russischen Zaubermärchens vorgelegt, deren Gesamtbestand er auf eine bestimmte formale Struktur mit 31 Handlungsfolgen und entsprechenden Handlungskreisen (Figurenkonstellationen) zurückführte. Diesem Zugang verdanken wir die Idee, dass die vielen Erzählungen dieser Welt nicht alle eine einmalige Erzählstruktur haben, sondern immer auf bestimmte Typen, auf ein bestimmtes Erzählmuster, auf eine Erzählmatrix rekurrieren, die gleichsam als eine generative ›Grammatik‹ angesehen wird, mittels derer sich Geschichten erzeugen lassen.

---

[1] Vgl. Matias Martinez, Michael Scheffel, Einführung in die Erzähltheorie (4. Aufl.), München: C.H. Beck 2003.

Strukturalistische Erzähltheorien sind dann besonders fruchtbar, wenn die zu analysierenden Texte oder Bildgeschichten in hohem Maße seriell sind, wie das zum Beispiel im Märchen, im Kriminal- oder Agentenroman, in biblischen Geschichten, Comics, Mediengeschichten, pornographischen Texten, aber auch bei bestimmten klassischen Formen der Historiographie der Fall ist. Serialisierung ist immer ein Indiz, dass bestimmte Erzählformen zum Grundbestand einer Kultur gehören, »selbstverständlich« sind. Exemplarische Analysen haben in diesem Bereich zum Beispiel Roland Barthes (→ Kap. 7) oder Hayden White[2] vorgelegt.

In seiner rhetorisch orientierten narrativen Analyse historiographischer und geschichtsphilosophischer Texte unterscheidet White etwa vier Grundtypen:

Form der Plotstruktur	Form der Erzählung	Form der ideologischen Implikation
(mode of emplotment)	(mode of explanation)	(mode of ideological implication)
Romanze	idiographisch	anarchistisch
Komödie	organizistisch	konservativ
Tragödie	mechanistisch	radikal
Satire	kontextualistisch	liberal[3]

Die Untersuchung von narrativem Material kompliziert sich indes noch, wenn man in Rechnung stellt, dass Erzählen und Erzählungen verschiedene Sinnebenen haben. Der Begriff der *Erzählung*, der etymologisch das *Zählen* in sich trägt, hat je nach Anwendung eine sehr unterschiedliche Bedeutung. Erzählung kann sich auf unterschiedliche Phänomene beziehen:

► auf eine epische Form literarischen, zumeist in Buchform gegebenen Erzählens (Novelle, Erzählung, Kurzgeschichte, Anekdote),
► auf den »Sprechakt« (Searle) oder das »Sprachspiel« (Wittgenstein) des Erzählens als solchem (z.B. erzählt jemand im Medium Radio oder von Angesicht zu Angesicht seine/ihre Lebens-

---

2 Hayden White, Auch Klio dichtet, a.a.O., S. 64–122.
3 Ders., Auch Klio dichtet, a.a.O., S. 93.

geschichte, die sprichwörtliche Gute-Nacht-Geschichte): das »Sprechen der Sprache« als »Teil [...] einer Tätigkeit, oder einer Lebensform«,[4]

► auf den Erzählfortgang (*plot*) in anderen literarischen Gattungen (Drama, Film, Ballade),

► auf Formen des Erzählens in nicht-fiktionalen Texten (Geschichtsschreibung, Psychoanalyse, Aussagen vor Gericht, *oral history*, die großen Erzählungen der Erlösungsreligionen und der Philosophie, die kosmogonischen Mythen vom biblischen Schöpfungsbericht bis zur Urknall-Theorie),

► auf abstrakte Konstellationen des Erzählens (Erzählmuster).

Die Kulturwissenschaften, die in den literarischen Erzählformen eine Form expliziten und artifiziellen Erzählens sehen, interessieren sich für die Gesamtheit von Erzählungen und Erzählformen in einer Gesellschaft. Narratologische Kulturtheorien bevorzugen durchgehend den Begriff des *Narrativs*, um den abstrakten formalen und seriellen Charakter des Phänomens hervorzuheben. Demgegenüber bezeichnet die *Narration* die einzelne, womöglich durch den entsprechenden Sprechakt repräsentierte Erzählung.

Eine letzte Weitung besteht darin, das Erzählen, wie Roland Barthes betont, als ein universelles Phänomen zu begreifen, das menschliche Kultur prägt und das in den verschiedensten Medien und Materialien fixiert wird, in Comics wie auf Kirchenfenstern, im virtuellen Raum der modernen digitalen Elektronik ebenso wie auf Tafelbildern:

> Die Menge der Erzählungen ist unüberschaubar. Da ist zunächst eine erstaunliche Vielfalt von Gattungen, die wieder auf verschiedene Substanzen verteilt sind, als ob dem Menschen jedes Material geeignet erschiene, ihm seine Erzählungen anzuvertrauen; Träger der Erzählung kann die gegliederte, mündliche oder geschriebene Sprache sein, das stehende oder bewegte Bild, die Geste oder das geordnete Zusammenspiel all dieser Substanzen; man findet sie im Mythos, in der Legende, der Fabel, dem Märchen, der Novelle, dem Epos, der Geschichte, der Tragödie, dem Drama, der Komödie, der Pantomime, dem gemalten Bild (man denke an die Heilige Ursula von Carpaccio), der Glasmalerei, dem Film, den Comics, im Lokalteil der Zeitungen und im Gespräch.[5]

---

4 Ludwig Wittgenstein, Philosophische Untersuchungen, § 23, Frankfurt/Main: Suhrkamp 1971, S. 28.

5 Roland Barthes, Das semiologische Abenteuer, a.a.O., S. 102.

Barthes hebt hervor, dass sich die Erzählung aber nicht nur in vielen verschiedenen Genres und Medien findet, sondern betont auch ihre zeitliche und räumliche Allgegenwart:

> [...] nirgends gibt und gab es jemals ein Volk ohne Erzählung; alle Klassen, alle menschlichen Gruppen besitzen ihre Erzählungen, und häufig werden diese Erzählungen von Menschen unterschiedlicher, ja sogar entgegengesetzter Kultur gemeinsam geschätzt: Die Erzählung schert sich nicht um gute oder schlechte Literatur: sie ist international, transhistorisch, transkulturell, und damit einfach da, so wie das Leben.[6]

Eine narrative Kulturtheorie bedeutet von daher auch, Erzählungen nicht nur als Gegenstand, sondern als Teil der Kulturanalyse anzusehen. So wie die Diskursanalyse Kultur als diskursive Formation begreift (→ Kap. 8), so versteht die narrative Kulturtheorie diese als Ensemble von Erzählungen, die eine ganz entscheidende Funktion für die Kultur und ihre Angehörigen haben.

Um es etwa vom Diskurs abzuheben, wollen wir in einer ersten provisorischen Definition unter einem Narrativ eine symbolische Konstruktionsform mit einer zeitlichen, durch Anfang und Ende begrenzten Abfolge mit Handlungscharakter verstehen.

Eine systematische philosophische Erschließung hat der französische Philosoph Paul Ricœur, der auch durch Werke über die Metapher und über Identität hervorgetreten ist,[7] in seinem dreibändigen Werk *Temps et récit* (1983), deutsch *Zeit und Erzählung* (1988) vorgelegt und damit der Theorie des Narrativen eine neue Legitimität geschaffen.[8] Der französische Begriff *récit* (Erzählung, Bericht, Geschichte), den auch Lyotard in seiner schmalen Abhandlung über die »condition postmoderne« verwendet, wird in der internationalen Diskussion überwiegend identisch mit dem Terminus *Narrativ* oder *Erzählung* aufgefasst.[9]

Ricœur war ein in jeder Hinsicht bemerkenswerter Philosoph, dessen Bedeutung von Theoretikern wie Barthes, Foucault oder

---

[6] Ders., Das semiologische Abenteuer, a.a.O., S. 102.

[7] Paul Ricœur, Die lebendige Metapher, München: Fink 1986; ders., Das Selbst als ein Anderer, München: Fink 1996.

[8] Ders., Zeit und historische Erzählung, München: Fink 1988.

[9] Jean François Lyotard, Das postmoderne Wissen, a.a.O., S. 96: »Die eine (Erzählung, Anm.d.Verf.) ist jene, die die Menschheit als Helden der Freiheit zum Thema hat [...]«. Die andere – deutsche – Erzählung bezeichnet Lyotard als die Erzählung der »Bildung«.

auch Derrida überschattet ist. Das hat auch damit zu tun, dass er der vorgebliche oder auch wirkliche Kontrahent des erfolgreicheren Gegenspielers Foucaults war, dem er auch in der Bewerbung um eine Professur am berühmten *Collège de France* unterlegen ist. In den 1970er Jahren erschien der Strukturalismus viel radikaler als die von Ricœur vorgelegte kritische Hermeneutik. Sie mag hinsichtlich ihrer Methodologie und auch im Hinblick auf die Offenheit für neue Themen weniger innovativ (gewesen) sein als die »strukturalistische Invasion« (Derrida); heute aber scheint dieser Typus von Hermeneutik im Hinblick auf notwendige Korrekturen des klassischen Strukturalismus ebenso unverzichtbar wie jene programmatische poststrukturalistischen Theorien (Derrida, Paul de Man), die den heimlichen Szientismus, den naturwissenschaftlichen Vorbildern nachgeahmten Glauben an Objektivität, die Tendenz zum Rationalismus und den Ausschluss des subjektiven Rezeptionsaspekts auf freilich völlig unterschiedliche Weise als Ricœur hinterfragt und verabschiedet haben.

Der Titel des Buches ist programmatisch. Im dezidierten Gegensatz zu strukturalistischen Konzepten des Narrativen – von Propp bis Barthes –, aber auch zu Konzepten der *annales*-Schule sieht der Autor von *Temps et récit* die *Zeit* als entscheidendes Moment des Erzählens an.[10] Der Strukturalismus, der sich vor allem an der Linguistik Saussures und am russischen Formalismus orientiert und geschult hat, konzentrierte sich programmatisch auf synchrone Tiefenstrukturen etwa der abstrakten Sprache *(langue*, im Unterschied zur gesprochenen Sprache, *parole*). Diese Fokussierung auf den synchronen Aspekt kann man auch in Foucaults Werk sehr schön nachzeichnen. Die von ihm analysierten Diskurse der Psychiatrie, des Gerichtswesens, der neuzeitlichen Wissenschaften sind Zeitschnitte. Ihre Gültigkeit beschränkt sich auf eine sehr begrenzte Zeitdauer. Sie werden dann von anderen abgelöst. Dadurch entsteht eine formale Abfolge von diskontinuierlich aufeinander folgenden, durchaus inkohärenten Diskursen. Mit den modernen literarischen Avantgarden des 20. Jahrhunderts hat der Strukturalismus gemeinsam, dass er der Erzählung und ihrem roten Faden, der Kontinuität erzeugt, gründlich misstraut. In gewisser Weise war der Strukturalismus raumbesessen und zeitvergessen. Im einem kleinen Aufsatz, in dem

---

[10] Paul Ricœur, Zeit und Erzählung, Bd. 1, a.a.O., S. 163.

Foucault seine Theorie der anderen Orte (Heterotope, Heteroto-
pien) entwickelt, hat er denn auch das 19. Jahrhundert als das Jahrhundert der (geschichtlichen) Zeit beschrieben, von dem sich das
20. Jahrhundert verabschiedet habe. Strukturalistische Ansätze in
ihrer Vielfalt stellen für Foucault, wenigstens zu diesem Zeitpunkt,
die adäquate Antwort auf den von ihm postulierten Sachverhalt dar.[11]

Insofern besteht zwischen Diskurs und Narrativ ein thematisches
und methodisches Spannungsverhältnis. Mit dem Erzählen kommt
eine historische – oder um Saussures Terminologie zu gebrauchen –
eine diachrone Dimension ins Spiel, die letztlich für das Verständnis
von Kultur entscheidend bleibt: Denn die Menschen, die in diese
Welt »geworfen« (Heidegger) werden, finden eine Welt vor, die bereits symbolisch-narrativ geformt ist, auf die sie als neue Generation
reagieren und die sie modifizieren. Moderne Gesellschaften sind
solche, in denen diese kulturelle Innovation positiv sanktioniert
wird, während traditionelle Gesellschaften – unter Berufung auf die
mythischen Erzählungen der Ahnen, der Väter und Mütter – solche
eher negativ sanktionieren. Aber noch für die hypermodernste Gesellschaft gilt, dass sie auf Beständen beruht bzw. auf diese zurück-
greift, die sie nicht selbst geschaffen hat. Weder in den einzelnen
Künsten noch in der Kultur lässt sich die *tabula rasa* verwirklichen,
das große Wunschbild, das nahezu in allen ästhetischen und theoretischen Avantgarden des abgelaufenen Jahrhunderts anzutreffen ist,
die Sehnsucht, noch einmal ganz von Neuem beginnen zu können,
eben reinen Tisch mit der Vergangenheit zu machen.[12]

Ricœurs ambitioniertes Werk stellt eine programmatische Rückkehr zu Zeit und Geschichtlichkeit dar. Es intendiert ebenso wenig
wie Cassirers philosophisches Werk eine Theorie der Kultur, liefert
ihr aber doch unverzichtbare Impulse, das heißt eine philosophische
Grundlage. Gegenüber der literaturwissenschaftlichen Literaturtheorie nimmt Ricœur eine entscheidende Weitung vor, indem er
Geschichte und Historiographie – neben der fiktionalen Literatur – als

[11] Michel Foucault, Andere Orte, in: Botschaften der Macht, hrsg. von Jan Engelmann, Stuttgart: Deutsche Verlagsanstalt 1999, S. 145–157, hier S. 145:
»Die große Obsession des 19. Jahrhunderts ist bekanntlich die Geschichte gewesen: die Entwicklung und der Stillstand, die Krise und der Kreislauf, die
Akkumulation der Vergangenheit, die Überlast der Toten, die drohende Er-
kaltung der Welt.«
[12] Cornelia Klinger, Wolfgang Müller-Funk (Hrsg.), Das Jahrhundert der Avantgarden, München: Fink 2004.

zweiten Themenschwerpunkt für seine Philosophie des Narrativen wählt und in den philosophischen Diskurs mit einbezieht. Insofern wird damit eine Öffnung über das traditionelle Paradigma einer disziplinären literaturwissenschaftlichen Narratologie vorgenommen. In der Poetik des Aristoteles, deren philosophische Kommentierung einen zentralen Stellenwert für die Entfaltung einer Philosophie des Narrativen besitzt, ist, wie gesagt, eine kulturwissenschaftliche Weitung bereits vorgedacht, insofern nämlich, als Aristoteles seine Analyse des Narrativen nicht auf die Formen des Epischen beschränkt (wie das noch heute viele literaturwissenschaftliche Erzähltheorien tun), sondern ausdrücklich auf ein inszeniertes Gesamtkunstwerk, die attische Tragödie, Bezug nimmt und in seiner Analyse den Rezeptionsaspekt durch das Konzept des heilsamen Schreckens, den man am Schicksal des fiktiven Anderen erfährt, als rezeptionsästhetischen Effekt in Rechnung stellt.

Aristoteles kannte den Begriff des Mediums im modernen Wortsinn noch nicht,[13] aber es ist unübersehbar, dass er die Tragödie als eine zentrale Erzählung verstanden hat, die in Szene gesetzt wird, um einen symbolischen Zusammenhalt der athenischen Polis vorzuführen. Insofern besaß das antike Theater, anders als das moderne, durch Medien wie Film und Fernsehen marginalisierte, eine direkte, wenn man so will, politische Funktion. Es stellt eine zentrale Konstruktion und Repräsentation der antiken Polis dar, so wie unsere modernen imaginären Gemeinschaften durch Druckmedien, Radio, Fernsehen und das Internet konstituiert werden.

Ricœurs Werk setzt indes nicht mit diesem für alle Theorien des Narrativen kanonischen Text ein, sondern kommentiert ausführlich einen anderen Schlüsseltext der abendländischen Philosophie, der noch einmal sein zentrales Anliegen, die Unhintergehbarkeit der Zeit für den Gesamtkomplex des Erzählens dramatisch vor Augen führt: die berühmte Analyse der Zeit in den *Confessiones* des Augustinus. Ohne die Leistungen der strukturalistischen Erzähltheorien (Propp, Barthes, Greimas u.a.) nur im mindesten zu schmälern, wird das Narrative zum Schauplatz der Auseinandersetzung mit den strukturalistischen und den ihnen nachfolgenden Theoriebildungen. Damit kommen auch wieder das verschwundene Subjekt und der

---

13 Walter Seitter, Praxis der Medien. Materialien – Apparate – Präsentierungen, Weimar: Verlag für Geisteswissenschaften 2002, S. 9–17.

Mensch, dessen Tod Foucault zeitweilig so prophetisch und pathetisch beschworen hatte, wieder ins Spiel. Phänomene im Umfeld des Erzählens – Erfahrung, Erzählung und Erinnerung – erweisen sich nämlich als Momente des Menschlichen, an denen sich das Subjekt, symbolisch sichtbar, manifestiert, indem es eben erzählt, erfährt oder erinnert. So führt das Paradigma einer narrativen Philosophie und Kulturtheorie beinahe zwangsläufig zu einer Rehabilitierung des Subjekts, eines Subjekts, das freilich nicht mehr selbstmächtig ist wie in der idealistischen Denktradition, sondern dem die Dinge widerfahren und dass sich selbst zu fassen bekommt. Es gerät selbst in jenen hermeneutischen Zirkel, in jenen dynamischen Strudel, der darin besteht, dass man stillschweigend immer schon voraussetzt, was doch erst Resultat sein soll. Die Erfahrung, die im Erzählen im Nachhinein symbolisch formatiert wird, lässt sich als wiederholte und variable Selbstkonstruktion begreifen. Das Subjekt ist hier nicht mehr substanziell gedacht wie in der klassischen Autobiographie des 18. und frühen 19. Jahrhundert, in der der Held, später die Heldin im Sinne der aristotelischen Lehre von der Entelechie – nach einem Ablauf von Ereignissen, Einsichten und Reflexion – zum wahren Kern seines bzw. ihres Wesens gelangt, das immer schon in ihm oder ihr vorhanden gewesen war. Es gibt keinen festen Wesenskern, der sich am Ende offenbart. Anfang und Ende spiegeln sich nicht mehr; und aus der modernen Selbstzuschreibung ist auch tendenziell der deterministische Zug gewichen, jene Vorstellung, dass sich das betreffende Leben zwangsläufig aus der durch das Wesen des jeweiligen Menschen gegebenen Handlungslogik entfaltet, gleichsam organisch aus sich herauswachsend ausbreitet und erfüllt.

Um das Paradox eines sich durch Erzählen seiner/ihrer selbst vergewissernden Subjekts zu begreifen, kann man sich die Figur des Barons Münchhausen vor Augen führen, jenes Lügners und Hochstaplers, der sich in einer Geschichte mit dem eigenen Schopf aus dem Sumpf zieht. In gewisser Weise sind wir alle Lügner, indem wir nämlich erzählen.[14] Aber damit die Subjektwerdung funktioniert, müssen wir diese unsere narrativen Selbstkonstruktionen einfach vergessen. Oder wir machen es wie jener Marquis von Maillet aus Roland Albrechts *Museum der unerhörten Dinge*, der den roten Faden, der durch sein Leben führt, chemisch als Objekt freisetzt und exter-

---

[14]   Wolfgang Müller-Funk, Die Kultur und ihre Narrative, a.a.O., S. 70ff.

nalisiert. Etwas von diesem undurchschauten Alchemismus obwaltet in jedweder Erzählkunst.[15]

Zeit und Erzählen selbst stehen indes schon in einem unaufhebbaren zirkelhaften Verhältnis zueinander. Denn ein narrativ strukturiertes Werk konstruiert Zeit. Sie wird zu einer Zeit des Menschen, indem sie »narrativ artikuliert wird«. Umgekehrt wird die Erzählung in dem Maße bedeutungsvoll, dass sie »Züge der Zeiterfahrung« in sich trägt.[16]

Strukturalistische Erzähltheorien, so ließe sich aus der Perspektive dieser kritischen Gegenposition zum Strukturalismus formulieren, haben letztendlich jenes Element aus ihrer Analyse verbannt, das konstitutiv ist für jedwedes, auch noch so fragmentierte und diskontinuierliche Erzählen: die Zeit. Um der Zeit auf die Spur zu kommen, soll auf jenen Text rekurriert werden, der am Anfang des philosophischen Diskurses über die Zeit steht, ebenjene Analyse über die Paradoxien, die Augustinus vorgelegt hat und deren Spuren noch in Martin Heideggers epochalem Werk *Sein und Zeit* nachwirken. Sie sei hier kurz, der Interpretation Ricœurs folgend, skizziert.

Es ist kein Zufall, dass Augustinus' Meditation über die Zeit[17] in ein größeres Ganzes eingefasst ist, in eine bedeutende Erzählung, nämlich in die selbst erzählte Lebensgeschichte, in eine Form von proto-moderner Autobiographie. Das Erzählen selbst löst im Falle von Augustinus' *Bekenntnissen* den theoretischen Reflex aus, über die Zeit nachzudenken. Die Erzählung macht die Zeit sichtbar, die Zeit, die vergangen ist, seitdem der Erzähler ein kleines, ungezogenes, schreiendes, selbstsüchtiges Kind gewesen ist (so beschreibt sich Augustinus selbst, um ein zentrales kirchliches Dogma, jenes von der Ursünde anhand der eigenen Person zu beglaubigen). Aber »existiert« Zeit überhaupt? Sie lässt sich doch nicht fassen wie all jene Objekte, die der Philosoph dem erkennenden Subjekt gegenüberstellt. Sie existiert nicht als Vergangenheit, denn ›vergehen‹ meint doch, dass sie nicht mehr besteht. Sie existiert nicht als Zukunft, denn Kommen bedeutet ja, dass sie noch nicht da ist. Und letztendlich existiert sie ja auch nicht als Gegenwart. Kein Zeitmoment

---

[15] www.museumderunerhörtendinge.de

[16] Paul Ricœur, Zeit und Erzählung, Bd. 1, a.a.O., S. 9f.

[17] Aurelius Augustinus, Konfessionen. Zweisprachige Ausgabe, Frankfurt/Main: Insel 1987, S. 601–671. Vgl. Wolfgang Müller-Funk (Hrsg.), Zeit – Mythos – Phantom – Realität, Wien/New York: Springer 2000.

ist kurz genug, dass er ist und nicht gleich verschwunden ist. Eine solche Dauer der Zeit wäre die Ewigkeit, aber dies ist jenseits der menschlich-irdischen Welt. Die Zeit ist ein Fluidum, dass man nicht zu fassen bekommt und damit in Kontrast steht zur vermeintlichen ›objektiven‹ Verlässlichkeit wenigstens der menschennahen ›natürlichen‹, kulturellen und symbolischen Räume. Wir befinden uns – das mag auch an Derridas Konzept der *différance* erinnern – immer in einem Zustand der Differenz zu uns selbst.

Es hängt natürlich auch mit einer spezifischen Auffassung des verflixten Wortes »Sein« zusammen, die der Kirchenvater hier immer wieder in Anschlag bringt: Sie meint Bestand-Haben und unveränderlich Sein. In dieser Interpretation negieren Zukunft und Vergangenheit jedwedes Sein. Umso erstaunlicher, dass wir mit der nicht existenten Zeit in unserem Alltag umgehen und hantieren, sie messen und verräumlichend zur Anschauung bringen (z.B. durch die – analoge – Uhr). Ohne Zeit könnten wir hochkomplexe Prozesse und weit verzweigte Handlungsfolgen, an denen viele Menschen ohne Verabredung beteiligt sind, nicht generieren und integrieren.

Augustinus löst das von ihm geschaffene Paradox mit einem theoretischen Kniff. Er rückt das Vergangene wie das Zukünftige in die Gegenwart ein, die zwar zeitlich nicht wirklich zu fixieren ist, aber als erlebter Augenblick einen Grenzwert darstellt. Damit Zeit zur Sprache und damit zum Vorschein kommen kann, wird die Vergangenheit zur Vergegenwärtigung des Vergangenen (wie in der Autobiographie des Augustinus), die Zukunft zur Vergegenwärtigung des Kommenden, die Gegenwart zur Vergegenwärtigung des Gegenwärtigen. Vergegenwärtigung, Erinnerung und Erwartung sind die entscheidenden kognitiven und kulturellen Leistungen, die das Mensch-Sein möglich machen. Dieses ist dadurch bestimmt, dass es *in der Zeit* ist. Vielleicht hängt mit dieser elementaren Eigenschaft jene mehrfach konstatierte Universalität des Erzählens zusammen: Wir haben als Lebewesen, die mehr oder minder bewusst in der Zeit leben, keine Wahl: wir müssen erzählen.

Aber damit kommt ein Moment ins Spiel, das den qualitativen und konstruktiven Aspekt der Zeit ins Spiel bringt, die mehr ist als die »vulgäre« gemessene Zeit (Heidegger),[18] die für das Funktionieren von Verkehr, Medien und Institutionen von so entscheidender

---

[18] Martin Heidegger, Sein und Zeit, a.a.O., S. 377ff.

Bedeutung ist. Erst die erzählte Zeit eröffnet eine Tiefendimension der Kultur, ohne die die Welt des Menschen kaum denkbar ist. Dabei geht es nicht darum, Raum und Zeit gegeneinander auszuspielen. Denn die Handlungen und Begebenheiten, von denen erzählt wird, bedürfen eines Raumes. Der Begriff der Erfahrung zeigt diesen dynamischen Aspekt an: als Bewegung des Zeitlichen im Raum. Der russische Theoretiker Michail Bachtin hat in seiner Theorie des Romans den Begriff des *Chronotopos* entwickelt, um diese Verschränkung zu verdeutlichen:

> Im künstlerisch-literarischen Chronotopos verschmelzen räumliche und zeitliche Merkmale zu einem sinnvollen und konkreten Ganzen. Die Zeit verdichtet sich hierbei, sie zieht sich zusammen und wird auf künstlerische Weise sichtbar; der Raum gewinnt Intensität, er wird in die Bewegung der Zeit, des Sujets, der Geschichte hineingezogen. Die Merkmale der Zeit offenbaren sich im Raum, und der Raum wird von der Zeit mit Sinn erfüllt und dimensioniert. Diese Überschneidung der Reihen und dieses Verschmelzen der Merkmale sind charakteristisch für den künstlerischen Chronotopos.[19]

Jede Erzählung enthält Ricœur zufolge, vom konkreten Inhalt abgesehen, rein formal die Referenz, dass wir handelnde Wesen in einer raumzeitlichen Welt sind. Aber umgekehrt wird uns dieses Handeln symbolisch erst verfügbar durch Narrative, durch symbolische Zeitkonstruktionen, die sprachlich oder auch nicht sprachlich formatiert und medialisiert sind. Zeit ist Voraussetzung und Ergebnis eines In-der-Welt-Seins, wie es durch das jeweilige Narrativ bekräftigt und beglaubigt wird. Es hat – jenseits seines jeweiligen manifesten Inhalts – die Funktion, die »Welt bewohnbar« zu machen. Das gilt selbst für den Extremfall, dass es, wie z.B. die große Erzählung der spätantiken Gnosis, einer religiösen Strömung parallel und in Konkurrenz zum sich institutionalisierenden Christentum, oder der grandiose moderne Weltpessimismus von Brecht bis Kafka, die Welt für unbewohnbar erklärt. Denn auch sie liefert, wenn auch *ex negativo*, Orientierung und bezieht sich auf eine Erfahrung, die sie höchst paradox ausspricht.

Dieser Prozess der Vergegenwärtigung ist durch zwei gegenläufige Momente charakterisiert, die Ricœur, Agustinus folgend, als

---

[19] Michail Bachtin, Formen der Zeit im Roman. Untersuchungen zur historischen Poetik, Frankfurt/Main: Fischer 1989, S. 7ff.

distentio (Zerspannung) und *intentio* bzw. *attentio* (Anspannung) bezeichnet. Steht Ersteres für den passiven Aspekt, so Letzteres für den aktiven Aspekt zeitlicher Vergegenwärtigung, wie er zum Beispiel im aktuellen Vollzug, im Halten einer Rede, im Vortragen eines Gedichtes oder bei einer musikalischen Vorführung anschaulich wird. Aus eigener Erfahrung kann jeder von uns jene seltsame Mischung bei derartigen ›spannenden‹ Auftritten nachvollziehen. Die erfahrene Rednerin, das Kind, das zum ersten Mal ein Gedicht oder ein Klavierstück vor Publikum vorträgt, der Geiger oder Gitarrist in seinem Solo, sie alle wissen, dass es darum geht, eine Balance zwischen den beiden Polen zu finden. Bloße Anspannung, die letztlich auf Aufregung beruht, führt nicht selten, im Bemühen alles unter Kontrolle zu halten, zu verspanntem Misslingen, während die passive Selbstverlorenheit aus dem umgekehrten Grund das Scheitern in sich trägt.

Gemessen wird dabei, so die Augustinus-Interpretation in *Zeit und Erzählung*, nicht das Vorübergegangene selbst, sondern der Eindruck, den es – beim Produzenten wie beim Rezipienten – hinterlassen hat. In dieser vergegenwärtigenden Erinnerung treffen gespannte Aufmerksamkeit und das sich den jeweiligen Eindrücken überlassen zusammen. Die Aufmerksamkeit in der Anspannung beschreibt jenen Akt, in dem Zukunft in Vergangenheit überführt wird. Dieser Prozess von Erinnerung, Erwartung und Gegenwärtigkeit ist ein nicht endender Prozess. Die Zerspannung hingegen ist der Riss, die Tatsache, dass die drei Modi des Zeitlichen nicht zusammenfallen.[20]

Kernthese von Ricœur ist, dass die Erzählung auf Grund ihrer formalen Struktur diese Synthesis des Gegenläufigen ermöglicht. In der Erzählung bekommt die Zeit eine Passform. An der aristotelischen Analyse des »Mythos«, des Narrativs, hebt Ricœur deren Konsonanz hervor. Das Narrativ ist also jene symbolische Konstruktionsform, die die Dissonanz in Konsonanz überführt. Das lässt sich als Leistung, aber auch als Problem interpretieren: In der Erzählung wird, rein formal, das Dissonante und Diskontinuierliche in einen kontinuierlichen Zeitfluss gebracht, damit aber auch das Irritierende gelöscht. So wird das Erzählen als Sinnstiftung gepriesen und steht zugleich unter dem Verdacht der versöhnlichen Illusion und

---

[20] Paul Ricœur, Zeit und Erzählung, Bd. 1, a.a.O., S. 37.

der Lüge. Die synthetische Leistung des Erzählens, aus dem Geringfügigsten und Nichtigsten, aber auch aus dem Schrecklichsten und Sinnlosesten *etwas* zu machen, wird gerade unter den Bedingungen einer Modernität, die unerschrockene Genauigkeit mit sich selbst zum ethischen und ästhetischen Ideal erhebt, beinahe zwangsläufig obsolet, und zwar in jenen professionellen Erzählwerkstätten, die zum Teil hochkomplexe, formal höchst unrealistische Erzählungen hervorbringen: jene im symbolischen Feld professioneller Literatur. Der versöhnliche Charakter, wie er dem Narrativen traditionell innezuwohnen scheint, ist für jedwede radikale Kulturkritik ein Ärgernis.

Ricœur übernimmt in wesentlichen Punkten die Definition des Aristoteles vom Mythos als Nachahmung einer realen, außerliterarischen Handlung. Im Gegensatz zu radikal konstruktivistischen Theorien, die davon ausgehen, dass Diskurse, Texte, Narrative und symbolische Formen generell erst Welt konstituieren, wird hier also eine Realität außerhalb angenommen, in der es, wie rudimentär auch immer, Handlungen gibt. Erzählungen gibt es, weil es ein Handeln gibt, das die Phänomenologie auf die *Lebenswelt* bezieht.

Andernfalls macht nämlich der Begriff *Mimesis* keinen Sinn. Oder anders ausgedrückt: Konstruktivistische (Kultur-)Theorien sind solche, die ihrer ganzen Logik nach mit dem Konzept von Mimese nichts anzufangen wissen und davon ausgehen, dass etwa der Roman Welt erfindet. Hier wird, um den Titel eines berühmten Films von Alain Resnais zu zitieren, das Leben zum Roman. Auch Ricœur betont den konzeptiven und konstruktiven Aspekt des Narrativen, hält aber an der Vorstellung eines primären Handelns in einer realen Welt fest. Insofern unterscheidet er drei Mimesen:

► Mimesis I: Die außerliterarische und lebensweltliche Praxis, in der es nicht weiter explizierte, rudimentäre Formen des Erzählens gibt. Wesentliche Elemente sind Handlung und Funktion.

► Mimesis II: Die eigentliche Mimesis, die nachahmende Konstruktion von Handlung durch kohärente, zeitlich und räumlich eindeutig begrenzte Narrative, die im Fall der Kunst ihren ganz eigenen Ort, Spielregeln der Inszenierung bzw. der Rezeption und gegebenenfalls auch eine bestimmte Spieldauer (Film, Theater, Oper, Lesung) haben.

► Mimesis III: Diese bezieht sich auf den rezeptiven Aspekt der Erzählung und stellt in ihrem wesentlichen Aspekt eine Abgleichung von Mimesis I und II durch das Publikum dar.[21]

Der Zuschauer/die Zuschauerin gleicht das Geschehen auf der Bühne (Mimesis II) mit den selbst erlebten Ereignissen in der Lebenswelt ab (Mimesis I). Dabei geht es um die Vermittlung von kognitiven und emotionalen Elementen, von Reflexion und Empathie. Eine solche Mimesis III hat Aristoteles mit der Katharsis, dem heilsamen Schrecken, beschrieben, den er pädagogisch und ethisch begreift. Er führt uns – als Konsequenz einer bestimmten Handlungsweise – den Untergang einer (mythischen, das heißt einer zeitlich entrückten) Figur vor, die in Mimesis II, in der Welt der Fiktion, Schaden erleidet. Durch die empathische Reflexion auf der Ebene III, in einem Akt von Identifikation und Distanzierung, erleben wir die Handlung mit. Sie bewahrt uns möglicherweise davor, in unserem Lebensvollzug denselben menschlichen Fehler zu begehen, der die Figur auf der Bühne zu Fall bringt (Eifersucht, Rachsucht, Zorn, blindes Vertrauen). Die heutige Psychotherapie macht sich diese Elemente des Theatralischen zunutze.

Interessanterweise lassen sich diese drei Ebenen auch im Zeitlichen ausmachen. Dabei wird sichtbar, welch zeitlich komplexes Gebilde eine Erzählung darstellt:

► Erzählte Zeit: d.h. die Zeit in der die fragliche Handlung stattgefunden hat bzw. haben soll (mythisches Ereignis, historisches Datum, fiktive Zeit).

► Erzählzeit: das heißt der Zeitpunkt, zu dem dieses – reale oder fiktive – Ereignis erzählt wird. Es versteht sich von selbst, dass dieses Ereignis nicht linear nacherzählt werden muss (Retrospektive, Rückgriff, Komprimierung).

► Zeit der Rezeption: Dieser Zeitpunkt kann variieren: Menschen vor 1000 Jahren haben, wenn überhaupt, die Bibel anders gelesen als wir heute. Als Kafka seine unheimlichen ›weltlosen‹ Erzählungen schrieb, gab es die historische Erfahrung des Gulag und der Shoah noch nicht. Wir lesen heute Augustinus' Reflexionen über die Zeit im intertextuellen Bezug zu Heideggers *Sein und Zeit*. Heutige Leser stellen Referenzen her, die damals gar nicht beabsichtigt waren.

---

[21] Ders., Zeit und Erzählung, Bd. 1, a.a.O., S. 90–135.

Rezipient(inn)en sind, wie uns Literaturtheoretiker wie Umberto Eco[22] und Roland Barthes gezeigt haben, keine passiven Wesen, die nach dem Prinzip des Nürnberger Trichters funktionieren, sondern sie sind Menschen, die durch ihre Lektüre und Rezeption selbst in die Position eines sekundären Schreibers geraten. Nur in Ausnahmesituationen lassen sich die drei Zeitebenen zur Deckung bringen, etwa in einer Direktübertragung eines bestimmten Ereignisses auf dem Bildschirm.

Der Leser realisiert und aktualisiert die jeweilige narrative Matrix. In gewisser Weise wird man wohl sagen können, dass der Leser und die Leserin durch die Aktualisierung selbst zum Erzähler, zur Erzählerin wird.

Folgende Merkmale sind für das Narrativ charakteristisch:

► Es impliziert auf allen drei Ebenen üblicherweise einen Anfang und ein Ende.

► Einfache Formen des Erzählens beziehen sich auf die lineare Struktur der Zeit (»und dann«), komplexere durchbrechen auf der zweiten Zeitebene diesen mimetischen Gestus (Rückblende, Vorschau).

► Es besteht generell die Unterscheidbarkeit zwischen Erzählzeit und erzählter Zeit.

► Sie konstruieren Raum und Zeit als ein einheitliches Ganzes (Chronotopos).

► Sie sind handlungsbezogen und implizieren eine Teleologie (Ziel-Logik).

Kritikpunkte und Anmerkungen

► Ricœurs Verwendung des Begriffes *Mimesis* ist selbst im Falle von Mimesis II irreführend. Offenkundig sucht er eine Gegenposition zum radikalen Konstruktivismus und Textualismus. Aber wenn er den konstruktiven Charakter von Mimesis II hervorhebt, handelt es sich nicht mehr um eine klassische Form der Mimese, sondern um etwas ›Drittes‹ jenseits von Mimese und Konstruktion.

► Das Verhältnis der Ebenen I und II bleibt an manchen Punkten ungeklärt. Lebensweltliches Handeln stellt einen vernünftigen Grenzwert dar, aber auch unser alltägliches Handeln wird in versprachlichter Form erinnert

---

[22] Umberto Eco, Im Wald, a.a.O, S. 11–21.

und präsentiert. Insofern kann man nur das alltägliche Erzählen mit dem fiktiven, z.b. im Medium des Buches oder des Filmes verfassten Erzählen vergleichen. Gut denkbar übrigens, dass die sog. Mimesis II auf die Mimesis I zurückschlägt und sie modifiziert. Die expliziten symbolischen Formatierungen unserer Kultur modifizieren unser alltägliches Erzählen (übrigens auch unsere Traumerzählungen).

► So wie Augustinus, der Autobiograph, der die Zeit reflektiert, seine eigene Tätigkeit nicht ins Blickfeld rückt – ansonsten wäre er der erste moderne Erzähltheoretiker geworden –, so blendet Ricœur die kulturtheoretische Dimension seiner philosophischen Erzählanalyse aus. Insofern hat der französische Hermeneutiker nach Heidegger und Freud die Grundlage für etwas gelegt, das er nicht expliziert: eine Theorie von Kultur, die diese als Ensemble von Narrativen begreift.[23]

► Eng damit zusammenhängend, und in überraschender Analogie zu Cassirer, schenkt der Philosoph den konkreten Ausformungen der post- oder hypermodernen Kultur keinerlei Augenmerk,[24] bezieht sie nicht in sein Werk ein, beschränkt sich auf die klassische Kunst der Literatur bzw. auf die verlässlichen Disziplinen der Geschichte und der Philosophie.

► Indem sich der Autor im Gefolge seiner theoretischen Explikation auf Texte mit epischem Charakter bezieht, schränkt er sein Thema und damit die Reichweite des Narrativen sogar gegenüber Aristoteles ein.

► Obschon Ricœur ein höchst wichtiges Buch über Identität vorgelegt hat,[25] gelingt es ihm nicht, den Zusammenhang zwischen Erzählen und Identitätskonstruktion *systematisch* auszuführen, wie es in Aristoteles' Konzept, in seinen Ausführungen zur antiken Tragödie und der Polis bereits anklingt.

► Eine narrative Kulturtheorie, die auf Ricœur aufbaut und zugleich über ihn hinausgeht, müsste den Geltungsbereich des Narrativen in rezenten wie in modernen Kultur ausweiten und zugleich die überwältigend wichtige Funktion des Erzählens als einer Grundvoraussetzung für Kultur überhaupt herausarbeiten.

---

[23] Wolfgang Müller-Funk, Die Kultur und ihre Narrative, a.a.O.

[24] Mieke Bal formuliert diese Funktion durchaus kritisch, vgl. dies., Kulturanalyse, a.a.O., S. 37: »Im Raum zwischen Ding und Aussage ist der narrative einer der Diskurse, die sich hier einschleichen. Die Erzählung ist der Diskurs der Affirmation und des Mythos, des Geschichtenerzählers und der Fiktion, der Verführung und der bereitwilligen Außerkraftsetzung des Zweifels.«

[25] Vgl. Fußnote 6.

Das folgende Schema stellt eine Modifikation dar, die zunächst einmal von Mimesis II und Mimesis III ausgeht. Mimesis I ist dagegen ein horizontaler Grenzwert, so wie Kants »Ding an sich«, das auf der Ebene des Inhalts aufscheint. Die folgende Unterscheidung stellt insofern eine Vereinfachung dar, weil in ihr die wechselseitige Durchdringung der Ebenen nicht darstellbar ist:

► Ebene I: Inhalt Handlungskern, Inhalt Fabel (Frage: Was?).
► Ebene II: Konstruktion (Verknüpfung der Handlung, Aufbau, Handlungssegmente und Aktanten, Erzählmodus, Gattung), Narrative Matrix (Frage: Wie?).
► Ebene III a: Materiale Form: Schrift, Sprache, Bild in diversen materiellen Repräsentationen (Frage: Mit welchen technischen Mitteln?).
► Ebene III b: Ort der Inszenierung, Verhältnis von Produzent, Akteuren und Publikum (öffentlich-privat, Theater im weitesten Sinn oder einsame Lektüre (Frage: Wo?)).

Sie würde, wie das folgende Schema zeigt, den Begriff der drei Mimesen modifizieren oder überhaupt ganz fallen lassen.

Im Mittelpunkt der Analyse steht freilich jene Ebene, die in *Zeit und Erzählung* als Mimesis II behandelt werden:

► Mimesis I: nicht abgeschlossene Funktionen und Handlungen, die in Narrativen des Alltags kurzfristig festgehalten werden und die mit den formativen Narrativen einer Kultur symbolisch interagieren.
► Mimesis II: medialisierte Formen von Repräsentationen von narrativen Matrizes (bezieht sich auf Ebene I und schließt Momente der Ebene III a (wissenschaftliche Abhandlung, Literatur, Historiographie, Tafelbild, Installation, Architektur; Gattungen: Lyrik (Ballade), Drama, epische Formen; Spielfilm, Feature, Hörspiel, Reportage, Bericht) ein).
► Mimesis III: Ort und kommunikative Situation: Kino, Museum, Show, Hörsaal, zu Hause (Radio, TV, Buch).[26]

Narrative sind kulturell besehen höchst leistungsfähig. Schon am Beispiel der antiken Tragödie und ihrem Bezug auf die griechische Polis wird dies sinnfällig. Es seien hier folgende Funktionen angeführt:

---

[26] Wolfgang Müller-Funk, Die Kultur und ihre Narrative, a.a.O., S. 75ff.

▶ Durch ihre Vergegenwärtigung von Vergangenem konstruieren und speichern Narrative *Erinnerung* (zum Beispiel an die Zeit der Heldinnen und Helden, der Götter, der Gründungsväter einer Stadt).

▶ Sie konstruieren *Differenz, Unverwechselbarkeit* und *Individualität* (es ist eine bestimmte Geschichte über eine Person – mich, eine mythische Figur – und diese Geschichte ist nur mir, ihr, ihm zu-eigen).

▶ Sie konstruieren Zusammengehörigkeit zwischen dem einzelnen Individuum und dem Kollektiv. Ein Phänomen wie das Theater eignet sich auf Grund seiner psychoästhetischen Dichte (Miterleben) besonders für diese Form der Identifikation.

▶ Sie konstruieren imaginäre Gemeinschaften (Anderson), wie z.B. die *polis* von Athen, die Nation, die Frau, die Menschheit usw.

▶ Sie führen exemplarische Handlungen vor, die direkt (positives Beispiel) oder indirekt (abschreckendes Beispiel) ethisch und ästhetisch Vorbildcharakter haben.

▶ Sie sind, anders als die abstrakten Diskurse von Wissenschaft und Philosophie, auf Grund ihrer Referenz auf die Lebenswelt lebens- und köpernah.

▶ Narrative sind traditionell ordnungsstiftend.

▶ Sie sind kontingenzbewältigend (der Zufall bekommt im Ablauf der Handlung Sinn zugewiesen).

▶ Sie sind weltversöhnend (indem sie die Welt symbolisch ordnen, lassen sie die Menschen an der Welt teilhaben).

▶ Sie sind teleologisch (es werden Ziele des Handelns vorgegeben).

Nicht alles, was eine Kultur ausmacht, ist narrativ. Wenn man also Kultur als Ensemble von Erzählungen auffasst, dann heißt das nicht, dass damit alle Aspekte, Funktionen und Phänomene einer Kultur erfasst sind. Technische Prozeduren, Kochrezepte, mathematische Formeln sind ganz bestimmt keine Erzählungen, wir lernen sie auswendig, kognitiv oder durch Wiederholung, sie gehören dem Gedächtnis an. Die Geschichten, die eigenen, die heroischen, die Alltagsgeschichten gehören dem mnemotechnischen Bereich an, in dem durch Erinnerung Identität gestiftet wird.

Literatur

Paul Ricœur, Zeit und Erzählung, Bd. 1: Zeit und historische Erzählung, München: Fink 1988, S. 7–135.

Mieke Bal, Narratology. Introduction to the Theory of Narrative (2. Aufl.), Toronto: TUP 1997.

Roland Barthes, Einführung in die strukturale Analyse von Erzählungen, in: ders., Das semiologische Abenteuer, Frankfurt/Main: Suhrkamp 1979, S. 102–143.

Wolfgang Müller-Funk, Die Kultur und ihre Narrative, Wien/New York: Springer 2002, S. 63–85.

François Dosse, Le Sens d'une Vie, Paris: Éds. La Découverte 1997.

Stefanie Haas, Kein Selbst ohne Geschichten. Wilhelm Schapps Geschichtenphilosophie und Paul Ricœurs Überlegungen zur narrativen Identität, Hildesheim: Olms 2002.

Frank Fuchs, Konkretionen des Narrativen am Beispiel von Eberhard Jüngels Theologie und Predigten unter Einbeziehung der Hermeneutik Paul Ricœurs sowie der Textlinguistik Klaus Brinkers, Münster: Lit 2004.

Susanne Kaul, Narratio. Hermeneutik nach Heidegger und Ricœur, Paderborn: Fink 2003.

Paul Ricœur, Mario J. Valdés, A Ricœur Reader. Reflection and Imagination, New York: Wheatsheaf 1991.

Auswahlbibliographie

Theodor W. Adorno, Noten zur Literatur, hrsg. von Rolf Thiedemann, Frankfurt/Main: Suhrkamp 1958.

Ben Agger, Cultural Studies as Critical Theory, London: The Falmer Press 1992.

Peter Alter, Nationalismus, Frankfurt/Main: Suhrkamp ⁴1993.

Günther Anders, Mensch ohne Welt. Schriften zur Kunst und Literatur, München: C.H. Beck 1984.

Ders., Erzählungen. Fröhliche Philosophie, Frankfurt/Main: Suhrkamp 1987.

Benedict Anderson, Imagined Communities. Reflections on the Origin and Spread of Nationalism, Revisited and Extended Version, London: Verso 1991. Deutsch: Die Erfindung der Nation. Zur Karriere eines erfolgreichen Konzepts, aus dem Englischen von Christoph Münz und Benedikt Burkhard, erweiterte Neuausgabe, Frankfurt/Main: Campus 1996.

Ders., Kulturelle Wurzeln, in: Elisabeth Bronfen, Benjamin Marius, Therese Steffen (Hrsg.), Hybride Kulturen. Beiträge zur anglo-amerikanischen Multikulturalismusdebatte, Tübingen: Stauffenburg 1997, S. 31–58.

Heide Appelsdorfer, Elfriede Billmann-Mahecha (Hrsg.), Kulturwissenschaft. Felder einer prozessorientierten wissenschaftlichen Praxis. Weilerswist: Velbrück 2001.

Hannah Arendt, Elemente und Ursprünge totaler Herrschaft, München: Piper 1986.

Aristoteles, Poetik, hrsg. von Manfred Fuhrmann, Stuttgart: Reclam 1982.

Bill Ashcroft, Gareth Griffiths, Helen Tiffin (Hrsg.), The Post-Colonial Studies Reader, London: Routledge 1995.

Aleida Assmann, Dietrich Hart (Hrsg.), Kultur als Lebenswelt und Monument, Frankfurt/Main: Suhrkamp 1991.

Aleida Assmann, Heidrun Friese (Hrsg.), Identitäten, Frankfurt/Main: Suhrkamp 1998 (= Erinnerung, Geschichte, Identität 3).

Aleida Assmann, Erinnerungsräume. Formen und Wandlungen des kulturellen Gedächtnisses, München: C.H. Beck 1999.

Dies., Zeit und Tradition. Kulturelle Konstruktion von Dauer, Köln/Weimar/Wien: Böhlau 1998.

Jan Assmann, Das kulturelle Gedächtnis. Schrift, Erinnerung und politische Identität in frühen Hochkulturen, München: C.H. Beck 1992.

Marc Augé, Orte und Nicht-Orte. Vorüberlegungen zu einer Ethnologie der Einsamkeit, aus dem Französischen von Michael Bischoff, Frankfurt: Fischer 1994.

Aurelius Augustinus, Bekenntnisse, eingeleitet und übertragen von Reinhold Thimme, München: dtv [7]1994.

Ders., Vom Gottesstaat, aus dem Lateinischen von Wilhelm Thimme, München: dtv 1991 (2 Bde.).

Gaston Bachelard, La poetique de l'éspace, Paris 1957. Deutsch: Poetik des Raumes, aus dem Französischen von Kurt Leonhard, Frankfurt/Main: Fischer 1987.

Doris Bachmann-Medick, James Clifford (Hrsg.), Die anthropologische Wende in der Literaturwissenschaft, Frankfurt/Main: Fischer 1996.

Michail M. Bachtin, Die Ästhetik des Wortes, hrsg. von Rainer Grübel, aus dem Russischen von Rainer Grübel und Sabine Reese, Frankfurt/Main: Suhrkamp 1979.

Ders., Formen der Zeit im Roman. Untersuchungen zur historischen Poetik, [1975], hrsg. von Edward Kowalski, aus dem Russischen von Michael Dewey, Frankfurt/Main: Fischer, 1989.

Jürgen G. Backhausen (Hrsg.), Georg Simmels Philosophie des Geldes ein Jahrhundert danach, Marburg: Metropolis 2000.

Alain Badiou, Manifest für die Philosophie, aus dem Französischen von Jadja Wolf und Eric Hoerl, Wien: Turia & Kant 1998.

Dirk Baecker, Wozu Kultur? Berlin: Kadmos 2000.

Mieke Bal, Introduction to the Theory of Narrative, Toronto: University of Toronto Press [2]1997.

Dies., Kulturanalyse, hrsg. und mit einem Nachwort versehen von Thomas Fechner-Smarsly und Sonja Neef, aus dem Englischen von Joachim Schulte, Frankfurt/Main: Suhrkamp 2002.

Roland Barthes, L'aventure sémiologique, Paris: Éditions du Seuil 1985. Deutsch: Das semiologische Abenteuer, aus dem Französischen von Dieter Hornig, Frankfurt/Main: Suhrkamp 1988.

Ders., Le plaisir du texte, Paris: Éditions du Seuil 1973. Deutsch: Die Lust am Text, aus dem Französischen von Traugott König, Frankfurt/Main: Suhrkamp [8]1999.

Ders., Mythologies, Paris: Éditions du Seuil 1957. Deutsch: Die Mythen des Alltags, Frankfurt/Main: Suhrkamp 1982.

Ders., Système de la mode, Paris Éditions du Seuil 1981 (= Points; 147: essais). Deutsch: Die Sprache der Mode, aus dem Französischen von Horst Bühmann, Frankfurt/Main: Suhrkamp 1985.

Ders., S/Z. Essais, Paris: Éditions du Seuil 1970 (= Tel Quel). Deutsch: S/Z, aus dem Französischen von Jürgen Hoch, Frankfurt/Main: Suhrkamp 1975.

Gregory Bateson, Mind and Nature. A Necessary Unity, Toronto: Bantham Books 1980. Deutsch: Geist und Natur. Eine notwendige Einheit, aus dem Englischen von Hans Günter Holl, Frankfurt/Main: Suhrkamp 1982.

Moritz Baßler (Hrsg.), New Historicism. Literaturgeschichte als Poetik der Kultur, Frankfurt/Main: Fischer 2001.

Jean Baudrillard, Les stratégies fatales, Paris: Grasset 1983 (= Biblio/Essai; 5). Deutsch: Die fatalen Strategien, mit einem Anhang von Oswald Wiener, aus dem Französischen von Ulrike Bockskopf und Ronald Vouillié, München: Matthes und Seitz 1991.

Michael Bell, How Primordial is Narrative, in: Christopher Nash (Hrsg.), Narrative in Culture. The Uses of Storytelling in the Sciences, Philosophy and Literature, London: Routledge 1990, S. 172–198.

Julien Benda, Le trahison des clercs, Paris: Grasset 1927. Deutsch: Der Verrat der Intellektuellen, aus dem Französischen von Arthur Merin, mit einem Vorwort von Jean Amery, Frankfurt/Main: Fischer 1988.

John Bender, David E. Wellbery, Chronotypes. The Construction of Time, Stanford: Stanford UP 1991.

Andrew Benjamin, Present Hope. Philosophy, Architecture, Judaism, London: Routledge 1997.

Walter Benjamin, Ausgewählte Schriften, hrsg. von Theodor W. Adorno und Gretel Adorno, Frankfurt/Main: Suhrkamp 1974 und 1977 (2 Bde.).

Ders., Das Passagen-Werk, hrsg. von Rolf Tiedemann, Frankfurt/Main: Suhrkamp 1983 (2 Bde.).

Jonathan Benthall, Disasters, Relief and the Media, London: Tauris 1995.

Helmut Berding (Hrsg.), Myhtos und Nation, Frankfurt/Main: Suhrkamp 1996 (= Studien zur Entwicklung des kollektiven Bewußtseins in der Neuzeit 3).

Eberhard Berg, Martin Fuchs (Hrsg.), Kultur, soziale Praxis, Text. Die Krise der ethnographischen Repräsentation, Frankfurt/Main: Suhrkamp 1993.

Peter Berger, Thomas Luckmann, Die gesellschaftliche Konstruktion der Wirklichkeit, Frankfurt/Main: Fischer 1969.

Isaiah Berlin, Der Nationalismus, aus dem Englischen von Johannes Fritsche, Frankfurt/Main: Hain 1990 (= Anton Hain 8).

Ders., Nationalismus, »Volksgeist«. Die universale Kultur und der Pluralismus der Lebenswelten, in: Lettre International. Europas Kulturzeitung, H. 15, Berlin 1991, S. 6–9.

Homi K. Bhabha, The Location of Culture, London: Routledge 1994. Deutsch: Die Verortung der Kultur, mit einem Vorwort von Elisabeth Bronfen, aus dem Englischen von Michael Schiffmann und Jürgen Freudl, Tübingen: Stauffenburg 2000 (= Stauffenburg discussions 5).

Ders., Nation and Narration, London: Routledge 1990.

Peter Bichsel, Der Leser – Das Erzählen. Frankfurter Poetik-Vorlesungen, Neuwied: Luchterhand 1982.

Herbert Blau, The Audience, Baltimore: John Hopkins UP 1990.

Ernst Bloch, Das Prinzip Hoffnung, Frankfurt/Main: Suhrkamp 1959 (3 Bde.).

Ders., Erbschaft dieser Zeit, Frankfurt/Main: Suhrkamp 1962.

Harold Bloom, The Anxiety of Influence. A Theory of Poetry, London: Oxford UP 1975. Deutsch: Einfluß-Angst. Eine Theorie der Dichtung, aus dem amerikanischen Englisch von Angelika Schweikhart, Basel: Stroemfeld 1995 (= Nexus 4).

Ders., Shakespeare. Die Erfindung des Menschlichen, aus dem Englischen von Peter Knecht, Berlin: Berlin Verlag 2000.

Hans Blumenberg, Die Lesbarkeit der Welt, Frankfurt/Main: Suhrkamp 1981.

Ders., Die Legitimität der Neuzeit, Frankfurt/Main: Suhrkamp ³1984 (4 Bde.).

Ders., Schiffbruch mit Zuschauer: Paradigma einer Daseinsmetapher, Frankfurt/Main: Suhrkamp 1997.

Ders., Lebenszeit und Weltzeit, Frankfurt/Main: Suhrkamp ²1986.

Ders., Arbeit am Mythos, Frankfurt/Main: Suhrkamp, ³1984.

Franz Boas, Race, Language and Culture (1940), Chicago: University of Chicago Press 1982.

Hartmut Böhme, Klaus R. Scherpe (Hrsg.), Literatur- und Kulturwissenschaften. Positionen, Theorien, Modelle, Reinbek: Rowohlt 1996.

Hartmut Böhme, Peter Matussek, Lothar Müller, Orientierung Kulturwissenschaft. Was sie kann, was sie will, Reinbek: Rowohlt 2000.

Karl Heinz Bohrer (Hrsg.), Mythos und Moderne. Begriff und Bild einer Rekonstruktion, Frankfurt/Main: Suhrkamp 1983.

Vittoria Borsó, Christoph Kann (Hrsg.), Geschichtsdarstellung. Medien – Methoden – Strategien, Köln/Weimar/Wien: Böhlau 2004.

Wayne Booth, The Rhetoric of Fiction, Chicago: University of Chicago Press 1961.

Pierre Bourdieu, Die feinen Unterschiede. Kritik der gesellschaftlichen Urteilskraft [1979], aus dem Französichen von Bernd Schwibs und Achim Russer, Frankfurt/Main: Suhrkamp 1989.

Ders., Die männliche Herrschaft, in: Irene Döring, Beate Kraus, Ein alltägliches Spiel. Geschlechterkonstruktionen in der sozialen Praxis, Frankfurt/Main: Suhrkamp 1997, S. 153–217.

Ders., Die Regeln der Kunst. Genese und Struktur des literarischen Feldes [1992], aus dem Französischen von Bernd Schwibs und Achim Russer, Frankfurt/Main: Suhrkamp 1999.

Ders., Meditationen. Zur Kritik der scholastischen Vernunft [1997], aus dem Französischen von Achim Russer, Frankfurt/Main: Suhrkamp 2001.

Claude Bremond, Logique du récit, Paris: Éditions du Seuil 1973.

Roger Bremond, Lost Narratives. Popular Fictions, Politics and Recent History, London: Routledge 1988.

Josef Breuer, Sigmund Freud, Studien über Hysterie, Frankfurt/Main: Fischer 1991.

Hermann Broch, Geist und Zeitgeist. Essays zur Kultur der Moderne, hrsg. von Paul Michael Lützeler, Frankfurt/Main: Suhrkamp 1997.

Roger Bromley, Narratives of a New Belonging. Diasporic Cultural Fictions, Edinburgh: Edinburgh UP 2000.

Roger Bromley, Udo Göttlich, Carsten Winter (Hrsg.), Cultural Studies. Grundlagentexte zur Einführung, Lüneburg: zu Klampen 1999.

Elisabeth Bronfen, Benjamin Marius, Therese Steffen (Hrsg.), Hybride Kulturen. Beiträge zur anglo-amerikanischen Multikulturalismusdebatte, Tübingen: Stauffenburg 1997.

Will Brooker, Cultural Studies, London: Hodder & Stoughton 1998.

Rüdiger vom Bruch, Friedrich Wilhelm Graf, Gangolf Hübinger (Hrsg.), Kultur und Kulturwissenschaften um 1900. Krise der Moderne und Glaube an die Wissenschaft, Stuttgart: Steiner 1989.

Jerome S. Bruner, Acts of Meaning, Cambrige MA: Harvard University Press 1990.

Ders., Vergangenheit und Gegenwart als narrative Konstruktion. Was ist gewonnen und was verloren, wenn Menschen auf narrative Weise Sinn bilden?, in: Jürgen Straub (Hrsg.), Erzählung, Identität und historisches Bewußtsein. Die psychologische Konstruktion von Zeit und Geschichte, Frankfurt/Main: Suhrkamp 1998 (= Erinnerung, Geschichte, Identität; 1), S. 46–80.

Karl Brunner, Andrea Griesebner, Daniela Hammer-Tugendhat (Hrsg.), Verkörperte Differenzen, Wien: Turia & Kant 2004 (= Kulturwissenschaften Bd. 8.3.).

Martin Buber, Zwiesprache. Traktat vom dialogischen Leben, Heidelberg: Schneider 1978.

Peter Burke, Helden, Schurken und Narren. Europäische Volkskultur in der frühen Neuzeit, Stuttgart: Klett-Cotta 1981.

Hadumod Bußmann, Renate Hof (Hrsg.), Genus. Zur Geschlechterdifferenz in den Kulturwissenschaften, Stuttgart: Kröner 1995.

Judith Butler, Das Unbehagen der Geschlechter, Frankfurt/Main: Suhrkamp 1991.

Dies., Körper von Gewicht. Die diskursiven Grenzen des Geschlechts, Frankfurt/Main: Suhrkamp 1997.

Ivan Berlin-Bystrina, Semiotik der Kulturen. Zeichen – Texte – Codes, Tübingen: Stauffenburg 1989.

Massimo Cacciari, Zeit ohne Kronos. Essays, aus dem Italienischen von Reinhard Kacianka, Klagenfurt: Ritter 1986.

Alex Callinicos, Reflections on the Philosophy of History, Cambridge: Blackwell Publishers 1995.

Elias Canetti, Die gerettete Zunge. Geschichte einer Jugend, München: Hanser 1977.

Ders., Masse und Macht, Frankfurt/Main: Fischer 1981.

Ernst Cassirer, Philosophie der symbolischen Formen [1953], Darmstadt: WBG 1994 (3 Bde.).

Ders., Zur Logik der Kulturwissenschaften [1942]. Fünf Studien, Darmstadt: WBG 1994.

Ders., An Essay on Man. An Introduction to a Philosophy of Human Culture, New Haven: Yale UP 1944. Deutsch: Versuch über den Menschen. Einführung in eine Philosophie der Kultur, Frankfurt/Main: Fischer 1990.

Cornelius Castoriadis, L'institution imaginaire de la societé, Paris: Éditions du Seuil, 1975. Deutsch: Gesellschaft als imaginäre Institution. Entwurf einer politischen Philosophie, aus dem Französischen von Horst Brühmann, Frankfurt/Main: Suhrkamp 1984.

Iain Chambers, Migration, Kultur, Identität, aus dem Englischen von Gudrun Schmidt und Jürgen Freudl, mit einem Vorwort von Benjamin Marius, Tübingen: Stauffenburg 1996.

David Chaney, The Cultural Turn, London: Routledge 1994.

Noam Chomsky, Syntactic Structures, The Hague/S'Gravenhage: Mouton 1957.

Michele Cometa, Roberta Coglitore, Federica Mazzara (Hrsg.), Dizionario degli studi culturali, Roma: Meltemi 2004.

Christoph Conrad, Martina Kessel (Hrsg.), Kultur & Geschichte. Neue Einblicke in eine alte Beziehung, Stuttgart: Reclam 1998.

Friedrich Creuzer, Symbolik und Mythologie der alten Völker, Leipzig/Darmstadt: Carl Wilhelm Leske 1819.

Moritz Csáky, Elena Mannová, Collective Identities in Central Europe in Modern Times, Bratislava: Slovak Academy of Sciences 1999.

Moritz Csáky, Johannes Feichtinger, Ursula Prutsch (Hrsg.), Habsburg postcolonial. Gedächtnis – Erinnerung – Identität, Innsbruck: Studien-Verlag 2003.

Jonathan Culler, On Deconstruction. Theory and Criticism after Structuralism, New York: Routledge & Kegan Paul 1982. Deutsch: Dekonstruktion. Derrida und die poststrukturlistische Literaturtheorie, aus dem Amerikanischen von Manfred Momberger, Reinbek: Rowohlt 1988.

Mark Currie, Postmodern Narrative Theory, Basingstoke: Macmillan 1998.

Ute Daniel, ›Kultur‹ und ›Gesellschaft‹: Überlegungen zum Gegenstandsbereich der Sozialgeschichte, in: Geschichte und Gesellschaft 19 (1993), S. 69–99.

Dies., Kompendium Kulturgeschichte. Theorien, Praxis, Schlüsselwörter, Frankfurt/Main: Suhrkamp 2001.

Arthur C. Danto, After the End of Art, Princeton/New York: Princeton UP 1997. Deutsch: Das Fortleben der Kunst, aus dem Englischen von Christiane Spelsberg, München: Fink 2000.

Ders., Beyond the Brillo Box. The visual arts in post-historic perspective, New York: Farrar 1992. Deutsch: Kunst nach dem Ende der Kunst, aus dem Englischen von Christiane Spelsberg, München: Fink 1996.

Theresa De Lauretis, Alice doesn't: Feminism, Semiotics, Cinema, London: Macmillan 1983.

Jaques Derrida, De la Grammatologie, Paris: Minuit 1967. Deutsch: Grammatologie, aus dem Französischen von Hans-Jörg Rheinberger und Hanns Zischler, Frankfurt/Main: Suhrkamp ⁴1992.

Ders., Apokalypse, aus dem Französischen von Michael Wetzel, Wien: Böhlau 1985 (= Edition Passagen 3).

Mark Dery, Escape Velocity. Cyberculture at the End of the Century, London: Hodder & Stoughton 1996.

François Dosse, Histoire du structuralisme, Paris: Éd. La Découverte 1991 und 1992 (2 Bde.). Deutsch: Geschichte des Strukturalismus, aus dem Französischen von Stefan Barmann, Hamburg: Junius 1996 u. 1998 (2 Bde.).

Günther Dux, Die ontogenetische und historische Entwicklung des Geistes, in: ders., Ulrich Wenzel (Hrsg.), Der Prozeß der Geistesgeschichte. Studien zur ontogenetischen und historischen Entwicklung des Geistes, Frankfurt/Main: Suhrkamp 1994.

Ders., Die Zeit in der Geschichte. Ihre Entwicklungslogik vom Mythos zur Weltzeit, Frankfurt/Main: Suhrkamp ²1998.

Thomas Düllö u.a. (Hrsg.), Kursbuch Kulturwissenschaft, Münster: Lit 2000.

Terry Eagleton, The Idea of Culture, Oxford: Blackwell 2000. Deutsch: Was ist Kultur? Eine Einführung, München: C.H. Beck 2001.

Umberto Eco, Sei passegiati nei boschi narrativi, Milano: R.C.S. Libri & Grandi Opere SpA 1994. Deutsch: Im Wald der Fiktionen. Sechs Streifzüge durch die Literatur, aus dem Italienischen von Burkhart Kroeber, München: Hanser 1994.

Mircea Eliade, Aspects du mythe, Paris: Gallimard 1963 (= Idées; 32). Deutsch: Mythos und Wirklichkeit, aus dem Französischen von Eva Moldenhauer, Frankfurt/Main: Insel 1988 (= Gesammelte Werke in Einzelausgaben/Mircea Eliade 7).

Norbert Elias, Über den Prozess der Zivilisation. Soziogenetische und psychogenetische Untersuchungen, Frankfurt/Main: Suhrkamp ³1977 (2 Bde.).

T.S. Eliot, Towards the Definition of Culture, London: Faber & Faber 1948 und 1962.

Henri Ellenberger, The Discovery of the Unconscious. The History and Evolution of Dynamic Psychiatry, New York: Basis Books 1970. Deutsch: Die Entdeckung des Unbewußten. Geschichte und Entwicklung der dynamischen Psychiatrie von den Anfängen bis zu Janet, Freud, Adler und Jung, Zürich: Diogenes 1985.

Jan Engelmann (Hrsg.), Die kleinen Unterschiede. Der Cultural Studies-Reader, Frankfurt/Main: Campus 1999.

Mario Erdheim, Die gesellschaftliche Produktion von Unbewußtheit. Eine Einführung in den ethnopsychoanalytischen Prozeß, Frankfurt/Main: Suhrkamp 1984.

Johannes Feichtinger, Elisabeth Großegger u.a. (Hrsg.), Schauplatz Kultur – Zentraleuropa. Transdisziplinäre Annäherungen. Gedächtnis – Erinnerung – Identität. Festschrift für Moritz Csáky, Innsbruck: Studien-Verlag 2006.

Filozofski Vestnik, Volume XIX, 2/1998, End of Certainty? Fin de certitude? Ende der Gewißheit?, hrsg. von Vojislav Likar und Rado Riha (Philosophisches Institut der Slowenischen Akademie der Wissenschaften), Ljubljana: Filosofski inštitut ZRG SAZU 1998.

Alain Finkielkraut, Die Niederlage des Denkens, Reinbek: Rowohlt 1989.

Roland Fischer, Mathematisierung als Materialisierung des Abstrakten, in: Markus Arnold, Roland Fischer (Hrsg.), Studium Integrale, Wien: Springer 2000 (= iff texte 6), S. 50–58.

Kurt Flasch, Augustin. Einführung in sein Denken, Stuttgart: Reclam 1980.

Ders., Was ist Zeit? Augustinus von Hippo, das XI. Buch der Confessiones. Text, Übersetzung, Kommentar, Frankfurt/Main: Klostermann 1993.

Michael Fleischer, Kulturtheorie. Systematische und evolutionäre Grundlagen, Oberhausen: Athena 2001.

Monika Fludernik, Towards a »Natural« Narratology, London: Routledge 1996.

Michel Foucault, L'archéologie du savoir, Paris: Gallimard 1969. Deutsch: Die Archäologie des Wissens, aus dem Französischen von Ulrich Köppen, Frankfurt/Main: Suhrkamp 1973.

Ders., Histoire de la sexualité, Paris: Gallimard 1976–1984. Deutsch: Sexualität und Wahrheit, aus dem Französischen von Ulrich Raulff und Walter Seitter, Frankfurt/Main: Suhrkamp 1989 (3 Bde.).

Ders., Schriften zur Literatur, aus dem Französischen von Karin von Hofer und Anneliese Botond, Frankfurt/Main: Fischer 1988.

Ders., L'Ordre du Discours. Leçon inaugurale au Collège de France prononcée le 2 décembre 1970, Paris: Gallimard 1971. Deutsch: Die Ordnung des Diskurses. Inauguralvorlesung am Collège de France, 2. Dezember 1970, Berlin: Ullstein 1982.

Manfred Frank, Die Unhintergehbarkeit von Individualität, Frankfurt/Main: Suhrkamp 1986.

Ders., Der kommende Gott. Vorlesungen über die Neue Mythologie, Frankfurt/Main: Suhrkamp 1982.

Sigmund Freud, Gesammelte Werke, hrsg. von Anna Freud u.a., London: Imago Publ. 1940–1949.

Ders., Der Witz und seine Beziehung zum Unbewußten, Frankfurt/Main 1999 (Band VI der Gesamtausgabe).

Hans Jost Frey, Der unendliche Text, Frankfurt/Main: Suhrkamp 1990.

Wolfgang Frühwald u.a. (Hrsg.), Geisteswissenschaften heute. Eine Denkschrift. Frankfurt/Main: Suhrkamp 1991.

Northrop Frye, Anatomy of Criticism. Four Essays, Princeton: Princeton UP 1957.

Francis Fukuyama, Das Ende der Geschichte. Wo stehen wir? München: Kindler 1992.

Norbert Gabriel, Kulturwissenschaft und Neue Medien. Wissensvermittlung im digitalen Zeitalter, Darmstadt: Wissenschaftliche Buchgesellschaft 1997.

Klaus Garber, Sabine Kleymann (Hrsg.), Kulturwissenschaftler des 20. Jahrhunderts, München: Fink 2002.

Gunter Gebauer, Christoph Wulf, Mimesis. Kultur – Kunst – Gesellschaft, Reinbek: Rowohlt 1992.

Clifford Geertz, The interpretation of cultures. Selected essays, New York: Basic Books 1993. Deutsch: Dichte Beschreibung. Beiträge zum Verstehen kultureller Systeme, aus dem Englischen von Brigitte Luchesi und Rolf Bindemann, Frankfurt/Main: Suhrkamp 1983.

Arnold Gehlen, Über kulturelle Kristallisation, in: ders., Studien zur Anthropologie und Soziologie, Neuwied: Luchterhand 1963 (= Soziologische Texte 17), S. 311–328, nachgedruckt (in Auszügen) in: Wolfgang Welsch (Hrsg.), Wege aus der Moderne. Schlüsseltexte der Postmoderne-Diskussion, Weinheim: VCH-Verlags-Gesellschaft, Acta Humaniora 1988, S. 133–143.

Hanna Gekle, Tod im Spiegel. Zu Lacans Theorie des Imaginären, Frankfurt/Main: Suhrkamp 1996.

Ernest Gellner, Nations and Nationalism, Oxford: Blackwell 1983. Deutsch: Nationalismus und Moderne, aus dem Englischen von Meino Bünung, Berlin: Rotbuch 1995.

Ders., Wittgenstein, Malinowski and the Habsburg Dilemma, Cambridge: Cambridge UP 1998.

Peter Gendolla, Zeit. Zur Geschichte der Zeiterfahrung. Vom Mythos zur »Punktzeit«, Köln: DuMont 1992.

Geisteswissenschaften heute. Eine Denkschrift von Wolfgang Frühwald, Hans-Robert Jauß, Reinhart Koselleck, Jürgen Mittelstraß, Burkhart Steinwachs, Frankfurt/Main: Suhrkamp 1991.

Gerard Genette, Nouveau discours du récit, Paris: Éditions du Seuil 1983. Deutsch: Die Erzählung, aus dem Französischen von Andreas Knop, München: Fink ²1998.

Ders., Mimologiques – Voyage en Cratylie, Paris: Éditions du Seuil 1976. Deutsch: Mimologiken. Reise nach Kratylien, aus dem Französischen von Michael von Killsich-Horn, Frankfurt/Main: Suhrkamp 2001.

Andrew Gibson, Towards a postmodern theory of narrative, Edinburgh: Edinburgh UP 1996.

Bernhard Giesen, Die Intellektuellen und die Nation. Eine deutsche Achsenzeit, Frankfurt/Main: Suhrkamp 1993.

Andre Gingrich, Carmen Nardelli, Johannes Ortner, Zeitliche Vielfalt: Wie in Kulturen der Welt mit der Zeit umgegangen wird, in: Wolfgang Müller-Funk (Hrsg.), Mythos. Zeit. Mythos, Phantom, Realität. Katalog zur Oberösterreichischen Landesausstellung Wels 2000, Wien: Springer 2000, S. 39–64.

Carlo Ginzburg, Spurensicherung. Wissenschaft auf der Suche nach sich selbst, Berlin: Wagenbach 1995.

Ders., Die Wahrheit der Geschichte. Rhetorik und Beweis, aus dem Italienischen von Wolfgang Kaiser, Berlin: Wagenbach, 2001.

René Girard, La violence et sacré [1972], Paris: Grasset 1987. Deutsch: Das Heilige und die Gewalt, aus dem Französischen von Elisabeth Mainberger-Ruh, Frankfurt/Main: Fischer 1992.

Maurice Godelier, L'énigme du don, Paris: Fayard 1996. Deutsch: Das Rätsel der Gabe. Geld, Geschenke, heilige Objekte, aus dem Französischen von Martin Pfeiffer, München: C.H. Beck 1999.

Antonio Gramsci, Gefängnishefte, 10 Bände, hrsg. von Wolfgang Fritz Haug, Hamburg: Argument-Verlag 1991ff. (10 Bde.).

Stephen Greenblatt, Verhandlungen mit Shakespeare. Innenansichten der englischen Renaissance, aus dem Amerikanischen von Robin Cackett, Frankfurt/Main: Fischer 1993.

Boris Groys, Logik der Sammlung, München: Hanser 1997.

Jürgen Habermas, Der philosophische Diskurs der Moderne. Zwölf Vorlesungen, Frankfurt/Main: Suhrkamp 1985.

Alois Hahn, Norbert Platz, Interkulturalität als neues Paradigma, Trier: Trierer Beiträge 1999.

Maurice Halbwachs, La Memoire collective, Paris: Presses Univ. de France 1950. Deutsch: Das kollektive Gedächtnis, aus dem Französischen von Holde Lhoest-Offermann, Stuttgart: Enke 1967.

Ders., Les cadres sociaux de la mémoire, Paris: Alcan 1925. Deutsch: Das Gedächtnis und seine sozialen Beziehungen, aus dem Französischen von Lutz Goldstücker, Frankfurt/Main: Suhrkamp 1985.

Catherine Hall, Civilising Subjects. Metropole and Colony in the English Imagination 1830–1867, Cambridge: Polity Press 2000.

Stuart Hall (Hrsg.), Culture, Media, Language. Working Papers in Cultural Studies, 1972–1979, London: Hutchinson 1980.

Ders., Ausgewählte Schriften in 3 Bänden, hrsg. und übersetzt von Nora Räthzel, Hamburg: Argument Verlag 2000.

Ders. (Hrsg.), Representation. Cultural Representations and Signifying Practices, London: Sage 1997.

Klaus Hansen, Kultur und Kulturwissenschaft. Eine Einführung, Tübingen: Francke [3]2003.

Barbara Hardy, Towards a Poetics of Fiction: An Approach through Narrative, in: Novel 2, 1968, S. 5–14.

Rom Harré, Narrative in Scientific Discourse, in: Christopher Nash (Hrsg.), Narrative in Culture. The Uses of Storytelling in the Sciences, Philosophy and Literature, London: Routledge 1990, S. 81–101.

Endre Hárs, Wolfgang Müller-Funk, Ursula Reber, Clemens Ruthner (Hrsg.), Zentren, Peripherien und kollektive Identitäten in Österreich-Ungarn, Tübingen: Francke 2006.

Dietrich Harth, Das Gedächtnis der Kulturwissenschaft. Eine Einführung, Dresden/München: Dresden UP 1998.

Geoffrey Hartman, The Fateful Question of Culture, New York: Columbia UP 1997. Deutsch: Das beredte Schweigen der Literatur. Über das Unbehagen an der Kultur, aus dem Englischen von Frank Jakubzik, Frankfurt/Main: Suhrkamp 2000.

Ihab Hassan, Pragmatism, Postmodernism and Beyond, in: Heide Ziegler (Hrsg.), The End of Postmodernism: New Directions. Stuttgart Seminar in Cultural Studies, Stuttgart: Metzler 1993, S. 11–30.

Anselm Haverkamp, Renate Lachmann (Hrsg.), Memoria. Vergessen und Erinnern, München: Fink 1993.

Georg Wilhelm Friedrich Hegel, Vorlesungen über die Philosophie der Geschichte, in: Werke in zwanzig Bänden, hrsg. von Eva Moldenhauer und Karl Markus Michel, Frankfurt/Main: Suhrkamp 1970.

Martin Heidegger, Sein und Zeit, Tübingen: Niemeyer 1986.

Waltraud Heindl, Edit Király, Alexandra Millner (Hrsg.), Frauenbilder, feministische Praxis und nationales Bewusstsein in Österreich-Ungarn 1867–1918, Tübingen: Francke 2006.

Klaus Heinrich, Anthropomorphe. Zum Problem des Anthropomorphismus in der Religionsphilosophie, Basel: Stroemfeld, Roter Stern 1986 (= Dahlemer Vorlesungen/Klaus Heinrich 2).

Hans Peter Herrmann, Hans-Martin Blitz, Susanna Moßmann, Machtphantasie Deutschland. Nationalismus, Männlichkeit und Fremdenhaß im Vaterlandsdiskurs deutscher Schriftsteller des 18. Jahrhunderts, Frankfurt/Main: Suhrkamp 1996.

Friedrich-Wilhelm von Herrmann, Augustinus und die phänomenologische Frage nach der Zeit, Frankfurt: Klostermann 1992.

Andreas Hetzel, Zwischen Poesis und Praxis. Elemente einer kritischen Theorie der Kulturwissenschaften, Würzburg: Königshausen und Neumann 2001.

Renate von Heydebrand, Simone Winko, Einführung in die Wertung von Literatur. Systematik-Geschichte-Legitimation, Paderborn: Schöningh, 1996.

Albrecht Hirschmüller, Physiologie und Psychoanalyse in Leben und Werk Josef Breuers, Bern: Huber 1978 (= Jahrbuch der Psychoanalyse. Beiheft 10).

Alexander Honold, Oliver Simons (Hrsg.), Kolonialismus als Kultur. Literatur, Medien, Wissenschaft in der deutschen Gründerzeit des Fremden, Tübingen: Francke 2002.

Jochen Hörisch, Gott, Geld und Glück. Zur Logik der Liebe in den Bildungsromanen Goethes, Kellers und Thomas Manns, Frankfurt/Main: Suhrkamp 1983.

Max Horkheimer, Theodor W. Adorno, Dialektik der Aufklärung. Philosophische Fragmente, Frankfurt/Main: Fischer 1971.

Herbert Hrachovec, Wolfgang Müller-Funk, Birgit Wagner (Hrsg.), Kleine Erzählungen. Narrative im medialen Wandel, Wien: Turia & Kant 2004.

John Hutchinson, Modern Nationalism, London: Fontana 1994.

Susan Ingram (Hrsg.), Placing History. Themed Environment, Urban Consumption and the Public Entertainment Sphere/Orte und ihre Geschichte(n): Themenwelten, urbaner Konsum und Freizeitöffentlichkeit, Wien: Turia & Kant 2003.

Harold A. Innis, Kreuzwege der Kommunikation. Ausgewählte Texte, hrsg. von Karlheinz Barck, Wien: Springer 1997.

Friedrich Jaeger, Burkhard Liebsch, Jörn Rüsen, Jürgen Straub (Hrsg.), Handbuch der Kulturwissenschaften, Stuttgart: Metzler 2004 (3 Bde.).

Christoph Jamme, »Gott an hat ein Gewand«. Grenzen und Perspektiven philosophischer Mythos-Theorien der Gegenwart, Frankfurt/Main: Suhrkamp 1991.

Ernest Jones, Das Leben und Werk von Sigmund Freud, Bern: Huber 1960–1962 (3 Bde.).

Friedrich Georg Jünger, Gedächtnis und Erinnerung, Frankfurt/Main: Klostermann 1957.

Dietmar Kamper, Zur Geschichte der Einbildungskraft, München/Wien: Hanser 1981.

Dietmar Kamper, Christoph Wulf (Hrsg.), Lachen – Gelächter – Lächeln, Frankfurt/Main: Syndikat 1986.

Jeff Kintzele (Hrsg.), Georg Simmels »Philosophie des Geldes«, Frankfurt/Main: Hain 1993.

Friedrich Kittler, Eine Kulturgeschichte der Kulturwissenschaft, München: Fink 2000.

Ders., Aufschreibesysteme 1800/1900, München: Fink 1987.

Cornelia Klinger, Flucht, Trost, Revolte. Die Moderne und ihre ästhetischen Gegenwelten, München: Hanser 1995.

Cornelia Klinger, Wolfgang Müller-Funk (Hrsg.), Das Jahrhundert der Avantgarden, München: Fink 2004.

Karin Knorr-Cetina, The Manufacture of Knowledge. An Essay on the Constructivist and Contextal Nature of Science, Oxford: Pergamon Press 1981.

Gertrud Koch, Der Engel des Vergessens und die black box der Faktizität – Zur Gedächtniskunst in Claude Lanzmanns Film Shoah, in: Anselm Haverkamp, Renate Lachmann (Hrsg.), Memoria. Vergessen und Erinnern, München: Fink 1993 (= Poetik und Hermeneutik 15), S. 67–77.

Julia Kristeva, Étrangers à nous-même, Paris: Fayard 1988. Deutsch: Fremde sind wir uns selbst, aus dem Französichen von Xenia Rajewsky, Frankfurt/Main: Suhrkamp 1989.

Wolfgang Kraus, Das erzählte Selbst. Die narrative Konstruktion von Identität in der Spätmoderne, Pfaffenweiler: Centaurus-Verlags-Gesellschaft 2000 (= Münchner Studien zur Kultur- und Sozialpsychologie 8).

George Kubler, The Shape of Time. Remarks on the History of Things, New Haven/London: Yale UP 1962.

Jaques Lacan, Funktion und Feld des Sprechens und der Sprache in der Psychoanalyse. Bericht auf dem Kongreß in Rom am 26. und 27. September 1953 im Istituto di Psicologia della Università di Roma, aus dem Französischen von Klaus Laermann, in: ders., Schriften, Band 1, Freiburg/Br.: Walther 1973, S. 71–169.

Susan Sniader Lanser, The Narrative Act: Point of View in Prose Fiction, Princeton: Princeton UP 1981.

Philippe Lejeune, Le pacte autobiographique, Paris: Éditions du Seuil 1975. Deutsch: Der autobiographische Pakt, aus dem Französischen von Wolfram Bayer und Dieter Hornig, Frankfurt/Main: Suhrkamp 1994.

Wolf Lepenies, Die drei Kulturen. Soziologie zwischen Literatur und Wissenschaft, München: Hanser 1985.

André Leroi-Gourhan, La geste et la parole, Paris: Michel 1974 u. 1977 (2 Bde.). Deutsch: Hand und Wort. Die Evolution von Technik, Sprache und Kunst, aus dem Französischen von Michael Bischoff, Frankfurt/Main: Suhrkamp 1980.

David Levinson, Melvin Ember (Hrsg.), Encyclopedia of Cultural Anthropology, New York: Henry Holt 1996 (4 Bde.).

Claude Lévi-Strauss, Anthropologie structurale, Paris: Plon 1958. Deutsch: Strukturale Anthropologie, aus dem Französischen von Hans Naumann, Frankfurt/Main: Suhrkamp 1977 (2 Bde.).

Hannelore Link, Rezeptionsforschung: Eine Einführung in Methoden und Probleme, Stuttgart: Fink 1976.

Yuri M. Lotman, Universe of Mind. A Semiotic Theory of Language, London: Tauris 1990.

Karl Löwith, Weltgeschichte und Heilsgeschehen. Die theologischen Voraussetzungen der Weltgeschichte, Stuttgart: Kohlhammer 1953 (= Urban-Taschenbücher 2).

Paul Michael Lützeler, Europäische Identität und Multikultur. Fallstudien zur deutschsprachigen Literatur seit der Romantik, Tübingen: Stauffenburg 1997.

Niklas Luhmann, Die Kunst der Gesellschaft, Frankfurt/Main: Suhrkamp 1997.

Georg Lukács, Die Theorie des Romans. Ein geschichtsphilosophischer Versuch über die Formen der großen Epik, Neuwied: Luchterhand 1971.

Christina Lutter, Markus Reisenleitner, Cultural Studies, Wien: Turia & Kant ³2001.

John Lyons, Noam Chomsky, aus dem Englischen von Hartmut Katz und Karl Held, München: dtv 1972.

Jean Francois Lyotard, Moralités postmodernes, Paris: Éd. Galilée 1993. Deutsch: Postmoderne Moralitäten, hrsg. von Peter Engelmann, Wien: Passagen 1998.

Ders., La condition postmoderne [1979], Paris: Éditions de Minuit 1994. Deutsch: Das postmoderne Wissen. Ein Bericht, aus dem Französischen von Otto Pfersmann, Wien: Böhlau 1987 (= Edition Passagen 7).

Ders., Lectures d'enfance, Paris: Éd. Galilée 1991. Deutsch: Kindheitslektüren, aus dem Französischen von Ronald Voullié, Wien: Passagen 1995.

Alasdair MacIntyre, After Virtue. A Study in Moral Theory, Notre Dame/Indiana: University of Notre Dame Press 1981. Deutsch: Der Verlust der Tugend. Zur moralischen Krise der Gegenwart, aus dem Englischen von Wolfgang Rhiel), Frankfurt/Main: Campus 1992 (= Theorie und Gesellschaft 5).

John M. MacKenzie, Orientalism. History, Theory and the Arts, Manchester: Manchester UP 1995.

Paul de Man, Autobiographie als Maskenspiel, in: ders., Die Ideologie des Ästhetischen, hrsg. von Christoph Menke, aus dem Amerikanischen von Jürgen Blasius, Frankfurt/Main: Suhrkamp 1993, S. 131–146.

Steven Marcus, Freud and the Culture of Psychoanalysis. Studies in the Transition from Victorian Humanism to Modernity, Boston: Allen & Unwin 1994.

Odo Marquard, Lob des Polytheismus. Über Monomythie und Polymythie, in: ders., Abschied vom Prinzipiellen, Stuttgart: Reclam 1981, S. 91–116.

Wallace Martin, Recent Theories of Narrative, Ithaca/London: Cornell UP 1986.

Karl Marx, Marx-Engels – Werke, Berlin/DDR: Dietz 1974 (39 Bde.).

Karl Marx, Friedrich Engels, Karl Marx – Friedrich Engels Studienausgabe, hrsg. von Irving Fetscher, Frankfurt/Main: Fischer 1966 (4 Bde.).

Brian McHale, Postmodernist Fiction, London: Methuen 1987.

Axel Michaels, Wer nur eine Religion kennt, kennt keine, in: FAZ vom 29.11.2000, Geisteswissenschaften, S. N 6.

David Miller, On nationality, Oxford: Oxford UP 1995.

Francis Mulhern, Culture/Metaculture, London: Routledge 2000.

Günther Müller, Morphologische Poetik. Gesammelte Aufsätze, hrsg. von Elena Müller, Tübingen: Niemeyer ²1974.

Wolfgang Müller-Funk (Hrsg.), Macht – Geschlechter – Differenz, Wien: Picus 1994.

Ders., Erfahrung und Experiment. Studien zu Theorie und Geschichte des Essayismus, Berlin: Akademie-Verlag 1995.

Ders., Junos Pfau. Studien zur Anthropologie des inszenierten Menschen, Wien: WUV 1999 (= Wiener Vorlesungen. Konversatorien und Studien 8).

Ders., Die Kultur und ihre Narrative, Wien/New York: Springer 2002, erweiterte Neuauflage erscheint 2007.

Ders., Niemand zu Hause. Essays zu Kultur, Globalisierung und neuer Ökonomie, Wien: Czernin 2005.

Wolfgang Müller-Funk, Hans Ulrich Reck (Hrsg.), Inszenierte Imagination. Beiträge zu einer historischen Anthropologie der Medien, Wien: Springer 1996.

Wolfgang Müller-Funk, Peter Plener, Clemens Ruthner (Hrsg.), Kakanien revisited. Das Eigene und das Fremde (in) der österreichisch-ungarischen Monarchie, Tübingen: Francke 2002.

Wolfgang Müller-Funk, Birgit Wagner (Hrsg.), Eigene und andere Fremde. ›Postkoloniale‹ Konflikte im europäischen Kontext, Wien: Turia & Kant 2005.

Robert Musil, Der Mann ohne Eigenschaften, Reinbek: Rowohlt 1978.

Lutz Musner, Gotthart Wunberg (Hrsg.), Kulturwissenschaften. Forschung – Praxis – Positionen, Wien: WUV 2002.

Christopher Nash (Hrsg.), Narrative in Culture. The Uses of Storytelling in the Sciences, Philosophy und Literature, London/New York: Routledge 1990.

Barbara Naumann, Kulturen des symbolischen Denkens: Literatur und Philosophie bei Ernst Cassirer, Reinbek: Rowohlt 1996.

Gerhard Neumann, Sigrid Weigel (Hrsg.), Lesbarkeit der Kultur. Literaturwissenschaft zwischen Kulturtechnik und Ethnographie, München: Fink 2000.

Friedrich Nietzsche, Kritische Studienausgabe, hrsg. von Giorgio Colli und Mazzino Montinari, Berlin: de Gruyter 1967–1977.

Pierre Nora, Zwischen Geschichte und Gedächtnis, Berlin: Wagenbach 1990 (= Kleine kulturwissenschaftliche Bibliothek 16).

Ansgar Nünning (Hrsg.), Metzler Lexikon Literatur- und Kulturtheorie. Ansätze – Personen- Grundbegriffe, Stuttgart: Metzler ²2001.

Ders. (Hrsg.), Literaturwissenschaftliche Theorien, Modelle, Methoden. Eine Einführung, Trier: Wissenschaftlicher Verlag ²1998.

Ansgar Nünning, Vera Nünning (Hrsg.), Konzepte der Kulturwissenschaften, Stuttgart: Metzler 2003.

Susana Onega, José Ángel García Landa (Hrsg.), Naratology. An Introduction, London: Longman 1999.

Patrick O'Neill, Fictions of Discourse. Reading Narrative Theory, Toronto: University of Toronto Press 1994.

Sigrid Nieberle, Elisabeth Strowick (Hrsg.), Narration und Geschlecht. Texte – Medien – Episteme, Köln/Weimar/Wien: Böhlau 2006.

Dubravka Oraić-Tolić, Das Zitat in Literatur und Kunst. Versuch einer Theorie, aus dem Kroatischen von Ulrich Dronske, Wien: Böhlau 1995.

Rudolf Otto, Das Heilige. Über das Irrationale in der Idee des Göttlichen und sein Verhältnis zum Rationalen, München: C.H. Beck 1979.

Umut Özkırımlı, Theories of Nationalism. A Critical Introduction, mit einem Vorwort von Fred Halliday, Basingstoke: Palgrave 2000.

Karl Ludwig Pfeiffer, Das Mediale und das Imaginäre. Dimensionen kulturanthropologischer Medientheorie, Frankfurt/Main: Suhrkamp 1999.

Karl Ludwig Pfeiffer, Ralph Kray, Klaus Städtke (Hrsg.), Theorie als kulturelles Ereignis, Berlin/New York: de Gruyter 2000.

Platon, Sämtliche Werke, neu hrsg. von Ursula Wolf, Reinbek: Rowohlt 1994 (4 Bde.).

Kristin Platt (Hrsg.), Reden von Gewalt. Schriftenreihe Genozid und Gedächtnis, München: Fink 2002.

Donald E. Polkinghorne, Narrative Psychologie und Geschichtsbewußtsein. Beziehungen und Perspektiven, in: Jürgen Straub, Erzählung, Identität und historisches Bewußtsein, Frankfurt/Main: Suhrkamp 1998 (= Erinnerung, Geschichte, Identität; 1), S. 12–45.

G. Pollock, Berta Pappenheim, Addenda to the Case History, in: Journal of the American Psychoanalytic Association 21, 1973, S. 328–332.

Krzysztof Pomian, Der Ursprung des Museums. Vom Sammeln, Berlin: Wagenbach 1988 (= Kleine kulturwissenschaftliche Bibliothek 9).

Wolfgang Prinz, Peter Weingart (Hrsg.), Die sog. Geisteswissenschaften: Außenansichten. Die Entwicklung der Geisteswissenschaften in der BRD 1954–1987, Frankfurt/Main: Suhrkamp 1991.

Vladimir Propp, Morphologie des Märchens, hrsg. von Karl Eimermacher, München: Hanser 1972.

Ders., Die Bedeutung von Struktur und Geschichte bei der Untersuchung des Märchens, aus dem Russischen von Linde Birk und Karl Eimermacher, München: Hanser 1972.

Ulrich Raulff (Hrsg.), Mentalitäten-Geschichte, Berlin: Wagenbach 1987.

Andreas Reckwitz, Die Transformation der Kulturtheorien. Zur Entwicklung eines Theorieprogramms, Weilerswist: Velbrück 2000.

Eva Reichmann (Hrsg.), Narrative Konstruktion nationaler Identität, St. Ingbert: Röhrig 2000.

Robert Reilly (Hrsg.), The Transcendent Adventure. Studies of Religion in Science Fiction/Fantasy, Westport: Greenwood Press 1985 (= Contributions to the Study of Science Fiction and Fantasy 12).

Paul Ricœur, Temps et récit, Paris: Éditions du Seuil 1983–1985 (3 Bde.). Deutsch: Zeit und Erzählung, aus dem Französischen von Rainer Rochlitz, München: Fink 1988–1991 (= Übergänge 18) (3 Bde.).

Ders., The question of proof in Freud's psychoanalytic writings, Journal of the American Psychoanalytic Association 25, 1977, S. 835–871.

Ders., La métaphore vive, Paris: Éditions du Seuil 1975. Deutsch: Die lebendige Metapher, München: Fink 1986 (= Übergänge 12).

Ders., Das Selbst als ein Anderer, aus dem Französischen von Jean Greisch, München: Fink 1996.

Ders., Wege der Anerkennung. Erkennen, Wiedererkennen, Anerkanntsein, aus dem Französischen von Ulrike Bokelmann und Barbara Heber-Schärer, Frankfurt/Main. Suhrkamp 2006.

Jean Jacques Rousseau, Emil oder über die Erzählung, vollständige Ausgabe in neuer deutscher Fassung von Ludwig Schmidts, München: Fink [10]1991.

Jörn Rüsen, Michael Gottlob, Achim Mittag, Die Vielfalt der Kulturen, Frankfurt/Main: Suhrkamp 1998 (= Erinnerung, Geschichte, Identität 4).

Clemens Ruthner, Kanon, Peripherie und Intertextualität des Marginalen am Beispiel der (österreichischen) Phantastik, Tübingen: Francke 2004.

Clemens Ruthner, Ursula Reber, Markus May (Hrsg.), Nach Todorov. Beiträge zu einer Definition des Phantastischen in der Literatur, Tübingen: Francke 2006.

Michael Rutschky, Erfahrungshunger. Ein Essay über die siebziger Jahre, Frankfurt/Main: Fischer 1982.

Roy Schafer, The Analytic Attitude, New York: Basic Books 1983.

Bernd Scheffer, Interpretation und Lebensroman. Zu einer konstruktivistischen Literaturtheorie, Frankfurt/Main: Suhrkamp 1992.

Friedrich Wilhelm Joseph Schelling, Historisch-kritische Einleitung in die Philosophie der Mythologie [1842], in: ders., Ausgewählte Schriften in 6 Bänden, hrsg. von Manfred Frank, Frankfurt/Main: Suhrkamp 1985.

Friedrich Schlegel, Schriften zur Literatur, Kritische Fragmente, hrsg. von Wolfdietrich Rasch, München: Hanser 1970.

Siegfried J. Schmidt (Hrsg.), Gedächtnis. Probleme und Perspektiven der interdisziplinären Gedächtnisforschung, Frankfurt/Main: Suhrkamp 1991.

Siegfried Schmidt, Kalte Faszination. Medien, Kultur, Wissenschaft in der Mediengesellschaft, Weilerswist: Velbrück 2000.

Wilhelm Schmidt, Auf der Suche nach einer neuen Lebenskunst. Die Frage nach dem Grund und die Neugründung der Ethik bei Foucault, Frankfurt/Main: Suhrkamp 1991.

Wendelin Schmidt-Dengler, Anton Schwob (Hrsg.), Germanistik im Spannungsfeld zwischen Philologie und Kulturwissenschaft, Wien: Edition Praesens 1998.

Gershom Scholem, Zur Kabbala und ihrer Symbolik, Frankfurt/Main: Suhrkamp 1973.

Robert Scholes, Language, Narrative, and Anti-Narrative, in: W.J.T. Mitchell (Hrsg.), On Narrative, Chicago: University of Chicago Press 1981, S. 200–208.

Gunter Scholz, Zwischen Wissenschaftsanspruch und Orientierungsbedürfnis. Zu Grundlage und Wandel der Geisteswissenschaften, Frankfurt/Main: Suhrkamp 1991.

Alfred Schütz, Der sinnhafte Aufbau der sozialen Welt, Frankfurt/Main: Suhrkamp 1974.

Oswald Schwemmer, Ernst Cassirer. Ein Philosoph der europäischen Moderne, Berlin: Akademie-Verlag 1997.

Hans Sedlmayr, Verlust der Mitte. Die bildende Kunst des 19. und 20. Jahrhunderts als Symptom und Symbol der Zeit, Salzburg: Müller [10]1983.

Georg Simmel, Gesamtausgabe in 16 Bänden, hrsg. von Otthein Rammstedt, Frankfurt/Main: Suhrkamp 1995–1999.

Peter Sloterdijk, Kopernikanische Mobilmachung und ptolemäische Abrüstung. Ästhetischer Versuch, Frankfurt/Main: Suhrkamp 1987.

Barbara Herrnstein Smith, Poetic Closure. A Study of How Poems End, Chicago: University of Chicago Press 1968.

Alfred Sohn-Rethel, Geistige und körperliche Arbeit, Frankfurt/Main: Suhrkamp 1972.

Alan Sokal, Jean Bricmont, Eleganter Unsinn. Wie die Denker der Postmoderne die Wissenschaften mißbrauchen, München: C.H. Beck 1999.

Donald Spence, Narrative Truth and Historical Truth, New York: Norton 1982.

Oswald Spengler, Der Untergang des Abendlandes. Umrisse einer Morphologie der Weltgeschichte, München: dtv 1972.

Helga Stadler, Kann mann/frau Physik verstehen?, in: Markus Arnold, Roland Fischer (Hrsg.), Studium Integrale (iff texte 6), Wien: Springer 2000, S. 77–82.

Georg Stanitzek, Wilhelm Vosskamp (Hrsg.), Schnittstelle. Medien und Kulturwissenschaften, Köln: DuMont 2001.

Jean Starobinski, Psychoanalyse und Literatur der Psychoanalyse (1973), aus dem Französischen von Eckhart Rohloff, Frankfurt/Main: Suhrkamp 1990.

George Steiner, Von realer Gegenwart. Hat unser Sprechen Inhalt?, aus dem Englischen von Jörg Trobitius, München: Hanser 1990.

Jörn Stückrath, Jürgen Zbinden (Hrsg.), Metageschichte. Hayden White und Paul Ricœur. Dargestellte Wirklichkeit in der europäischen Kulture im Kontext von Husserl, Weber, Auerbach und Gombrich, Baden-Baden: Nomos 1997 (= Interdisziplinäre Studien/ZIF 2).

Thomas S. Szasz, The Concept of Transference as a Defence for the Analyst, in: Int. Journal of Psycho-Analysis, Vol. 44, 1963, S. 438f.

Jacob Taubes, Die Streitfrage zwischen Judentum und Christentum. Ein Blick auf ihre unauflösliche Differenz, in: ders., Vom Kult zur Kultur. Bausteine zu einer Kritik der historischen Vernunft. Gesammelte Aufsätze zur Religions- und Geistesgeschichte, hrsg. von Aleida und Jan Assmann, Wolf-Daniel Hartwich und Winfried Menninghaus, München: Fink 1996, S. 85–98.

Ders., Abendländische Eschatologie. Mit einem Anhang, München: Matthes & Seitz 1991 (= Batterien 45).

Klaus Theweleit, Männerphantasien. In einem Band, Frankfurt: Stroemfeld, Roter Stern 1986.

Hermann Timm, Die Heilige Revolution. Das Totalitätskonzept der Frühromantik. Schleiermacher, Novalis, Friedrich Schlegel, Frankfurt/Main: Syndikat 178 (= Timm, Hermann: Gott und die Freiheit 2).

Giambattista Vico, Die neue Wissenschaft über die gemeinschaftliche Natur der Völker (nach der Ausgabe von 1744 übersetzt und eingeleitet von Erich Auerbach, 2. Auflage mit einem Nachwort von Wilhelm Schmidt-Biggemann), Berlin: de Gruyter 2000.

Paul Virilio, Ästhetik des Verschwindens, aus dem Französischen von Marianne Karbe und Gustav Roßler, Berlin: Merve 1986.

Eric Voegelin, Die politischen Religionen, München: Fink 1993.

Ders., Wissenschaft, Politik und Gnosis, München: Kösel 1959.

Aby Warburg, Ausgewählte Schriften, hrsg. von Dieter Wuttke, Baden-Baden: Koerner 1979.

Jakob Wassermann, Caspar Hauser oder die Trägheit des Herzens, München: dtv 1983.

Ian Watt, Der bürgerliche Roman. Aufstieg einer Gattung. Defoe – Richardson – Fielding [1957], aus dem Englischen von Kurt Wölfel, Frankfurt/Main: Suhrkamp 1974.

Samuel M. Weber, Rückkehr zu Freud. Jacques Lacans Ent-stellung der Psychoanalyse, Frankfurt/Main: Ullstein 1978.

Hayden White, The Value of Narrativity in the Representation of Reality, in: W.J.T. Mitchell (Hrsg.), On Narrative, Chicago and London: University of Chicago Press 1981, S. 1–23.

Ders., The Content of the Form. Narrative Discourse and Historical Representation, Baltimore: Johns Hopkins UP 1987.

Ders., Metahistory. The Historical Imagination in 19th Century Europe, Baltimore: Johns Hopkins UP 1983. Deutsch: Metahistory. Die historische Einbildungskraft im 19. Jahrhundert in Europa, aus dem Amerikanischen von Peter Kohlhaas, Frankfurt/Main: Fischer 1991.

Ders., Tropics of Discourse: Essays in Cultural Criticism, Baltimore: Johns Hopkins UP 1978. Deutsch: Auch Klio dichtet oder Die Fiktion des Faktischen. Studien zur Tropologie des historischen Diskurses, aus dem Amerikanischen von Brigitte Brinkmann-Siepmann und Thomas Siepmann, Stuttgart: Klett-Cotta 1986 (= Sprache und Geschichte 10).

Alois Wierlacher (Hrsg.), Kulturthema Fremdheit. Leitbegriffe und Problemfelder kulturwissenschaftlicher Fremdheitsforschung, München: Iudicium 1993.

Raymond Williams, The Sociology of Culture, Chicago: University of Chicago Press 1981.

Carsten Winter (Hrsg.), Kulturwissenschaft. Perspektiven, Erfahrungen, Beobachtungen, Bonn: ArCult Media 1996.

Rainer Winter, Die Kunst des Eigensinns. *Cultural Studies* als Kritik der Macht, Weilerswist: Velbrück 2001.

Werner Wintersteiner, Poetik der Verscshiedenheit. Literatur, Bildung, Globalisierung, Klagenfurt: drava 2006.

Beat Wyss, Trauer der Vollendung. Von der Ästhetik des Deutschen Idealismus zur Kulturkritik der Moderne, München: Matthes & Seitz 1985.

Frances A. Yates, Gedächtnis und Erinnern. Mnemonik von Aristoteles bis Shakespeare, Weinheim: VCH-Verlags-Gesellschaft 1990.

Heide Ziegler (Hrsg.), The End of Postmodernism: New Directions. Stuttgart Seminar in Cultural Studies, Stuttgart: Metzler und Carl Ernst Poeschel 1993.

Dies., Culture and Imagination. Stuttgart Seminar in Cultural Studies, Stuttgart: Metzler und Carl Ernst Poeschel 1995.

Peter V. Zima, Die Dekonstruktion. Erfahrung und Kritik, Tübingen: Francke 1994.

Slavoj Žižek, Die Pest der Phantasmen. Die Effizienz des Phantasmatischen in den neuen Medien, hrsg. von Peter Engelmann, Wien: Passagen 1997.

Sachregister

Personenregister (in Auswahl)